Günter Hinken

Integration durch Mitbestimmung

Studien zu Migration und Minderheiten
Studies in Migration and Minorities

in Verbindung mit

herausgegeben von

Prof. Dr. Dietrich Thränhardt
und
Prof. Dr. Petra Bendel

Band 33

LIT

Günter Hinken

Integration durch Mitbestimmung

Das Beispiel der deutschen Automobilindustrie

LIT

∞
Gedruckt auf alterungsbeständigem Werkdruckpapier entsprechend
ANSI Z3948 DIN ISO 9706

D 6

Bibliografische Information der Deutschen Nationalbibliothek
Die Deutsche Nationalbibliothek verzeichnet diese Publikation in der Deutschen Nationalbibliografie; detaillierte bibliografische Daten sind im Internet über http://dnb.d-nb.de abrufbar.

ISBN 978-3-643-14174-3 (br.)
ISBN 978-3-643-34174-7 (PDF)
Zugl.: Münster, Univ., Diss., 2016

Verlagskontakt:
Fresnostr. 2 D-48159 Münster
Tel. +49 (0) 2 51-62 03 20
E-Mail: lit@lit-verlag.de http://www.lit-verlag.de

Auslieferung:
Deutschland: LIT Verlag, Fresnostr. 2, D-48159 Münster
Tel. +49 (0) 2 51-620 32 22, E-Mail: vertrieb@lit-verlag.de

E-Books sind erhältlich unter www.litwebshop.de

Inhaltsverzeichnis

Abbildungsverzeichnis

Tabellenverzeichnis

Abkürzungsverzeichnis

AGG	Allgemeines Gleichbehandlungsgesetz
BA	Bundesanstalt bzw. Bundesagentur für Arbeit
BAMF	Bundesamt für Migration und Flüchtlinge
BetrVG	Betriebsverfassungsgesetz
BDA	Bundesvereinigung der Deutschen Arbeitgeberverbände
BMA bzw. BMAS	Bundesministerium für Arbeit und Soziales bzw. Sozialordnung
BMI	Bundesministerium des Inneren
EGV	Vertrag zur Gründung der Europäischen Gemeinschaft
EWG	Europäische Wirtschaftsgemeinschaft
JAV	Jugend- und Auszubildendenvertretung
MitbestG	Mitbestimmungsgesetz
PISA	Programme for International Student Assessment (Programm zur internationalen Schülerbewertung)

Vorwort

„Wie funktioniert die Integration von Migrantinnen und Migranten?“ In Anbetracht der gegenwärtigen Auseinandersetzungen zur Einwanderung von Flüchtlingen nach Deutschland diskutiert das inzwischen „erklärte Zuwanderungsland“ auf allen Ebenen und häufig in aufgeregter Weise die Frage nach optimalen Integrationsbedingungen. In den letzten Jahren hatte es mitunter den Anschein, dass sich nahezu alle Deutschen an dieser Diskussion beteiligen: federführend die politischen und verwaltungsorganisatorischen Verantwortlichen in Bund, Ländern und Kommunen, nicht weniger die sich um Flüchtlinge kümmernden Nichtregierungsorganisationen, aber ebenso Populisten und Extremisten, die in altbekannter Weise Fremdenfeindlichkeit politisch instrumentalisieren. Aber häufig diskutieren auch weite Teile der Bürgerschaft, die als interessierte Beobachter, von Überfremdungsangst erfüllte Bürger oder ehrenamtliche Helfer von Flüchtlingen sich gleichermaßen um die Zukunft sorgen. Letztere helfen den Einwanderern in Flüchtlingsheimen und anderen Sozialräumen, sich in deutscher Sprache und Kultur zurechtzufinden – damit sie sich in die Gesellschaft integrieren. Gibt es aber Blaupausen der Integration, an denen sich die deutsche Aufnahmegesellschaft orientieren könnte? Die Bundesrepublik Deutschland hat seit Jahrzehnten Einwanderungs- und Integrationserfahrungen gesammelt, die sie nun als Erfahrungsschatz nutzen sollte. Als vorbildlich gilt beispielsweise die betriebliche Integration der Anwerbemigranten, die zwischen den 1950er- und 1970er-Jahren aus den Mittelmeerländern nach Westdeutschland kamen. Ihre betriebliche Inklusion und eigenaktive Eingliederung in die hiesigen Unternehmen können als Beispiele erfolgreicher Integrationspraxis betrachtet werden, deren Grundlagen und Mechanismen in dieser Arbeit detailliert analysiert werden, um sie als *good practice* womöglich auch in anderen gesellschaftlichen Bereichen anwenden zu können.

Die vorliegende Untersuchung entstand im interdisziplinären DFG-Graduiertenkolleg „Migration im modernen Europa“ am Institut für Migrationsforschung und Interkulturelle Studien (IMIS) der Universität Osnabrück. Sie ist meine überarbeitete Dissertation, die von der Philosophischen Fakultät der Universität Münster angenommen wurde. Große Verdienste erwarben sich in diesem Zusammenhang viele Lehrende des Osnabrücker Graduiertenkollegs sowie des Münsteraner Instituts für Politikwissenschaft, ohne deren Anregungen und Unterstützung diese Arbeit nicht erfolgreich hätte sein können. Mein erster persönlicher Dank gilt dabei meinem Doktorvater Prof. Dr. Dietrich Thränhardt, der die Dissertation nicht nur angeregt und sie jederzeit fachlich vorangetrieben hat, sondern vor allem über die Jahre nicht nachgelassen hat, mich motivierend an ihre Fertigstellung zu erinnern. Prof. Dr. Klaus Schubert gebührt mein Dank für die Übernahme des Zweitgutachtens. Nicht weniger inspirierend war der akademische Austausch mit Prof. Dr. Michael Bommes und Prof. Dr. Klaus J. Bade, deren jeweiliges Wissenschaftsverständnis mir einen vertiefenden Zugang zur soziologischen wie historischen Migrationsforschung ermöglicht hat. Ungemein wichtig waren die Anregungen weiterer Wissenschaftler: Wertvolle Hinweise zur Thesenbildung meiner Arbeit verdanke ich PD Dr. habil. Uwe Hunger, Dr. Bernhard Santel sowie Prof. Dr. Marco Hauptmeier. Ich danke den Mitgliedern des Graduiertenkollegs für die anregenden Diskussionen, die zur Schärfung meiner Arbeit beitrugen. Besonders wertvoll waren mir dabei die Gespräche mit meinem Büronachbarn Dr. Michael Schubert, die der wissenschaftlichen Auseinandersetzung eine vertrauensvolle Atmosphäre gaben. Die Finanzierung der Untersuchung verdanke ich dem Graduiertenstipendium der Deutschen Forschungsgemeinschaft. Für die Ermöglichung der empirischen Feldforschung in den untersuchten Unternehmen, die zwischen 2000 und 2008 stattfanden, möchte ich mich bei den Verantwortlichen im VW-Werk Wolfsburg, der Ford-Werke in Köln-Niehl sowie bei Dr. Reinhard Ebert bedanken. Ein großer Dank gilt auch der IG Metall, über deren Netzwerk wichtige Gewerkschaftsvertreter befragt und statistische Daten gesammelt werden konnten. Für die Aufnahme der Dissertation in die „Studien zu Migration und Minderheiten" danke ich den Herausgebern Prof. Dr. Dietrich Thränhardt und Prof. Dr. Petra Bendel, PD Dr. habil. Uwe Hunger und Prof. Dr. Roswitha Pioch für Optimierungsvorschläge bei der Publikation der Arbeit. Am Ende sei betont, dass die Fertigstellung eines umfangreichen Dissertations- und Buchprojekts nicht zuletzt von der diskussionsfördernden und emotionalen Unterstützung vieler Freunde und der Familie abhängt. Ihnen allen sei abschließend sehr herzlich gedankt, darunter in ganz besonderer Weise Ralf Bolhaar, Dr. Reimund Evers, Maria Gödde, Jörg Goedereis, Melanie Rudolph, Annett Wienke und nicht zuletzt meiner Mutter Agnes Hinken.

Essen im Oktober 2018 Günter Hinken

1 Einleitung: Integration und betriebliche Mitbestimmung

Niemand darf wegen seines Geschlechtes, seiner Abstammung, seiner Rasse, seiner Sprache, seiner Heimat und Herkunft, seines Glaubens, seiner religiösen oder politischen Anschauungen benachteiligt oder bevorzugt werden. [...].

(Artikel 3, Absatz 3 des Grundgesetzes)

Der in Artikel 3 des Grundgesetzes kodifizierte Gleichheitsgrundsatz ist die konstitutive Feststellung seiner Mütter und Väter, dass die Bundesrepublik Deutschland schon bei ihrer Entstehung eine heterogen zusammengesetzte Staatsbevölkerung aufwies. Mit Blick auf diverse Einwanderungserfahrungen in Deutschland, aber nicht zuletzt infolge der Wirren des Zweiten Weltkriegs und der nachfolgenden Flüchtlingsströme aus den ehemals ostdeutschen Reichsgebieten war dieser neu gegründete Staat faktisch ein plurales Land mit heterogener Bevölkerung, welches qua Verfassungsartikel eine „Kultur der Herkunftsdifferenz" (Bade 2006, S. 3) als schützens- und bewahrenswert empfand. Zudem gewährte Artikel 3 des Grundgesetzes eine wichtige Schutzfunktion für bis dato benachteiligte Gesellschaftsgruppen, dessen Relevanz die noch frischen Erinnerungen an die diversen Minderheitenverfolgungen während des Nationalsozialismus aufzeigte. Auch Arbeitsmigrantinnen und Arbeitsmigranten waren in jener Zeit Opfer von Verfolgung und Zwangsarbeit. Inspiriert von der kurz zuvor beschlossenen Menschenrechtscharta der Vereinten Nationen[1] ist der Gleichheitsgrundsatz des Grundgesetzes[2] als Jedermann-Grundrecht nicht nur deutschen Staatsangehörigen vorbehalten, sondern stellt auch Nicht-Deutsche unter den Schutz vor staatlicher wie auch privater Diskriminierung und Ungleichbehandlung (vgl. Uerpmann-Wittzack 2008, S. 366). Dies belegt die grundgesetzliche Botschaft, die das Leben in der Bundesrepublik Deutschland als „Gesellschaft der Vielfalt"[3] vorsieht. Doch die gesetzgeberische Entwicklung zeigte, dass die verfassungsgemäße Umsetzung einer Gleichbehandlung aller Menschen in Deutschland lange auf sich warten ließ. Schon beim zentralen Verfassungsauftrag der Gleichberechtigung von Mann und Frau brauchte der Gesetzgeber bis weit in die 1970er-Jahre, um diese Forderung in das Ehe-, Familien- oder Arbeitsrecht zu überführen. Und auch in Bezug auf das Benachteiligungsverbot gegenüber der Herkunft von Personen, worunter in unserem Fall die ethnische Herkunft von Arbeitsmigrantinnen und Arbeitsmigranten fällt, sah der Gesetzgeber – unter starkem Einfluss europäischer

---

[1] In Artikel 2 der Allgemeinen Erklärung der Menschenrechte, von der UN-Generalversammlung als Resolution 217 A (III) am 10.12.1948 verabschiedet, heißt es: „Jeder hat Anspruch auf alle in dieser Erklärung verkündeten Rechte und Freiheiten, ohne irgendeinen Unterschied, etwa nach Rasse, Hautfarbe, Geschlecht, Sprache, Religion, politischer oder sonstiger Anschauung, nationaler oder sozialer Herkunft, Vermögen, Geburt oder sonstigem Stand. [...]"

[2] Das Grundgesetz trat am 23.05.1949 in Kraft.

[3] So der Präsident des Bundesverfassungsgerichts, Andreas Voßkuhle, in einem Mediengespräch am 19.01.2016, vgl. http://www.deutschlandfunk.de/verfassungsgerichtspraesident-vosskuhle-man-muss-das.1818.de.html?dram :article_id=342992 (Abruf am 07.02.16).

Institutionen – mit der Verabschiedung des Allgemeinen Gleichbehandlungsgesetzes (AGG) noch im Jahr 2006 Umsetzungsbedarf.[4]

Inwieweit das AGG praxistauglich angewandt werden kann, ist nach den bisherigen Evaluierungen umstritten, insbesondere was die Höhe der Umsetzungskosten angeht.[5] Insofern scheint es noch unsicher, ob diese relativ neue Rechtsinstitution auf die Mechanismen der verschiedenen sozialen Funktionssysteme eingehen kann, in denen die im AGG genannten Benachteiligungsbereiche der ethnischen Herkunft, des Geschlechts, der Religion oder Weltanschauung, einer Behinderung, des Alters sowie der sexuellen Identität wirken können. Die größte Umsetzungs- und auch Evaluierungsschwierigkeit des Gesetzes besteht wohl darin, dass es sein Gleichbehandlungsdesideratum in verschiedenen Diskriminierungskategorien auf völlig unterschiedliche Lebensbereiche anwenden muss: vom Arbeitsleben über den Wohnungsmarkt bis in den Freizeitbereich. Zumindest zeigen wiederkehrende Medienberichte[6] über Diskriminierungen und Ungleichbehandlungen von Einzelpersonen oder ganzer Bevölkerungsgruppen mit Migrationshintergründen, dass Gesetze und Rechtsvorschriften zur Steuerung des Verhaltens einzelner oder gesellschaftlicher Gruppen zwar staatlich legitimierte Gültigkeit beanspruchen, aber in der Lebenswirklichkeit nicht automatisch und unmittelbar umgesetzt werden. Das hat häufig mit der Überprüfbarkeit der praktischen Umsetzung gesetzlicher Vorgaben und ggf. auch mit der Sanktionierung ihrer Nichtbefolgung durch ausreichend vorhandenes Kontrollpersonal bei Polizei und Behörden zu tun. Aber die Erfahrungen etwa mit dem prominenten Fall der Durchsetzung von Nichtraucherschutzgesetzen in einzelnen Bundesländern zeigen, dass für den Umsetzungserfolg beschlossener Rechtsinstitutionen nicht nur Sanktionsmöglichkeiten[7] eine Rolle spielen. Offenbar hängt die Wirksamkeit von Institutionen insbesondere davon ab, wie sehr die Regelungen systemkonform sind, vom gesellschaftlichen Umfeld getragen und im Zweifelsfall auch von einzelnen Akteuren durchgesetzt werden, etwa durch Abstimmungserfolge[8].

---

[4] Uerpmann-Wittzack (2008, S. 369f.) erklärt die sehr späte einfachgesetzliche Umsetzung des Gleichheitsgrundsatzes damit, dass man sich „seit der Gründung der Bundesrepublik Deutschland einig war über die fundamentale Bedeutung des Art. 3 Abs. 3 GG und seine Nähe zur Menschenwürde“, sodass „man die Vorschrift im Alltag außer Acht gelassen [habe]“.

[5] Die im Arbeitgeberlager befindlichen Gegner des Gesetzes beklagen die hohen Implementierungskosten auf Unternehmensebene. Die Antidiskriminierungsstelle des Bundes schätzt die Kosten sehr viel geringer ein und verweist auf den Nutzen des Diskriminierungsschutzes für Unternehmen und ihre entsprechenden Vorteile im internationalen Wettbewerb um Spitzenkräfte. Vgl. dazu den Artikel „Vom Nachteil zum Vorteil“ in der Süddeutschen Zeitung v. 17.05.2010, in: http://www.sueddeutsche.de/ karriere/allgemeines-gleichbehandlungs-gesetz-vom-nachteil-zum-vorteil-1.592031 (Abruf am 08.02.16).

[6] Öffentlichkeitswirksame Beispiele der jüngeren Vergangenheit waren die im Zuge des „Falles Mesut Özil“ rund um die Fußballweltmeisterschaft 2018 veröffentlichten Diskriminierungserfahrungen von Migrantinnen und Migranten.

[7] Zwar ist die Androhung und Durchsetzung von Sanktionen zur Betonung staatlicher Letztautorität notwendig, jedoch sind sie in der gegenwärtigen Praxis personaleinsparender öffentlicher Haushalte nicht in flächendeckendem Maße gegeben. Und dennoch kann nach allgemeiner Einschätzung von einer wirksamen Umsetzung dieser gesetzlichen Maßnahmen zum Gesundheitsschutz gesprochen werden, trotz starker Proteste etwa des Hotel- und Gaststättenverbandes und Umsetzungsboykotte einzelner Personen und Gastronomiebetriebe. Vgl. dazu: https://de.wikipedia.org/wiki/Nichtraucherschutz, http://www. derwesten.de/politik/der-streit-ums-rauchen-geht-weiter-id9287964.html,http://netzwerk-rauchen.de/ pressemitteilungen.html (Abrufe am 07.02.16).

[8] Z. B. durch das erfolgreiche Volksbegehren „Für echten Nichtraucherschutz“ in Bayern, bei dem am 04.07.2010 die Mehrheit der Stimmberechtigten für ein Rauchverbot in der Gastronomie ohne

Im Mittelpunkt der vorliegenden Untersuchung steht die Umsetzung einer Rechtsinstitution im Arbeitsbereich, deren Wirkungsfunktion bereits seit Jahrzehnten auch auf die Arbeitsmigrantinnen und Arbeitsmigranten in deutschen Betrieben zielt. Das im Jahr 1952 verabschiedete Betriebsverfassungsgesetz (BetrVG) bestimmt die grundlegende Ordnung der Zusammenarbeit zwischen Arbeitgebern und Arbeitnehmern im System der betrieblichen Mitbestimmung und erlegt den Betriebsräten seit der Gesetzesreform von 1972 die explizite Aufgabe auf, die Integration der ausländischen Arbeitnehmerinnen und Arbeitnehmer eines Betriebes zu fördern und im Zuge einer abermaligen Reform des Gesetzes im Jahr 2001 sogar Maßnahmen gegen Rassismus und Fremdenfeindlichkeit im Betrieb bei der Geschäftsleitung zu beantragen. In dieser appellativen Form unterscheidet sich das BetrVG nur wenig vom AGG. Doch im Reformbereich des BetrVG kam den ausländischen Beschäftigten nicht nur die Funktion von Objekten einzelner Antidiskriminierungsmaßnahmen betrieblicher Stellen zu, sondern sie wurden zu Subjekten ihrer eigenen Interessen und damit zu betriebssystemischen Akteuren. Mit der uneingeschränkten Zubilligung des passiven Wahlrechts zu den betrieblichen und unternehmerischen Gremienwahlen wurden sie ab 1972 gleichberechtigte Mitglieder innerhalb des Mitbestimmungssystems. Nach der frühzeitigen arbeits- und sozialrechtlichen Inklusion der ausländischen Arbeitnehmerinnen und Arbeitnehmer in den deutschen Wohlfahrtsstaat, die ihnen garantierte Tariflöhne sowie langfristig gesicherte Aufenthaltstitel und Altersabsicherungen einbrachte, war ihr bedingungsloser Einbezug in das betriebliche Mitbestimmungssystem das letzte fehlende Rechtselement einer gleichberechtigten Teilhabe im Arbeitsleben. Diese Chance auf Partizipation eröffnete Wege, Entscheidungsmacht zu erhalten und sukzessive Teil von Entscheidungsnetzwerken[9] zu werden, um Handlungsoptionen für eine betriebliche Aufwärtsmobilität zu gewinnen – für sich und die eigene Herkunfts-Community. Voraussetzung dafür ist die aktive Nutzung der Mitbestimmungsmöglichkeiten durch die Arbeitsmigranten. Die systemische Inklusion ist die Eintrittskarte für die betriebliche Politikarena, in der die Aushandlungsprozesse zur Verteilung von Macht und zur Adressierung betrieblicher Möglichkeiten stattfinden. Die individuelle oder gruppenwirksame Wahrnehmung der Inklusionsrechte in Form einer proaktiven Interessenvertretung in betrieblichen Gremien macht auch die Arbeitsmigranten zu einflussreichen Mitgestaltern der mikropolitischen Entscheidungsprozesse in Unternehmensorganisationen.

So gestaltete sich in der Bundesrepublik Deutschland das Arbeits- und Aufenthalts*recht* der Immigranten weitreichender als die staatliche Einwanderungs*politik* – mit negativen Folgen für die gesellschaftliche Integration der nach der Anwerbezeit in Deutschland verbliebenen Migranten und ihrer Nachkommen. Hier zeigte sich wiederum das Dilemma der Einwanderungs- und Integrationspolitik der Bundesrepublik vor der Wiedervereinigung: Obwohl Einwanderung tatsächlich vorhanden war und rechtliche Relevanz erhielt, wurde sie politisch ignoriert – die Bundesrepublik war spätestens seit den

Ausnahmen votierte, vgl. https://de.wikipedia.org/wiki/Volksentscheid_„Nichtraucherschutz"_in_Bayern (Abruf am 07.02.16).

[9] Unter Entscheidungsnetzwerken bzw. Netzwerkressourcen werden in dieser Untersuchung persönliche Rückgriffmöglichkeiten auf soziale Netze gefasst, deren Mitglieder direkte oder indirekte Kontakte zu Entscheidern bzw. Entscheidungsvorbereitern in Organisationen haben. Durch diese Ressourcen werden Rekrutierungs- und Zuweisungsentscheidungen in Organisationen zu eigenen Gunsten vorstrukturiert. Vgl. dazu Bommes (1999, S. 161).

1980er-Jahren ein „unerklärtes Einwanderungsland", wie Dietrich Thränhardt (1988) prägnant titelte. Gemäß diesen rechtlichen Prämissen war die Ausländerpolitik der alten Bundesrepublik von einer Disparität zwischen betrieblicher Inklusion und (gesellschafts-)politischer Exklusion gekennzeichnet.

Es ist die bedingungslose Beteiligung ausländischer Arbeitnehmerinnen und Arbeitnehmer an der politischen Willensbildung, die in diesem Zusammenhang das betriebliche Arbeitsleben von anderen gesellschaftlichen Funktionssystemen unterscheidet. Denn als Einwanderer sind sie zunächst Außenseiter in einer ausdifferenzierten Aufnahmegesellschaft, in der nur die Einheimischen die zumeist informellen Regeln der Verteilungspolitik beispielsweise auf dem Wohnungsmarkt, im Bildungssystem oder im soziokulturellen Bereich kennen. Im Gegensatz zur betrieblichen Arbeitswelt fehlt vielen Arbeitsmigrantinnen und Arbeitsmigranten häufig der Zugang zu Teilhabe- und Entscheidungsprozessen im demokratischen Gesellschaftssystem. Aufgrund der lange Zeit restriktiven Ausländerpolitik der Bundesrepublik wurde Einwanderern die Erlangung der deutschen Staatsangehörigkeit weitgehend erschwert, womit ihnen auch die staatsbürgerlichen Rechte verwehrt blieben. Neben den aktiven Mitwirkungsmöglichkeiten haben diese den Migranten fehlenden Partizipationsrechte auch eine starke symbolische Funktion, wenn sie im Vorfeld sowie während der verschiedenen Wahlen auf Europa-, Bundes-, Landes- oder Lokalebene psychologisch wirkende Exklusionssignale senden – an die Einwanderer, aber ebenfalls an die einheimischen Rechteinhaber im Umgang mit den Migranten. Deshalb gab es schon seit den 1980er-Jahren Forderungen sowohl in der Wissenschaft (vgl. Thränhardt 1981) als auch in der Politik[10], den Arbeitsmigrantinnen und Arbeitsmigranten zumindest auf kommunaler Ebene ein Wahlrecht zuzubilligen. Bis auf den Einbezug von EU-Ausländern, die das kommunale Wahlrecht infolge des Maastrichter Vertrags aufgrund europäischen Rechts seit 1993 wahrnehmen können, scheiterten alle weitergehenden Initiativen an politischen und rechtlichen Widerständen. So können Ausländerinnen und Ausländer nur durch die Beantragung der deutschen Staatsbürgerschaft gesellschaftspolitische Teilhaberechte anvisieren, was durch die zunächst vorsichtige, mit der rot-grünen Bundesregierung beschleunigte Liberalisierung des deutschen Ausländer- und Staatsangehörigkeitsrechtes seit den 1990er-Jahren immerhin einfacher möglich wurde[11]. Doch ein Antrag auf Einbürgerung ist an spezifische Bedingungen geknüpft, was ein erheblicher Unterschied zur bedingungslosen Zubilligung von Partizipationsrechten in den Betrieben ist.

---

[10] Vgl. entsprechende Beschlüsse von SPD (vgl. http://www.spd-geschichtswerkstatt.de/wiki/ Kommunales_Wahlrecht_für_AusländerInnen, Abruf am 08.02.16), Die Grünen (http://www.interkulturellerrat.de/wp-content/uploads/Broschuere-kw1.pdf, Abruf am 08.02.16) sowie DGB (Beschluss des 13. DGB-Bundeskongresses im Mai 1986, vgl. DGB und ausländische Arbeitnehmer o.J.: 62). Das Bundesland Schleswig-Holstein beschloss im Jahr 1989, Angehörigen der Staaten Dänemark, Irland, Niederlande, Norwegen, Schweden und Schweiz, die seit mindestens fünf Jahren berechtigt im Bundesland leben, zu gestatten, an Gemeinde- und Kreiswahlen teilzunehmen. Das Bundesverfassungsgericht erklärte dieses Gesetz mit Urteil vom 31. Oktober 1990 jedoch für unvereinbar mit Artikel 28, Absatz 1, Satz 2 des Grundgesetzes. Interessanterweise billigte die DDR den in ihrem Land lebenden Ausländern das aktive und passive Wahlrecht für die Kommunalwahlen 1989 zu. Diese Wahlen entsprachen jedoch nicht demokratischen Grundsätzen und waren zudem massiv von Wahlfälschungen gekennzeichnet. Vgl. https://de.wikipedia.org/wiki/Ausländerstimm-_und_-wahlrecht (Abruf am 08.02.16).

[11] Mit den Gesetzesreformen stiegen die Einbürgerungszahlen signifikant an (vgl. Statistisches Bundesamt 2015, S. 16).

Die vorliegende Arbeit untersucht die betrieblichen Integrationschancen von Arbeitsmigranten und ihren Nachkommen in Arbeitsorganisationen unter den institutionellen Wirkungen des BetrVG und berücksichtigt dabei weitere Einflüsse des sozialpartnerschaftlich geprägten deutschen Wirtschaftssystems. Trotz einer verstärkten Diversifikation des Arbeitsmarktes in Deutschland, die zu einem Anwachsen atypischer Arbeitsverhältnisse ohne Schutz des BetrVG und mit erheblichen Risiken für die Prekarisierung von Arbeitsplätzen gerade von Arbeitsmigrantinnen und Arbeitsmigranten führte[12], umfassen die sogenannten Normalarbeitsverhältnisse mit einer tariflichen Entlohnung und der Absicherung durch die sozialen Sicherungssysteme immer noch die Mehrzahl an Arbeitsstellen.[13] Solche Normalarbeitsverhältnisse bieten die beste Gewähr für eine gelungene Marktintegration ausländischer Arbeitnehmerinnen und Arbeitnehmer, da ihre tariflichen und rechtlichen Sicherungen langfristige Beschäftigungs- und Einkommensstabilität begünstigen können. Darüber hinaus soll nachfolgend belegt werden, dass sie im Zusammenwirken mit dem BetrVG einen institutionellen Rahmen bieten, in dem eine betriebliche Integration von Arbeitsmigranten am besten gelingen kann. Denn sie schafft Voraussetzungen für eine mitbestimmungsoffene Organisation der Arbeitsprozesse in Unternehmen, von der auch ausländische Arbeitnehmerinnen und Arbeitnehmer als gleichberechtigte Belegschaftsmitglieder profitieren können – vorausgesetzt, sie nehmen proaktiv an diesem Mitbestimmungssystem teil. Wesentliche Teile dieser Untersuchung haben dabei in historischer Perspektive den Typus des „männlichen Industriearbeiters“ im Fokus, der in der Anwerbephase der 1950er- bis 1970er-Jahre gerade von Unternehmen in der Automobilindustrie vorwiegend nachgefragt wurde. In diesem Zusammenhang dient die häufigste Verwendung einer männlichen Sprachform nicht nur eines besseren Sprach- und Leseverständnisses, sondern sie entspricht damit größtenteils auch der Zusammensetzung der seinerzeit angeworbenen Migrantenbelegschaften in der Automobilindustrie sowie der Probandengruppe, die in den hier dokumentierten betrieblichen Fallstudien befragt werden konnte. Unabhängig von den Geschlechterverhältnissen kann diese politikwissenschaftliche Untersuchung gerade in Anbetracht der aktuell neuen Einwanderungssituation in Deutschland ein Beitrag zur bislang offenen Frage sein, welche betrieblichen Mechanismen dazu führen, dass die Integration von Arbeitsmigrantinnen und Arbeitsmigranten in Unternehmen besser gelingt als ihre Einbindung in die Gesellschaft.

1.1 „Integration von wem?“ – Migrationstheoretische Überlegungen zu einem umstrittenen Begriffszusammenhang

Migrationswissenschaftliche Untersuchungen, gerade wenn sie sich mit den Folgen von Migration beschäftigen, verfolgten in der Vergangenheit zumeist einen statistisch-demografischen (erstmalig durch Ravenstein 1885, 1889), soziologischen (stadtsoziologisch durch die Chicagoer Schule der Soziologie begründet, vgl. Park et al. 1925) oder

---

[12] Entsprechende Medienrecherchen (etwa von Anne Kunze in DIE ZEIT v. 11.12.14) oder wissenschaftliche Studien (z.B. Eichhorst et al. 2010) berichten über prekäre Beschäftigungsverhältnisse in einzelnen Wirtschaftsbranchen wie der Landwirtschaft, der fleischverarbeitenden Industrie, aber auch der Auto-Zuliefererbranche, die stark vom Einsatz von Zeit-, Leih- oder Wanderarbeitern geprägt sind.

[13] Vgl. entsprechende Daten der BA vom November 2015: https://statistik.arbeitsagentur.de/ Navigation/Statistik/Statistik-nachThemen/Beschaeftigung/Beschaeftigung-Nav.html, Abruf am 07.02.16)

geschichtswissenschaftlichen Ansatz (für die USA: Hansen 1940; für Deutschland: Bade 1983 und Herbert 1986). Das lag deshalb nahe, weil Wanderungsbewegungen als zahlenmäßig fassbare Ein- oder Auswanderung wahrgenommen wurden, die aufgrund diverser Ursachen und in verschiedenen Formen stattfindet und mit unterschiedlichen Folgen für die Herkunfts- und Aufnahmegesellschaften verbunden ist. Auch in der Wissenschaft verbreitete sich erst allmählich die Erkenntnis, dass als Folge von Einwanderung „Migranten in den Zielregionen meist in allen relevanten sozialen Kontexten, der Ökonomie, der Politik, dem Recht, der Gesundheit, dem Sport oder der Erziehung individuell oder als Familien sozial in Erscheinung treten" (Bommes 1999, S. 11) und somit u. a. auch Gegenstand der Politikwissenschaft sein müssen[14]. Methodisch verfolgen politikwissenschaftliche Arbeiten häufig einen ländervergleichenden Ansatz (vgl. Thränhardt 1992; Santel 1995; Baringhorst et al. 2006). Nicht selten nutzen sie für ihre Erkenntnisse die Politikfeldanalyse (etwa bei Hunger 2000), dem deutschen Pendant der angelsächsischen *policy-analysis*. Zur Untersuchung der Ziele und Wirkungen staatlicher wie unternehmerischer Anwerbepolitik sowie des betrieblichen Umgangs mit ausländischen Arbeitnehmern bietet die Politikfeldanalyse einen brauchbaren methodischen Zugriff, indem sie die gesellschaftlichen Migrationsfolgen in Form der Integration oder Ungleichheit von Arbeitsmigranten in deutschen Unternehmen in den Blick nimmt.

Die in diesem Buch untersuchte betriebliche Existenz von Arbeitsmigranten innerhalb des deutschen Unternehmenssystems kann deskriptiv als „betriebliche Integration ausländischer Arbeitnehmer und ihrer Nachkommen" bezeichnet werden. Viele dieser Arbeitsmigranten sind aufgrund der bundesrepublikanischen Anwerbevereinbarungen der 1950er- und 1960er-Jahre[15] in die Bundesrepublik Deutschland immigriert. Gemäß den Kategorisierungen von Treibel (2008, S. 20f.) kann bei ihnen von freiwilliger Arbeitsmigration in Form von Ketten- und Massenwanderungen ausgegangen werden, die temporär angelegt waren, sich jedoch häufig dauerhaft entwickelten. Die damit verbundenen Migrationsursachen und Einwanderungsverläufe der Migranten sind für ihre Integrationseinstellung nicht unwichtig, stehen aber bei der vorliegenden Untersuchung nicht im Mittelpunkt der Betrachtungen. Für das hier speziell zu behandelnde Problem der betrieblichen Integration von Arbeitsmigranten wird die von Mayntz und Scharpf 1995 entwickelte Bearbeitungsmethode des „akteurzentrierten Institutionalismus" angewandt. Dieser politikwissenschaftliche Ansatz wurde zur „Steuerung und Selbstorganisation auf der Ebene ganzer gesellschaftlicher Teilbereiche" (Mayntz und Scharpf 1995, S. 39) entwickelt und beschreibt das Zusammenspiel von Akteurkonstellationen und Institutionen bei der Steuerung von Prozessen in staatlichen oder staatsnahen Sektoren. Die vorliegende Untersuchung zeigt, dass sich auch das Verhalten und das Zusammenwirken von einheimischen und ausländischen Beschäftigten in Unternehmen als Anwendungsfeld für den akteurzentrierten Institutionalismus eignen, weil sie Teil der Akteurkonstellationen innerhalb des betrieblichen Institutionengefüges in Form der Mitbestimmungsregeln sind und damit die mikropolitischen Steuerungsprozesse bei der Integration von Arbeitsmigranten in Unternehmen wesentlich beeinflussen. Ein proaktives

---

[14] So etwa durch den signalwirkenden Artikel von Thränhardt (1988): Die Bundesrepublik Deutschland – ein unerklärtes Einwanderungsland?

[15] Hierunter fallen die Anwerbeabkommen der Bundesrepublik Deutschland mit Italien (20.12.1955), Spanien (29.03.1960), Griechenland (30.03.1960), der Türkei (30.10.1961), Marokko (21.05.1963), Südkorea (16.12.1963), Portugal (17.03.1964), Tunesien (07.10.1965) und Jugoslawien (12.10.1968).

Handeln der Arbeitsmigranten innerhalb der Mitbestimmungsstrukturen der Betriebe sorgt unter den dort gegebenen institutionellen Rahmenbedingungen dafür, dass sich die Integrationsbedingungen von Mitarbeitern mit Migrationshintergrund gemäß der einleitend formulierten Überlegungen sukzessive verändern.

Der Integrationsbegriff hat in diesem Zusammenhang problematische Züge und kann missverständlich wirken, weil innerhalb des Diskurses über die Eingliederung von Migranten in Aufnahmesystemen unterschiedliche Definitionen des Integrationsbegriffs gelten. Die wichtigsten soziologischen Migrationstheorien, die im Schlepptau ihrer jeweiligen gesellschaftstheoretischen Ansätze auch die Folgen von Wanderungen thematisieren, fassen unter „Integration von Zuwanderern" jeweils unterschiedliche Stadien bzw. Bereiche des Aufenthalts von Zuwanderern in Aufnahmesystemen. Sie reichen von der Besetzung institutionalisierter Positionen durch Migranten in strukturfunktionalistischen Ansätzen (Hoffmann-Nowotny 1973, S. 171) über personale und soziale Gleichgewichtszustände in spannungsarmen, funktionalen Verhältnissen, wie es handlungstheoretische Analysen definieren (Esser 1980, S. 23f.) bis zu einem weniger zentralen Gebrauch des Integrationsbegriffs in systemtheoretischer Betrachtungsweise. Dort bezeichnet Integration „empirische Beschränkungsverhältnisse zwischen Systemen" (Bommes 1999, S. 14), was auf praktische Folgen von Migration und fehlende Systemeinschlüsse rekurriert. Systemtheoretisch zentral ist stattdessen der Begriff der „Inklusion", der die Art und Weise der Inanspruchnahme von Individuen durch soziale Systeme meint und ihnen dabei Teilhabechancen ermöglicht (Bommes 1999, S. 43ff.).

Der Hinweis auf unterschiedliche gesellschaftstheoretische Herangehensweisen zur Betrachtung von Migrationsfolgen zeigt, dass auch die so heruntergebrochenen Migrationstheorien verschiedene Erklärungen für unterschiedliche Stadien der Existenz von Zuwanderern in Aufnahmesystemen haben. Die weitgehende begriffliche Untergliederung bietet diesbezüglich Esser, der zwischen einem Prozess des Erwerbs kulturell üblicher Eigenschaften bzw. der Aufnahme interethnischer Beziehungen (Akkulturation), einem Zustand der Ähnlichkeit in kognitiven, identifikativen, sozialen und strukturellen Dimensionen (Assimilation) und – wie erwähnt – einen Zustand des Gleichgewichts und der Spannungsfreiheit in personalen und sozialen Systemen (Integration) unterscheidet. Die im aktuellen Zusammenhang der politischen Partizipation von Arbeitsmigranten in Betrieben wichtigste Unterscheidung wird von Esser in seinen Begriffen der „strukturellen und sozialen Assimilation" am passendsten umschrieben. Hierbei geht es um den Grad des Eindringens von Einwanderern in das Status- und Institutionensystem der Aufnahmegesellschaft, worunter sowohl berufliche und sozioökonomische Aspekte fallen (strukturelle Assimilation: z. B. Einkommen, Berufsprestige, Positionsbesetzung, vertikale Mobilität usw.) als auch interethnische Kontakte im Aufnahmesystem (soziale Assimilation: z. B. formelle und informelle interethnische Kontakte, De-Segregation, Partizipation an Gremien etc.). Diese Unterscheidung beider Assimilationsformen ist eine Weiterführung Essers in Bezug auf den Begriff der „strukturellen Assimilation" von Gordon (1964, S. 61ff.)[16], der darunter noch sowohl die strukturelle als auch die soziale Partizipation von Migranten am Statussystem des Aufnahmelandes versteht. Diese bei Esser nun getrennten Ebenen des mehrere Dimensionen umfassenden Assimilationsprozesses eröffnen die Möglichkeit, auch die Existenz ausländischer

---

[16] In Anlehnung an Shmuel N. Eisenstadt, der 1954 den Fachterminus der „Absorption" entwickelte.

Arbeitnehmer in den betrieblichen Politikfeldern zu beschreiben – allerdings unter Vernachlässigung der Bedeutung betrieblicher Institutionen im *polity*-Bereich, wie sie im BetrVG zu finden sind.

Die hier untersuchte Teilhabe ausländischer Arbeitnehmer an betrieblichen Institutionen könnte aber auch mithilfe der Begrifflichkeiten anderer Migrationstheorien aufgefangen werden. So umfasst der Integrationsbegriff bei Hoffmann-Nowotny die Besetzung von institutionalisierten Positionen durch Migranten, was insbesondere die Wahl ausländischer Belegschaftsmitglieder in betriebliche Mitbestimmungsgremien betrifft. Allerdings können darunter nicht nur die Institutionen gemeint sein, in denen die politischen Prozesse und Entscheidungen in betrieblichen Gremien fallen. Hoffmann-Nowotny fokussiert in seiner Theorie zur Erklärung von Migrationsverhalten alle vorfindlichen Prestige-Macht-Beziehungen zwischen Akteuren, die sich beispielsweise auch bei interethnischen Verhaltensweisen als Sozialbeziehungen zeigen können. Seiner Auffassung nach entsteht Migration als Mechanismus des Ausgleichs struktureller Spannungen in sozialen Systemen, somit des Ungleichgewichts bei der Verteilung von Macht und Prestige innerhalb einer entsprechenden Struktur, wie es etwa in undemokratisch-autoritären Staaten vorzufinden ist, die ausschließlich einem sehr kleinen Elitenteil ihrer Bevölkerungen Möglichkeiten staatlicher Teilhabe bieten, oder gar in Bürgerkriegsgebieten, in denen selbst die eigene Existenz gefährdet ist. Diese desintegrative Ausgangslage kann die Voraussetzung von ökonomisch oder politisch induzierter Auswanderung und somit von Arbeits- oder Fluchtmigration sein. Somit ist in den theoretischen Annahmen Hoffmann-Nowotnys Integration ein migrationssoziologisches Abfallprodukt, das zustande kommt, wenn sich die entsprechende strukturelle Spannung durch Ausgleich der Gewichtung von Macht- und Prestigepositionen mithilfe der Besetzung institutioneller Positionen löst, etwa in den Zielländern von Migration. Doch wie dieser Institutionenbesetzungsprozess im Detail vonstattengeht, welche Voraussetzungen dafür im Institutionengefüge und bei den Migranten vorliegen müssen und welche politischen Prozesse für einen solchen Integrationsprozess notwendig sind, ist nicht vordringliches Thema Hoffmann-Nowotnys. Da er die Entstehung und das Lösen der Spannungen als abstrakten gesellschaftlichen Prozess beschreibt und seine soziologische Makro-Analyse die Motivationen und Entscheidungen einzelner oder mehrerer Akteure sowie die damit einhergehenden politischen Prozesse nicht in den Blick nimmt, ist sein Ansatz für den Partizipationsprozess ausländischer Arbeitnehmer in Betrieben unzureichend. Zudem fußt seine „Soziologie des Fremdarbeiterproblems" auf empirische Analysen am Beispiel der Schweiz, die im Gegensatz zu den damaligen Staaten der EWG keine institutionellen Prozesse zur (betrieblichen) Gleichstellung von (EWG-)Ausländern durchlief. Einzig die von Hoffmann-Nowotny (1973, S. 51ff.) seinerzeit in der Schweiz beobachtete „Unterschichtung" betrieblicher Personalstrukturen durch Arbeitsmigranten ist für den hier untersuchten betrieblichen Zusammenhang in der Bundesrepublik Deutschland in abgeschwächter Form nutzbar. Die dazu in der Literatur dargestellten Beispiele zeigen, dass die seit den 1950er-Jahren angeworbenen Arbeitsmigranten auch auf dem deutschen Arbeitsmarkt eine Ersatz-, Erweiterungs- und Pufferfunktion innehatten (vgl. Bade 2000, S. 319) und in den Unternehmen der Bundesrepublik trotz relativ weniger offener Diskriminierungen zumeist von innerbetrieblichen Entscheidungsnetzwerken und damit von strukturell höheren Betriebspositionen abgeschnitten waren, wie es insbesondere die kommunikationstheoretischen Betrachtungen hervorheben (Bommes 1999, S. 207).

Besser als der Integrationsansatz Hoffmann-Nowotnys vermag der systemtheoretische Inklusionsbegriff mithilfe seines Code-Programm-Bedingungszusammenhangs innerhalb der jeweiligen Funktionssysteme zu erklären, wie Arbeitsmigranten nach der Verwirklichung von Aufenthaltschancen im Zielland nachfolgend Teilhabemöglichkeiten an betrieblichen Entscheidungen gewinnen. So wird überzeugend dargelegt, dass die ökonomische und wohlfahrtsstaatliche Situation der Bundesrepublik ab den späten 1950er-Jahren Arbeitsmigranten sozialversicherungspflichtige Arbeitsplätze sicherte – Bestrebungen, die durch die Rechtsförmigkeit der Politik und die Eigenheiten von Organisationen in wohlfahrtsstaatliche und betriebliche Inklusionsmechanismen mündeten und ebenso Folgeinklusionen in das betriebliche Institutionengefüge auslösten (vgl. Bommes 1999, S. 198ff.). Bei der Beschreibung innerorganisatorischer Abläufe betont der Ansatz die Funktion sozialer Kommunikationsnetzwerke in Organisationen und liefert dabei Hinweise, wie sich Mobilitätsprozesse von Arbeitsmigranten in Betrieben abspielen. Entscheidend ist jedoch die Mitgliedschaft zu den Netzen und somit der Zugangscode für die betreffende Arbeitsorganisation, aus dem sich automatisch Partizipationschancen ergeben. Doch welche Qualität die Partizipation erfährt, ob sie automatisch ermöglicht wird oder erstritten werden muss, welche Möglichkeiten der (politischen) Kommunikation vorhanden sind, ob die Teilhabechancen zeitlich determiniert sind, somit: wer mit wem spricht, verhandelt oder paktiert, um bestimmte Ziele und Machtgewinne zu erreichen, wird bei einer systemtheoretischen Betrachtungsweise ausgeblendet. Dies führt bei diesem Ansatz dazu, dass die politischen Interaktionen in betrieblichen Institutionen zwar generalisierend als Kommunikationen innerhalb der innerorganisatorischen sozialen Entscheidungsnetze Berücksichtigung finden, aber eben nicht als Prozesse identifiziert werden, deren Akteure und Etappen je nach institutionellem, sozialem und politischem Umfeld zu unterschiedlichen (Zwischen-)Ergebnissen führen. Im Gegensatz zu systemtheoretischen Ansätzen, für die politische Prozesse in Organisationen „nur" ein Teil der Entscheidungskette zur Absorption von Unsicherheit in diesen Einheiten sind, fokussieren politikwissenschaftliche Ansätze nicht nur das System, sondern auch die Akteure, die dieses System mit Leben füllen und durch ihr gruppenabhängiges Handeln in die eine oder andere systemmögliche Richtung interpretieren. Auf betrieblicher (Mikro-)Ebene soll daher eine akteurorientierte Untersuchungsmethode angewandt werden, wie es der akteurzentrierte Institutionalismus von Mayntz und Scharpf vorsieht.

Integration, strukturelle bzw. soziale Assimilation, Inklusion – mit welchem Begriff können aber nun die in vielen deutschen Unternehmen erfolgreichen Teilhabeprozesse von Arbeitsmigranten am treffendsten beschrieben werden? Diese Frage beschäftigt immer wieder interdisziplinäre Expertengruppen[17], die sowohl im wissenschaftlichen Kontext als auch für die praktische Nutzung in Publizistik und Verwaltung auf der Suche nach passenden Begriffen für die Beschreibung gesellschaftlicher Einwanderungsentwicklungen sind. Es wird mitunter kritisiert, dass der Begriff „Integration" wenig trennscharf sei, zumeist keine Sachverhalte beschreibe, sondern Personen, dabei jedoch häufig nicht alle Akteure einbeziehe (vgl. NdM/BAMF-Workshop 2013, S. 24). Dennoch müsse festgestellt werden, dass der Integrationsbegriff in Wissenschaft, Forschung

[17] So z.B. ein Expertenworkshop der Journalistenvereinigung „Neue deutsche Medienmacher" in Zusammenarbeit mit dem Bundesamt für Migration und Flüchtlinge (NdM/BAMF-Expertenworkshop 2013), der am 29./30.04.2013 in Nürnberg stattfand.

und Gesellschaft als Dachbegriff etabliert ist und etwa auch den internationalen Vergleich von Studien und wissenschaftlichen Arbeiten erleichtere (ebd.). U. a. mit Bezug auf die wirtschaftliche Integration von Arbeitsmigranten in Deutschland spricht der Migrationshistoriker Bade von „Normallagen der Integration" (Bade 2006, S. 4). Trotz ihrer jeweils komplexen Eigendynamik liege das Geheimnis einer gelungenen „Integration" gerade darin, dass sie unauffällig bleibe. „Integration" bedeute Eingliederung in die umschließende Mehrheitsgesellschaft durch schrittweise Ausgliederung aus den Strukturen der Einwandererkolonie, etwa durch die Übernahme eines weiter entfernten Arbeitsplatzes, der einen Umzug erforderlich macht. Sie umfasse auch die Suche nach der richtigen Mitte zwischen der nötigen Forderung nach Integrationsbereitschaft der Zuwandererbevölkerung, der klaren politischen und rechtlichen Rahmensetzung und der Bereitschaft der Mehrheitsgesellschaft zum Erlernen des Umgangs mit kultureller Differenz bzw. kultureller Vielfalt (Bade 2006, S. 6).

Was gemäß diesem Definitionsdiskurs den Integrationsbegriff für die vorliegende Studie wertvoll macht, ist sein für die Kritiker größter Nachteil: sein offensichtlich personaler Bezug. Sicher sind die systemischen Rahmenbedingungen der Inklusion von Arbeitsmigranten in das deutsche Betriebssystem Voraussetzung für ihre faktischen Teilhabemöglichkeiten. Doch die Aneignung von partizipativen Handlungsinstrumenten und die Durchsetzung von Interessen erfordern ein proaktives Rollenverständnis im Betriebssystem, das ein Erlernen und eine Anwendung (mikro-)politischer Handlungsmuster erfordert. Eine solche Form der politischen Partizipation innerhalb der Betriebsabläufe mündet passenderweise in eine *betriebliche Integration* der Arbeitsmigranten und ihrer Nachkommen, die in dieser Arbeit mithilfe eines akteurorientierten Untersuchungsansatzes offengelegt werden soll.

Ist damit der Integrationsbegriff differenziert beschrieben, stellt sich nunmehr die Frage, auf wen er sich in Bezug auf die betrieblichen Anwendungsbereiche exakt beziehen soll. Bis zum Anwerbestopp im November 1973 lässt sich die Frage noch recht einfach beantworten, da der Adressatenkreis fast ausschließlich ausländische Arbeitnehmer umfasst, somit nicht-deutsche Staatsangehörige, die von den Unternehmen in der Bundesrepublik für einen begrenzten Zeitraum angeworben wurden und zumeist eine Rückkehr in ihre Herkunftsländer planten. Aber bereits der während der Anwerbephase einsetzende und nach dem Anwerbestopp sich verstärkende Familiennachzug änderte die Zusammensetzung der Zielgruppe, da im Laufe der Jahre nicht mehr nur die Anwerbemigranten in den Betrieben arbeiteten, sondern vermehrt auch ihre Nachkommen in die Belegschaften drängten – Kinder ausländischer Staatsangehöriger, die über den Schulunterricht die deutsche Sprache grundlegender als ihre Eltern erlernen konnten und über den Kontakt zu den deutschen Klassenkameraden und Freunden sowie anderen Gruppen und Institutionen mehr und mehr mit der deutschen Gesellschaft und Kultur verwuchsen. Am Ende dieses Prozesses stand nicht selten die Annahme der deutschen Staatsangehörigkeit. Diese Entwicklung hält bis heute an und wurde durch die Einbürgerungen erleichternden Reformen des Ausländer- und Staatsangehörigkeitsgesetzes seit den 1990er-Jahren erheblich beschleunigt. Wichtig für den hier diskutierten Zusammenhang ist dabei, dass die Kinder der Anwerbemigranten immer seltener in die Gruppe der ausländischen, weil nicht-deutschen Staatsangehörigen fielen, da sie nach ihrer Einbürgerung statistisch Deutsche waren. Soziologisch blieben sie in den Betrieben aber zumeist weiter in den Kommunikationsnetzwerken der Arbeitsmigranten, was wiederum Auswirkungen auf ihre Teilhabechancen hatte.[18]

Auch die Personengruppe der „Deutschen ohne Migrationshintergrund", die wie ihre Vorfahren schon dauerhaft in Deutschland leben und die durch diese Tradition Zugang zu den entscheidenden Kommunikationsnetzwerken haben, kann man nicht mehr trennscharf differenzieren. Denn in Anbetracht einer seit mehr als fünfzig Jahren in der Bundesrepublik existenten Einwanderungsentwicklung können auch langjährig in Deutschland lebende Migranten und ihre Nachkommen für sich in Anspruch nehmen, in diesem Land inzwischen Einheimische zu sein. An den aufgezeigten Problematiken wird deutlich, dass es hinsichtlich der Bezeichnung verschiedener migrations- und integrationsbezogener Personengruppen sachliche Unterscheidungen gibt, die begrifflich schwer zu fassen sind. Auch hierzu finden Expertendiskurse unter Verwendung unterschiedlicher Begriffe statt: Auf der einen Seite stehen Grobkategorien wie Deutsche, Ausländer, Einwanderer oder ausdifferenzierte Alternativbezeichnungen wie Biodeutsche, Herkunftsdeutsche, „weiße Deutsche", Einheimische, autochthone Deutsche. Auf der anderen Seite finden sich Komplementärbegriffe für Einwanderergruppen wie Migranten, Passdeutsche, Ausländer mit deutschem Pass, allochthone Deutsche, Menschen mit Migrationshintergrund, Einwanderer und ihre Nachkommen, Menschen aus Einwandererfamilien – je nach Blickwinkel, sachlichem Zusammenhang oder auch Geschmack lassen sich verschiedenste Bezeichnungen finden (vgl. NdM/BAMF-Expertenworkshop 2013, S. 13ff.).

Der funktionale Zusammenhang für die vorliegende Untersuchung lässt sich mit der betrieblichen Integration von Arbeitsmigranten und ihrer Nachkommen am treffendsten beschreiben. Dort, wo es sachlich geboten ist, wird in dieser Publikation mit Bezug zu den spezifischen Einwanderungsumständen in der alten Bundesrepublik der Begriff der „Anwerbemigranten" verwendet (ggf. mit Ergänzung des Zusatzes „und ihre Nachkommen"). Für die Darlegung personengruppenspezifischer Daten wird ein differenziertes Begriffsverfahren gewählt: In den Fällen der Verwendung amtlicher oder organisationaler Statistiken, die die betrachteten Personen nach Staatsangehörigkeiten unterscheiden (etwa die Beschäftigungsstatistiken der BA und der Unternehmen der Fallstudien oder die Mitgliedschaftsdarstellungen von Gewerkschaften etc.) wird zwischen „Deutschen" und „Ausländern" unterschieden (respektive zwischen „deutschen und ausländischen Arbeitnehmern"). In den Bereichen, in denen nicht der rechtliche, sondern der soziologische Gruppenbezug für die Untersuchung entscheidend ist (Kommunikationsnetzwerke, Auswahl von Personen und Kandidaten für betriebliche Positionen bei Einstellungen, Beförderungen oder politischen Gremienwahlen etc.), wurde zumeist

[18] Einen spiegelverkehrten Fall beschreibt die Gruppe der Aussiedler, die signifikant seit den 1980er-Jahren und verstärkt nach Ende des Ost-West-Konflikts in den 1990er-Jahren aus osteuropäischen Staaten in die Bundesrepublik einwanderten. Als „Flüchtling oder Vertriebener deutscher Volkszugehörigkeit oder als dessen Ehegatte oder Abkömmling" hatten sie gemäß Art. 116 Abs. 1 des Grundgesetzes einen Rechtsstatus und erhielten nach ihrer Ankunft in der Bundesrepublik Deutschland automatisch die deutsche Staatsangehörigkeit (vgl. Hinken 1998, S. 201ff.). Seit den 1990er-Jahren wurde die Umsetzung des Anspruchs nach Art. 116 I durch rechtliche und praktische Einschränkungen begrenzt. (vgl. http://www.bva.bund.de/DE/Themen/Staatsangehoerigkeit/Aussiedler/aussiedler-node.html, Abruf am 14.02.2016). Die danach dennoch anerkannten Aussiedler bzw. Spätaussiedler waren statistisch von Beginn an Deutsche, obwohl auch sie bei ihren Arbeitsbeziehungen selten in den Kommunikationsnetzwerken der deutschen Kollegen ohne Migrationshintergrund Aufnahme fanden.

die Unterscheidung zwischen Arbeitnehmern, Beschäftigten oder Belegschaftsmitgliedern „mit Migrationshintergrund“ und „ohne Migrationshintergrund“ gewählt.

1.2 Forschungen zur betrieblichen Integration von Arbeitsmigrantinnen und Arbeitsmigranten

Die Bedeutung des BetrVG für die betriebliche Integration von Arbeitsmigranten kann in den allgemeinen Kontext nach der Wirksamkeit von Gleichstellungsgesetzen gestellt werden, die die wissenschaftliche Diskussion sowohl im Bereich der Integration von Migranten als auch hinsichtlich der Gleichstellung anderer gesellschaftlicher Gruppen (z. B. Frauen oder Behinderte) schon seit geraumer Zeit beschäftigt. Als Reaktion auf den *Civil Rights Act* der USA von 1964 versuchte Bonfield bereits im Jahre 1965, die Rolle von Gesetzen hinsichtlich der Überwindung rassischer Diskriminierung zu beschreiben. Aber insbesondere seit Ende der 1980er-Jahre erfährt diese Fragestellung eine gesteigerte Aufmerksamkeit in der Forschung (so u. a. Cashmore 1988, Banton 1991, Baringhorst und Schönwälder 1992, Lustgarten und Edwards 1992, Reichmuth 1996). Doch bei diesen Arbeiten stehen weniger die speziellen betrieblichen Situationen als eher allgemeine Gleichstellungsgesetze im Mittelpunkt des Interesses, selbst wenn die Situation am Arbeitsplatz gleichfalls behandelt wird. In Deutschland hat die Verabschiedung des AGG im Jahr 2006 zu einer publizistischen Diskussion geführt, die sich hauptsächlich im rechtswissenschaftlichen Raum abspielte (vgl. Steinkühler 2007; Bauer et al. 2011) und dabei auch arbeitsrechtliche (vgl. Alenfelder 2006; Thüsing 2007) wie europaspezifische Schwerpunkte (vgl. Schiek 2007) behandelte.

Ein weiterer Ansatzpunkt ist die diskutierte Frage, welchen Nutzen rechtliche Gleichstellungsnormen überhaupt hinsichtlich der Gleichbehandlung von ethnischen Minderheiten haben können. In ihrer ländervergleichenden Untersuchung zu entsprechenden Erfahrungen in den USA, Großbritannien und den Niederlanden führt Reichmuth (1996, S. 41) aus, dass Gleichstellungs- und Antidiskriminierungsgesetze allein „relativ wertlos“ seien, jedoch innerhalb bestimmter Grenzen eine wichtige Funktion erfüllten. Beim Beispiel USA sei ihrer Meinung nach auffällig, dass dort nach Verabschiedung des *Civil Rights Act* der Anteil der ethnischen Minderheiten an der Arbeitnehmerschaft von Privatunternehmen mit über 100 Beschäftigten deutlich zugenommen habe. Abschließend kommt Reichmuth zu dem Schluss, dass Regelwerke in Form von gesetzlichen Gleichstellungsnormen zwar diskriminierendes Denken nicht direkt beeinflussten, jedoch menschliches Verhalten regulieren könnten, indem sie rassistische Diskriminierung verböten. Diese Verhaltensregulierung gewinne auf das Denken Einfluss, indem es rassistisches Verhalten weniger salonfähig mache und durch die gleichwertige Anerkennung von ethnischen Minderheiten eine symbolische Wirkung habe. Daher resümiert die Verfasserin, dass Gleichstellungsgesetze „innerhalb bestimmter Grenzen eine wichtige Funktion [erfüllen], die neben anderen Maßnahmen einen unentbehrlichen Platz in der Antidiskriminierungsarbeit einnehmen“ (Reichmuth 1996, S. 41).[19] Das im Jahr 2006 in Deutschland erlassene AGG hat nachfolgend kaum entsprechende Verordnungs- oder

---

[19] Ergänzend sollte auch die systemische Einbindung dieser Rechtsinstitution gewürdigt werden, wenn etwa staatliche Institutionen ihre Vergabepraktiken von der unternehmerischen Gesetzesumsetzung abhängig machen.

Maßnahmenfolgen bewirkt. Einzig die in § 22 AGG kodifizierte Beweislastumkehr[20] zur Feststellung von Diskriminierungen hat in der rechtswissenschaftlichen Literatur zu einem lebhaften Diskurs geführt, wie weit und gemäß welcher Indizien sich die Beweislast erstreckt (vgl. Wörl 2008; Antidiskriminierungsstelle des Bundes 2011).

Hinsichtlich der Existenz von Migranten auf dem deutschen Arbeitsmarkt und der ökonomischen Folgen von Zuwanderung gibt es seit Langem eine Fülle von Datensammlungen, Analysen und Projektionen für zukünftige Entwicklungen (vgl. Gnehm 1966 mit besonderem Blick auf die Schweiz; Mehrländer 1969 unter spezieller Berücksichtigung von NRW; Fijalkowski 1984; Seifert 1995; Straubhaar 2006; Brücker 2007 mit Bezug auf den demografischen Wandel). Von amtlicher Seite war es lange Zeit vorwiegend das 1967 gegründete Institut für Arbeitsmarkt- und Berufsforschung (IAB), das im Zuge seiner Erforschung des Arbeitsmarktes und auf Basis von Mikrodaten der BA auch diverse Arbeiten zu Wirkungen von Arbeitsmigration in der Bundesrepublik publizierte. Trotz eines insgesamt zu verzeichnenden Aufholprozesses konstatieren seine Studien, dass Zuwanderer und ihre Nachkommen insgesamt in geringerem Maße am deutschen Arbeitsmarkt partizipieren als die Bevölkerung ohne Migrationshintergrund (etwa mit Blick auf die Erwerbs- bzw. Erwerbstätigenquoten). In diesem Zusammenhang wird insbesondere auf Unterschiede vor allem zwischen den Geschlechtern und weniger zwischen Personen mit und ohne Migrationshintergrund (bzw. Ausländern und Deutschen) hingewiesen. Dies betrifft beispielsweise das Ausmaß der Teilzeitarbeit, die Verteilung der Arbeitskräfte auf Wirtschaftszweige oder besondere Beschäftigungssituationen wie das regelmäßige Arbeiten an Wochenenden und Feiertagen. Die Forschungseinrichtung der BA (und ihrer Vorläuferorganisationen) erforschte dabei nicht nur den deutschen Arbeitsmarkt, sondern nahm mit Blick auf die in ganz Westeuropa erfasste Anwerbemigration auch ländervergleichende Untersuchungen vor (etwa Werner und König 1984). Bereits zu Beginn der Forschungstätigkeit des IAB waren auch politische Mitwirkungsmöglichkeiten von Ausländern u. a. in Betrieben Themen von Beiträgen (vgl. Peters 1972, S. 318ff.[21]). Seit Gründung des BAMF im Jahr 2005 und dem Aufbau einer Forschungsabteilung erscheinen dort regelmäßig Veröffentlichungen, die sich mit vielfältigen Themen aus dem Themenbereich von Migration und Integration beschäftigen, so auch im wirtschaftlichen und arbeitsmarktlichen Bereich. Gemäß diesen Untersuchungen ist die Bevölkerung mit Migrationshintergrund nach wie vor in deutlich höherem Maße von Erwerbs- bzw. Arbeitslosigkeit betroffen als die Bevölkerung ohne Migrationshintergrund. Auch der Anteil der Langzeitarbeitslosen ist bei den ausländischen Beschäftigten höher (vgl. Seebaß und Siegert 2011). Dabei werden auch Besonderheiten einzelner Herkunftsgruppen beleuchtet: So sei beispielsweise bei polnisch-stämmigen Migranten festzustellen, dass sie relativ häufig erwerbstätig, nicht

[20] Zur Beweislast bei der Feststellung von Diskriminierungen legt Paragraf 22 AGG fest: „Wenn im Streitfall die eine Partei Indizien beweist, die eine Benachteiligung wegen eines in § 1 genannten Grundes vermuten lassen, trägt die andere Partei die Beweislast dafür, dass kein Verstoß gegen die Bestimmungen zum Schutz vor Benachteiligung vorgelegen hat."

[21] Interessanterweise stellt die Autorin des Beitrages schon zu diesem Zeitpunkt die Diskrepanz zwischen einer fortdauernden Anwerbe- und Arbeitsmigration in das Land und der Weigerung der Bundesregierung fest, die Bundesrepublik als Einwanderungsland zu bezeichnen. Die sprachliche Zuspitzung dieses ambivalenten Zustandes nahm Thränhardt im Jahr 1988 vor, bei der er die Bundesrepublik Deutschland als „unerklärtes Einwanderungsland" bezeichnete. Ihre Analyse der politischen Mitwirkungsmöglichkeiten beschloss Peters in ihrem Beitrag von 1972 mit der Forderung, die Einbürgerung von Ausländern zu fördern und zu erleichtern.

aber sozialversicherungspflichtig beschäftigt sind, was u. a. auf Werkvertrags- und Saisonarbeit zurückgeführt werden könne (vgl. ebd.: 34). Die Ergebnisse einer internationalen Tagung u.a. des BAMF zum ehemaligen „Gastarbeiter"-System in der Bundesrepublik und in verschiedenen Staaten Westeuropas dokumentiert die Publikation von Oltmer et al. (2012), Kreienbrink (2014) für das BAMF die neuere Fachkräftemigration aus Asien nach Europa. Mit einer ähnlichen Forschungsbreite wie das BAMF problematisiert der im Jahr 2008 gegründete und mit verschiedenen Migrationsforschern prominent besetzte „Sachverständigenrat deutscher Stiftungen für Integration und Migration" die thematisch relevanten Bereiche einer Einwanderungsgesellschaft mit diversen Forschungsbeiträgen. Regelmäßige Jahresgutachten, angereichert mit dem sogenannten „Migrations- oder Integrationsbarometer", greifen diverse Dimensionen und Felder mit nationalem oder internationalem Bezug auf, u. a. auch die Erwerbstätigkeit und politische Partizipation von Einwanderern.[22]

Auch außerhalb der amtlichen Forschungseinrichtungen richteten Wissenschaftler ihren Blick schon früh auf die soziale und politische Lage der ausländischen Arbeitnehmer. Die sozialempirische Untersuchung von Borris (1973) beleuchtet die großstädtische Existenz der Migrantenfamilien am Beispiel Frankfurt am Main mit Einordnungen zu ihren Einkommenserwerben und Einkommensverwendungen, ihrer Wohnsituation, den betrieblichen Beschäftigungsverhältnissen inklusive Diskriminierungserfahrungen sowie ihrem Verhältnis zur deutschen Bevölkerung. Eine der ersten ländervergleichenden Studien verfasste Thränhardt (1975), in der er die Situation ausländischer Beschäftigter in der Bundesrepublik, in Österreich und in der Schweiz untersuchte. Unter anderem wies er bereits zu diesem frühen Zeitpunkt auf den Umstand hin, dass ausländische Arbeitnehmer Ungleichbehandlungen bei der Einstellung und beim hierarchischen Aufstieg in Unternehmen hinnehmen müssten – ein Befund, der von den gehäuft betrieblich ausgerichteten Fallstudien der 1980er-Jahre bestätigt und im Detail näher ausgeführt wurde (vgl. Dohse 1982; Schäfer 1985; Gillmeister et al. 1989). Die Thematisierung des Ungleichheitsproblems nahm ab diesem Jahrzehnt Fahrt auf und beleuchtete in einigen Studien der 1990er-Jahre auch die Situation ausländischer Jugendlicher (vgl. Boos-Nünning 1996; Bommes 1996). Doch neben Befunden zur Ungleichheit zwischen deutschen und ausländischen Personen in verschiedenen gesellschaftlichen Bereichen gab es in dieser Zeit erste Hinweise auf sozio-ökonomische Mobilitäten ausländischer Arbeitnehmerinnen und Arbeitnehmer in Deutschland, die über mehrere Stufen von der Minimierung der Arbeitslosigkeit über die Erzielung ausreichenden Einkommens bis hin zur Realisierung beruflicher Aufstiegsmöglichkeiten reichten (vgl. Seifert 1995; für Nordrhein-Westfalen: Thränhardt et al. 1994). In verschiedenen Beiträgen wurde nun darauf verwiesen, dass Arbeitsmigranten zwar in vielen Bereichen Exklusionserfahrungen machten, jedoch in einzelnen Wirtschaftsbranchen sehr wohl Inklusionserfolge verbuchen konnten, wie etwa in der Bauwirtschaft (vgl. Hunger 2000), in der Metallindustrie (vgl. Hinken 2001b) oder im IT-Sektor (vgl. Hunger und Kolb 2003). Zudem wurde die Funktion ausländischer Arbeitnehmer bei der Erschließung von Personal- und Qualifikationsreserven (vgl. Loeffelholz 2002) ebenso betont wie die Bedeutung ausländischer Selbstständiger für Arbeitsmarkt und sektoralen Strukturwandel (vgl. Leicht und Leiß 2006; Sachverständigenrat 2010). Insofern ist in jüngster Zeit das Bemühen zu

---

[22] Vgl. http://www.svr-migration.de/jahresgutachten/ (Abruf am 09.02.16).

erkennen, im Bereich der beruflichen und betrieblichen Situation von Arbeitsmigranten in Deutschland Licht- und Schattenseiten gleichermaßen zu beleuchten und dabei sowohl die Wohlfahrtsgewinne für das Aufnahmeland etwa bei der Rekrutierung von Hochqualifizierten (vgl. Hess 2009) bzw. dafür notwendige staatliche Serviceleistungen bei der Anerkennung von ausländischen Schul- und Berufsabschlüssen (vgl. Englmann und Müller 2007) herauszustellen als auch wieder vermehrt auf ethnisch induzierte Ungleichbehandlungen von Arbeitsmigranten (vgl. Kalter 2008; Peucker 2009; Kaas und Manger 2010) bzw. Jugendlichen mit Migrationshintergrund (vgl. Imdorf 2008; Beicht und Granato 2009; Diehl et al. 2009) auf dem deutschen Arbeitsmarkt hinzuweisen. Die arbeitsmarktpolitischen Auswirkungen der neuesten Einwanderungswellen thematisiert Thränhardt (2015) mit seiner Studie zur Arbeitsintegration von Flüchtlingen in Deutschland für die Bertelsmann Stiftung.

Nach den vielfältigen Untersuchungen in Unternehmen in den 1980er-Jahren gab es danach nur noch sehr vereinzelt Arbeiten zu den betrieblichen Arbeits- und Sozialbeziehungen ausländischer Arbeitnehmer (so etwa Schmidt 2006). Im Zusammenhang mit dem vorliegenden Beitrag ist ein spezielles Augenmerk auf die Untersuchungen zur Situation von Arbeitsmigranten in stark mitbestimmten Unternehmen zu richten. Als Belegschaftsmitglieder, die spätestens mit ihrer rechtlichen Gleichstellung durch die Reform des BetrVG im Jahr 1972 ernst zu nehmende Kollegen für die Arbeitnehmervertretungen wurden, nahmen einige Studien sie auch als Adressaten gewerkschaftlicher Politik in den Fokus (vgl. Budzinski 1979; Geiger 1982; Kühne et al. 1994; Treichler 1998). Einige Arbeiten betonten auch die Funktion der Wohlfahrtsverbände innerhalb des Prozesses der sozialpolitischen Integration der Anwerbemigranten und ihrer Nachkommen (vgl. Schmitter 1980; Thränhardt 1983). Die Entwicklung ihrer sozialen wie politischen Mündigkeit (vgl. Diehl et al. 1999; Thränhardt und Hunger 2000) ging mit einem größeren Selbstbewusstsein der Arbeitsmigranten einher, das sich in einigen Unternehmen insbesondere der Automobilindustrie zu Beginn der 1970er-Jahre in diversen spontanen Streiks Bahn brach, an denen ausländische Arbeitnehmer maßgeblich beteiligt waren. Hierzu existiert eine Fülle grauer Literatur, wie etwa zum „Italienerstreik bei BMW“ in München im Juni 1972 (Arbeitersache München 1973), zu den Arbeitsniederlegungen beim Autozulieferer Pierburg in Neuss im August 1973 (vgl. Pierburg-Autorenkollektiv 1974; Pierburg-Kollegen 1975), an denen viele weibliche Beschäftigte ausländischer Herkunft beteiligt waren, sowie beim „Wilden Streik bei Ford“ in Köln Ende August 1973 (Betriebszelle Ford 1973). Diese Publikationen, häufig von marxistisch geprägten „Betriebszellen“ veröffentlicht, müssen aufgrund ihrer ideologischen und unwissenschaftlichen Herangehensweisen hinsichtlich der Analyseergebnisse mit Vorsicht betrachtet werden. Allerdings sind sie aufgrund ihrer detaillierten Beschreibungen des Ablaufs von Demonstrationen, Streiks und Verhandlungen wichtige Quellen zur Rekonstruktion betriebspolitischer Auseinandersetzungen, an denen Arbeitsmigranten in vorderster Front teilnahmen und die mit ihren tarifpolitischen Implikationen über die in den 1960er-Jahren vorhandenen punktuellen Konflikte etwa um die Unterbringung der ausländischen Belegschaftsmitglieder weit hinausgehen. Weitere Studien aus der Automobilindustrie mit einem jeweiligen Schwerpunkt auf ethnische Thematiken und Branchenentwicklungen in diesem Wirtschaftszweig legten Biller (1989) und Frohnen (2005) vor, Letztere mit der Behandlung des Konzepts von *Diversity Management* bei Ford in Köln, das dem Anspruch nach die kulturelle Heterogenität der Mitarbeiter als personalpolitische Ressource nutzen möchte. In den dickleibigen juristischen Abhandlungen zum BetrVG wird die Situation ausländischer Arbeitnehmer in den Betrieben fast nur in Bezug auf die Arbeitnehmermitbestimmung im Zuge der EU-Arbeitnehmerfreizügigkeit aufgegriffen, aber kaum hinsichtlich der Rechte von Nicht-EU-Ausländern.

1.3 Der Forschungsansatz einer *good practice*

Kern aller akteurorientierten Forschungsansätze ist die Annahme, dass Institutionen in Form von Umwelteinflüssen, fixierten Regeln oder Anweisungen nicht direkt den Gang der Politik etwa innerhalb eines Unternehmens bestimmen, sondern „nur" auf die Interaktionen der politischen Akteure des Betriebs einwirken. Da somit keine institutionelle Handlungssteuerung auszumachen ist, sind die betrieblichen Entscheidungen innerhalb eines vorgegebenen Pfades zwischen den Unternehmensakteuren aushandelbar (vgl. Bogumil und Schmid 2001, S. 16f.). Wie und in welchem Umfang Umwelteinflüsse auf die Organisation übertragen und in sie eingebunden werden, ist somit kein zwangsläufig-technischer Vorgang mehr, sondern ein mikropolitischer Prozess, in dem die Auswahlkriterien von Organisation zu Organisation unterschiedlich sein können – je nach mikropolitischen Organisationsbedingungen oder auch Einbindung in größere Verbandsstrukturen mit zwangsbindendem Charakter.

Bei der Formulierung von Arbeitshypothesen sind aus diesem Grund organisationstheoretische Überlegungen wichtige Elemente, um die Bedeutung der Organisationsmitgliedschaft der in die Unternehmen eingestellten Arbeitsmigranten zu klären: Welche Inklusionsmechanismen greifen personenunabhängig; welche betrieblichen Bereiche und Funktionen bleiben Arbeitsmigranten zunächst einmal verschlossen? In diesem Zusammenhang sind auch Einflussmöglichkeiten des Organisationsumfeldes auf die internen Abläufe in Unternehmen relevant. Da Letztere wichtige Rückschlüsse für die Wirkungsweise gesellschaftlicher Institutionen auf Organisationen erwarten lassen, können sie womöglich auch die Bedeutung des BetrVG für die Integration ausländischer Arbeitnehmer in Arbeitsorganisationen klären. Dabei spielen auch die auf die Betriebe wirkenden Institutionen in Form der in der Bundesrepublik geltenden Systemregeln und gesetzlichen Normen eine wichtige Rolle. Zum einen handelt es sich dabei um die Bedingungen des deutschen Wirtschaftssystems und der institutionalisierten Arbeitsbeziehungen, in denen sich die ausländischen Arbeitnehmer aufhalten. Hierbei sind insbesondere die Mechanismen des deutschen Mitbestimmungsmodells sowie der konsensuale Beteiligungsmodus zwischen Staat, Arbeitnehmer- und Arbeitgebervertretern innerhalb des korporatistischen Wirtschaftssystems zu beachten. Die sozialpartnerschaftliche Einigung auf eine arbeits- und sozialrechtliche Gleichbehandlung der Anwerbemigranten ist dabei ebenso erklärungsbedürftig wie die Rechtsinklusionen im BetrVG und später im AGG. Zum anderen geht es um die Darstellung der Aufenthaltsbedingungen der Anwerbemigranten, wenn die außen-, wirtschafts- und sozialpolitischen Umstände der Anwerbung und der Existenz von Arbeitsmigranten und ihrer Nachkommen in der Bundesrepublik Deutschland politikfeldanalytisch geklärt werden.

Bevor das betriebliche Praxisfeld betreten wird, werden die einzelnen Elemente einer mitbestimmungsabhängigen betrieblichen Inklusion ausländischer Arbeitnehmer in deutschen Unternehmen dargelegt. Dabei wird die Beziehung zwischen ihrer arbeits- und sozialrechtlichen Inklusion und ihrem sozioökonomischen Einschluss in die deutsche Markt- und Arbeitsgesellschaft in den Zusammenhang ihrer politischen Partizipation in Betrieben und Gewerkschaften gesetzt. Die in diesem Kapitel gesammelten Aggregatdaten zur Arbeitsmarktsituation, Arbeitslosigkeit und betrieblichen Stellung ausländischer Beschäftigter können möglicherweise Hinweise darauf liefern, dass eine Wechselwirkung zwischen der unterstellten Marktintegration der Anwerbemigranten und ihrer politischen Teilhabe in Gewerkschaften und Unternehmen existiert – zumindest in stark mitbestimmten Betrieben. In vielen dieser Unternehmen mit hohem gewerkschaftlichen Organisationsgrad und großen Beteiligungsmöglichkeiten des Betriebsrates wurden Betriebsvereinbarungen gegen Diskriminierung und Ungleichbehandlung ausländischer Belegschaftsmitglieder abgeschlossen, deren Inhalte und Wirkungen ebenfalls in diesem Kapitel untersucht werden sollen.

Zu Beginn der anschließenden Kapitel wird mithilfe des Konzepts des akteurzentrierten Institutionalismus ein methodisches Setting erstellt, auf dessen Grundlage die betrieblichen Fallstudien zur Überprüfung der theoriegeleiteten zentralen Hypothesen der Untersuchung durchgeführt werden. Mit den zwei Fallstudien bei Volkswagen in Wolfsburg und bei Ford in Köln sollen praxisrelevante Details des unterstellten betriebspolitischen Integrationsprozesses von Arbeitsmigranten freigelegt werden. Hierbei stehen sowohl die Entwicklung und näheren Umstände einer ausländerinkludierenden Betriebspolitik als auch die konkreten politischen Aktivitäten der jeweiligen ausländischen Belegschaftsgruppen im Mittelpunkt der Betrachtung. Zudem können Antworten erwartet werden, inwieweit die programmatischen Integrationsappelle aus Gesetzen und Betriebsvereinbarungen praktische Relevanz haben. Da gemäß dem Forschungs- und Erklärungsansatz die postulierten Integrationsmechanismen insbesondere aus den dynamisierenden Effekten der betrieblichen Partizipation von Arbeitsmigranten u. a. bei Gremienwahlen entstehen, sind entsprechende Integrationswirkungen in erhöhter Weise in stark mitbestimmten Betrieben zu erwarten. Weil in der Metall- und Automobilwirtschaft die gewerkschaftliche Durchdringung und die Einflussmöglichkeiten des deutschen Mitbestimmungssystems sehr stark ausgeprägt sind, soll mit der Auswahl der beiden genannten Autobauer VW und Ford als Fälle betrieblicher Studien eine Art *good practice* betrieblicher Integration von Arbeitsmigranten in der Bundesrepublik Deutschland dargestellt werden. Die Ergebnisse dieser begrifflichen Erfolgsmethode hängen damit zwar von den spezifischen Bedingungen der Mitbestimmungspartizipation ab, sind jedoch als unverbindliche Muster besonders geeignet, Mechanismen und Maßnahmen offenzulegen, die die betriebliche Integration von Arbeitsmigranten begünstigen.

1.4 Forschungsfrage: Politische Teilhabe in mitbestimmten Arbeitsorganisationen als Integrationsmechanismus?

Die Frage der betrieblichen Integration von Arbeitsmigranten in stark mitbestimmten Unternehmen der Automobilindustrie behandelt unter den Prämissen einer materiellen Policy-Forschung das Verhältnis zwischen einem von der Gesellschaft wahrgenommenen Ungleichheitsproblem im Arbeitsleben und den in den genannten Betrieben verfügbaren Möglichkeiten ihrer politischen Bearbeitung. Hierbei geht es darum, für Bedingungen, die im Sinne des Gleichheitsgrundsatzes von der Gesellschaft und insbesondere von den betroffenen Arbeitnehmergruppen mit Migrationshintergrund als problematisch angesehen werden, gemeinwohlverträgliche Abhilfen im Sinne des Betriebsfriedens zu

identifizieren. Eine Lösung dieses Problems kann unter Zuhilfenahme der in diesem Industriezweig besonders ausgeprägt verfügbaren Mittel kollektiven Handelns in Form der betrieblichen Mitbestimmung realisiert werden, deren Protagonisten kollektive Akteure in Form von Geschäftsleitungen, Betriebsräten und Gewerkschaften sind, aber auch einzelne organisierte Arbeitnehmergruppen oder interessengeleitete Listen bei Gremienwahlen sein können. Allerdings ist diese gesetzliche Norm organisierter Interessenvertretung von Arbeitnehmern in Betrieben nur eine von vielen externen und internen Einflüssen, die in Form des institutionellen Kontextes auf Unternehmensentscheidungen einwirken und auch die Mitarbeiter mit Migrationshintergrund betreffen. Die prekäre Ausgestaltung von Arbeitsbedingungen bei der Herstellung von Produkten, sei es hinsichtlich der Zulassung von Kinderarbeit oder in Bezug auf die nicht ordnungsgemäße Beschäftigung von (ausländischen) Arbeitnehmern, wird für die betroffenen Unternehmen durch skandalträchtige Veröffentlichungen zum Problem[23]. Die darin publizierten Fälle zeigen, dass für Organisationen in der modernen Gesellschaft, insbesondere für börsennotierte Unternehmen, die Einrichtung einer *Corporate Governance* notwendig wird, welches gesellschaftlich akzeptierte Verhaltensstandards etwa in Form von Offenbarungspflichten obligatorisch macht (vgl. Arlt und Prange 2005)[24]. Anderenfalls laufen sie Gefahr, die von der Gesellschaft benötigte „Handlungsvollmacht" zu verlieren, was dem Ziel einer langfristigen Profitmaximierung entgegenstünde[25].
Ein *Corporate-Governance*-System beschäftigt sich mit dem Setzen und Einhalten verschiedener Verhaltensregeln für das Unternehmen sowie seiner Mitarbeiter und umfasst dabei gesellschaftlich induzierte Forderungen, die Organisation solle sozial verantwortlich handeln (*Corporate Social Responsibility*), indem sie insbesondere ökologisch nachhaltig wirtschafte (*Sustainable Development*) und in ihrem Handeln bürgerschaftliches Engagement (*Corporate Citizenship*) zeige. Initiatoren dieser Rahmenbedingungen sind die Anspruchsgruppen (*stakeholder*) eines Unternehmens: die Eigentümer, die Mitarbeiter bzw. ihre Vertretungen als Betriebsrat oder Gewerkschaft, der Aufsichts- oder Verwaltungsrat, das Management, die Geschäftspartner, der Gesetzgeber oder die menschliche Gesellschaft in Form anderer Interessenten. Sie alle bilden für die Organisation ein (endogenes oder exogenes) Unsicherheitsumfeld, das durch Verhaltensveränderung gemäß den jeweiligen Ansprüchen minimiert werden muss.[26] Modernes *Stakeholder Management* verhält sich nicht gleichgültig gegenüber den gesellschaftlichen

---

[23] Der Investigativ-Journalist Günter Wallraff ist wohl der bekannteste Vertreter von Undercover-Recherchen in Deutschland, die die Aufdeckung ausbeuterischer Unternehmenspraktiken zum Ziel haben. Wallraff veröffentlichte seit Mitte der 1960er-Jahre verschiedene Reportagen zu den Arbeitsbedingungen insbesondere ausländischer Arbeitnehmer in deutschen Unternehmen. Die prominenteste, weil skandalträchtigste Veröffentlichung Wallraffs ist sein Buch „Ganz unten" von 1985. Auch in jüngerer Vergangenheit veröffentlichte er entsprechende Investigativrecherchen, so im ZEIT-Magazin LEBEN (19/2008) v. 30.04.2008 eine viel beachtete Reportage über die prekären Arbeitsbedingungen von Niedriglöhnern in einer Backfabrik. Auch jüngste Medienrecherchen berichten über prekäre Beschäftigungsverhältnisse in einzelnen Wirtschaftsbranchen wie etwa der Landwirtschaft, der fleischverarbeitenden Industrie, aber auch der Auto-Zuliefererbranche, die stark vom Einsatz von Zeit-, Leih- oder Wanderarbeitern geprägt sind (vgl. Kunze 2014).

[24] Vgl. auch den „Deutschen Corporate Governance Kodex" (DCGK), ein von einer Regierungskommission der Bundesregierung 2001/2002 erarbeitetes Regelwerk, das vor allem Verhaltensempfehlungen darüber enthält, was eine gute *Corporate Governance*, also gute Unternehmensleitung und -überwachung, ausmacht.

[25] Vgl. http://de.wikipedia.org/wiki/Corporate_Social_Responsibility (Abruf am 20.02.16).

[26] Vgl. http://de.wikipedia.org/wiki/Corporate_Governance (Abruf am 20.02.16).

Nebenwirkungen unternehmerischen Handelns, da innerhalb dieses Bedingungsgefüges wirtschaftlicher Nutzen nur durch gesellschaftliche Verantwortung erreicht werden kann (vgl. Arlt und Prange 2005). Relevanz für den hier untersuchten Fall erhält eine entsprechende Unternehmenspolitik nicht nur ob ihrer Beeinflussung durch Umweltfaktoren, sondern auch in der Erwartung, dass eine schlechte Behandlung von Beschäftigten oder bestimmten Belegschaftsgruppen negative Folgen für Gewinne und Aktienkurse von Unternehmen hätte. Wie die Wallraff-Reportagen zeigten, führt ein öffentlichkeitswirksames Aufdecken solcher Vorfälle zu enormen Rufschädigungen des Unternehmens. Insofern kann *Corporate Governance* auch die betriebliche Integration von Arbeitnehmern mit Migrationshintergrund fördern.

Aus organisationstheoretischer und korporatistischer Sicht lassen sich empirisch relevante Rückschlüsse ziehen, die nachfolgend hypothesenartig zusammengefasst werden:

1. Arbeitsorganisationen sind zwar rational gegliedert und weisen innerhalb ihrer formellen Aufgaben- und Ordnungsstruktur eine automatische Mitgliederinklusion unter einer hierarchischen Steuerung aus. Allerdings sind Organisationen unterhalb dieser Folie keine zweckrationalen Gebilde, wie Max Weber (1972) noch unterstellt hat. Ihre Akteure besitzen in ihren Handlungen nur eine „beschränkte Rationalität" (March 1978), was Auswirkungen auf ihre Systeminklusion hat. Entgegen älterer Vorstellungen wird die Entscheidungsfindung in Organisationen nicht von einem zweckrational-technischen, sondern von einem akteurzentriert-politischen Modus bestimmt, der einzelnen Organisationsmitgliedern Einflussmöglichkeiten bei der Entscheidungsfindung einräumt, währenddessen andere von den wichtigen Kommunikationskanälen ausgeschlossen sind (vgl. Bogumil/Schmid 2001, S. 16f.). Somit unterliegen die Organisationsakteure zwar organisatorischen Zwängen, können in ihren Handlungen aber auch eine gewisse Freiheit beanspruchen (vgl. Crozier und Friedberg 1979, S. 68).

2. Die organisationalen Mechanismen werden sowohl von den formalen Organisationsregeln als auch vom Verlauf mikropolitischer Aushandlungsprozesse geprägt. Reichweite und Ausmaß des betrieblichen Inklusionssystems für die Organisationsmitglieder werden somit von den Ergebnissen der organisationalen Mikropolitik bestimmt, die einem Mechanismus ähneln, wie ihn Mayntz und Scharpf (1995) für staatliche und staatsnahe Sektoren beschrieben, in ihrem Konzept des „akteurzentrierten Institutionalismus" anschaulich machten und in der vorliegenden Untersuchung auch für die Akteurkonstellationen in mitbestimmungspflichtigen Unternehmen nutzbar gemacht werden soll. Gemäß dieses Ansatzes spezifizieren sich die Pfade organisationalen Handelns in den strategischen Aushandlungsprozessen der Organisationsmitglieder, die dort ihre jeweilige Macht ausüben. Innerhalb dieses Organisationsspiels unterliegen die Akteure zwar Zwängen gemäß den organisationsspezifischen Spielregeln, nutzen allerdings auch ihre Freiheiten, um in und außerhalb organisationsinterner Koalitionen rationale Strategien zur Erreichung ihrer Ziele zu entwickeln (vgl. Scharpf 2000, S. 319). Die Systeminklusion von Arbeitsmigranten wird umso wirksamer, je mehr es ihnen gelingt, ihre Interessen in den mikropolitischen Aushandlungsprozessen und organisationsinternen Entscheidungskoalitionen innerhalb des betrieblichen Mitbestimmungssystems zu verankern.

3. Innerhalb eines korporatistischen Wirtschaftssystems, wie es sich in Deutschland historisch herausgebildet hat, zeigt sich die Organisation von Interessen innerhalb einer sozialen Organisation wie den Unternehmen und Betrieben nicht nur in einer identitätsstiftenden, Interessen formierenden und Interessen artikulierenden Form durch ihre Mitglieder (*logic of membership*), sondern auch in der Rolle und Funktion von korporativen Akteuren in der Organisationsumwelt (*logic of influence*) (vgl. Schmitter und Streeck 1981, S. 19). Innerhalb dieser Einflusslogik tritt die wirtschaftssektorale Einbindung von Arbeitsorganisationen in korporatistische Systeme in den Mittelpunkt. Hierbei kann festgestellt werden, dass Betriebe und Unternehmen in ihrem Handeln von übergeordneten Institutionen wie Handelskammern, Interessenorganisationen der Arbeitgeber bzw. Arbeitnehmer und nicht zuletzt dem Staat beeinflusst werden.
4. Zwar stehen aus neokorporatistischer Sicht Mitgliedschaftslogik und Einflusslogik aus systematischen Gründen in einem kontraproduktiven Verhältnis zueinander. Doch in Bezug auf das gesellschaftlich festgestellte Problem der Ungleichheit von Arbeitnehmern mit und ohne Migrationshintergrund in Betrieben und Unternehmen gewinnen beide Logikebenen eine komplementäre Dimension, wenn es zum einen den Organisationsmitgliedern aus Einwanderergruppen gelingt, ihre Interessen im Sinne der Mitgliedschaftslogik zu organisieren und zu artikulieren, und zum anderen migrantenintegrierende Verabredungen der staatlichen „Verbändedemokratie" (Streeck 1994, S. 7) auf die Einflusslogik wirken. In diesem Fall kommt es zu einer thematischen Annäherung von Mitgliedschaftslogik und Einflusslogik.
5. Für alle privatwirtschaftlichen Arbeitsorganisationen in Deutschland gelten die Bestimmungen des BetrVG, das zusammen mit dem MitbestG die zentrale Einflussgröße des Staates für organisationales Handeln zwischen Vertretern von Anteilseignern und Belegschaft in Unternehmen ist. Diese gesetzlichen Grundlagen zur Mitbestimmung von Arbeitnehmern in Betrieben und Unternehmen beeinflussen die Spielregeln in Arbeitsorganisationen in erheblichem Maße und müssen von den Organisationsakteuren in ihr strategisches Handeln einbezogen werden (vgl. Ortmann 1988, S. 21).
6. Das BetrVG ist die konsequente staatliche Umsetzung der Einflusslogik auf die Ebene der Unternehmen und Betriebe mit dem Ziel einer Staatsentlastung durch sozialverträgliche Unternehmen (vgl. Streeck und Schmitter 1985). Die korporatistische Funktion des Gesetzes in Unternehmen und Betrieben besteht im staatlichgeregelten Zusammenwirken von Kapital und Arbeit, somit von Geschäftsleitung und Belegschaft bei Unternehmensentscheidungen. In einer Nebenfunktion ermöglicht das Gesetz durch seine Wahlgrundsätze zudem die geregelte Interessenartikulation der Organisationsmitglieder gemäß staatlicher Normen. Durch diese institutionelle Ausformung der Interessenorganisation und -artikulation per Wahl eines Betriebsrates werden die Wirkungen der Mitgliederlogik unterstützt. Für einen erfolgreichen Prozess der Interessenorganisation ist es allerdings erforderlich, dass alle Organisationsmitglieder inklusive der Mitarbeiter aus Einwanderergruppen über eine ausreichende Kenntnis der Mitbestimmungsgrundsätze gemäß BetrVG verfügen.
7. Diese betriebspolitischen Mechanismen werden durch den Einfluss der Gewerkschaften, die gemäß BetrVG und aufgrund korporatistischer Vereinbarungen Zugang zu den Unternehmen haben, noch verstärkt. Gemäß der korporatistischen Ein-

flusslogik hat eine migranteninkludierende Politik der Gewerkschaften eine dafür positive Wirkung in den Verhandlungen mit Arbeitgebervereinigungen und staatlichen Stellen. Dies betrifft zentrale Vorgaben der korporativen Partner für die Arbeitsorganisationen wie auch den vorstrukturierenden Einfluss der Gewerkschaften bei der Besetzung der Erfolg versprechendsten Listenplätze für die betrieblichen und unternehmerischen Gremienwahlen. Daraus resultiert auch eine doppelte Mitgliederlogik: Je größer die Mitwirkung und Interessenorganisation von Mitgliedern mit Migrationshintergrund in den Gewerkschaften ist, umso mehr Einfluss haben sie auf die Gewerkschaftspolitik im Unternehmen sowie bei der Besetzung der gewerkschaftlichen Listen für die betrieblichen Gremienwahlen. Somit wird die Wirksamkeit migranten-inkludierender Maßnahmen maßgeblich durch die Höhe des gewerkschaftlichen Organisationsgrades im Unternehmen und speziell bei dessen Beschäftigten mit Migrationshintergrund beeinflusst.

8. Die betrieblichen Koalitionen (vgl. Cyert und March 1995, S. 207) bilden sich primär gemäß der gesetzlich fixierten Einteilung zwischen Kapital und Arbeit, also zwischen Anteilseignern bzw. Geschäftsleitung auf der einen und Belegschaft bzw. Gewerkschaften auf der anderen Seite. Innerhalb der Belegschaft können die wahltechnischen Möglichkeiten des Gesetzes jedoch zu selektiven Interessenorganisationen führen, die im Betriebsrat institutionell gebündelt und zu einer einheitlichen Interessenartikulation transformiert werden müssen. Alternativ können die abweichenden Interessen innerhalb der Belegschaftskoalition auch innerhalb der gewerkschaftlichen Vorfeldorganisation der Arbeitnehmer zusammengeführt werden. Hierbei findet die koalitionsinterne Auseinandersetzung nicht bei den Betriebsratswahlen, sondern in den Vorwahlen zu den gewerkschaftlichen Listenplätzen für die Betriebsratswahlen statt und führt häufig zur Festlegung von Proporzplätzen für einzelne Mitgliedergruppen. Dieses einheitsgewerkschaftlich-konsensuale Vorgehen hat den Vorteil, dass die Koalitionskonflikte nicht auf offener Bühne der Betriebsratswahlen offenbar und somit die Spielchancen gegenüber der Geschäftsleitung minimiert werden.
9. Falls es jedoch nicht gelingt, die unterschiedliche Interessenorganisation in der Belegschaft in eine homogene Vertretung zu überführen, drohen koalitionsinterne Streitigkeiten auf der Arbeitnehmerseite. Die Wahlen zu den betrieblichen und unternehmerischen Mitbestimmungsgremien können dann zu einer Pluralisierung antretender Listenvereinigungen führen, deren interessengruppenspezifischer Wettbewerb sich auch in der Betriebsrats- oder Aufsichtsratsarbeit fortsetzen kann. Obwohl eine solche pluralistisch-kompetitive Spielstrategie für die Gesamtbelegschaft zu suboptimalen Ergebnissen in den Verhandlungen mit der Geschäftsleitung bzw. den Anteilseignern führen wird, kann sie gemäß den spieltheoretischen Modellen im akteurzentrierten Institutionalismus (vgl. Scharpf 2000, S. 131f.) für einzelne Mitgliedergruppen partiell mehr Erfolge hervorbringen, als es eine Nichtberücksichtigung ihrer Interessen bei einem grundsätzlich kooperierenden Verhalten vermag.

10. Anhand der beschriebenen Akteurkonstellationen in einer mitbestimmten und gewerkschaftlich durchdrungenen Arbeitsorganisation wird deutlich, dass die Aushandlungsprozesse hinsichtlich einer größeren Teilhabe von Arbeitsmigranten am Betriebsgeschehen zum Hauptteil aufseiten der Arbeitnehmerschaft und ihrer Inte-

ressengruppen liegen. Für die Geschäftsleitung eines Unternehmens ist das Konfliktniveau des untersuchten Problemzusammenhangs zunächst einmal recht niedrig, sodass sie sich aus den mikropolitischen Prozessen aufseiten der Belegschaft heraushalten wird. Erst wenn die Interessenorganisation innerhalb der Belegschaft nachhaltig zu Unruhe und zu keiner einheitlichen Arbeitnehmerhaltung in den Verhandlungen mit der Geschäftsleitung bzw. im Aufsichtsrat führt, wird sich die Unternehmensleitung stärker und ausgleichend an den Aushandlungsprozessen beteiligen oder sie zumindest zu beeinflussen versuchen.

11. Sobald die Beschäftigten mit Migrationshintergrund im Unternehmen ein aktiver Teil betrieblicher Mitbestimmung sind, ist die Folge eine sukzessiv stärkere Berücksichtigung ihrer Interessen seitens des Betriebsrates. Dies gilt in dem Maße, wie die Arbeitsmigranten ihre Partikularinteressen organisieren, artikulieren und – womöglich bei den betrieblichen Wahlen – auch erfolgreich wählbar machen können. Denn neben dem aktiven Wahlrecht bei betrieblichen und gewerkschaftlichen Wahlen ist für den Betriebsrat und die Gewerkschaften auch das passive Wahlrecht ein strukturell durchgreifender Tatbestand, da dieses ihre eigene Zusammensetzung und die Machtkonstellationen innerhalb der entsprechenden Gremien konstituiert.

12. Ein nachhaltig steigender Einfluss der Arbeitsmigranten in Gewerkschaften und Betriebsräten sollte gemäß der Einflusslogik von Arbeitsorganisationen auch Auswirkungen auf ihre betrieblichen Positionen im Unternehmen haben. Gemäß den Regelungen des BetrVG haben die Gewerkschaften und insbesondere der Betriebsrat erhebliche Informations-, Initiativ-, Mitwirkungs- und Mitbestimmungsrechte innerhalb von Organisationsentscheidungen. Dies betrifft sowohl die Einstellung und Entlassung von Arbeitnehmern als auch Versetzungs- und Beförderungsentscheidungen sowie die Konzeption von Arbeitsplatzbeschreibungen innerhalb eines Unternehmens, an denen der Betriebsrat beteiligt werden muss. Es ist zu erwarten, dass eine folgerichtige stärkere Berücksichtigung der Interessen ausländischer Arbeitnehmer seitens des Betriebsrates oder gar die vermehrte Beteiligung von Arbeitsmigranten an diesen Entscheidungen in ihrer Funktion als gewählte Betriebsräte die strukturelle Position der gesamten ausländischen Belegschaft in Unternehmen und Betrieben verbessern wird.

13. Sowohl organisations- als auch arbeitspolitisch sind in mitbestimmten und gewerkschaftlich durchdrungenen Unternehmen und Betrieben die Voraussetzungen gegeben, dass Arbeitnehmer mit Migrationshintergrund gegenüber ihren Kollegen ohne Migrationshintergrund gleichbehandelt werden. Hierzu trägt die systeminkludierende Funktion ihrer formellen Organisationsmitgliedschaften als auch ihr betriebspolitisches Recht bei, mittels eigener Beteiligungsmöglichkeiten innerhalb des betrieblichen Mitbestimmungssystems Teil der oft informellen, mikropolitischen Aushandlungs- und Entscheidungsprozesse im Unternehmen zu sein. In Betrieben und Unternehmen, in denen der gewerkschaftliche Organisationsgrad niedrig und die Stärke des Betriebsrates gering ist oder womöglich gar keine Arbeitnehmervertretung gewählt wird, sind Migranten wie alle anderen Arbeitnehmer mit den tradierten Mustern bisheriger Betriebs- und Unternehmenspolitik konfrontiert, die durch die mikropolitischen Netzwerke von Mitarbeitern ohne Migrationshintergrund bestimmt werden.

Nachfolgende Grafik macht die fallrelevanten Einflussfaktoren für eine wirksame Integration von Arbeitsmigranten in Unternehmen anschaulich. Anschließend werden die dargestellten Grundannahmen an den für den hier behandelten Fall relevanten Bedingungen der Anwerbung und Existenz von Arbeitsmigranten in Deutschland insbesondere für die Metall- und Automobilindustrie gespiegelt. Hierzu werden zunächst in einem darstellenden Teil die Geschichte der Anwerbemigration in die Bundesrepublik Deutschland sowie die institutionelle Rechtsinklusion von Arbeitsmigranten aufgezeigt.

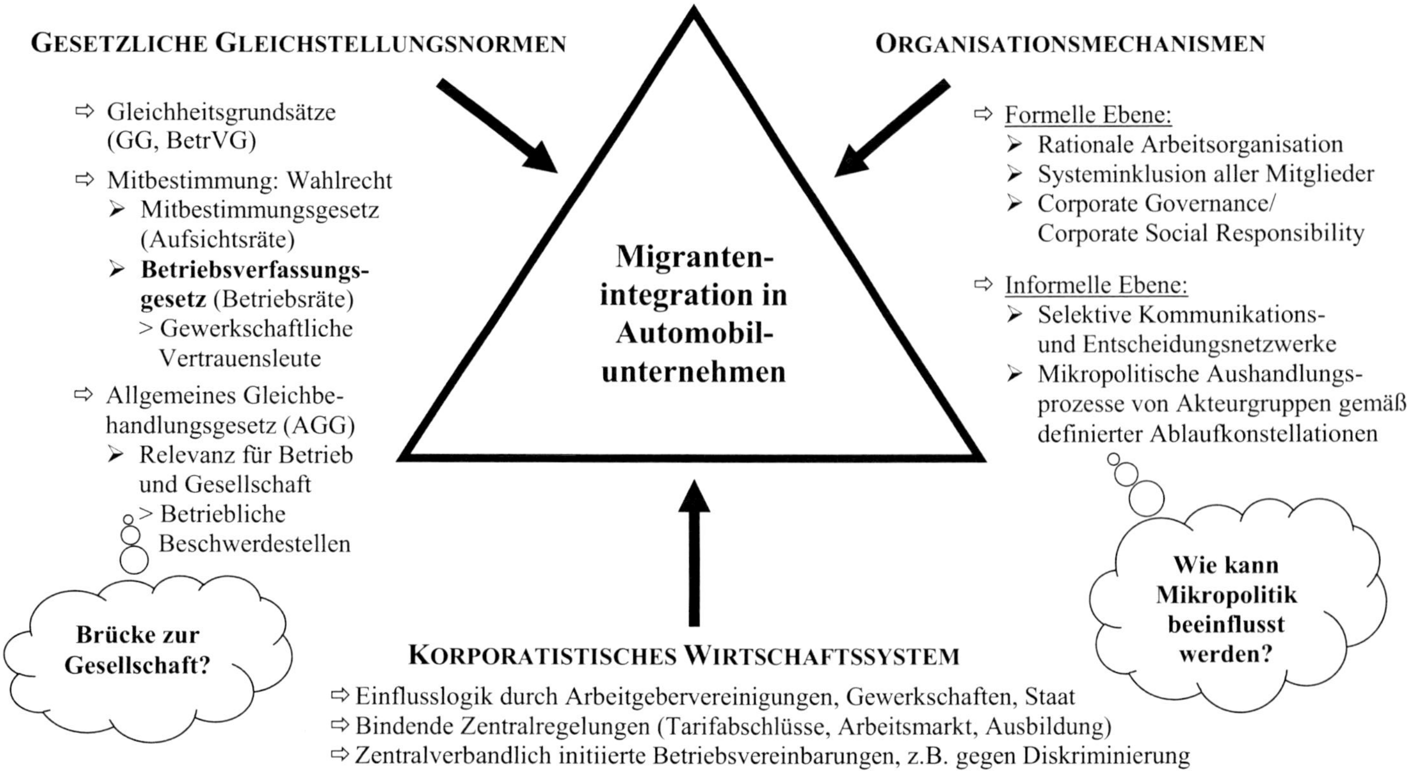

Abbildung 1: Einflussfaktoren für die Integration von Arbeitsmigrantinnen und Arbeitsmigranten in Automobilunternehmen

2 Die deutsche Anwerbepolitik nach dem Zweiten Weltkrieg zwischen außenpolitischen Erfordernissen, ökonomischem Nutzen und gesellschaftspolitischen Auswirkungen

Die hypothetischen Überlegungen hinsichtlich der betrieblichen Integration ausländischer Arbeitnehmer verweisen auf zwei systematische Bezugsebenen, die nachfolgend für die spezifisch deutsche Situation empirisch bearbeitet werden sollen: (1) die organisationalen Integrationsbedingungen in deutschen Arbeitsorganisationen und speziell in Unternehmen der deutschen Automobilindustrie und (2) die korporatistischen Strukturen innerhalb des deutschen Wirtschaftssystems unter Berücksichtigung der historischen Entwicklung industrieller und kollektiver Arbeitsbeziehungen in Deutschland. Zwar ist der Problemzusammenhang einer betrieblichen Integration von Arbeitsmigranten vorwiegend von den mikrokorporatistischen Strukturen innerhalb einer Arbeitsorganisation abhängig, die von der Makroebene mit ihrem Zusammenspiel politisch-administrativer und verbandlicher Akteure des Wirtschaftssystems differenziert betrachtet werden müssen (vgl. Mayntz 1990). Doch die Beleuchtung der korporatistischen Makroebene legt unter Berücksichtigung der tarif- und sozialpartnerschaftlichen Vereinbarungen von Gewerkschaften und Arbeitgeberverbänden die Rahmenbedingungen arbeitsorganisationalen Handelns in Deutschland frei und zeigt zudem die Charakteristika der deutschen Wirtschaftsordnung auf, in der Arbeitsorganisationen Bestandteile eines organisatorisch dichten Geflechts nationalspezifischer und sozialer Institutionen sind (vgl. Streeck 1999, S. 13).

2.1 Die Inklusion ausländischer Beschäftigter in das deutsche Wirtschafts- und Arbeitsrechtssystem

Die wirtschaftlichen Bedingungen und die Praxis der Arbeitsbeziehungen in der Bundesrepublik Deutschland bieten Arbeitsmigranten gute Voraussetzungen, sich in das hiesige Arbeitsmarkt- und Betriebssystem zu integrieren: Das politikregulierte Wirtschaftssystem sorgt dafür, das seine kapitalistisch orientierte Marktwirtschaft durch politisch ausgehandelte Institutionen sowohl tief organisiert als auch streng reguliert ist, was gesellschaftspolitische Systemeinflüsse ermöglicht (vgl. Sorge 1999, S. 82). Zudem hat die qualitätsorientierte Wirtschaftsweise deutscher Unternehmen ihre Ursache in der Übernahme der traditionellen Berufsstruktur mit ihrer breiten Nutzung hoher berufsfachlicher Qualifikationen; das führte dazu, dass die betrieblichen Arbeitsbeziehungen in Deutschland sozial inklusiv und zusammenhängend angelegt sind (vgl. Sorge 1999, S. 63). Dies ermöglichte die Herausbildung flacher Hierarchien sowie eine Dezentralisierung von Verantwortung und Entscheidungen auf technisch-fachlicher Grundlage (vgl. Kommission Mitbestimmung 1999, S. 240). Die Betonung beruflicher Fachlichkeit begünstigte die Inklusion der anfangs systemfremden Anwerbemigranten, weil sie vielen von ihnen in der betrieblichen Praxis die Chance gab, über ihre (dort angeeignete) Fachkompetenz von Vorgesetzten ernst genommen zu werden.

Die skizzierte Struktur des deutschen Wirtschaftssystems und der industriellen Arbeitsbeziehungen unterscheidet die daran beteiligten Arbeitnehmer somit nicht nach ihrer Nationalität, sondern nach ihrer systemischen Passung im Sinne einer qualitätskompetitiven Qualifikation. Die sich im politischen und institutionellen Kontext der deutschen Gesellschaft zudem entwickelten hiesigen Mitbestimmungsstrukturen in Betrieben und Unternehmen beförderten den Inklusionsprozess bei Arbeitsmigranten, weil die Mitbestimmungsrechte gemäß dem BetrVG sowie dem MitbestG auch ausländischen Arbeitnehmern die Möglichkeit geben, ihre Interessen durch Betriebs- und Aufsichtsräte vertreten zu lassen. Die seit einigen Jahrzehnten wahrnehmbare Globalisierung mit ihrer wirtschaftlichen und finanziellen Internationalisierung mindert die Wirksamkeit nationaler Grenzen und ermöglicht auch eine internationale Mobilität von Arbeitskräften, was das bundesrepublikanische Institutionengefüge mit seiner begrenzten Mobilität der Produktionsfaktoren und dem Ausgleich zwischen Kapital- und Arbeitsmärkten bedroht. Trotz eines sich verändernden globalen Wirtschaftssystems ist jedoch die Struktur deutscher Wirtschaftsweise und Arbeitsbeziehungen auf institutioneller Ebene noch immer ein Erfolg versprechendes Muster für die betriebliche Integration von Arbeitsmigranten (Hinken 2003), selbst innerhalb der Konkurrenz zwischen politik- und marktregulierten Wirtschaftssystemen.[27] So versucht etwa das im Jahr 2001 reformierte BetrVG durch Globalisierung und Arbeitsmigration veränderte Beschäftigungs- und Arbeitsverhältnisse durch modifizierte Regelungen gesetzlich handhabbar zu halten, um damit den Anteil mitbestimmungsfähiger Unternehmen und Betriebe zu erhöhen, was die Voraussetzung für eine betriebliche Inklusion aller Belegschaftsangehöriger ist.

Mit diesen institutionellen Rahmenbedingungen wurde nach dem Zweiten Weltkrieg die Einwanderung ausländischer Arbeitskräfte in die Bundesrepublik Deutschland konfrontiert. Ab Mitte der 1950er-Jahre konnte mit der Anwerbemigration aus Ländern des Mittelmeerraumes in bestimmten Wirtschaftsbranchen ein verstärkter Arbeitskräftebedarf gedeckt werden. Doch wurden diese Einwanderungen ausländischer Arbeitnehmer nicht aus rein wirtschafts- und arbeitsmarktpolitischen sowie arbeitstechnischen Gründen initiiert, sondern in wesentlicherem Maße durch die Außen- und Europapolitik der damaligen Bundesregierung unter Bundeskanzler Adenauer befördert, der damit größere Handlungsspielräume für seine Politik einer sich ausweitenden Souveränität des westdeutschen Staates erwartete (vgl. Schönwälder 2001, S. 217). Somit verfolgte die damalige Bundesregierung das Ziel, eine Offenheit für Arbeitsmigration aus Drittstaaten zu erreichen, um ihren zentralen Anliegen in Form außenpolitischer Freiräume und eines zuträglichen Wirtschaftswachstums mittels Wahrnehmung ausländischen Arbeitskräftepotenzials zu genügen (vgl. Steinert 1995, S. 334). Die Einbeziehung der Ausländerbeschäftigung in die Kontexte von Ausgestaltung des Wohlfahrtsstaates sowie Europäisierung und Modernisierung bundesrepublikanischer Politik nach dem Zweiten Weltkrieg

---

[27] Andere Unterscheidungsversuche benutzen andere Begrifflichkeiten und sind teilweise weiter unterfächert. So differenziert Soskice (1999) in koordinierte und liberale Marktwirtschaften, Albert (1993) in einen rheinischen und einen angelsächsischen Kapitalismus und Esping-Andersen (1990) in liberale, konservativ-korporatistische und sozialdemokratische Typen. Die hier verwendete Unterscheidung zwischen politik- und marktregulierten Systemen entwickelte Faist (1998) für den transatlantischen Vergleich und wurde von Bommes und Halfmann (1998) sowie Bade (2000) auf den allgemeinen Zusammenhang zwischen sogenannten Wohlfahrts- und Migrationsregimen angewandt.

sorgte für eine Funktionalisierung der Arbeitsmigration als Instrument verschiedener Politikfelder. Für den hier relevanten Zusammenhang ist jedoch sehr viel interessanter, dass die Instrumentalisierung der Arbeitsmigration für andere Politikbereiche nachfolgend auch für die Ausländer- und Ausländerbeschäftigungspolitik rechtliche Folgebeschlüsse präjudizierte.

Denn unter dem zunehmenden Einfluss von Daueraufenthalten und Familiennachzügen verlagerte sich der Lebensmittelpunkt der Anwerbemigranten von ihrem Herkunftsland in das Zielland Bundesrepublik Deutschland, sodass die zirkulären Migrationssysteme in Kettenwanderungen und somit Arbeitsaufenthalte in Einwanderungssituationen übergingen. Hierbei zeigte sich auch der institutionelle Inklusionsmechanismus von nationalen Wohlfahrtsstaaten: Durch den sozialstaatlichen Einbezug der Anwerbemigranten in das bundesrepublikanische Versicherungssystem wuchsen die eingewanderten Arbeitnehmer und ihre Familienangehörigen in Rechtsverhältnisse hinein, die einen dauerhaften Aufenthalt in der Bundesrepublik Deutschland garantierten (vgl. Bommes 1999, S. 186 f.). Die Anwerbemigranten, die nach dem Anwerbestopp im November 1973 mit ihren Familien in der Bundesrepublik leben wollten, erwarben sich während ihrer Beschäftigungszeit Inklusionsrechte, die ihnen sowohl eine sozialversicherungsrechtliche Absicherung als auch einen gesicherten Aufenthaltsstatus garantierten. Darüber hinaus beförderte die wirtschaftliche Vergemeinschaftungspolitik der EWG europarechtliche Angleichungsnotwendigkeiten in den Mitgliedsstaaten, von denen seit den 1960er-Jahren das BetrVG in Bezug auf die betrieblichen Beteiligungsrechte der EWG-Ausländer berührt war, die aber auch heutzutage noch gesetzliches Veränderungspotenzial haben, wie die Verabschiedung des AGG im Jahr 2006 aufgrund europäischer Antidiskriminierungsverordnungen zeigte. Von beiden Gesetzesänderungen profitieren auch ausländische Arbeitnehmer in der Bundesrepublik Deutschland – insbesondere, weil ihnen der deutsche Gesetzgeber mit der Reform des BetrVG im Jahr 1971 neben dem aktiven auch das passive Wahlrecht zu den betrieblichen Gremien zubilligte. Die Anwerbemigranten wurden dadurch Teil des (west-)deutschen Mitbestimmungssystems.

Die aus der traditionellen Entwicklung der Arbeitsbeziehungen in Deutschland entstandene soziale Homogenität der Belegschaft wurde mithilfe des einflusslogischen Mitbestimmungsrechts betrieblich kodifiziert. Es gibt den Mechanismen der Mitgliedschaftslogik einen institutionellen Rahmen, der durch die Wahl und das Wirken eines die Belegschaftsinteressen vertretenden Betriebsrates ausgefüllt wird. Die institutionalisierte Arbeitnehmervertretung hat nachfolgend die Aufgabe, die Partikularinteressen in der Mitgliedschaft zu bündeln und miteinander zu harmonisieren, um anschließend mit einer monolithischen Arbeitnehmerposition in vertrauensvolle Verhandlungen mit der Geschäftsleitung eintreten zu können. Damit bewirkt sie eine die Arbeitnehmerinteressen berücksichtigende Unternehmenssteuerung, von der auch ausländische Belegschaftsmitglieder systemisch profitieren. Die alle Berufsgruppen repräsentierenden Betriebsräte sowie die einheitliche Gewerkschaftsstruktur sind in ihrer Geschlossenheit und ihren weitreichenden Mitbestimmungsrechten speziell und unterscheiden sich stark von den in anderen Ländern praktizierten Systemen, die keine in die Gegenwart reichende berufsständische Tradition mit korporatistisch-verbandlicher Durchdringung wirtschaftlicher Abläufe und einer monolithischen Betriebsorganisation haben. Ohne diese korporatistischen Verflechtungen sind die Unternehmen in anderen Ländern zwar ebenfalls soziale Organisationen, die entsprechend den organisationstheoretischen Überlegungen ihre Mitglieder inkludieren. Jedoch fehlt vielen Ländern hinsichtlich der Berücksichtigung gesonderter Arbeitnehmerinteressen der sich verstärkende Effekt einer gesellschaftlichen Einflusslogik durch Verbände und Staat, die den Interessengegensatz von Kapital und Arbeit oder Mehrheiten- und Minderheiteninteressen deutscher und ausländischer Belegschaftsgruppen aus- oder zumindest anzugleichen vermag.

2.2 Arbeitsmigration als Herausforderung für den korporatistischen Wohlfahrtsstaat Bundesrepublik Deutschland

Durch Ausbau des Wohlfahrtsstaates nach dem Zweiten Weltkrieg wurde der westdeutsche Staat zu einer zentralen strukturierenden Kraft des Arbeitsmarktes mit starken Organisationen wie den Arbeitsverwaltungen, die ihre Kontrolle des Zugangs zum Arbeitsmarkt an Kriterien der Bereitstellung eines volkswirtschaftlich ausreichenden Arbeitskräfteangebots und der Privilegierung von Staatsbürgern ausrichten. Anwerbemigration nach dem Zweiten Weltkrieg fand unter den institutionellen Rahmenbedingungen einer Mitglieder inkludierenden und korporatistischen Arbeits- und Sozialverwaltung statt, die auch den ausländischen Arbeitnehmern auf dem bundesrepublikanischen Arbeitsmarkt die Wahrnehmung sozialstaatlicher Schutz- und Leistungsangebote ermöglichte (vgl. Bommes und Halfmann 1998).

Das Thema „Ausländerbeschäftigung“ wurde in den korporatistischen Verhandlungen zwischen Staat, Arbeitgebern und Gewerkschaften nicht nur unter makroökonomischen Gesichtspunkten wie Wirtschaftsleistung, Arbeitskräftemangel und tariflicher Eingruppierung behandelt, sondern auch unter sozialpolitischen Fragestellungen wie Veränderung der sozialen Infrastruktur in Verdichtungsgebieten, Sprachförderung und berufliche Bildung der Arbeitsmigranten. So thematisierte die „sozialpolitische Gesprächsrunde“ von Vertretern des Bundesarbeitsministeriums BMAS, der BDA und des DGB seit Beginn der Anwerbung ausländischer Arbeitnehmer auch den Umgang mit der Ausländerbevölkerung, unter bedarfsgerechter Beteiligung von Mitarbeitern der Kirchen, der Wohlfahrtsverbände, anderer Ministerien und der Bundesländer.[28] Dieser Arbeitskreis, der auch „Koordinierungskreis ‚Ausländische Arbeitnehmer’ im BMAS“ genannt wurde, behandelte neben sozialpolitischen Problemen auch sozialrechtliche Fragen wie die Anwerbeorganisation, die Aufenthaltsdauer der ausländischen Arbeitnehmer, die mögliche zahlenmäßige bzw. zeitliche Begrenzung ihrer Zuwanderung durch Obergrenzen bzw. Rotation oder das „Illegalenproblem“ (vgl. entsprechende Experteninterviews mit Vertretern der beteiligten Institutionen). Somit war dieser Koordinierungskreis das zentrale Gremium hinsichtlich der Organisation und Ausgestaltung der Anwerbemigration, der konsensuale Leitlinien für die Behandlung ausländischer Arbeitnehmer erarbeitete, wenn er auch nie ein durchgreifendes und vor allem nachhaltiges Konzept zur Eingliederung ausländischer Arbeitnehmer und ihrer Familien in die bundesrepublikanische Gesellschaft entwickelte, wie Schönwälder (vgl. 2001, S. 505) betont. Diese Einschätzung wird durch das symptomatisch-widersprüchliche Ergebnis einer Sitzung des Ar-

---

[28] So die Informationen verschiedener Teilnehmer sozialpartnerschaftlicher Gespräche zum Thema „Ausländische Arbeitnehmer“, vgl. Experteninterviews mit dem zuständigen Vertreter des BMAS, Dr. Peter Heiden, v. 30.05.2001, mit dem zuständigen Vertreter des BDA, Dr. Reinhard Ebert, v. 28.02.2000 sowie mit dem zuständigen Vertreter des DGB, Karl-Heinz Goebels, v. 05.09.2000.

beitskreises im April 1973 bestätigt: Hierbei ist bemerkenswert, dass die Gesprächsrunde noch zu diesem Zeitpunkt, also knapp ein halbes Jahr vor dem Anwerbestopp, „eine Plafondierung [= zahlenmäßige Begrenzung der Einwanderung] und die zwangsweise Rotation [...] grundsätzlich abgelehnt“ hatte. Dennoch hielt es „ein Teil der Besprechungsteilnehmer [...] für erwägenswert, durch vertragliche Regelungen den Rückkehrwillen der ausländischen Arbeitnehmer zu stärken“ (Schönwälder 2001, S. 505). Dieser euphemistische Wunsch von nicht genau identifizierbaren Teilnehmern des Gesprächskreises nahm die etwa zehn Jahre später praktizierten betrieblichen und staatlichen Rückkehrförderprogramme vorweg.

Hieran wird deutlich, dass weder die Erfordernisse der Wirtschaft und des Arbeitsmarktes noch die Bedürfnisse der Arbeitsmigranten selbst die Ausländer- und Ausländerbeschäftigungspolitik der Bundesrepublik bestimmten, sondern die Verknüpfung verschiedener Politikbereiche, die mittels jeweils temporärer Vernetzung zu bestimmten politischen Entscheidungen in der Ausländerpolitik führten. Schönwälder belegt in ihrer umfang- und detailreichen Untersuchung der Einwanderungspolitiken Großbritanniens und der Bundesrepublik Deutschland zwischen den 1950er- und 1970er-Jahren, das die bundesrepublikanische Ausländerpolitik adäquat nur in einem breiteren Zusammenhang bundesdeutscher Politik zu verstehen ist. Die Frühphase der Anwerbezeit bis Mitte der 1960er-Jahre sei vor allem durch die Berücksichtigung ihrer Außen- und Europapolitik gekennzeichnet (vgl. Schönwälder 2001, S. 217), während die Behandlung der Arbeitsmigranten zu Zeiten der Anwerbehochphase von Ende der 1960er-Jahre bis zum Anwerbestopp Ende 1973 von einer Verknüpfung von Ausländerbeschäftigung und zentralen Modernisierungsanliegen sozialliberaler Politik geprägt war (vgl. ebd., S. 497f.).

Über den Gesprächskreis beim Bundesarbeitsministerium hinaus gab es noch drei weitere einflussreiche Arbeitsgruppen, die die Ausländerbeschäftigung in der Bundesrepublik in zum Teil korporatistischer Weise strukturierte[29]: zum einen den „interministeriellen Arbeitskreis für Fragen der Beschäftigung ausländischer Arbeitnehmer im BMAS“, bei dem neben dem Gastgeber – je nach Gesprächsthema und Ressortrelevanz – verschiedene Bundesministerien zugegen waren: zumeist das Innenministerium, um aufenthaltsrechtliche und sicherheitspolitische Fragen zu erörtern; das Bauministerium, das seit Mitte der 1960er-Jahre in den sozialen Wohnungsbau für Arbeitsmigranten involviert war; bis zum Anwerbestopp immer, danach seltener auch das Außenministerium, um die auswärtigen Beziehungen zu den Anwerbestaaten in den Diskussionsprozess einzubringen; bei brisanten außen- oder innenpolitischen Fragen auch das Kanzleramt. Zum anderen gab es den „Arbeitskreis der Ausländerreferenten des Bundes und der Länder im BMAS“ (Länderausschuss „Ausländische Arbeitnehmer“), der sich mit Ausländerfragen befasste, die die Kompetenzaufteilung zwischen Bund und Ländern tangierte. Dies betraf beispielsweise administrative Fragen der Umsetzung von Bestimmungen zum Aufenthaltsrecht von Arbeitsmigranten bzw. Familienzusammenführung, oder auch die berufliche Qualifizierung der Arbeitsmigranten, die Ende der 1970er-Jahre mit einem Fördervolumen von über 70 Millionen DM bezuschusst wurde[30]. Und

---

[29] Eine Darstellung der verschiedenen ministeriellen, korporatistischen und auch die Bundesländer berücksichtigenden Arbeitskreise zum Themenfeld „Ausländische Arbeitnehmer“ findet sich bei Schönwälder (2001, S. 506).

[30] Vgl. Experteninterview mit dem zuständigen Vertreter des BMAS, Dr. Peter Heiden, v. 30.05.2001.

drittens arbeitete seit Beginn des Anwerbestopps der „DGB-BDA-Arbeitskreis ‚Ausländische Arbeitnehmer'" am entsprechenden Themenbereich, unter regelmäßiger Beteiligung des BMAS und durch bedarfsorientierte Einladung von weiteren Gästen[31].

Die Aufstellung der verschiedenen Arbeitskreise macht deutlich, dass das Bundesarbeitsministerium nicht nur innerhalb der Bundesregierung formal für die Koordinierung und Ausgestaltung der Beschäftigung ausländischer Arbeitnehmer zuständig, sondern auch Anlaufstelle für das korporatistische Netzwerk von Institutionen war, die mit der Rekrutierung, Einstellung, Behandlung und Betreuung ausländischer Arbeitnehmer befasst waren. Hierbei vervollständigt der Hinweis, dass auch die BA, ausführende Institution bei der Rekrutierung und betrieblichen Zuweisung der Arbeitsmigranten, als untergeordnete Bundesbehörde durch das BMAS an den jeweiligen Gesprächsrunden beteiligt war, die zentrale Rolle des Arbeitsministeriums.

Nach dem Anwerbestopp Ende 1973 wurde die Behandlung des Themas „Ausländische Arbeitnehmer" von den relevanten korporatistischen Gremien unter verändertem Themenschwerpunkt getragen: Die Rekrutierung von Arbeitsmigranten fiel aus dem Spektrum der zu behandelnden Themen heraus, sodass die Betreuung und Behandlung der ausländischen Arbeitnehmer und ihrer Familien in den Mittelpunkt der Politik rückten. Und obwohl das BMAS hinsichtlich der Aspekte Familienzusammenführung, Wohnungsbau und nachfolgend beruflicher Qualifizierung die federführende Koordinierungsinstitution blieb, wuchs die Bedeutung des örtlichen Aufenthalts und der betrieblichen Integration stark an. Die Situation in den Betrieben und Unternehmen berührte jedoch die originären Interessensphären der beiden Sozialpartner DGB und BDA, sodass deren damalige Vorsitzende ihren entsprechenden Häusern schon eine Woche vor Bekanntgabe des Anwerbestopps den Auftrag erteilten, einen gemeinsamen Arbeitskreis zu gründen[32].

2.3 Ausländerintegration durch Rechtsinklusion: Die Entwicklung der Mitbestimmungsrechte ausländischer Beschäftigter in deutschen Unternehmen

Für die Anwerbemigrationen ab Mitte der 1950er-Jahre stellte sich sehr schnell heraus, wie strukturgebend das in Deutschland vorherrschende Institutionengefüge auch für die Existenz der aus dem Ausland kommenden Beschäftigten war. Wichtige Voraussetzung für die institutionelle Inklusion ausländischer Arbeitnehmer in deutsche Unternehmen waren die betriebsorganisatorischen Veränderungen nach dem Zweiten Weltkrieg, die im beschriebenen Maße die traditionellen korporatistischen Verbindungen zwischen Verbänden und Staat durch die politischen Nachkriegsvereinbarungen noch intensivierten. Die für den hier relevanten Zusammenhang wichtigste Veränderung ist die gesetzliche Verankerung eines weitgehenden betrieblichen und unternehmerischen Mitbestimmungsrechts für Arbeitnehmer durch das Montan-Mitbestimmungsgesetz[33] von 1951,

---

[31] Vgl. Experteninterview mit dem zuständigen Vertreter des BDA, Dr. Reinhard Ebert, v. 28.02.2000.

[32] Vgl. ebd.

[33] Gesetz über die Mitbestimmung der Arbeitnehmer in den Aufsichtsräten und Vorständen der Unternehmen des Bergbaus und der Eisen und Stahl erzeugenden Industrie.

das BetrVG von 1952 mit seiner Reform im Jahre 1972 und das MitbestG[34] von 1976. Diese gesetzliche Institutionalisierung der Teilhabemöglichkeiten von Arbeitnehmern in Betrieben und Unternehmen entsprach zwar der historischen Entwicklung der Arbeitsbeziehungen in Deutschland, ist in ihrer ländervergleichend enormen Reichweite aber nur aus der besonderen Heftigkeit des Zusammenbruchs infolge des Krieges und der weitgehenden Delegitimierung vorheriger staatlicher Ordnung und Wirtschaftsführung nach der Zeit des Nationalsozialismus erklärbar (vgl. Sorge 1999, S. 26f.). So finden sich im internationalen Vergleich nirgendwo so weitgehende Arbeitnehmerrechte wie in der 1951 vom Bundestag beschlossenen paritätischen Mitbestimmung von Arbeitnehmern in Aufsichtsräten der seinerzeit industriell herausragenden Montanindustrie. Zwar relativierten die nachfolgenden Betriebsverfassungs- und Mitbestimmungsgesetze diese weitgehenden Teilhabemöglichkeiten der Belegschaften an ihren Unternehmen. Aber auch sie bestätigten im Grundsatz das Recht der Arbeitnehmervertreter, insbesondere im sozialen und personalen Bereich einer arbeitgeberzentrierten Unternehmenspolitik arbeitnehmerorientierte Grenzen aufzeigen und somit einen sozialverträglichen Ausgleich zwischen Kapital und Arbeit bewirken zu können.

Diese Arbeitnehmerrechte sollen im Grundsatz für alle Belegschaftsmitglieder gelten, was nach den starken Anwerbemigrationen ab den 1960er-Jahren auch die ausländischen Arbeitnehmer einschloss. Hinsichtlich einer Bestimmung, die im BetrVG von 1952 eine Ungleichbehandlung von deutschen und ausländischen Arbeitnehmern im Unternehmen vorsah, wurde das entsprechende Gesetz bei seiner Reform im Jahre 1972 so verändert, dass Arbeitsmigranten nunmehr auf direktem Wege ihre Interessen vertreten konnten: die Zubilligung des passiven Wahlrechts für die Betriebsratswahlen nach dem § 8 BetrVG. Fehlt vielen Migranten in der Bundesrepublik Deutschland aufgrund nichtdeutscher Staatsangehörigkeit das Recht der politischen Partizipation bei allgemeinen Wahlen zum Europäischen Parlament, Bundestag, Landtag und zur Kommune[35], haben sie in den Betrieben die gleichen Möglichkeiten der politischen Teilhabe wie ihre deutschen Kollegen. Dort konnten sie selbst nach Geltung des alten BetrVG Betriebsräte aktiv wählen und damit dynamisierende Effekte unter den antretenden Kandidaten und Listen auslösen. Seit der Gesetzesreform 1972 hatten sie zudem die Möglichkeit, sich als Arbeitnehmervertreter wählen zu lassen und somit aktive Mitgestalter innerhalb des betrieblichen Mitbestimmungssystems zu werden.

Interessant ist in diesem Zusammenhang die Veränderung der Gesetzesgrundlage hinsichtlich des passiven Wahlrechts: Das BetrVG von 1952 erkannte nur denjenigen Arbeitnehmern das passive Wahlrecht zu, die das Wahlrecht zum Deutschen Bundestag besaßen, somit nur deutschen Staatsangehörigen.[36] Erst im Jahre 1968 wurde den Arbeitnehmern aus den Mitgliedstaaten der EWG das passive Wahlrecht zugestanden –

[34] Mitbestimmungsgesetz für alle deutschen Kapitalgesellschaften (AG, Genossenschaft, GmbH und KGaA) mit über 2.000 Beschäftigten.

[35] Ausnahmen sind in diesem Zusammenhang EU-Angehörige, die im Zuge der Maastrichter Verträge von 1993 zumindest das kommunale Wahlrecht und das Europawahlrecht in Deutschland in Anspruch nehmen können.

[36] Es ist bemerkenswert, dass auch schon das BetrVG von 1952 das aktive Wahlrecht allen Arbeitnehmern, also sowohl deutschen wie auch ausländischen Beschäftigten, zugestand und somit einen unterschiedlichen Teilnehmerkreis zu beiden Wahlrechten vorsah.

eine Konsequenz aus den in den Römischen Verträgen vereinbarten und sukzessiv umgesetzten Freizügigkeitsregelungen für Arbeitnehmer innerhalb der EWG[37]. Mit der Reform des BetrVG im Jahr 1972 räumte die damalige sozialliberale Regierungskoalition mit Unterstützung des DGB, aber gegen die Vorbehalte von CDU/CSU und Arbeitgebervertretern (vgl. Schönwälder 2001, S. 509ff.) allen ausländischen Arbeitnehmern, also auch Nicht-EWG-Angehörigen, das passive Wahlrecht zu den Betriebsratswahlen ein. Diese gesetzgeberische Maßnahme vollzog damit bindendes EWG-Recht mitgliedsländergesetzlich nach und entsprach auch positiven Erfahrungen mit ausländischen Betriebsräten in Unternehmen mit hoher Ausländerbeschäftigung, die es dort schon vor der Gesetzesreform von 1972 gab, auf die weiter unten noch näher eingegangen wird.[38] Nicht zuletzt werden auch die berühmte Ankündigung „Wir wollen mehr Demokratie wagen" des neuen Bundeskanzlers Willy Brandt und der damit verbundene Zeitgeist, „die demokratische Gesellschaft (zu schaffen), zu der alle mit ihren Gedanken zu einer erweiterten Mitverantwortung und Mitbestimmung beitragen sollen"[39], Gründe dafür sein, dass auch „alle" ausländischen Arbeitnehmer das passive Wahlrecht zugebilligt bekamen, um sich umfassend am betrieblichen Mitbestimmungsprozess beteiligen zu können.

Der Schwund an Mitbestimmung in deutschen Betrieben war ein Grund für die im Jahr 2001 beschlossene Reform des BetrVG. Von 1981 bis 1994 sank der Anteil der Beschäftigten in Betrieben mit Betriebsrat in der alten Bundesrepublik von 50,6 auf 39,5 %, nach der Erweiterung des Kreises mitbestimmungsfähiger Unternehmen durch die Gesetzesreform stieg der Beschäftigtenanteil wieder auf 46 % (vgl. Ellguth und Kohaut 2008, S. 517f.). Eine Ursache für diese Entwicklung ist die Existenz neuer, atypischer Beschäftigungs- und Organisationsformen, die nicht oder nur zum Teil unter das BetrVG fallen. Häufiges Ergebnis dieses Phänomens ist ein verminderter Schutz der Arbeitnehmerinteressen in diesen Firmen. Da Arbeitsmigrantinnen und Arbeitsmigranten überproportional oft in solchen Unternehmen beschäftigt sind (z. B. in Leiharbeitsfirmen), erscheint in Bezug auf die betriebliche Integration von Ausländerinnen und Ausländern eine Gesetzesreform mit zeitgemäßen Betriebs- und Arbeitnehmerdefinitionen geboten.

---

[37] Aufgrund dieses vergemeinschafteten Politikbereichs innerhalb der damaligen EWG-Staaten hatte der Art. 8 Abs. 1 der EG-Verordnung Nr. 1612/68 über die Freizügigkeit der Arbeitnehmer innerhalb der Gemeinschaft vom 15.10.1968 (Amtbl. EG Nr. 257 vom 19.10.1968, S. 2; BArbBl. 68, 590) Vorrang vor den Bestimmungen des seinerzeit geltenden deutschen BetrVG. Vgl. dazu Fitting et al. (1996) § 8 Rn 21.

[38] Unternehmen und Betriebe mit hohem Ausländeranteil machten sich schon in den 1960er-Jahren einen Ausnahmepassus im BetrVG von 1952 zunutze. Denn im dort aufgeführten § 7 Abs. 1 heißt es zur Wählbarkeit von Arbeitnehmern, dass auf die „Voraussetzung[...] des Wahlrechts für den Deutschen Bundestag [...] in Ausnahmefällen Abstand genommen werden [kann], wenn zwischen der Mehrheit der Arbeitnehmer und dem Arbeitgeber hierüber eine Verständigung herbeigeführt wird". Somit konnten nach Zustimmung von Betriebsrat und Geschäftsleitung auch ausländische Belegschaftsmitglieder, die das 21. Lebensjahr vollendet hatten, zu Betriebsräten gewählt werden. Juristische Kommentare zum BetrVG verweisen aber schon in den 1960er-Jahren auf die rechtlichen Besonderheiten für EWG-Bürger hinsichtlich ihres passiven Wahlrechts zu den Betriebsratswahlen, „jedoch mit der Einschränkung, daß sie drei Jahre [statt nur einem Jahr wie ihre deutschen Kollegen, Anmerkung d. Verf.] in dem betreffenden Betrieb beschäftigt sind (VO Nr. 38/64 des Rats der EWG v. 25. März 1964 über die Freizügigkeit der Arbeitnehmer innerhalb der Gemeinschaft" (Dietz 1967, RN 19b und 19c).

[39] Zitate aus der Regierungserklärung Willy Brandts vor dem Deutschen Bundestag in Bonn am 28.10.1969.

Die bei der Reform durchgesetzten Anhebungen der Schwellenwerte für Betriebsratsgröße und -freistellungen erleichtern die Vertretung von Ausländern in Betrieben wie überhaupt von Belegschaftsminderheiten und fördern somit den Betriebsfrieden durch größere Zufriedenheit aller Beschäftigten. Eine Erhöhung der Betriebsratsmandate vermindert den in vielen größeren Unternehmen vorhandenen Druck bei der Besetzung sicherer Wahllistenplätze. Bei der alten Gesetzeslage konnte man diesbezüglich oft beobachten, dass Mitglieder gesellschaftlich häufig benachteiligter Gruppen wie Frauen, Ausländer oder Behinderte selten vordere Listenplätze bei betrieblichen Gremienwahlen besetzen.

Ein entscheidender Schritt für die Berücksichtigung der Interessen von Arbeitsmigranten auch in kleineren Betrieben sollte die Veränderung des Wahlverfahrens im Reformentwurf sein. Während es die ausländischen Beschäftigten in großen Unternehmen aufgrund ihrer Anzahl sehr gut verstehen, ihre Interessen in die betrieblichen Entscheidungen einzubringen, fällt dies Arbeitsmigranten in kleinen und mittelständischen Unternehmen schwerer, weil dort der Ausländeranteil zumeist niedriger ist und in vielen dieser Betriebe kein Betriebsrat existiert. Die Vereinfachung des Wahlverfahrens beispielsweise bei der Initiierung einer Betriebsratsarbeit sollte dieses Defizit verringern und damit die Möglichkeit eröffnen, die betriebliche Situation von Minderheitengruppen zu verbessern.

Einen diesbezüglich gegenteiligen Effekt hat in größeren Unternehmen der 2001 geänderte § 27 Abs. 1, der die Wahl des Betriebsausschusses regelt. In Betrieben mit mehr als 200 Beschäftigten ist der Betriebsausschuss das eigentliche Machtzentrum der Arbeitnehmervertretung, weil dessen Mitglieder die entscheidenden Gespräche mit der Geschäftsleitung des Betriebes führen. Die Unionsparteien im Bundestag hatten gegen die Veränderung des Wahlmodus für den Betriebsausschuss, die die DGB-Gewerkschaften bei der Wahl in den meisten Fällen bevorteilt, mit Blick auf die ihr nahestehenden christlichen Gewerkschaftslisten in den Betrieben scharf protestiert. Hinsichtlich der Beteiligung von Ausländern oder Beschäftigten mit Migrationshintergrund in den Betrieben ist eine solche Änderung ebenso bemerkenswert. Denn auch Ausländerlisten, die in manchen Unternehmen bei Wahlen kandidieren, wären dann von den entscheidenden Gesprächen innerhalb des betrieblichen Exekutivorgans ausgeschlossen.

Im Gegensatz dazu sind die geänderten §§ 80 und 88 zur Bekämpfung von Rassismus und Fremdenfeindlichkeit im Betrieb wie zum Abschluss von entsprechenden Betriebsvereinbarungen normative Appelle, die von sich aus keine strukturellen Veränderungen erbringen können. Hält man die in angelsächsischen Ländern praktizierte Quotenregelung bei der Besetzung von Betriebspositionen mit Mitgliedern benachteiligter Gruppen für zu radikal, kann man eine wirksame Verbesserung ihrer betrieblichen Positionen nur durch ihre Stärkung innerhalb des betrieblichen Mitbestimmungssystems erreichen. Die Gesetzesänderung von 2001, dass die weiblichen Beschäftigten eines Betriebes entsprechend ihrem Belegschaftsanteil im Betriebsrat vertreten sein müssen (vgl. § 15 Abs. 2 BetrVG, „Geschlechterquote"), hätte als analog eingesetzte Vorschrift auch für die ausländischen Arbeitnehmer eines Unternehmens einen spürbaren Zugewinn an Betriebsratsmandaten und damit weitere Teilhabemöglichkeiten erbracht.

2.3.1 Betriebliche Integration durch Arbeitsrechtsinklusion

Das deutsche Mitbestimmungssystem hat durch die umfangreichen Informations-, Initiativ-, Mitwirkungs- und Mitbestimmungsrechte der Arbeitnehmervertretungen auch große Auswirkungen auf die Existenz und Stellung ausländischer Arbeitnehmer in den Betrieben. Die Arbeitsmigranten können die betrieblichen Teilhabemöglichkeiten rechtlich ebenso wahrnehmen wie die deutsche Belegschaft. Ihre politischen Mitwirkungsmöglichkeiten initiieren dynamisierende Effekte, deren Folge eine stärker gleichberechtigte Stellung im Vergleich zu den einheimischen Arbeitskollegen sein kann. Diese Dynamik entspricht einer Voraussetzung des deutschen Mitbestimmungssystems für ein erfolgreiches Miteinander von Arbeitgebern und Arbeitnehmern, nämlich die einer homogenen Belegschaft. Der bei Forschungen zu Migrationsfolgen zentrale Begriff der „Integration“ von Zuwanderern meint betriebspolitisch den Zustand der sozialen Homogenität einer Unternehmensbelegschaft, der in der Mitbestimmungsforschung als Voraussetzung für die legitimierte Vertretung der Belegschaftsinteressen durch den Betriebsrat betrachtet wird (vgl. Kommission Mitbestimmung 1999, S. 245).

Das deutsche Mitbestimmungssystem kann durch sein großes soziales Integrationspotenzial als eine weitere Ausdifferenzierung und Intensivierung betrieblicher Inklusion ausländischer Arbeitnehmer bezeichnet werden – der organisationsimmanente Inklusionskern umfasst das generelle Erfordernis für Betriebe und Unternehmen, jeden Arbeitnehmer, unabhängig ob deutsch oder ausländisch, für die wirtschaftlichen Ziele der Organisation nutzbar machen zu können und damit, je nach Organisations- bzw. Unternehmenseinheit, gleiche Organisationsmitgliedschaften zu gewährleisten. Innerhalb der Unternehmen hilft Mitbestimmung darüber hinaus, Hierarchien zu überbrücken und den sozialen Abstand zwischen 'unten' und 'oben' zu verringern (vgl. ebd., S. 246). Sorgt eine Mitbestimmungsstruktur für den Ausgleich innerhalb der Personalhierarchie eines Unternehmens, hat sie als allgemeingültiges politisches System ebenso Identifikationskraft innerhalb der Belegschaft, vermag sie somit unterschiedliche Beschäftigtengruppen des Betriebes zu integrieren und somit den sozialen Frieden innerhalb der Belegschaft herzustellen.

Die institutionelle Komponente des betrieblichen Inklusionssystems liegt in der langfristigen Wirksamkeit der homogenisierenden Effekte für Ausländer als Belegschaftsmitglieder. Der daraus entstehende Homogenisierungsdruck kann auch durch latent vorhandene Vorbehalte gegenüber Ausländern in den Betrieben nicht verstellt werden. Gerade in Wirtschaftsbranchen, in denen das effektive Zusammenspiel von Mitbestimmung und unternehmerischer Marktstrategie zu beobachten ist, tritt dieser Effekt deutlich zutage. Innerhalb solch stark mitbestimmter Strukturen, wie man sie besonders in der paritätisch organisierten Montanindustrie, aber auch in den gewerkschaftlich stark durchdrungenen und damit arbeitnehmerpolitisch gut organisierten Branchen der Metall- und Automobilindustrie vorfindet, wird die Interessenorganisation der Migrantengruppen von der Einflusslogik seitens des Gesetzes oder der Gewerkschaften befördert, was erheblichen Einfluss auf die mikropolitischen Aushandlungsprozesse innerhalb eines Unternehmens haben kann. Dies unterscheidet den systemimmanenten Integrationsmodus im betrieblichen Umfeld von den gesamtgesellschaftlichen Bedingungen. Aber auch hier gibt es seit einigen Jahren gesetzgeberische Bemühungen, einen praxiswirksamen Gleichbehandlungsmodus für benachteiligte gesellschaftliche Gruppen zu installieren.

2.3.2 Das Allgemeine Gleichbehandlungsgesetz (AGG)

Die genannten arbeitsrechtlichen Bedingungen bei der Integration ausländischer Arbeitnehmer gehen auf bundesrepublikanische Gesetzgebungen und Initiativen zurück, die in einzelnen Punkten aber schon Einflüsse intergouvernementaler Zusammenarbeit und Verpflichtungen gemäß einer europäischen Integration aufwiesen. Dieser Einfluss verstärkte sich seit Beginn des 21. Jahrhunderts, als europarechtliche Vorgaben im Zuge der Verträge und Bestimmungen zur Europäischen Union den deutschen Gesetzgeber zwangen, Regeln zum arbeits- und zivilrechtlichen Schutz bestimmter Bevölkerungsgruppen vor Benachteiligungen umzusetzen. Bis zu diesem Zeitpunkt gab es bereits einige Vorschriften, die den Schutz vor Diskriminierungen zum Ziel hatten. Diese waren allerdings auf unterschiedliche Gesetze verteilt und genügten nicht den europarechtlichen Vorgaben. Arbeitsrechtlich explizit geschützt waren bis dahin nur die Merkmale des Geschlechts sowie der Behinderung (vgl. Boemke und Danko 2007, § 1 Rn. 6). Der Rat der Europäischen Union hat auf diese Uneinheitlichkeit reagiert und von seinem Recht aus Art. 13 Abs. 1 EGV Gebrauch gemacht, indem er nachfolgende vier Richtlinien erlassen hat:

- Richtlinie 2000/43/EG des Rates vom 29. Juni 2000 zur Anwendung des Gleichbehandlungsgrundsatzes ohne Unterschied der Rasse oder ethnischen Herkunft,
- Richtlinie 2000/78/EG des Rates vom 27. November 2000 zur Festlegung eines allgemeinen Rahmens für die Verwirklichung der Gleichbehandlung in Beschäftigung und Beruf,
- Richtlinie 2002/73/EG des Europäischen Parlaments und des Rates vom 23. September 2002 zur Änderung der Richtlinie 76/207/EWG des Rates zur Verwirklichung des Grundsatzes der Gleichbehandlung von Männern und Frauen hinsichtlich des Zugangs zur Beschäftigung, zur Berufsbildung und zum beruflichen Aufstieg sowie in Bezug auf die Arbeitsbedingungen sowie
- Richtlinie 2004/113/EG des Rates vom 13. Dezember 2004 zur Verwirklichung des Grundsatzes der Gleichbehandlung von Männern und Frauen beim Zugang zu und bei der Versorgung mit Gütern und Dienstleistungen.

Die Bundesrepublik Deutschland war gefordert, diese im Rahmen des Sekundärrechtes erlassenen Richtlinien innerhalb gewisser Fristen verbindlich und wirksam in nationales Recht zu überführen (vgl. Schrader und Schubert 2006, Rn. 19). Nach ersten erfolglosen Umsetzungsversuchen u. a. in Form des rot-grünen Antidiskriminierungsgesetzes (vgl. Hinken 2005) und der Beantragung von Zwangsgeldern durch die EU-Kommission wegen zum Teil abgelaufener Umsetzungsfristen wurde das „Gesetz zur Umsetzung europäischer Richtlinien zur Verwirklichung des Grundsatzes der Gleichbehandlung", Allgemeines Gleichbehandlungsgesetz (AGG) genannt, im Jahr 2006 verabschiedet.

Das AGG hat inhaltlich zum Ziel, ungerechtfertigte Benachteiligungen aus Gründen der Rasse oder wegen der ethnischen Herkunft, des Geschlechts, der Religion, einer Behinderung, des Alters oder der sexuellen Identität zu verhindern oder zu beseitigen (vgl.

Grobys 2006). Sein arbeitsweltlicher Bezug richtet sich (1) auf die Bedingungen, einschließlich der Auswahlkriterien und Einstellungsbedingungen, für den Zugang zur Erwerbstätigkeit sowie für den beruflichen Aufstieg, (2) auf die Beschäftigungs- und Arbeitsbedingungen, (3) auf den Zugang zur Berufsausbildung sowie zur beruflichen Weiterbildung, (4) auf die Mitgliedschaft und Mitwirkung in Gewerkschaften, (5) auf die sozialen Vergünstigungen sowie (6) auf den Sozialschutz, einschließlich der sozialen Sicherheit und der Gesundheitsdienste. Der Benachteiligungsgrund der Rasse bzw. der ethnischen Herkunft zeigt in Kombination mit den Beschäftigungs- und Arbeitsbedingungen die Relevanz des Gesetzes für die hier untersuchte Fragestellung.

Im Sinne des Gesetzes liegt eine Benachteiligung vor, wenn ein Beschäftigter aus den genannten Gründen schlechter gestellt oder weniger günstig behandelt wird als eine andere Person in vergleichbarer Situation. Hinsichtlich des hier behandelten Zusammenhangs können weitere Formen der Ungleichbehandlung die Verletzung der Würde der Person, insbesondere durch Schaffung eines von Anfeindungen oder Beleidigungen gekennzeichneten Umfeldes, sowie die Anweisung zu einer dieser Verhaltensweisen sein. Das Gesetz verpflichtet den Arbeitgeber, alle Beschäftigten mithilfe geeigneter Maßnahmen vor Benachteiligungen zu schützen, so insbesondere durch die Schaffung innerbetrieblicher Beschwerdestellen (§ 13 AGG). Werden Beschäftigte innerhalb des Betriebsgeschehens von Kollegen oder Vorgesetzten benachteiligt oder beleidigt, können sie sich an ihren unmittelbaren Vorgesetzten oder an jene betriebliche Beschwerdestelle wenden. Darüber hinaus haben sie auch die Möglichkeit des Rechtsweges vor Gericht (vgl. Hinken 2007, S. 32f.)[40].

Nach § 13 Abs. 1 Satz 1 AGG haben die Beschäftigten das Recht, sich bei den zuständigen Stellen des Betriebs, des Unternehmens oder der Dienststelle zu beschweren, wenn sie sich im Zusammenhang mit ihrem Beschäftigungsverhältnis vom Arbeitgeber, vom Vorgesetzten, anderen Beschäftigten oder Dritten wegen eines in § 1 AGG genannten Grundes benachteiligt fühlen. Auf die Frage, ob und inwieweit der Betriebsrat insbesondere durch Wahrnehmung von erzwingbaren Mitbestimmungsrechten auf die Errichtung und Gestaltung solcher zuständigen Stellen Einfluss nehmen kann, gibt das Gesetz dagegen keine ausdrückliche Antwort. In § 13 Abs. 2 AGG heißt es nur: „Die Rechte der Arbeitnehmervertretungen bleiben unberührt."[41] Ehrich und Frieters (2007, S. 1026ff.) meinen dazu: „Unabhängig vom Bestehen eines erzwingbaren Mitbestimmungsrechts des Betriebsrats im Rahmen von § 13 Abs. 1 AGG sollten die Betriebspartner in der betrieblichen Praxis unbedingt eine Betriebsvereinbarung über die Errichtung, Zusammensetzung und das Verfahren einer betrieblichen Beschwerdestelle i.S.v. § 13 Abs. 1 AGG schließen, da hiervon letztlich alle Beteiligten profitieren.“ Die betriebspolitische Praxis im Umgang mit den einschlägigen Bestimmungen des AGG wird in den betrieblichen Kapiteln dieser Untersuchung behandelt.

---

[40] Im zitierten Artikel ist auch ein Ländervergleich mit der Antidiskriminierungspolitik der Niederlande enthalten.

[41] Beschlüsse verschiedener Landesarbeitsgerichte (Hamburg v. 17.04.2007, 3 TaBV 6/07, Frankfurt/M. v. 08.05.07, 4 TaBV 70/07, Saarbrücken v. 06.07.08, 2 TaBV 2/07) gaben dem jeweilig klagenden Betriebsrat das Recht, bei Auseinandersetzungen hinsichtlich der Beschwerdestelle nach § 13 AGG zur Klärung dieser Frage die Einrichtung einer Einigungsstelle zu verlangen.

3 Ausländische Beschäftigte als ökonomische und politische Akteure in der Arbeitsgesellschaft

Gemäß der einleitend vorgenommenen Definition verschiedener Integrationsbereiche für die Anwerbemigranten innerhalb der Bundesrepublik existiert ein Zusammenhang zwischen ihrer arbeits- und sozialrechtlichen Inklusion und ihrem ökonomischen Einschluss in die deutsche Markt- und Arbeitsgesellschaft. Diese Wechselbeziehung wurde in der Vergangenheit empirisch nachgewiesen, in dem festgestellt wurde, dass sich der Durchschnittsverdienst der Arbeitsmigranten an dem aller sozialversicherungspflichtigen Arbeitnehmer in der Bundesrepublik orientiert (vgl. Seifert 1995, S. 181; für Nordrhein-Westfalen: Thränhardt et al. 1994, S. 257)[42].

In Anbetracht der zufriedenstellenden sozioökonomischen Position der Anwerbemigranten soll nachfolgend untersucht werden, inwieweit es auch eine Beziehung zwischen der Marktintegration der Einwanderer und ihrer politischen Partizipation geben könnte, was in der Frage mündet: Ist Marktintegration ein Katalysator für politische Teilhabe? Oder auch umgekehrt auf die arbeitsbetriebliche Ebene bezogen: Sorgt der Einbezug in (betriebs-)politische Zusammenhänge für eine gesicherte Unternehmensposition und damit für eine ökonomisch ausreichende Einkommenssituation? Bevor die betrieblichen Fallstudien einen praxisnahen Blick gewähren, sollen aggregierte Arbeitsmarktdaten – insbesondere aus dem für die Fragestellung naheliegenden Bereich der Metallwirtschaft und Automobilindustrie – erste Hinweise zur Beantwortung der Fragen liefern. Aufgrund der relativ geringen Zahl weiblicher Beschäftigter in der Automobilindustrie beschränken sich die nachfolgenden bundesweiten sowie wirtschaftssektoralen Daten auf die Unterscheidung zwischen deutschen und ausländischen Arbeitnehmern, ohne dass sie geschlechtsspezifisch ausdifferenziert werden. Insofern umfassen diese Daten sowohl die männlichen wie auch die (relativ geringe Anzahl an) weiblichen Beschäftigten in den genannten Bereichen.[43] In diesem Zusammenhang sei aus statistischen Gründen ebenso betont, dass die verwendeten Daten der Kategorie „Ausländer" zumeist keine Migranten mit inzwischen deutschem Pass berücksichtigen, wie es zur Identifizierung aller Zuwanderer in verschiedenen statistischen und partizipativen Kategorien sinnvoll wäre.

[42] Thränhardt et al. betonen in ihrer 1994 publizierten Untersuchung die Bedeutung der Arbeitsmigranten für die internationale Marktposition deutscher Unternehmen, indem sie darauf hinweisen, dass insbesondere die Exporterlöse der deutschen Wirtschaft in der verarbeitenden Industrie zu einem wesentlichen Teil auf der Arbeitskraft der Einwanderer beruhen.

[43] Auch wenn sie in dieser Untersuchung nicht differenziert betrachtet werden, sei auf die Feststellung von Herbert (2001, S. 292) verwiesen, dass ausländische Arbeitnehmerinnen unter einer „doppelten Diskriminierung" aufgrund von Nationalität und Geschlecht zu leiden hätten, die sich gegenüber männlichen Arbeitnehmern in Minderverdiensten und häufigerem Arbeitsplatzverlust äußert.

3.1 Die Arbeitsmarktsituation ausländischer Erwerbspersonen in Deutschland

Die Anwerbung von Arbeitsmigranten nach dem Zweiten Weltkrieg erfolgte zunächst für den landwirtschaftlichen Bereich und die Baubranche – beide Wirtschaftszweige litten ab Mitte der 1950er-Jahre unter der Abwanderung von deutschen Arbeitnehmern in attraktivere Industrien. Erst gegen Ende des Jahrzehnts folgten der Bergbau und die Stahlproduktion (vgl. Treibel 2008, S. 55f.). Somit setzte die systematische Beschäftigung ausländischer Arbeitnehmer in der Metallwirtschaft, aber vor allem in der Automobilindustrie[44], im Vergleich zu anderen Wirtschaftsbranchen relativ spät ein. Der vorwiegende Grund hierfür war, dass der Metallsektor durch seine Betonung von Produktqualität traditionell überdurchschnittliche Bezahlung gewährleisten konnte und damit bei einheimischen Arbeitskräften relativ beliebt war, wodurch ein Mangel an Arbeitskräften später als in weniger attraktiven Branchen wie der Landwirtschaft oder in der Baubranche einsetzte.

Entgegen der Annahme, bei der Anwerbung ausländischer Arbeitskräfte seien fast ausnahmslos Männer rekrutiert worden, lag schon im Jahr 1960 der Anteil ausländischer Frauen an allen ausländischen Beschäftigten in der Gesamtwirtschaft bei 15 %. Dieser Wert verdoppelte sich annähernd auf 30,7 % im Jahr 1969[45]. Die Metallwirtschaft entwickelte sich zusammen mit der Textil- und Bekleidungsindustrie zum bevorzugten Arbeitsfeld der ausländischen Arbeitnehmerinnen: Lag der Anteil der ausländischen Frauen in der Metallwirtschaft gemessen an der Zahl von Arbeitsmigrantinnen in der Gesamtwirtschaft 1960 nur bei ca. 15 % (häufigste Arbeitgeber waren zu dieser Zeit Reinigungsfirmen), verdoppelte sich dieser Wert bis 1970 auf 35,6 %, sodass die Metallwirtschaft zum bevorzugten Arbeitgeber für ausländische Frauen in der Bundesrepublik wurde. Der wichtigste Bereich für ausländische Arbeitnehmerinnen innerhalb der Metallbranche war von Beginn an die Elektrotechnik, die Automobilindustrie nahm sich relativ gering aus: Ihr entsprechender Anteil in diesen Jahren lag konstant bei etwa 2,5 %. In Relation zur Gesamtzahl an ausländischen Beschäftigten in dieser Branche entwickelte sich ihr Anteil zwischen 1970 und 2016 etwa zwischen 10 und 15 %, woran zu erkennen ist, dass ausländische Frauen innerhalb der Automobilindustrie eine Minderheitengruppe sind. Zudem werden sie in den Automobilunternehmen zumeist im Kanti-

---

[44] Hinsichtlich der Beschäftigtenzahlen für die Metall- und Automobilindustrie werden in der Literatur und bei verschiedenen Verbänden unterschiedliche und zum Teil sich widersprechende Zahlen verwandt. Für diese Untersuchung sind die Daten aus den Amtlichen Nachrichten der BA der jeweiligen Jahrgänge entnommen (bevorzugter Stichtag: Juni eines jeden Jahres). Um die Vergleichbarkeit der Zahlen zu wahren, wurden auch nach der Wiedervereinigung Deutschlands die Daten „Westdeutschland" verwandt. Die dort aufgeführten Wirtschaftszweige Eisen- und Stahlerzeugung, Gießerei, Zieherei/Stahlverformung u. ä., Stahl- und Leichtmetallbau, Maschinenbau, (Straßen-)Fahrzeugbau inklusive Herstellung von Kraftwagen und -teilen, Schiffbau, Luftfahrzeugbau, EDV-Anlagen/Büromaschinen, Elektrotechnik, Feinmechanik und Optik, Uhren, EBM-Waren, Möbel, Musikinstrumente/Spielwaren und Schmuckwaren sowie Recycling sind nachfolgend Grundlage der Beschäftigtenzahlen für die „Metallwirtschaft". Als Datenbasis für den Bereich „Automobilindustrie" wurden die Werte der Rubrik „Straßenfahrzeugbau" bzw. „Herstellung von Kraftwagen und Kraftwagenteilen" verwandt.

[45] Vgl. diese und nachfolgende branchenspezifischen Erwerbspersonenzahlen gemäß der jeweiligen Amtlichen Nachrichten der BA.

nenbereich eingesetzt, insbesondere weil sie die körperlich anspruchsvollen Arbeitsplatzanforderungen in der Automobilproduktion häufig nicht erfüllen können.[46]

Die Unternehmen der Automobilindustrie begannen ab Anfang der 1960er-Jahre, ausländische Arbeitnehmer zu rekrutieren. Sowohl die absoluten Zahlen für die Metallwirtschaft als auch der Anteil an der Gesamtbeschäftigung von ausländischen Arbeitnehmern in der Bundesrepublik wuchs rasch an: Waren 1961 30,6 % (entspricht 168.000 Erwerbspersonen) aller ausländischen Arbeitnehmer in der Metallindustrie beschäftigt, stieg der Anteil bis zu Beginn der 1970er-Jahre auf annähernd 40 % (768.000 Erwerbspersonen) an. In dieser Zeit löste die Metallindustrie die Baubranche als bedeutendsten Arbeitgeber für Arbeitsmigranten ab. Noch größer sind die Wachstumsraten für die Automobilindustrie: Zwischen 1961 und 1971 konnte sich der Anteil von Arbeitsmigranten in dieser Branche an allen ausländischen Arbeitnehmern in der Bundesrepublik Deutschland von 4 auf 7 % fast verdoppeln (22.000 bzw. 138.000 Erwerbspersonen). Innerhalb der Metallwirtschaft verteilten sich die ausländischen Arbeitnehmer etwa zu gleichen Teilen auf die Bereiche Eisen- und Stahlindustrie, Maschinenbau, Elektrotechnik und Automobilindustrie.

Ausländische Beschäftigte* in Westdeutschland im Branchenvergleich 1961-2016

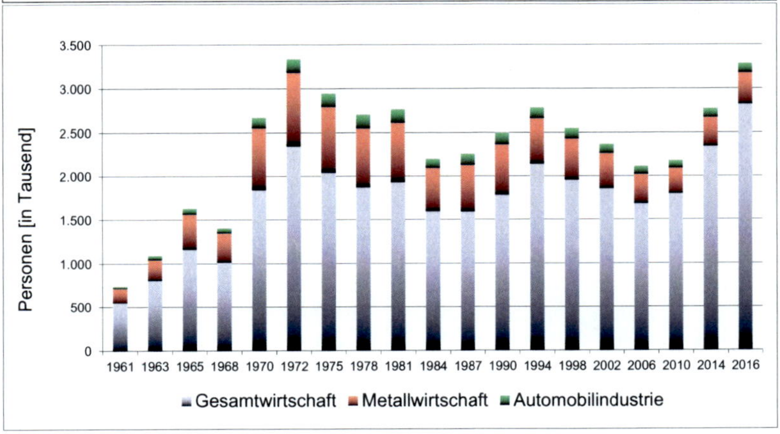

Abbildung 2: Ausländische Beschäftigte* in Westdeutschland im Branchenvergleich 1961-2016

* Hierunter fallen Personen beiderlei Geschlechts

Quelle: BA; eigene Berechnungen

---

[46] Aufgrund dieser relativ geringen Bedeutung weiblicher Beschäftigter in der für diese Untersuchung entscheidenden Wirtschaftsbranche unterscheiden die nachfolgenden bundesweiten sowie einzelbetrieblichen Daten nur zwischen deutschen und ausländischen Beschäftigten, jedoch nicht zwischen weiblichen und männlichen Arbeitnehmern, sodass die Gesamtzahlen in den jeweiligen Abbildungen (überwiegend) Männer und (nur wenige) Frauen enthalten. Der dadurch im Fokus dieser Studie stehende Typus des „angeworbenen Industriearbeiters" ist ein Grund, weshalb ausländische Frauen in dieser Untersuchung nur eine geringe Bedeutung haben und zumeist männliche Personenbezeichnungen verwendet werden.

Zur Erklärung der enormen Schwankungen in der Gesamtwirtschaft lässt sich ein häufig genanntes Deutungsmuster ins Feld führen (zusammenfassend bei Bade 2000, S. 318f.): Die Entwicklung bis Mitte der 1980er-Jahre entspricht den oben genannten Motiven für die ursprüngliche Initiierung der Anwerbung, nämlich der Anstellung von Arbeitsmigranten als Aushilfen, die Arbeitskräftelücken und -rückgänge der einheimischen Erwerbspersonen schlossen. Wurde so der Arbeitskräftemangel in der Anwerbezeit mithilfe der Arbeitsmigranten ausbalanciert, waren sie auch die ersten Opfer des Arbeitskräfteüberschusses infolge der Wirtschaftskrisen in den 1970er- und beginnenden 1980er-Jahren. Betrachtet man die Entwicklung der ausländischen Arbeitnehmerzahlen in der Gesamtwirtschaft genauer, so fallen einerseits die Beschäftigungsabnahmen zu diesen Zeitpunkten auf, andererseits aber auch andere Veränderungen der entsprechenden Belegschaftszahlen, so z. B. ein starker Anstieg ab Ende der 1980er-Jahre, eine gravierende Abnahme von Mitte der 1990er-Jahre bis Mitte der 2000er-Jahre und wiederum ein starker Anstieg seit den 2010er-Jahren. Wenn man nun die jeweiligen Arbeitsmarktdaten in der Metall- und Automobilindustrie hinzunimmt, scheinen deren Veränderungen im zuletzt genannten Zeitraum weniger abrupt als die in der Gesamtwirtschaft – die Zahlen in der Automobilindustrie stellen sich in Bezug auf die Beschäftigung ausländischer Arbeitnehmer relativ stabil dar, wenn auch mit abnehmender Tendenz.

Bei der Analyse dieser Daten ist jedoch zu bemerken, dass die Beschäftigungsveränderungen in einzelnen Wirtschaftszweigen letztlich nicht vergleichbar sind, da die Rahmenbedingungen von Beschäftigung in den verschiedenen Wirtschaftsbranchen von der Tarifgebundenheit über das tarifliche System bis zur gewerkschaftlichen Durchdringung mit weitreichenden Konsequenzen für die Ausmaße betrieblicher Mitbestimmung der Arbeitnehmer äußerst unterschiedlich ausfallen. Zudem sind die einzelnen Wirtschaftssektoren häufig unterschiedlich stark von konjunkturellen Entwicklungen abhängig, was die Vergleichbarkeit der jeweiligen Beschäftigungsveränderungen sowohl von ausländischen als auch deutschen Arbeitnehmern infrage stellt. Die Konzentration auf die jeweiligen Daten innerhalb der Metallwirtschaft, inklusive denen aus der Automobilindustrie, kann demgegenüber eine gewisse Gewähr dafür bieten, ähnliche Rahmenbedingungen für die Entwicklung der Belegschaftszahlen vorzufinden, selbst wenn dabei konjunkturelle oder strukturelle Unterschiede zwischen einzelnen Metallbranchen nicht gänzlich ausgeschlossen sind. Zudem enthält die obige Abbildung möglicherweise auch grafische Verzerrungen, da die Daten aus der Metallwirtschaft bzw. der Automobilindustrie gegenüber den gesamtwirtschaftlichen Zahlen sehr viel kleiner sind. Aus diesen Gründen folgt ein Vergleich zwischen den Beschäftigungsveränderungen bei ausländischen und deutschen Arbeitnehmern in der Metall- und Automobilindustrie anhand zeitlicher Intervalle:

Beschäftigungsfluktuation in der westdeutschen Metallwirtschaft im Vergleich zwischen Deutschen und Ausländern* 1978-2015

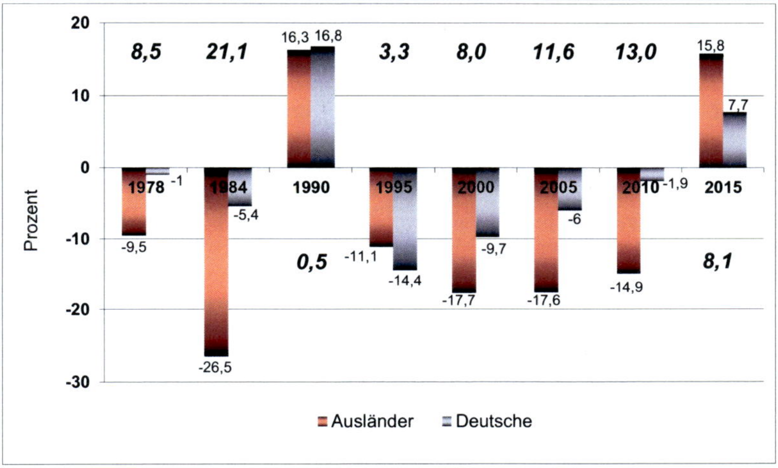

Abbildung 3: Beschäftigungsfluktuation in der westdeutschen Metallwirtschaft im Vergleich zwischen Deutschen und Ausländern* 1978-2015 (Basiswert: 1975)

In beiden Abbildungen werden nur die Beschäftigungsentwicklungen im alten Bundesgebiet betrachtet. Die Differenzwerte zwischen Ausländern und Deutschen sind kursiv dargestellt.
* Hierunter fallen Personen beiderlei Geschlechts
Jeweilige Quellen: BA; eigene Berechnungen

Beschäftigungsfluktuation in der westdeutschen Automobilindustrie im Vergleich zwischen Deutschen und Ausländern* 1978-2015

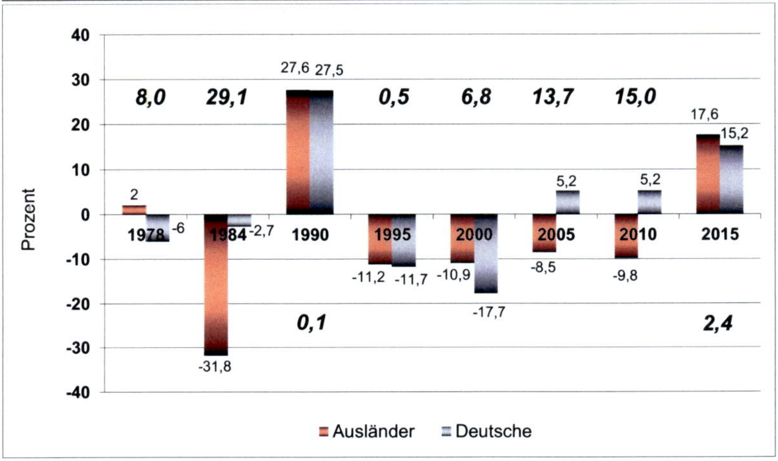

Abbildung 4: Beschäftigungsfluktuation in der westdeutschen Automobilindustrie im Vergleich zwischen Deutschen und Ausländern* 1978-2015 (Basiswert: 1975)

Aus der grafischen Darstellung des vorliegenden Datenmaterials lassen sich drei grundsätzliche Schlüsse ziehen: Zum Ersten bestätigen die Abbildungen bis zum Intervalljahr 1984 auch für die Metall verarbeitende Industrie die schon für die Gesamtwirtschaft festgestellte ökonomische Ersatz-, Erweiterungs- und Pufferfunktion der Anwerbemigranten für den deutschen Arbeitsmarkt, da sie bis zu diesem Zeitpunkt in den Zeiten beginnender Wirtschaftskrisen die Hauptbetroffenen von Entlassungen waren. Zum Zweiten ist von Mitte der 1980er- bis Ende der 1990er-Jahre eine stärkere Gleichwertigkeit der Beschäftigungsveränderungen zwischen deutschen und ausländischen Arbeitnehmern zu konstatieren. In der Metallbranche, aber vor allem in der Automobilindustrie wurden in diesem Zeitraum ausländische Erwerbspersonen bei Einstellungen oder Entlassungen in ähnlichem Maße herangezogen wie ihre deutschen Bewerber und Kollegen, was an den zumeist gleich langen Balken in der Abbildung zu erkennen ist. Dies ist insofern bemerkenswert, als es in den 1990er-Jahren drastische Rationalisierungswellen in der Metall verarbeitenden Industrie gab (wie an den negativen Veränderungswerten zu erkennen ist), davon aber offensichtlich nicht in erster Linie ausländische Belegschaftsangehörige betroffen waren. Erst ab der Jahrtausendwende gibt es wieder ein Ungleichgewicht der Beschäftigungsveränderungen zulasten ausländischer Erwerbspersonen, was bei der Darstellung der absoluten Beschäftigtenzahlen nicht zu erkennen war und worin die dritte grundsätzliche Entwicklung zu sehen ist. Offenbar gelang es Arbeitsmigranten bis zum Jahr 2010 wieder schlechter als ihren deutschen Kollegen, ihre Arbeitsplätze zu erhalten. Hinsichtlich der Gründe für diesen Rückfall in die Zeit der 1970er- und 1980er-Jahre ist es möglich, dass nach Umsetzung der Hartz-Arbeitsmarktreformen und der zunehmenden Relevanz eines Niedriglohnsektors auf dem deutschen Arbeitsmarkt ein Teil der Arbeitsmigranten wiederum Aushilfs- und Pufferfunktionen wahrnehmen. Diese Einschätzung korrespondiert mit den Ergebnissen einer Befragung von IG Metall-Mitgliedern im Jahr 2016[47]. Sehr viel häufiger als ihre Gewerkschaftskollegen ohne Migrationshintergrund sind Gewerkschaftsmitglieder mit Migrationshintergrund zu 10,1 % in Leiharbeit oder haben einen Werkvertrag und 15,2 % sind in einem befristeten Arbeitsverhältnis beschäftigt (vgl. IG Metall 2017). Wenn man bedenkt, dass es sich bei diesen Befragten um organisierte Gewerkschaftsmitglieder handelt, dürften die jeweiligen Werte für gewerkschaftsferne Beschäftigte mit Migrationshintergrund noch höher liegen. Zu dieser häufigeren Beschäftigung in flexiblen Arbeitsstellen passt die stärkere Berücksichtigung ausländischer Arbeitnehmer in der wirtschaftlichen Boomphase nach dem Jahr 2010. Insgesamt deutet diese „Beschäftigungsentwicklung von Ausländern (auf) eine stärkere Konjunkturreagibilität als die der Deutschen." (BA 2016, S. 12)

Ein wichtiger Indikator für den Grad sowohl der ökonomischen Situation der Arbeitsmigranten als auch ihrer beruflichen Stellung in der Bundesrepublik sind Daten zur Ar-

---

[47] Die telefonische Befragung mit anschließendem Online- und Postversand von Fragebögen wurde vom Berliner Institut für empirische Integrations- und Migrationsforschung (BIM) der Humboldt-Universität zu Berlin (HU) zwischen Juni und September 2016 mit einer repräsentativen Stichprobe durchgeführt und von der IG Metall beauftragt: „Das Hauptziel der Befragung war, quantitative Erkenntnisse über ihre Mitglieder mit Migrationshintergrund zu gewinnen sowie herauszufinden, wie gut Migrantinnen und Migranten in die Arbeitswelt und in die Gewerkschaft integriert sind." (Brenner/Ghirmazion 2017, S. 297). Nähere Informationen zur Befragung unter https://www.igmetall.de/integration-im-betrieb-24962.htm (Abruf am 02.08.17). Die gesamten Ergebnisse der Befragung finden sich bei Karakayali et al. (2017).

beitslosigkeit ausländischer Erwerbspersonen. Naturgemäß liegt der Fokus dabei nicht auf der Hauptanwerbezeit, als Arbeitslosigkeit in Deutschland keine gravierende Rolle spielte. Vielmehr interessiert für diese Untersuchung, wie weit die ehemaligen Anwerbemigranten und ihre Nachkommen in der Zeit nach dem Anwerbestopp 1973 von Arbeitslosigkeit betroffen waren, unter welchen Umständen dies der Fall war und ob dabei markante Unterschiede zur Arbeitslosigkeit deutscher Arbeitnehmer ohne Migrationshintergrund feststellbar sind. Hierbei kann ein relativer Vergleich nützlich sein, beispielsweise die komparative Betrachtung der prozentualen Arbeitslosenquoten.

Jahresdurchschnittliche Arbeitslosenquoten von ausländischen und von allen Erwerbspersonen* in Westdeutschland 1970-2015

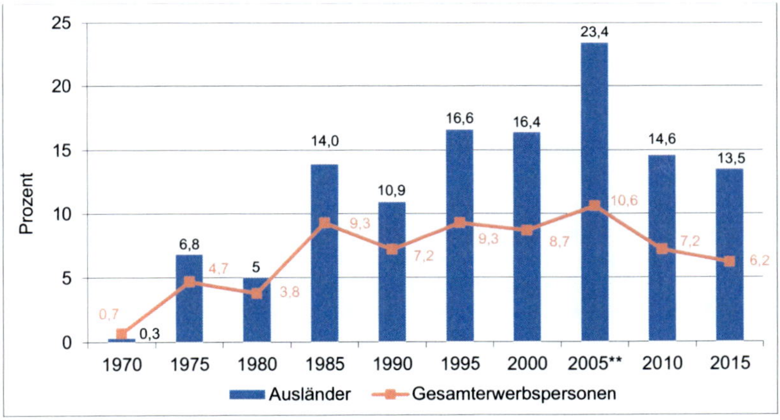

Abbildung 5: Jahresdurchschnittliche Arbeitslosenquoten von ausländischen und von allen Erwerbspersonen* in Westdeutschland 1970-2015[48]

* Hierunter fallen Personen beiderlei Geschlechts

** Wegen der Einführung von Leistungen gemäß Sozialgesetzbuch II (Hartz-Gesetze) sind Vorjahresvergleiche mit den Jahren 2005ff. nur eingeschränkt möglich.

Quelle: BA

Die 1970er-Jahre sind noch von relativ moderaten Arbeitslosenquoten gekennzeichnet, die der Ausländer liegen aber jeweils etwas höher als die der deutschen Erwerbspersonen. In den 1980er-Jahren kommt es zur ersten Ausbildung gravierender Massenarbeitslosigkeit in der Bundesrepublik, wobei sich die Werte zwischen Ausländern und Deutschen stärker voneinander entfernen als im vorhergehenden Jahrzehnt. Diese Entwicklung verschärft sich bis nach der Jahrtausendwende: Während die allgemeine Arbeitslosenquote auf einem hohen, jedoch stabilen Niveau von etwa 10 % verharrt, entwickelt sich der entsprechende Wert für Arbeitsmigranten auf über 20 % und liegt seit dieser

[48] Obwohl die BA nach § 53 SGB II der Hartz-Arbeitsmarktreformen beauftragt wurde, zur Sicherung der Vergleichbarkeit und Qualität die Arbeitsmarktstatistik nach §§ 280 ff. SGB III unter Einschluss der Grundsicherung für Arbeitsuchende weiter zu führen, sind die Zahlen vor 2005 nur eingeschränkt mit den Daten nach den Arbeitsmarktreformen vergleichbar. In diesem Zusammenhang umfassen die seit 2005 aufgeführten Arbeitslosenzahlen auch Leistungsempfangende aus dem SGB III, da die Definition der Arbeitslosigkeit aus dem SGB III beibehalten wurde (vgl. ANBA 09/2015, S. 143).

Zeit mehr als doppelt so hoch wie die allgemeine Arbeitslosenquote in Deutschland. Hierzu ergänzend führt die wissenschaftliche Literatur nationalitätenspezifische Unterschiede unter den Hauptanwerbeländern aus: Während die Arbeitslosenquoten bei Spaniern und bei Portugiesen vergleichsweise niedrig liegen (bis zum Jahr 2000 auch bei Erwerbspersonen aus dem ehemaligen Jugoslawen), sind sie bei Griechen, Italienern und besonders bei Türken recht hoch (vgl. die Monatsstatistik der BA vom Juni 2017; Bender und Seifert 2000, S. 79). Zudem ist an den dokumentierten Daten für die Arbeitslosigkeit sowohl für die ausländische als auch für die gemischte Beschäftigtengruppe in den letzten drei Jahrzehnten sehr auffällig, dass jeweils bis Mitte eines jeden Jahrzehnts ein drastischer Anstieg der Arbeitslosigkeit festzustellen ist. In der zweiten Hälfte des jeweiligen Jahrzehnts verringert sie sich wieder, wenn auch nicht auf das jeweils ursprüngliche Ausgangsniveau. Dies führte für alle Erwerbspersonen zur Entwicklung eines konjunkturell unabhängigen, strukturellen Sockels von Arbeitslosigkeit, der jedoch bei den Arbeitsmigranten ein jeweils höheres Niveau erreichte und damit eine Abkoppelung der ausländischen Arbeitslosenentwicklung gegenüber der aller Erwerbspersonen bewirkte.

Wie bei den Beschäftigtenzahlen lassen sich auch an den Arbeitslosendaten die verschiedenen Phasen der Arbeitsmigration sowie der Migrationsmotive erkennen, die die Einwanderung von ausländischen Arbeitnehmerinnen und Arbeitnehmern nach dem Zweiten Weltkrieg kennzeichneten: Im ersten Jahrzehnt nach dem Anwerbestopp von 1973 folgte die Arbeitslosenentwicklung bei ausländischen Erwerbspersonen ihren ökonomischen Ersatz-, Erweiterungs- und Pufferfunktionen für den deutschen Arbeitsmarkt. Wie schon während der gesamten Anwerbephase kehrten gemäß diesen Funktionen viele Anwerbemigranten zurück in ihre Heimatländer, gerade als es weniger Arbeitsmöglichkeiten gab.[49] Die Folge war, dass diese Remigranten keine Relevanz für die Arbeitslosenstatistiken hatten, sodass sich die Arbeitslosenquote der Ausländer ähnlich der der Deutschen entwickelte. Allerdings blieben auch über zwei Millionen angeworbene Migranten in der Bundesrepublik (vgl. Geißler 2006, S. 232) und ließen unter den aufenthaltsrechtlichen Bedingungen nach dem Anwerbestopp ihre Familien in die Bundesrepublik nachkommen. Ihre ursprüngliche Rückkehrplanung schoben sie auf oder veränderten sie in einen Daueraufenthalt in Deutschland, sodass sie und später ihre Nachkommen nunmehr feste Größen in den diversen Statistiken des Arbeitsmarktes und der Sozialversicherungen wurden. Dies schlug sich bei der vergleichsweise größeren Wirtschaftskrise in der ersten Hälfte der 1980er-Jahre nieder, bei der unter den Bedingungen einsetzender Rationalisierungs- und Umstrukturierungsprozesse die Arbeitsplätze der zumeist ungelernten oder niedrigqualifizierten Ausländer häufiger in Gefahr waren als die der besser qualifizierten deutschen Beschäftigten (vgl. Bommes 1999, S. 202). So entwickelten sich die jeweiligen Arbeitslosenquoten weiter auseinander (Differenz gemäß obiger Abbildung in den 1970er-Jahren: ca. 1-2 %, in den 1980er-Jahren: ca. 4-5 %). Und wiederum analog zu den oben gemachten Aussagen zur Beschäftigtenentwicklung lässt sich die Fortsetzung der Tendenz weiter auseinanderdriftender Arbeitslosenquoten in den 1990er-Jahren (Differenz: 7-8 %) und nach der Jahrtausend-

---

[49] Laut den Untersuchungen von Meier-Braun (1995, S. 22) zogen zwischen 1960 und 1990 16 Millionen Ausländer in die Bundesrepublik, aber im selben Zeitraum verließen auch 12 Millionen Zugewanderte das Land wieder.

wende (etwa 10 % Differenz) nicht mehr nur mit der Beschäftigungssituation der ehemaligen Anwerbemigranten und ihrer Nachkommen erklären.

Die aufgezeigten Entwicklungen führen unter Berücksichtigung der verfolgten Forschungshypothese einer sukzessiv wirkenden betriebspolitischen Integration von Arbeitsmigrantinnen und Arbeitsmigranten zu folgenden Schlüssen:

1. Mit dem Ende der Anwerbung ausländischer Arbeitnehmer und zu den Zeiten beginnender Wirtschaftskrisen infolge der beiden Ölpreisschocks 1973 und 1979/80 entledigten sich die Unternehmen eines Teils ihrer Belegschaften, indem sie in erster Linie die Beschäftigten entließen, die sowohl hinsichtlich ihrer Arbeitsmarktfunktionen dafür prädestiniert waren als auch mit Blick auf ihre eigenen Migrationsmotive sich selbst dafür anboten: die angeworbenen Arbeitnehmer aus dem Ausland. Passenderweise kam hinzu, dass in den Wirtschaftskrisen vermehrt die Arbeitsstellen überflüssig wurden, in denen die häufig ungelernten oder angelernten Anwerbemigranten arbeiteten. Dieser stark von den Anwerbemigranten zu tragende Beschäftigungsabbau wurde von der Parallelentwicklung einer freiwilligen Rückkehr in ihre Heimatländer, sei es nach Wegfall ihres Migrationsmotives oder aufgrund betrieblicher und staatlicher Abfindungs- und Rückkehrhilfen (vgl. Meier-Braun 1979; Dohse 1982; Körner 1986; Motte 1999), unterstützt.

2. Die Anwerbemigranten, die mit ihren Familien in der Bundesrepublik bleiben wollten, nahmen nach dem Anwerbestopp ihre sozialrechtlichen Inklusionsrechte wahr, die ihnen und ihren Familienangehörigen einen gesicherten Aufenthaltsstatus garantierten (vgl. Bommes 1999, S. 186f.; Bade 2000, S. 320f.). Zudem profitierten sie in zunehmendem Maße von ihrer betriebspolitischen Integration, die ihnen bei Beschäftigungsveränderungen, sei es bei eigener Entlassungsgefahr oder in Form von Beschäftigungschancen z. B. für ihre Kinder, eine stärkere Gleichwertigkeit mit einheimisch-deutschen Arbeitnehmern einbrachte. Dieser Integrationskredit entfaltete seine Wirkkraft in dem Maße, wie ein Unternehmen gewerkschaftlich durchdrungen und von der Arbeitnehmer-Mitbestimmung geprägt war – beides Voraussetzungen, die allgemein in der Metallwirtschaft, aber vor allem in der Automobilindustrie vorlagen. So ist unter diesen Bedingungen erklärbar, dass ausländische Beschäftigte in diesen Branchen selbst bei den Rationalisierungswellen Mitte der 1990er-Jahre in ähnlichem Maße von Entlassungen betroffen waren wie ihre einheimisch-deutschen Kollegen, was an den zumeist gleich langen Balken in der entsprechenden Abbildung zu erkennen ist.

3. Die Datenentwicklung seit der Jahrtausendwende entzieht sich dem Erklärungsmodell einer gleichberechtigten Behandlung infolge betriebspolitischer Partizipation, obwohl es unlogisch wäre, wenn die Integration in die Unternehmen in diesem Maße nachgelassen hätte. Gemäß einiger Wissenschaftler (so z. B. Bender et al. 2000, S. 78) könnte man geltend machen, dass die Arbeitslosigkeit „als eines der zentralen Probleme der Arbeitsmarktintegration seit Längerem in Deutschland lebender Migranten aus Mittelmeerländern und ihrer Kinder“ angesehen werden müsse, wobei ihre Minderqualifikation sie auf dem Arbeitsmarkt weniger konkurrenzfähig als ihre deutschen Mitbewerber mache, was die vermehrte Entlassung bzw. Nichtberücksichtigung ausländischer Erwerbspersonen bewirke. Doch wird diese Erklärung dabei auch für einen Zeitraum zugrunde gelegt, indem wir aufgrund der dokumentierten Daten der Beschäftigungszu- und -abnahmen in den 1990er-Jahren zu dem Schluss gekommen sind, dass gerade viele angestammte Anwerbemigranten betriebspolitische Ressourcen angelegt haben, die sie

vor Betriebskündigungen schützen. Ob die neuerlichen Rationalisierungen infolge der Rezession nach der Jahrtausendwende dieses soziale Kapital überkompensierten, sodass ihre prekären un- und angelernten Arbeitsplätze nun verstärkt abgebaut wurden, kann an dieser Stelle ebenso wenig sicher beantwortet werden wie die Erklärung ihrer stärkeren Beschäftigungszunahme seit 2010 infolge eines sich ausbreitenden Niedriglohn- und Leiharbeitssektors in Folge der Hartz-Arbeitsmarktreformen.[50]

Gleichwohl lassen die abnehmenden Zahlen ausländischer Beschäftigter auf eine Gruppenstruktur der Arbeitsmigranten schließen, die sich zunehmend verändert hat. Neben der Tatsache, dass es noch immer viele ausländische Arbeitnehmer in von Stellenabbau besonders betroffenen un- und angelernten Bereichen gibt, könnte die langsame Strukturveränderung durch ein Zusammenspiel neuer Entwicklungsprozesse charakterisiert sein, die sich in verschiedenen Symptomen zeigen: So haben seit den 1990er-Jahren neue Zuwanderungsgruppen den Weg auf den hiesigen Arbeitsmarkt gefunden (vgl. Seifert 1996). Das Ende des Ost-West-Konflikts mit nachfolgender sich ausweitender Freizügigkeit und der Ausbruch der Balkankriege mit Schutz suchenden Bürgerkriegsflüchtlingen waren Gründe für das Ansteigen der Zahl ausländischer Erwerbspersonen zwischen 1991 und 1998 um knapp ein Fünftel oder ca. 580.000 Arbeitnehmer (vgl. Institut der deutschen Wirtschaft 2001, S. 15). Allerdings verfügten diese neuen Arbeitsmigranten kaum über betriebliche Netzwerke, wie sie die Anwerbemigranten und ihre Nachkommen aufgrund ihrer seit mehreren Jahrzehnten andauernden Beschäftigungsverhältnisse in deutschen Unternehmen herausbilden konnten. Fehlende oder schlecht ausgebaute Netze führen häufig zu einer schlechten Organisationsfähigkeit, die sich u. a. auch in geringerem Arbeitsplatzschutz äußert. Unter Berücksichtigung dieser Entwicklung ist anzunehmen, dass gerade diese Teilgruppe der ausländischen Arbeitnehmer besonders vom Beschäftigungsabbau betroffen war.

Zudem weisen Bender et al. (2000, S. 63ff.) auf ein mangelndes Bildungs- und Qualifikationsniveau ausländischer Bewerber und Beschäftigter in damaliger Zeit hin, das bei zunehmend veränderten Arbeitsplatzbeschreibungen auch in der Industrie ein wichtiger werdendes Selektionsmerkmal bei der Besetzung von selbst unteren Beschäftigungssegmenten ist. [51] Hier wirkt die auch im PISA-Zusammenhang beschriebene Bildungsentwicklung, dass in Deutschland Schüler mit Migrationshintergrund – egal ob aus neuen oder alten Zuwandererfamilien – benachteiligt (vgl. Auernheimer 2003) und von Schulerfolgen stärker abgehängt sind als ihre Mitschüler ohne Migrationshintergrund (u.a. belegt im Integrationsbericht der Bundesregierung 2016)[52]. Die Schulerfolge sind

---

[50] Gemäß amtlicher Statistiken ist der Anteil von Arbeitsmigranten in geringfügig entlohnten Beschäftigungsverhältnissen größer als der in Normalarbeitsverhältnissen: Im Juni 2015 betrug der Ausländeranteil an den Minijobs 11 %, an allen sozialversicherungspflichtigen Arbeitsstellen jedoch nur 9,2 % (vgl. BA 2016, S. 12; 24). Bei der Arbeitnehmerüberlassung (Leiharbeit) sind die Zuwächse bei ausländischen Arbeitnehmern stärker als bei deutschen Beschäftigten (vgl. BA 2016, S. 20).

[51] Die gegenüber der Arbeitsmarktintegration der Anwerbemigranten aus den Mittelmeerländern skeptische Forschergruppe muss in diesem Zusammenhang jedoch konzedieren, dass „eine zweite und bald auch schon die dritte Generation [der Anwerbemigranten] mit günstigeren Qualifikationsvoraussetzungen in den Arbeitsmarkt eintritt und deshalb auch häufiger Beschäftigung in qualifizierten Beschäftigungsbereichen findet als die Generation der Mütter und Väter“ (vgl. Bender et al. 2000, S. 80).

[52] Laut des „Chancenspiegel Schule“ der Bertelsmann Stiftung (2017) verließen im Jahr 2014 12,9 % aller Migrantenjugendlichen die Schule ohne einen Abschluss, doppelt so viele wie im Durchschnitt aller abgehenden Jugendlichen in Deutschland. Während das Risiko eines Schulabbruchs bei ausländischen ebenso wie bei deutschen Schülern lange Zeit gesunken war, haben sich die Entwicklungen bei beiden

jedoch eng verknüpft mit den jeweiligen Chancen, einen Ausbildungs- und nachfolgend sicheren Arbeitsplatz zu finden, wie Bommes (1999, S. 209f.) mit Blick auf die Einwandererkinder analysiert:

> „In Deutschland stehen [...] neben dem ansteigenden, aber nach wie vor deutlich kleineren Anteil der Kinder von Arbeitsmigranten, die qualifizierte und weiterführende Schulabschlüsse erreichen, der größere Teil derer, die die Schulen mit geringerwertigen oder ohne Schulabschlüsse verlassen. Diese Bildungskarrieren lassen sich nicht auf die mangelnde Bildungsfähigkeit von Migrantenkindern zurückführen (Bommes/Radtke 1993), sie sind aber in jedem Fall Resultat eines Selektionsfilters, der ihre Teilnahmemöglichkeiten an der Konkurrenz um attraktive betriebliche Ausbildungsstellen im so genannten dualen System mit der Aussicht auf einen späteren Eintritt in stabile Beschäftigungsverhältnisse erheblich einschränkt. Denn für die Möglichkeit des Eintritts in ein Bewerbungsverfahren sind schulische Karrieren und die hier erlangten Zertifikate die formale Voraussetzung. Der Anteil der Migranten der zweiten Generation an beruflichen Ausbildungen ist auch aus diesem Grund bis heute erheblich niedriger."

Diese Aspekte erhalten auch für den grundsätzlich untersuchten Zusammenhang von betriebspolitischem Kapital und sicherem Arbeitsplatz im Unternehmen Relevanz, wenn es später im empirischen Teil um die Darstellung betrieblicher Rekrutierungsmechanismen für Ausbildungs- und Beschäftigungsplätze geht. Hinsichtlich der speziellen Erklärung abnehmender Beschäftigungschancen ausländischer Erwerbspersonen gegenüber deutschen Mitbewerbern, wie es wieder verstärkt seit der Jahrtausendwende beobachtet werden kann, soll im Moment der aufgezeigte Hinweis reichen, dass bei sukzessiv steigenden Qualifikationsanforderungen der Unternehmen der Bildungsrückstand ausländischer Bewerber ein Grund für die Erhöhung ihres Arbeitslosigkeitsrisikos ist.

Zudem existieren statistische Veränderungen in der bisherigen Gruppe ausländischer Arbeitnehmer, da immer mehr ihrer Mitglieder deutsche Staatsangehörige werden. Durch die vermehrte Einbürgerung ehemaliger Anwerbemigranten und ihrer Nachkommen[53], deren Erwerbsbiografien und Beschäftigungschancen sich denen deutscher Erwerbspersonen ohne Migrationshintergrund zunehmend annähern, werden sie nunmehr nicht mehr als „Ausländer" registriert und gehen dieser statistischen Kategorie

---

Schülergruppen seit dem Jahr 2011 entkoppelt, was die Bertelsmann Stiftung mit Blick auf die aktuelle Integration vieler Flüchtlingskinder in Schulen als „Warnsignal" bezeichnet.

[53] Nach den Reformen des Staatsangehörigkeitsgesetzes 1999/2004 wurden in der Bundesrepublik zwischen 2000 und 2016 über 2 Millionen Ausländer eingebürgert. Unter diesen eingebürgerten Personen kamen mit etwa 800.000 Personen ca. 40 % aus den ehemaligen Anwerbestaaten Italien, Spanien, Griechenland, Türkei, Portugal, Tunesien und Marokko (vgl. Statistisches Bundesamt 2009, S. 18ff. und 2016, S. 16ff.). Es kann davon ausgegangen werden, dass ein erheblicher Anteil dieser neuen deutschen Staatsangehörigen langjährige Arbeits- und Betriebserfahrung in der Bundesrepublik hat und so mit ihrer positiven Erwerbsbiografie statistisch zunehmend nicht mehr in die Kategorie „Ausländer" fallen. Stattdessen charakterisieren diese Kategorie stärker neue Zuwanderergruppen mit weniger Arbeits- und Betriebserfahrung in Deutschland.

verloren. Dabei ist ein aus der Bildungsdiskussion bekannter Creaming-Effekt[54] anzunehmen, denn einbürgern lassen kann man sich nur mit längerem Aufenthalt und akzeptablen Deutschkenntnissen (Hunger und Thränhardt 2003, S. 65) – beides Eigenschaften, die den Aufbau betriebspolitischer Ressourcen erheblich begünstigen. Somit wechseln mit der Einbürgerung vermehrt die ursprünglich ausländischen Arbeitnehmer die statistische Kategorie, die als Positivbeispiele arbeitsmarktlicher Integration gelten können, was in der Beschäftigungsstatistik in der Kategorie „Ausländer" zu einem rechnerischen Negativeffekt führt[55]. Denn gerade diese schon langjährig in den Betrieben tätige Beschäftigtengruppe mit Migrationshintergrund profitiert durch ihre umfängliche und an ihre Nachkommen weitergegebene Arbeits- und Unternehmenserfahrung bei Beschäftigungsveränderungen von ihrer betrieblichen Integration, was im weiteren Verlauf der Untersuchung noch detaillierter ausgeführt wird.

3.2 Die strukturelle Position von Arbeitsmigrantinnen und Arbeitsmigranten in Betrieben

Von der quantitativen Entwicklung der Arbeitsmigranten auf dem westdeutschen Arbeitsmarkt seit der Anwerbezeit werden nachfolgend ihre eingenommenen betrieblichen Positionen unterschieden, die Ausdruck ihrer beruflichen Mobilität in den Unternehmen sind. Dies lenkt den Blick wiederum auf die Binnenstruktur von Beschäftigungsverhältnissen. Arbeitsplätze hängen zwar von volkswirtschaftlichen bzw. wirtschaftssektoralen Konjunkturzyklen ab, werden aber betriebswirtschaftlich umgesetzt, das heißt konkret geschaffen oder abgebaut. Gemäß den oben beschriebenen wirtschaftsgeschichtlichen Entwicklungen in Deutschland haben sich die unternehmensrelevanten Rahmenbedingungen in Bezug auf Produktionstechnik und Betriebsorganisation wesentlich gewandelt und verändern sich – nach Wirtschaftsbranchen durchaus unterschiedlich – auch heute weiter.

Für die Zeit der Anwerbung der damals so genannten „Gastarbeiter" in die Bundesrepublik lässt sich ein heterogen strukturierter Arbeitsmarkt für die Arbeitsmigranten feststellen, deren Arbeitsplätze abhängig von der Wirtschaftsbranche unterschiedliche Lohn- und Arbeitsverhältnisse aufwiesen: In der Textilindustrie, dem Bausektor, bei den Reinigungsdiensten, in der Fisch und Fleisch verarbeitenden Industrie, im Gaststättengewerbe und in geringerem Umfang auch in der Landwirtschaft war eine Modernisierung durch arbeitssparende Maßnahmen und Maschineneinsatz nur bedingt möglich, sodass ein Arbeitskräftemangel zum Absterben vieler kapitalschwacher Betriebe geführt hätte (vgl. Bade 2000, S. 317). Die hier einsetzende Ausländerbeschäftigung bewirkte

[54] Creaming-Effekt (deutsch: „Absahn-Effekt") bezeichnet im Bildungsbereich die Folge, die eintritt, wenn man in gesamtschulartigen Systemen unterrichtet, aber vorab die leistungsstärksten Lernenden („die Sahne") an andere Schulen durch Abwanderung verloren hat, sodass die Vorzüge heterogener Lernpopulationen und -welten nur sehr eingeschränkt wirksam werden können (vgl. Tenorth und Tippelt 2007, S. 37).

[55] Auf die Darstellung nationalitätenspezifischer Unterschiede bei der Anzahl an Einbürgerungen – so lassen sich gemäß Einbürgerungsstatistiken des Statistischen Bundesamtes z. B. Türken weitaus häufiger einbürgern als Arbeitsmigranten aus EU-Staaten wie Griechenland, Italien oder Spanien – wird hier trotz Qualifikationsunterschieden zwischen den einzelnen Nationalitäten verzichtet, da der Aufbau sozialen Kapitals und damit größerer Beschäftigungschancen nicht nur von Bildungsfaktoren abhängig ist (vgl. Thränhardt und Hunger 2000).

zeitweise eine Verlangsamung des Lohnanstiegs in diesen Wirtschaftsbranchen, was ihren Betrieben eine temporäre Konkurrenzfähigkeit sicherte. Die Arbeitsmigranten wurden zwar meist schlecht bezahlt, konnten ihre Löhne jedoch durch Überstunden oder Akkordarbeit so steigern, dass sie ihre Migrationsmotive – Lohngeldtransfer bei nur temporärer Beschäftigung und Rückkehrabsicht – auch unter diesen Arbeitsbedingungen verwirklicht sahen (vgl. ebd.).

In anderen Wirtschaftsbranchen wurden die Arbeitsmigranten für besonders harte oder gefährliche bzw. gesundheitsgefährdende Arbeiten angeworben, beispielsweise in der Asbestindustrie, dem Bergbau, der Chemiebranche oder in der zwar hochmodernen, aber physisch wie psychisch anstrengenden Fließbandmontage verschiedener Unternehmen im verarbeitenden Gewerbe, wozu besonders die Metall- bzw. Automobilindustrie zählte (vgl. Bade 2000, S. 318). In diesen Branchen wurden die ausländischen Arbeitnehmer zwar tarifgemäß bezahlt, arbeiteten jedoch zumeist ausschließlich in den unteren Beschäftigungssegmenten bei einer kaum vorhandenen Perspektive eines beruflich-sozialen Aufstiegs. Hierbei schlossen die Arbeitsmigranten strukturelle Arbeitskräftelücken in den Beschäftigungsbereichen, in denen deutsche Arbeitskräfte u. a. durch betrieblich geförderte Qualifikation von beruflich-sozialen Aufwärtsmobilitäten profitierten (vgl. Treibel 2008, S. 56). Somit dienten die Anwerbemigranten nicht nur als ausländische Reservearmee in Zeiten starken Wirtschaftswachstums, sondern hatten auch eine Ersatzfunktion als Basis für die „Unterschichtung" (Hoffmann-Nowotny 1973) einheimischer Arbeitskräfte bei der Herausbildung eines gespaltenen Arbeitsmarktes mit stark internationalisierter unterer Ebene und einheimischen Oberschichten, deren beruflicher Aufstieg letztlich durch die Anstellung ausländischer Beschäftigter erst ermöglicht wurde (vgl. Bade 2000, S. 318f.).

Diese Entwicklung unterstreicht die im Vorkapitel aufgeführten Gründe, warum ausländische Arbeitnehmer auch heute noch eine erste Zielgruppe bei Belegschaftsreduzierungen sind: Zum einen sind insbesondere die unteren Beschäftigungssegmente im industriellen Sektor, in denen auch heutzutage häufig schlechter qualifizierte Arbeitsmigranten arbeiten (vgl. Seebaß und Siegert 2011, S. 42ff.), von strukturellem Arbeitsplatzabbau, wie er seit Beginn der 1990er-Jahre auch in der Metall- und Automobilindustrie in verschiedenen Schüben durchgeführt wird, betroffen (vgl. BA 2016, S. 34). Zum anderen haben aktuell einwandernde Migranten gegenüber deutschen oder schon länger in Deutschland lebenden ausländischen Arbeitnehmern schlechtere Chancen, sich gegen Entlassungen zu wehren – aus diesem Grunde gilt die hier vorgestellte betriebspolitische Integration im besonderen Maße für die bis zum Anwerbestopp angeworbenen Migranten und ihren Nachkommen. Beide Argumente sorgen dafür, dass Ausländer, worunter eben auch neue Zuwanderergruppen fallen, immer noch stärker von Arbeitslosigkeit betroffen sind als deutsche Arbeitskräfte.

Zwar konnten die Arbeitsmigranten ihre innerbetrieblichen und beruflichen Stellungen u. a. wegen ihrer betrieblichen Inklusion in die politischen Abläufe der Betriebe oft halten, doch trafen sie hinsichtlich ihrer beruflichen Mobilität auf Barrieren, die ihre Einkommenschancen begrenzen und ihr Entlassungsrisiko erhöhen (vgl. Seifert 1995, S. 165ff.). Hinzu kommt für viele Migranten die betriebliche Erfahrung des für sie weit weniger geltenden Senioritätsprinzips, nach dem die Dauer der Betriebszugehörigkeit das wesentliche Kriterium der Auswahl von Personen für innerbetriebliche Mobilitätsprozesse ist. Ausländische Arbeitnehmer machen bei betrieblichen Rekrutierungsprozessen häufig die Erfahrung, dass sie außerhalb dieser für deutsche Kollegen geltenden Aufstiegsvoraussetzung stehen, sodass sie oft in den unteren Beschäftigungssegmenten verbleiben, in die sie eingestellt wurden. In Verbindung mit dem hiermit in Zusammenhang stehenden Mobilitätshemmnis ist die Wahrscheinlichkeit groß, dass Arbeitsmigranten weit weniger Aufstiegs- als Abstiegserfahrungen als ihre deutschen Kollegen machen (vgl. Schäfer 1994, S. 143f.).

Die (schon ältere) betriebliche Forschungsliteratur verweist diesbezüglich auf die entscheidende Funktion von innerbetrieblichen sozialen Netzen, in denen Rekrutierungs-, Weiterqualifikations- und Beförderungsentscheidungen getroffen werden (vgl. Bommes 1999; Gillmeister et al. 1989; Sengenberger 1987[56]; Schäfer 1985; Windolf und Hohn 1984; Dohse 1982). Zwar verfügen Ausländer zumeist über die Mindestqualifikationen und Netzwerke, die für untere und mittlere Positionen ausreichend sind, sodass sie in diesen Bereichen zahlreich vertreten sind. Jedoch haben sie es bei höheren Positionen und bei steigendem Einfluss der zu vergebenden Funktionen schwerer als die deutschen Arbeitnehmer, in entsprechende Positionen zu gelangen (vgl. Bommes 1999, S. 206ff.; Seifert 1995, S. 166ff.; Schäfer 1994, S. 143f.). In den unteren beruflichen Statusgruppen findet man dementsprechend häufig auch ausländische Arbeitnehmer, sei es noch als angeworbene Beschäftigte, die man zur Unterschichtung der aufgestiegenen einheimischen Arbeitnehmer eingestellt hat, oder als deren Nachkommen, die aufgrund von Kommunikationsnetzen, die jedoch nur für untere Betriebspositionen wirksam sind, in die gleiche berufliche Statusgruppe gelangten wie ihre Väter. Laut der schon erwähnten Befragung von IG Metall-Mitgliedern im Jahr 2016 deckt sich diese Einschätzung mit den Angaben der Gewerkschaftsmitglieder mit Migrationshintergrund, die zu 67 % als Produktionsarbeiter beschäftigt sind, aber auch zu drei Vierteln in Vollzeitstellen (vgl. IG Metall 2017).

In einzelnen Beschäftigungsbereichen wie dem Banken-, Versicherungs- oder auch Staatssektor sind ihre Beschäftigungschancen ohnehin geringer als die der Mitbewerber ohne Migrationshintergrund (vgl. Thränhardt et al. 1994, S. 81f.), auch wenn Unternehmen punktuell mit herkunftsbezogenen Mitarbeitereinstellungen nationalitätenspezifische Kundengruppen bedienen.[57] Aber auch außerhalb dieser Branchen sind Bewerber oder Belegschaftsmitglieder ohne Migrationshintergrund in weit höherem Maße in Kommunikationsnetze über Einstellungs-, Versetzungs- und Aufstiegsmöglichkeiten eingebunden und häufig schneller über geplante Beschäftigungsveränderungen informiert bzw. gegenüber den Entscheidern präsenter. Dies gilt sowohl für herkömmliche

---

[56] Für den deutschen Arbeitsmarkt entwickelte Sengenberger (1987, S. 212) eine Segmentationstheorie, die drei Typen von Arbeitsmärkten unterscheidet: unstrukturierte (Jedermanns-)Arbeitsmärkte, berufsfachliche Teilarbeitsmärkte und betriebsinterne Teilarbeitsmärkte. Im unstrukturierten Arbeitsmarkt besteht zwischen Arbeitnehmer und Arbeitgeber lediglich eine lose Bindung, sodass Beschäftigungswechsel beidseitig kostengünstig vollzogen werden können. Im berufsfachlichen Arbeitsmarkt weisen Arbeitnehmer formale Qualifikationen einer überbetrieblichen Institution auf – es besteht eine Bindung zwischen einer spezifischen Gruppe von Arbeitnehmern und einer spezifischen Gruppe von Arbeitgebern. Im betriebsinternen Arbeitsmarkt sind Arbeiter gegen außen geschützt, erhalten hohe Löhne und gute Aufstiegsperspektiven. Außerdem weisen sie eine hohe Loyalität gegenüber dem Arbeitgeber auf und kennen betriebsspezifische Abläufe sehr gut. Auf die vorliegende Untersuchung zur betrieblichen Situation ausländischer Beschäftigter übertragen wäre eine Modifizierung des betriebsinternen Arbeitsmarktes für Arbeitsmigranten insofern angezeigt, als ihre Beschäftigungsverhältnisse geschützt wären, jedoch ihre Löhne und Aufstiegsperspektiven gegenüber Kollegen ohne Migrationshintergrund beschränkt blieben.

[57] Vgl. die Praxis bei Ford in Köln im Kapitel 4.3.7.

Arbeitsstrukturen in den Betrieben als auch für höhere Positionen in anderen Organisationen und Institutionen wie den Gewerkschaften oder den Betriebsräten. Der diesbezüglich vereinzelt (vgl. Javaher Haghighi 2000; Brüggemann und Riehle 2000; Räthzel und Sarica 1994) in die Diskussion eingebrachte Aspekt von Ungleichbehandlung oder Nichtberücksichtigung ausländischer Arbeitnehmer aufgrund ethnischer Diskriminierung ist in einzelnen Fällen sicher ein wichtiger Aspekt, gerade wenn es um Pionierbesetzungen in statusbeladenen Beschäftigungsbereichen geht. Auch die erwähnte Befragung von 2016 führt aus, dass 19,5 % der IG Metall-Mitglieder mit Migrationshintergrund schon Diskriminierungserfahrungen im Beruf gemacht haben (vgl. IG Metall 2017). Dennoch beschreibt die Unterstellung ethnisch-diskriminierender Personalpolitik häufig nur vordergründig den Ursachenzusammenhang, weil sie hinsichtlich der Nichtberücksichtigung von Ausländern bei betrieblichen Aufstiegsentscheidungen zumeist nur einen großen Teil der Betroffenengruppe kategorisiert, dabei aber außer Acht lässt, dass auch deutsche Arbeitnehmer ohne Migrationshintergrund von betrieblicher Mobilität ausgeschlossen sind.

3.3 Ausländerinnen und Ausländer in Gewerkschaften: Von unmündigen Beitragszahlern zu Garanten gewerkschaftlicher Organisationsmacht

Die Anwerbung von Arbeitsmigranten für den bundesdeutschen Arbeitsmarkt kam erstmals Mitte der 1950er-Jahre auf die Agenda der korporatistischen Verhandlungen zwischen Staat, Unternehmen und Gewerkschaften über die weitere Ausgestaltung der bundesrepublikanischen Wirtschafts- und Arbeitsmarktentwicklung. In Anbetracht des immer noch im Aufbau befindlichen Arbeitsmarktes in der jungen Bundesrepublik nahmen die Gewerkschaften gegenüber Plänen der Beschäftigung von Ausländern in einzelnen Wirtschaftsbranchen zunächst eine ablehnende Haltung ein: Gerade in der gewerkschaftlich wenig durchdrungenen Landwirtschaft, für die zusätzliche ausländische Arbeitnehmer durch intergouvernementale Anwerbeverhandlungen zwischen Deutschland und Italien vorgesehen waren, befürchtete der DGB und die betroffene Einzelgewerkschaft Gartenbau, Land- und Forstwirtschaft (GGLF) negative Folgen für die Arbeitsmarkt-, Lohn- und Tarifpolitik, somit fallende Löhne aufgrund der Ausweitung der landwirtschaftlichen Arbeitskräfte bei zumindest gleichbleibender Arbeitslosigkeit in der Branche (vgl. Treichler 1998, S. 145ff.). Entgegen der später vom DGB (vgl. o. J., S. 4) initiierten und von Dohse (1981, S. 165) so genannten „Legendenbildung", die Gewerkschaften hätten bei der Frage der Anwerbung ausländischer Arbeitnehmer eine Veto-Macht innerhalb der korporatistischen Gespräche gehabt, veränderten sie ob ihres geringen Einflusses auf das Regierungshandeln ihre politische Position in dieser Frage gemäß den fortschreitenden Verhandlungsergebnissen zwischen der deutschen und italienischen Delegation. Erwartete der DGB noch kurz vor Abschluss des Anwerbevertrages vom Dezember 1955 eine gemeinsame Absprache über Ausmaß, Beschäftigungsdauer und Branchenverteilung der Arbeitsmigranten zwischen Regierung und Gewerkschaften, gestand sie Anfang 1956 ihre Machtlosigkeit in dieser Frage ein, indem sie nur noch ein Inländerprimat bei der Besetzung von freien Stellen sowie die arbeits- und tarifrechtliche Gleichstellung von ausländischen und deutschen Arbeitnehmern verlangte, um Lohndruck zu verhindern (vgl. Henkelmann 1956, S. 38f.; Dohse

1981, S. 164). Letztlich blieb auch von diesen abgemilderten Vorstellungen der Gewerkschaften zur Ausländerbeschäftigung nur die arbeits- und sozialrechtliche Gleichstellung der Arbeitsmigranten übrig.

Die Gründe für die relativ geringe Einflussmöglichkeit und nachfolgend auch für die kaum spürbare Einflussnahme der Gewerkschaften in der Ausgestaltung der Anwerbemigration sind in zwei wesentlichen Entwicklungen zu sehen: Zum einen wurden die Gewerkschaften vom Regierungsplan, italienische Fremdarbeiter anzuwerben, überrascht, sodass sie thematisch sowie zeitlich überfordert waren (vgl. Dohse 1981, S. 165) und ihre Verhandlungsposition auch durch Ressourcenbindung in anderen Arbeitnehmerfragen wie der Ausgestaltung der betrieblichen Mitbestimmung oder dem Kampf um die Verkürzung der Wochenarbeitszeit Anfang der 1950er-Jahre schlecht vorbereitet war, wie Treichler (vgl. 1998, S. 145) herausarbeitete. Doch seine auf Dohse (vgl. 1981, S. 178) zurückgehende Einschätzung, das Regierungsmotiv zur beginnenden staatlichen Anwerbung ausländischer Arbeitnehmer sei vorwiegend ein konjunktur-, wachstums- und tarifpolitisches gewesen, das die Beschäftigung von Arbeitsmigranten als Instrument zur „Dämpfung gewerkschaftlicher Lohnpolitik" und die ausländischen Beschäftigten vor allem als „‚Hebel' für den konjunkturellen Aufschwung und einen ‚Puffer' für [eine spätere] Rezession" verstand (Treichler 1998, S. 241, Hervorhebungen im Original), wurde durch die im vorhergehenden Kapitel ausführlich beschriebenen Forschungen Steinerts (1995) und vor allem Schönwälders (2001) überzeugend widerlegt: Die von Treichler genannten wirtschafts- und tarifpolitischen Erwägungen unterstützten mittel- und langfristig die Politik einer Rekrutierung von Arbeitskräften auf den internationalen Arbeitsmärkten. Doch vorrangiges und erstes Motiv für das Bestreben der Bundesregierung, mit dem italienischen Staat eine bilaterale Vereinbarung zur Anwerbung von Arbeitnehmern abzuschließen, war ihre strategische Europapolitik, der jungen und mit dem Erbe der Vergangenheit belasteten Bundesrepublik einen größeren außenpolitischen Spielraum zu verschaffen sowie den Zusammenhalt des Westens im Kalten Krieg durch wirtschaftliche und außenhandelspolitische Zusammenarbeit zu stärken. Innerhalb dieses Politikfeldes kam es der Regierung nicht auf die Haltung der Gewerkschaften an, zumal deren anwerbungskritische Stimmen in einer Zeit der ökonomisch prosperierenden Wirtschaftswunder-Republik leicht zu entkräften waren.

3.3.1 Organisatorische Betreuung durch den DGB

Im Verlauf der ersten Anwerbephase gelang aber doch ein korporatistischer Konsens unter Einschluss der Gewerkschaften, die ihre ablehnende Haltung zugunsten einer Tolerierung der Anwerbung unter möglichst eng gefassten sozialen und tarifrechtlichen Kriterien aufgaben. Einigkeit bestand darin, dass der sich durch die günstige Wirtschaftslage abzeichnende und ab der zweiten Hälfte der 1950er-Jahre aufkommende Arbeitskräftemangel in vielen Wirtschaftsbranchen der Bundesrepublik weder durch einen inflationären Lohnanstieg noch durch eine Modernisierung der Produktionsstrukturen mit nachfolgend steigender Produktivität aufgefangen werden sollte (vgl. Bade 2000, S. 317), sondern durch eine Ausweitung des Erwerbspersonenpotenzials, die durch die Anwerbung ausländischer Arbeitnehmer bewerkstelligt werden sollte (vgl. Esser 1980, S. 271). Unter diesen Umständen bestärkte die Arbeitsmigration aus dem mediterranen Raum das tradierte System betrieblicher Arbeitsstrukturen, das eine Aufwärtsmobilität schon länger im Unternehmen beschäftigter, in diesem Fall deutscher

Arbeitnehmer begünstigte (vgl. Bade 2000, S. 318), zumal der Status der ausländischen Arbeitnehmer auch von den Gewerkschaften als vorübergehend eingestuft wurde, weil die Arbeitsmigranten als Puffer nur die Konjunkturspitzen im Arbeitskräftebedarf abdecken sollten (vgl. Henkelmann 1956, S. 38f.). Folgerichtig bestanden die Gewerkschaftsvertreter auf zwei systemschützende Bedingungen bei der Rekrutierung und Beschäftigung von Arbeitsmigranten (vgl. Treichler 1998, S. 241f.): Erstens sollte die Anwerbung kontrollierbar bleiben, was durch das staatliche Vermittlungsmonopol sichergestellt wurde[58]. Zweitens mussten die ausländischen Arbeitnehmer in das arbeits- und sozialrechtliche System der Bundesrepublik inkludiert werden, damit es weiterhin ein einheitliches Tarifsystem auf dem Arbeitsmarkt geben konnte und die Arbeitgeber keine durch Minderbezahlung der Arbeitsmigranten initiierte Abwärtsspirale bei der tarifhoheitlichen Lohnfindung installieren konnten.

Unter diesen Umständen ist es nicht verwunderlich, dass das organisatorische Interesse der Gewerkschaften an den ausländischen Arbeitnehmern anfänglich eher gering war: Als temporär eingesetzte Arbeitskräfte, die zudem kaum Deutsch sprachen, waren sie für die Gewerkschaften innerhalb ihrer wachstums- und konjunkturpolitischen Funktion „zusätzlich beschäftigte, dauerhaft jedoch letztlich nicht dazugehörige Arbeitskräfte" (Treichler 1998, S. 242). Aus diesem Grund wollten die DGB-Gewerkschaften die ausländischen Arbeitnehmergruppen zwar sozial und tarifrechtlich kontrollieren (vgl. ebd.), doch waren ihre Versuche, sie für ihre Organisationen anzuwerben, halbherzig und unzureichend. Dies ist hinsichtlich der betrieblichen Integration der Anwerbemigranten umso bemerkenswerter, da den Gewerkschaften eine wichtige Funktion innerhalb des bundesdeutschen Mitbestimmungssystems zukommt: Sie hatten schon gemäß dem alten BetrVG von 1952 freien Zugang zu den Betrieben (analog zu § 2 des heutigen BetrVG) und waren auch damals im Zusammenspiel mit dem Betriebsrat bei der Organisationsfähigkeit von Mitbestimmungsgremien der Arbeitnehmer ein wichtiger Faktor in den Unternehmen.[59] Anfang der 1970er-Jahre löste sich der DGB von seiner vorher eher abwartenden Haltung und bemühte sich, aktiv für die Belange der Anwerbemigranten einzutreten[60], was dazu beitrug, dass im Zuge der Reform des BetrVG im Jahr 1972 den ausländischen Arbeitnehmern neben dem aktiven nunmehr auch das passive Wahlrecht bei den Betriebsratswahlen zugebilligt wurde. Knapp zwei Jahre später wurde diese

[58] Staatliche Vermittlungsorganisation war die Bundesanstalt für Arbeitsvermittlung und Arbeitslosenversicherung, ab 1969 als Bundesanstalt für Arbeit, ab 2003 als Bundesagentur für Arbeit firmierend. In der späten Phase der Anwerbung kam es häufig auch zu nicht-staatlich gesteuerten Anwerbungen, bei denen einzelne Unternehmen bzw. ihre ausländischen Beschäftigten den Kontakt zu neuen Arbeitsmigranten herstellten. Vgl. dazu die Ausführungen zur Praxis bei Volkswagen in Wolfsburg in Kapitel 4.2.1.

[59] Da den ausländischen Arbeitnehmern auch im BetrVG von 1952 das aktive Wahlrecht eingeräumt war, hätten sie für die Gewerkschaften schon seit dieser Zeit eine bemerkenswerte Beschäftigtengruppe sein können.

[60] Im Januar 1971 verabschiedete der DGB neue „Leitsätze für die Vertretung der gesellschaftlichen, sozialen und kulturellen Interessen der in der Bundesrepublik beschäftigten ausländischen Arbeitnehmer". Darin wurde eine Vielzahl von Forderungen im sozialen, politischen und rechtlichen Bereich gestellt, u. a. bessere Kontrolle der Unterkünfte durch die BA, menschenwürdige Wohnungen, Einhaltung des Verbots der Kinderarbeit, Mitwirkung bei der Anwerbung, Ausbildung und Erlernen der deutschen Sprache bereits im Heimatland, Reform des Ausländerrechts, Gleichstellung der ausländischen Kinder bei Schul- und Berufsausbildung mit deutschen Kindern. In die Satzung des DGB wurde ferner ein Passus über die „Förderung der sozialen Integration der ausländischen Arbeitnehmer" aufgenommen (vgl. Peters 1972, S. 328).

Veränderung des betrieblichen Wahlrechtsstatus von ausländischen Beschäftigten vom Gesetzgeber auch im Bundespersonalvertretungsgesetz beschlossen, sodass Migranten fortan auch zu Personalräten in Bundesbehörden gewählt werden konnten. Es ist jedoch bemerkenswert, dass viele Bundesländer dies bis Mitte der 1990er-Jahre nicht in ihren Landespersonalvertretungsgesetzen nachvollzogen[61], obwohl in einigen Beschäftigungssegmenten ihres Zuständigkeitsbereichs (z.B. bei der kommunalen Müllentsorgung) schon in damaliger Zeit verstärkt Arbeitsmigranten eingesetzt wurden. Möglicherweise ist es der Dominanz der deutschen Staatsangehörigen vorbehaltenen Beamtenschaft im öffentlichen Dienst geschuldet, dass nicht-deutsche Arbeitnehmer lange Zeit weder in einigen Landespersonalvertretungsgesetzen noch in den Gewerkschaften des öffentlichen Dienstes entsprechende Berücksichtigung fanden.

Für andere Wirtschafts- und Arbeitssektoren dürfte die Untersuchung einschlägiger Gewerkschaftshaltungen zur betrieblichen Migrantenintegration weitere Aufschlüsse darüber bringen, inwieweit externe Effekte die betriebspolitische Position der ausländischen Belegschaftsmitglieder tangierten und somit ihre Integration in die Betriebe positiv bzw. negativ beeinflusste. Für den hier untersuchten Fallbereich der Metall- und Automobilindustrie ist die IG Metall die wichtigste Gewerkschaftsorganisation.

3.3.2 Mitgliederorganisation in der Gewerkschaft IG Metall

Seit zu Beginn der 1960er-Jahre die Anwerbung von zusätzlichen Arbeitskräften aus dem Ausland von immer mehr Wirtschaftsbranchen genutzt wurde, bekamen die Arbeitsmigranten auch für die Gewerkschaften eine immer größere Relevanz in den Betrieben. So stieg in diesem Jahrzehnt auch in der Metallwirtschaft der Ausländeranteil in den Unternehmen unaufhörlich an, sodass die ausländischen Arbeitnehmer ein betriebs- und somit auch gewerkschaftsorganisatorisch wichtiger Faktor wurden. Wesentlicher Katalysator dieser Entwicklung waren die ersten großen Arbeitskämpfe unter wesentlicher Beteiligung ausländischer Arbeitnehmer. Ein diesbezüglich entscheidendes Signal setzte der große Streik in der baden-württembergischen Metallindustrie im Jahr 1963. Dieser zweiwöchige lohnpolitische Konflikt zwischen IG Metall und den Metallarbeitgebern war mit insgesamt 119.000 Streikenden und 250.000 aus den Betrieben ausgesperrten Arbeitnehmern zahlenmäßig eine der größten Auseinandersetzungen in der bundesrepublikanischen Streikgeschichte (WSI-Tarifarchiv 2006; Kalbitz 1991). Hierbei zeigten sich die Arbeitsmigranten als gut mobilisierbare Personengruppe, deren Streikteilnahme die vorwiegend von ihnen besetzten Produktions- und Fertigungsbereiche in den Betrieben (z. B. die Endmontage in der Automobilindustrie) lahmlegen konnte, was mit dazu beigetragen haben mag, dass die Metall-Unternehmer zum ersten Mal seit Ende der Weimarer Republik in einer Tarifbewegung wieder zum Mittel der Aussperrung griffen.

Diese wie auch nachfolgende Streikerfahrungen (z. B. bei den großen spontanen Streiks in der Kohle-, Stahl-, Metall- und Textilindustrie im Jahr 1969) führten zu einem Paradigmenwechsel hinsichtlich der Bedeutung ausländischer Arbeitnehmer für die Gewerkschaften: Durch die neue streiktaktische Funktion der Arbeitsmigranten wurden sie von den Gewerkschaften in Branchen mit hohem Ausländeranteil nicht mehr nur als tempo-

---

[61] Vgl. http://www.auslaenderbeirat-muenchen.de/besch/pdf/108.pdf (Abruf am 30.04.2016).

rär beschäftigte Personengruppe, sondern als betriebspolitisch wichtige Kollegen wahrgenommen, die bei Streiks in vorderster Front kämpften (vgl. Hinken 2001a) und somit schon aus rein gewerkschaftlichem Eigeninteresse für die Arbeitnehmerorganisation verstärkt gewonnen werden mussten. So ist es nicht verwunderlich, dass auf Betreiben der IG Metall-Führung einzelbetriebliche Initiativen zur Gewinnung ausländischer Gewerkschaftsmitglieder auf dem 8. Gewerkschaftstag der IG Metall im September 1965 in Bremen vorgestellt wurden: Wie einige andere ausländische Anwerbemigranten[62] erläuterte der Italiener Lorenzo Annese, erster ausländischer Betriebsrat in der Automobilindustrie, den Delegierten das seit 1964 bei Volkswagen in Wolfsburg praktizierte System der Mitgliedergewinnung bei ausländischen Belegschaftsmitgliedern. Dieses sah vor, dass die neu angekommenen Anwerbemigranten schon bei der Einstellung in das Unternehmen von ausländischen oder gar landsmannschaftlichen Betreuern nicht nur in den Betrieb eingeführt, sondern auch zur Gewerkschaftsmitgliedschaft animiert werden. Als krönenden Beleg für den Erfolg dieser Vorgehensweise teilte Annese den Delegierten stolz mit, dass man im VW-Werk einen gewerkschaftlichen Organisationsgrad von 95 % unter den ausländischen Belegschaftsmitgliedern verzeichnen könne[63]. Dieses kombinierte Einstellungs- und Eintrittsprozedere in Unternehmen und Gewerkschaft wurde nachfolgend Vorbild bei vielen Industrieunternehmen[64] – bei der Rekrutierung sowohl ausländischer als auch deutscher Mitglieder. Allerdings ging die Rekrutierung der Anwerbemigranten für die Gewerkschaften nicht nur von den Betrieben oder einzelnen Personen aus: Schon im Jahr 1963 riet die Türkische Anstalt für Arbeit und Arbeitsvermittlung in einem Informationsblatt ihren in Deutschland arbeitenden Landsleuten: „Nehmt die Vermittlung durch Betriebsräte, die es in deutschen Firmen gibt, in Anspruch und werdet Mitglieder in den Gewerkschaften." (zitiert nach Eryilmaz 1998, S. 122) Insofern folgten bei den türkischen Arbeitsmigranten die betrieblichen Initiativen zur Wahrnehmung des deutschen Mitbestimmungssystems den Aufforderungen türkischer Stellen an ihre Landsleute.

Seit Beginn der 1960er-Jahre gewannen die Anwerbemigranten auch innerhalb der IG Metall ein größeres Gewicht. Ihr Vorsitzender Otto Brenner erklärte schon im Jahr 1960, es gelte fortan die besondere Situation der ausländischen Arbeitnehmer wahrzunehmen und dafür eigenständige Schulungen anzubieten (vgl. Wlecklik 2013). Dem wurde institutionell Rechnung getragen, als die IG Metall ein Jahr später das Referat „Ausländische Arbeitnehmer" als Teil der Abteilung „Organisation" innerhalb der Vorstandsverwaltung einrichtete. Auch wenn damit eine gewisse Dauerhaftigkeit der Arbeitsmigration in die Bundesrepublik anerkannt wurde, ging es in dieser ersten Phase des gewerkschaftlichen Interesses für die Anwerbeausländer nicht um Teilhabe der Migranten, sondern hauptsächlich um ihre Betreuung, womit Unruhe in den Belegschaften verhindert und eine erste gewerkschaftliche Bindung der Anwerbemigranten geför-

[62] Unter den ca. 20 ausländischen Arbeitnehmern, die als Gastteilnehmer dem Gewerkschaftstag die Sicht der Arbeitsmigranten darstellen sollten, war neben dem VW-Arbeiter Lorenzo Annese auch der Ford-Beschäftigte Yilmaz Karahasan, der von 1963 bis 1964 Betriebselektriker und Dolmetscher in den Kölner Ford-Werken war. Im Jahr 1968 wurde Karahasan Gewerkschaftssekretär beim Vorstand der IG Metall in Frankfurt/Main und war dort schließlich von 1992 bis 1995 Mitglied des geschäftsführenden Vorstandes der Metallgewerkschaft. Vgl. Motte und Ohliger 2004, S. 111 und biografische Informationen aus dem IG Metall-Bundesvorstand.

[63] Vgl. das Interview mit Lorenzo Annese v. 19.08.2000 im VW-Kapitel 4.2.4.

[64] Vgl. dazu die Untersuchungen bei Ford in Köln in Kapitel 4.3.

dert werden sollte. Daher bestand eine vorrangige Aufgabe des Referates darin, ausländische Arbeitskräfte in ihrem neuen Umfeld durch mehrsprachige Informationsmaterialien zu unterstützen und für Verwaltungsstellen und betriebliche Interessenvertretungen Arbeits- und Beratungshilfen zu erstellen sowie Schulungen anzubieten.[65]. Zusätzlich hatte der DGB zentrale Betreuungsbüros eingerichtet, die mithilfe von Dolmetschern die Anliegen der Ausländer behandeln sollten. Wie oben geschildert bemühte man sich erst im Verlauf der 1960er-Jahre ernsthaft um eine Steigerung des gewerkschaftlichen Organisationsgrades der ausländischen Arbeitnehmer, um sie für die gewerkschaftliche Vertrauensarbeit in den Betrieben zu gewinnen. Betrug der Organisationsgrad in der IG Metall 1961 mit 11.657 ausländischen Mitgliedern nur 7 % in dieser Beschäftigtengruppe, steigerte er sich bis zum Jahr 1970 auf 28 % (Daten vom IG Metall-Bundesvorstand), auch wenn die gewerkschaftliche Schulung der neuen Mitglieder gegenüber der Mitgliederwerbung zurückblieb (vgl. Hunn 2004, S. 81). Während dieser Dekade nahm aber nicht nur die betriebs- und organisationspolitische Bedeutung der Arbeitsmigranten für die Arbeitnehmervertretungen zu, sondern innerhalb eines reziproken Verhältnisses entwickelte sich auch eine psychologische und damit gesellschaftspolitische Funktion der Gewerkschaften für die in der Bundesrepublik fremden Kollegen: Da das Ausländergesetz von 1965 eine vergleichsweise einfach zu bewirkende Einschränkung der politischen Betätigung von Arbeitsmigranten ermöglichte[66], befriedigten die Gewerkschaften ihr „besonderes Schutzbedürfnis“ (Karahasan und Öztürk 1994, S. 285), indem sie für die ausländischen Mitglieder als eine Art „Katastrophenversicherung“ (Anagnostidis 1975, S. 121) wahrgenommen wurden, für sie als „Menschenrechtsorganisation“ (Karahasan und Öztürk 1994, S. 285) emotional bedeutsam wurden und die Funktion „einer Art Bürgerrechtsgruppe für die Zuwanderer“ (Diehl et al. 1999, S. 44) übernahmen.[67]

Ein entscheidendes, strukturveränderndes Ereignis folgte im Jahr 1972. Durch die Reform des BetrVG konnten ausländische Arbeitnehmer nun auch Betriebsräte werden und damit betriebliche Einflusspositionen besetzen. Dies war bei einem durchschnittlich fast zwanzigprozentigen Ausländeranteil in den Metallbetrieben eine Veränderung, bei der es nicht mehr reichte, die ausländischen Arbeitnehmer einfach nur zu betreuen, sondern man musste nun auch zunehmend die Interessen der Arbeitsmigranten vertreten. Dies geschah jedoch nicht freiwillig, sondern zumeist auf Druck der ausländischen Gewerkschaftsmitglieder[68], da sie nun ihrerseits verstärkt in die IG Metall drängten: Ihr Organisationsgrad wuchs bis 1978 auf 56,5 % an – auf der Grundlage aller DGB-Gewerkschaften betrug der Anteil ausländischer Mitglieder nur 30,8 % in diesem Jahr (Daten vom IG Metall-Bundesvorstand). Auch organisatorisch nahm der Einfluss der

---

[65] Vgl. das Experteninterview mit dem ehemaligen Leiter der IG Metall-Abteilung „Ausländische Arbeitnehmer“, Manuel Campos, v. 02.12.1999.

[66] Gemäß § 6 (2) des Ausländergesetzes von 1965 konnte die „politische Betätigung von Ausländern (...) eingeschränkt oder untersagt werden, wenn die Abwehr von Störungen der öffentlichen Sicherheit oder Ordnung oder von Beeinträchtigungen der politischen Willensbildung in der Bundesrepublik Deutschland oder sonstige erhebliche Belange der Bundesrepublik Deutschland es erfordern.“

[67] Interessant ist in diesem Zusammenhang die Herangehensweise der Gewerkschaften in der Schweiz, die sich weniger um die ausländischen Arbeitnehmer bemühten, was nach Epple Schmitter (1979, S. 235) zu einer größeren sozialen Distanz zwischen Einheimischen und Ausländern in der Schweiz beitrug.

[68] Vgl. das Experteninterview mit dem ehemaligen Leiter der IG Metall-Abteilung „Ausländische Arbeitnehmer“, Manuel Campos, v. 02.12.1999.

Arbeitsmigranten zu. 1973 wurde das Referat „Ausländische Arbeitnehmer“ beim IG Metall-Vorstand zu einer eigenständigen Abteilung aufgewertet. Gleichzeitig empfahl der IG Metall-Vorstand den Verwaltungsstellen, eigene Arbeitskreise für ausländische Arbeitnehmer lokal zu installieren (vgl. Wlecklik 2013). Im Jahr 1984 beschloss der Gewerkschaftstag, die ausländischen Arbeitnehmer als eigenständige Personengruppe in die Satzung aufzunehmen, was ein eigenständiges Antragsrecht auf dem Gewerkschaftstag, gesonderte Ausländerkonferenzen und nun eine verpflichtende Einrichtung von Ausländerausschüssen in allen IG-Metall-Verwaltungsstellen und somit insgesamt mehr Initiativeinfluss von Ausländern innerhalb der Gewerkschaft bedeutete.

Auch programmatisch öffnete sich die IG Metall immer mehr den Belangen der Migranten. Bezogen sich entsprechende Beschlüsse auf Gewerkschaftstagen in den 1960er- und 1970er-Jahren zumeist auf betriebliche Fortschritte der Ausländerintegration wie die Wahlrechtsreform im BetrVG, traten insbesondere seit den 1980er-Jahren, der euphorischsten Zeit gewerkschaftlicher Integrationspolitik, gesamtgesellschaftliche Interessen der Migranten in den Mittelpunkt gewerkschaftlicher Initiativen zur Integration von Ausländern in die bundesrepublikanische Gesellschaft.[69] Allerdings konnten sich dabei weder die Gewerkschaften noch die bei diesem Thema ähnlich positionierten bundespolitischen Oppositionsparteien SPD und Die Grünen mit weitergehenden ausländerintegrierenden Vorschlägen zum kommunalen Wahlrecht für alle Einwohner oder zu einem liberalen Einbürgerungsgesetz bundespolitisch durchsetzen. In den vielen Bundes- und Landtagswahlen zwischen 1983 und 1999 gelang es vielmehr den konservativen Parteien CDU und CSU durch die wiederholte Thematisierung der Ausländer- und Asylrechtsproblematik wahlentscheidende Wählermobilisierungen zu erreichen, sodass sie sich bei einem toleranteren Umgang mit Ausländerthemen eines für sie wichtigen Wahlkampfinstrumentes beraubt hätten (vgl. Thränhardt 2002, S. 25). Aber selbst nach dem rot-grünen Wahlsieg von 1998 gelang es den neuen Regierungsparteien nicht, das in der Vergangenheit immer wieder emotional diskutierte Ausländerthema zu versachlichen. Der Ende 1998 von der Bundesregierung eingebrachte neue Gesetzesentwurf zum Staatsangehörigkeitsrecht sah die Hinnahme von doppelten Staatsbürgerschaften vor, was die CDU wiederum zu einer wählerwirksamen Unterschriftenkampagne gegen diese Pläne einer liberaleren Einbürgerungs- und Ausländerpolitik nutzen konnte, sodass die neue rot-grüne Regierung nur einhundert Tage nach dem Gewinn der Bundestagswahlen eine Wahlniederlage in Hessen inklusive des Verlustes der für das Einbürgerungsthema wichtigen Bundesratsmehrheit hinnehmen musste (vgl. Thränhardt 2002, S. 25f.).

---

[69] Als die bekanntesten Initiativen sind hier die Vorschläge zum Kommunalwahlrecht für Ausländer und zur Zulassung doppelter Staatsangehörigkeiten zu nennen. Einen Teilerfolg konnten sie dabei erst erzielen, als im Zuge des Vertrages von Maastricht europarechtliche Vorgaben das Kommunalwahlrecht zumindest für Ausländer aus EU-Staaten in Deutschland seit 1996 rechtsverbindlich machten. Und auch für Nicht-EU-Bürger gibt es weiterhin politische Initiativen, ihnen das Kommunalwahlrecht zuzugestehen: am 28.10.2007 nahm der SPD-Bundesparteitag in Hamburg diese Forderung in das Grundsatzprogramm der Sozialdemokraten auf; 2008 wurden von den Bundestagsfraktionen Bündnis 90/Die Grünen sowie Die Linke entsprechende Gesetzentwürfe in den Bundestag eingebracht. Die Anhörungen im zuständigen Innenausschuss des Bundestages am 22.09.08 zeigten jedoch, dass sowohl die im Bundestag vertretenen Parteien wie auch die geladenen Sachverständigen weiterhin keine einheitliche Meinung zu diesem Thema haben, sodass ein generelles Kommunalwahlrecht für Ausländer in Deutschland nicht existiert (vgl. dazu die entsprechenden Mitteilungen des Deutschen Bundestages unter http://www.bundestag.de/aktuell/archiv/2008/22269482_kw39 _innen/index.html, Abruf am 22.10.2008).

Die politische Stagnation im Bereich der gesamtgesellschaftlichen Integration von Ausländern und ihren Nachkommen in der Bundesrepublik insbesondere während der christliberalen Regierungszeit der 1980er- und 1990er-Jahre war nicht nur von einer „ethnonational geprägten politischen Semantik regierungsamtlicher Erklärungen im Einwanderungsland wider Willen" (Bade 2000, S. 358f.) gekennzeichnet, sondern eben auch von „dichotomisch-antinomischen Begriffsbildungen" (Bade 2000, S. 359) zur Beschreibung von innenpolitisch nicht oder nur widerstrebend akzeptierten gesellschaftlichen Veränderungen in einem „unerklärten Einwanderungsland" (Thränhardt 1988). Neben diesen insbesondere von der Wissenschaft postierten Veränderungshinweisen trug auch die regelmäßige gewerkschaftliche Setzung des Themas „Ausländerintegration" zu einer partiellen[70] Verbesserung der gesetzlichen Rahmenbedingungen für Einwanderer bis hin zur Verabschiedung und nachfolgenden Weiterentwicklung eines neuen Staatsangehörigkeitsgesetzes nach der Jahrtausendwende bei. Kann man so hinsichtlich der Aufmerksamkeit der Gewerkschaften im Allgemeinen und der IG Metall im Speziellen gegenüber den Arbeitsmigranten durchaus von punktuellen Erfolgen sprechen, sind die innerorganisatorischen Umsetzungen ambivalent zu bewerten. Während auch die Mitgliedschaftsquoten ausländischer Arbeitnehmer seit 2005 wieder leicht ansteigen, steht den erwähnten Fortschritten hinsichtlich einer allgemeinen Vertretung der Interessen von ausländischen Arbeitnehmern jedoch eine Abnahme der personellen Berücksichtigung von Migranten innerhalb der gewerkschaftlichen Organisation in Abhängigkeit zur Einflussmöglichkeit der zu besetzenden Positionen gegenüber, wie folgende Tabelle zeigt:

Tabelle 1: Ausländeranteil* in verschiedenen IG Metall-Funktionen

	1999	2005	2010	2015
Mitgliedschaft in der IG Metall[71]	10,2 %	10,0 %	10,3 %	10,8 %
Betriebliche Vertrauensleute	11,3 %	11,1 %	11,0 %	10,8 %
Vertrauenskörperleitungen	6,3 %	5,1 %	8,5 %	9,2 %
Delegierte auf Gewerkschaftstag	3,9 %	4,4 %	4,5 %	2,2 %
Vertreterversammlungen	4,0 %	5,0 %	5,0 %	5,6 %
Ortsverwaltungen	3,0 %	3,1 %	3,9 %	4,3 %

* Hierunter fallen Personen beiderlei Geschlechts

Quelle: IG Metall-Bundesvorstand

[70] Im Zuge des Wiedervereinigungsprozesses traten 1991 vorsichtige und zeitlich befristete Erleichterungen bei Einbürgerungen in der Gruppe der ehemaligen Anwerbe-Ausländer und ihrer Familien in Kraft. Im Zuge des „Asylkompromisses" wurde auf Drängen der SPD 1993 die zeitliche Befristung entfernt und eine Anspruchs-Einbürgerung in die gesetzlichen Bestimmungen für die Anwerbemigranten aufgenommen (vgl. Hagedorn 2001, S. 98f. und Thränhardt 2008, S. 7f.).

[71] Durch den Zusammenschluss der west- und ostdeutschen Einheitsgewerkschaften DGB und FDGB und dem damit verbundenen großen Mitgliederzuwachs (deutscher Arbeitnehmer) aus Ostdeutschland sank der Anteil der ausländischen Mitglieder an der Gesamtzahl der IG Metall-Organisierten von 1990 bis 1994 um über vier Prozentpunkte (von 13 auf 9 %). In den darauffolgenden Jahren steigerte er sich aufgrund des starken Mitgliederverlustes unter den deutschen Arbeitnehmern wieder auf 10,2 % im Jahr 1999 (vgl. Basar 1999).

Bis in die heutige Zeit sind die ausländischen IG Metaller im Vergleich zu ihrer Mitgliedschaftsquote nur unangemessen bei den gewerkschaftlichen Funktionspositionen berücksichtigt. Auf betrieblicher Ebene gelingt ihnen dies bei der Wahl gewerkschaftlicher Vertrauensleute noch überdurchschnittlich. Bemerkenswert dabei ist ihre Anteilsentwicklung in den Vertrauenskörperleitungen: Zwar sind ausländische Gewerkschaftsmitglieder dort immer noch leicht unterrepräsentiert. Doch ihr Anteil innerhalb dieser Steuerungsgremien der jeweiligen betrieblichen Vertrauenskörper, die insbesondere für die Organisation gewerkschaftlicher Politik im Unternehmen zuständig sind, stieg seit 2005 stark an. Und auch in den meisten anderen Funktionsbereichen der IG Metall steigt der Ausländeranteil, wie die Tabelle ausweist. Doch je weiter es in die höhere Organisationsstruktur der Metallgewerkschaft hineingeht, desto größer sind die Repräsentationsdefizite, insbesondere in den örtlichen Verwaltungsstellen[72]. Hierbei wirkt wohl auch ein Phänomen, welches in anderer Form ebenfalls für die betrieblichen Strukturen von Bedeutung ist: Ausländer verfügen zumeist nur unzureichend über die Qualifikationen und Netzwerkressourcen, die bei der Erlangung von höheren Organisationspositionen notwendig sind, sodass sie bei Funktionsbesetzungen zumeist hinter Kandidaten ohne Migrationshintergrund zurückstehen.

Dennoch soll nicht der Eindruck einer im Vergleich mit anderen gewerkschaftlichen Organisationen recht positiven Entwicklung und Integration ausländischer Arbeitnehmer in der IG Metall verwischt werden. Dabei ist zu berücksichtigen, dass die Metallgewerkschaft hinsichtlich der Ausländerintegration innerhalb des DGB als Vorzeigeorganisation gilt und nur die Industriegewerkschaft Bergbau, Chemie, Energie (IG BCE) auf niedrigerem Niveau eine ähnlich positive Integration der ausländischen Mitglieder verzeichnen kann[73]. Die weitere Entwicklung des gewerkschaftlichen Organisationsgrades von Arbeitsmigranten innerhalb der IG Metall verstärkt die positive Tendenz für die Gegenwart. Bei einer generellen gewerkschaftsferneren Neigung aller Arbeitnehmer in der Bundesrepublik seit den 1980er-Jahren konnte der Organisationsgrad von Arbeitsmigranten ständig über 50 % gehalten werden (1981: 54,2 %, 1988: 55,7 %, 1993: 51,3 %). Nach einem leichten Abfall der Werte bis Mitte der 1990er-Jahre, erholten sich die Zahlen in der zweiten Hälfte des Jahrzehnts wieder und erreichten 1997 mit 57,1 % einen bis dahin unerreichten Höchstwert, der im Vergleich zwei Prozentpunkte höher als bei den deutschen Beschäftigten liegt. Diese Entwicklung ist u. a. auch auf spezielle Werbekampagnen für Neumitglieder zurückzuführen, die gerade unter ausländischen Interessenten („Ausländer werben Ausländer") deutlich erfolgreicher waren als bei anderen Personengruppen[74]. Seit der Jahrtausendwende ist der Mitgliederzuwachs unter den ausländischen Erwerbspersonen aber wieder leicht rückläufig. Dabei muss ähnlich wie bei der Diskussion um die gestiegenen Arbeitslosenzahlen berücksichtigt werden, dass die seit den Reformen des Staatsangehörigkeitsgesetzes in den Jahren 1999/2004 vermehrt eingebürgerten Nachkommen von Anwerbemigranten als gewerkschaftliche

[72] Statistisch unberücksichtigt bleibt die Frage, wie hoch der Anteil eingebürgerter Ausländer bei den genannten Quoten ist. Die IG Metall unterscheidet dabei nicht zwischen Deutschen und (Neu-) Deutschen mit Migrationshintergrund.

[73] Vgl. Experteninterview mit dem seinerzeit bei der IG BCE für die ausländische Personengruppe zuständigen Referenten Giovanni Pollice v. 06.12.1999.

[74] Vgl. Experteninterview mit dem ehemaligen Leiter der IG Metall-Abteilung „Ausländische Arbeitnehmer", Manuel Campos, v. 02.12.1999.

Neumitglieder statistisch der deutschen Mitgliedergruppe zugerechnet werden. Doch trotz dieses statistischen Zuordnungsphänomens ist der Organisationsgrad unter den ausländischen Beschäftigten weiterhin der höchste unter allen Personengruppen der IG Metall (vgl. Daten vom IG Metall-Bundesvorstand).

Somit kann konstatiert werden, dass die organisatorische Integration der ausländischen Mitglieder in der Regel auf den unteren und mittleren Funktionsebenen der Gewerkschaft am besten verläuft. Dies bestätigt auch die Entwicklung der Zahlen für die gewerkschaftlichen Vertrauensleute in den Betrieben. Die Werte konnten zwischen den 1960er- und 1990er-Jahren kontinuierlich gesteigert werden und liegen seit dieser Zeit auf relativ stabilem Niveau zumeist über dem Anteil der ausländischen Arbeitnehmer an der Gesamtmitgliederzahl in der IG Metall (2015: 10,8 %). Wenn man die im Jahr 2016 erhobenen Daten einer aktuellen Befragung der IG Metall-Mitglieder ebenfalls zu Rate zieht, ist die Repräsentanz von Arbeitsmigranten in dieser gewerkschaftlichen Funktion noch beeindruckender: Laut Studie hatten 37 % aller betrieblichen Vertrauensleute der IG Metall einen Migrationshintergrund (vgl. Benner und Ghirmazion 2017, S. 299), somit ein fast 3,5 Mal so hoher Migrantenwert als in der nach Staatsangehörigkeiten geordneten offiziellen Gewerkschaftsstatistik.

Anteil von Ausländern an der Gesamtzahl der IG Metall-Vertrauensleute* 1967-2015

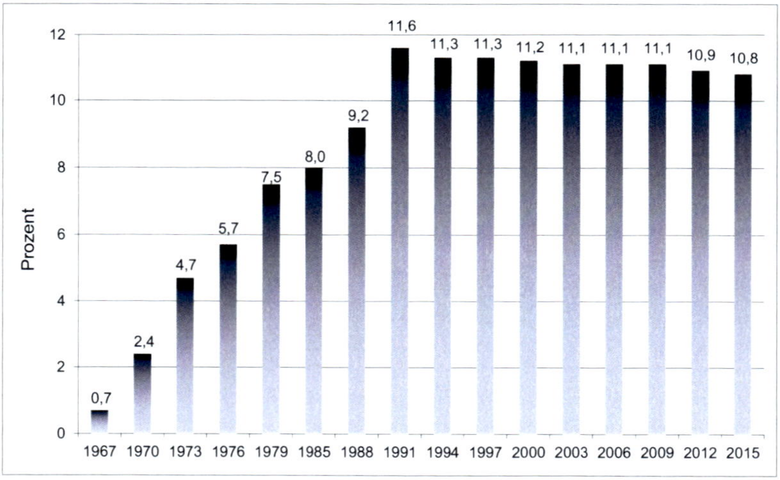

Abbildung 6: Anteil von Ausländern an der Gesamtzahl der IG Metall-Vertrauensleute* 1967-2015

* Hierunter fallen Personen beiderlei Geschlechts

Quelle: IG Metall-Bundesvorstand

Somit konnten die Arbeitsmigranten in den Gewerkschaften, besonders in der ausländerstarken IG Metall, ihre Position kontinuierlich stärken, sei es als eigenständige Personengruppe mit besonderer verwaltungsorganisatorischer Infrastruktur und Antragsrecht auf Gewerkschaftstagen, als gewerkschaftliche Vertrauensleute in den Betrieben oder als Delegierte auf den Gewerkschaftstagen, wenn auch zuletzt 2015 mit stark abnehmendem Ausländeranteil. Doch Kritiker, auch innerhalb der Gewerkschaften, bemängeln, dass seit den 1990er-Jahren die innerorganisatorische Integrationspolitik gegenüber den Migranten stagniere, was man an einzelnen rückschrittlichen Entwicklungen erkennen könne. Karahasan und Öztürk (1994) sowie Javaher Haghighi (2000) gewannen den Eindruck, dass in dieser Zeit die Belange der ausländischen Mitglieder innerhalb der Gewerkschaft eine andere Gewichtung erfahren haben, sodass diese Personengruppe nur noch „im eigenen Saft schmore" (Karahasan und Öztürk 1994: 284). Zudem wurde um die Jahrtausendwende die Abteilung „Ausländische Arbeitnehmer"„personell nach und nach verkleinert" (Wlecklik 2013), hatte außerdem ab Mitte der 2000er-Jahre auch keinen Sekretär mehr, der bis dahin nur für diese Personengruppe zuständig war. Heute firmiert sie innerhalb des Organisationsfachbereichs „Zielgruppenarbeit und Gleichstellung" als „Ressort Migration/Integration", sodass diese personalpolitische und organisationsstrukturelle Entwicklung die Kritik eines stagnierenden oder gar rückschrittlichen Zustandes zu bestätigen scheint, auch wenn die IG Metall diese Strukturveränderungen im Zuge personal- und kostensparender Organisationsprozesse durchführte. Doch trotz dieser einschränkenden Eindrücke aus den letzten Jahren kann die dokumentierte gewerkschaftliche Integrationspolitik mit der massiven Partizipationssteigerung von Arbeitsmigranten seit den 1960er-Jahren als Erfolgsgeschichte eingestuft werden. Dies belegen auch die Ergebnisse der erwähnten Befragung von IG Metall-Mitgliedern, die insbesondere Erkenntnisse über Gewerkschaftsmitglieder mit Migrationshintergrund gewinnen wollte. Im Vergleich mit dem offiziellen gewerkschaftlichen Ausländeranteil gemäß nicht-deutscher Staatsangehörigkeit von etwa 11 % stellte sich heraus, dass die IG Metall mit knapp 22 % doppelt so viele Mitglieder mit Migrationshintergrund in ihren Reihen hat. Differenziert nach Wirtschaftsbereichen beträgt ihr Anteil unter den IG Metall-Mitgliedern in der Automobilindustrie sogar 27,6 %. Unter den Migranten in allen Zuständigkeitsbereichen der IG Metall bilden die türkischstämmigen Mitglieder mit einem Anteil von 17,2 % die stärkste Gruppe, gefolgt von Polen (9,9 %) und Italienern (8,4 %). Konnte man diese Nationalitätenabfolge mit einer Mehrzahl an Personen mit Verbindung zu den klassischen Anwerbestaaten noch erwarten, sind die weiteren Gruppenabstufungen eher überraschend und fast durchgängig durch neuere Einwanderergruppen wie z.B. die Spätaussiedler geprägt: Kasachstan (6,4 %), Russland (6,2 %), Rumänien (5,2 %). Erst mit Griechenland (4,4 %) folgt wiederum eine klassische Anwerbenationalität. Da die nationalitätenspezifischen Gewerkschaftsanteile fast durchgängig über den Nationalitätenwerten der Bevölkerung mit Migrationshintergrund liegen, scheint es der IG Metall zu gelingen, die herkunftsbezogene Breite der Arbeitsmigranten in ihrer Mitgliederstruktur gut abzudecken. Und dies ist im Sinne einer auf Mitglieder- und somit Nachfrageorientierung angewiesenen Organisationsform auch langfristig notwendig. Denn aufgrund ihrer Interessenvertretungsfunktion ist eine Gewerkschaft besonders abhängig von ihrer Mitgliederstruktur und damit von den Partizipationsrechten und Interessen ihrer Mitglieder (Scharpf 1978).

Nachfolgend soll die Frage untersucht werden, inwieweit die gewerkschaftliche Integration ausländischer Arbeitnehmer in die IG Metall positive Effekte hinsichtlich ihrer Stellungen in den Betrieben ausgelöst bzw. unterstützt hat. Auch wenn Javaher Haghighi (2000, S. 211f.) wiederum kritisch feststellt, dass eine betriebliche Antidiskriminierungs- und Gleichstellungspolitik seitens der Gewerkschaften weitgehend nicht stattfinde, dürfte insbesondere die überproportionale Vertretung von Ausländern unter den gewerkschaftlichen Vertrauensleuten in den Unternehmen einen positiven Einfluss auf ihre betrieblichen Netzwerkressourcen haben. Denn diese, dies klang schon in Bezug auf die Besetzung von gewerkschaftlichen Funktionen an, haben neben dem Qualifikationsniveau eine entscheidende Wirkung auf die Entwicklung von Beschäftigungszahlen bzw. auf die Veränderung von Beschäftigungsverhältnissen. Bemerkenswert ist insbesondere der auf der zeitlichen Schiene sukzessiv steigende Einfluss der ausländischen Arbeitnehmer innerhalb der Gewerkschaften, zumindest auf unterer und mittlerer Ebene. Dank dieser institutionell-organisatorischen Stärkung der Interessen von Arbeitsmigranten in der IG Metall wurden Vorstöße möglich, die sehr konkret auch die Situation der ausländischen Arbeitnehmer in den Betrieben verbessern können. In diesem Zusammenhang ist die Entwicklung einer Musterbetriebsvereinbarung zu nennen, die als Standardvorlage für den Abschluss rechtsverbindlicher Betriebsvereinbarungen gegen Diskriminierungen am Arbeitsplatz zwischen Geschäftsleitungen und Betriebsräten in den einzelnen Unternehmen dienen soll, auf die im weiteren Verlauf der Untersuchung noch näher eingegangen wird. Nachfolgend wird zu prüfen sein, inwieweit diese Effekte auch auf die institutionalisierte Mitbestimmung in den Betrieben durchschlagen und dort als Einfluss nehmende externe Effekte auf die mikropolitischen Aushandlungsprozesse im Bereich der Ausländerintegration in den Unternehmen wirken.

3.4 Arbeitsmigrantinnen und Arbeitsmigranten in Unternehmen

Anhand der Vorbemerkungen ist deutlich geworden, dass die ausländischen Arbeitnehmer nur dann aktive Mitspieler mikropolitischer Aushandlungsprozesse in deutschen Unternehmen werden können, wenn sie Teil der betrieblichen Entscheidungsnetzwerke sind. Da die Arbeitnehmervertretungen ein wesentlicher Faktor von Unternehmensentscheidungen sind, stellen die Anzahl ausländischer Betriebsräte und ihr Anteil an allen Betriebsratsmandaten aussagekräftige Daten für den Grad ihrer betrieblichen Teilhabe und damit ihrer Integration in die deutsche Arbeitswelt dar.

Das Recht, sich in die Betriebsräte wählen zu lassen, genießen alle ausländischen Arbeitnehmer in der Bundesrepublik Deutschland seit der ersten Reform des BetrVG im Jahr 1972. Dabei ist zu beachten, dass bereits vor dieser Gesetzesänderung Arbeitsmigranten in Betriebsräte gewählt worden sind. Grundlage dafür war der schon oben erwähnte Passus des BetrVG von 1952, dass ausländischen Arbeitnehmern das passive Wahlrecht dann zugebilligt werden konnte, wenn sowohl die Geschäftsleitung als auch die Arbeitnehmervertretung eines Betriebes dem zustimmten. Besonders in Unternehmen des Bergbaus und der Metallwirtschaft mit großen ausländischen Belegschaftsanteilen wurde dies nicht selten praktiziert[75]. Die dort daraufhin gewählten ausländischen Betriebsräte hatten jedoch zumeist nur ausländerbetreuende Aufgaben, sodass auch unter diesen Umständen von einer weitgehenden Exklusion ausländischer Arbeitnehmer von betriebspolitischen Entscheidungen ausgegangen werden kann. Die Kodifizierung

---

[75] Zur quantitativen Einordnung seien nachfolgend Daten aus dem Zuständigkeitsbereich der Einzelgewerkschaft IG Metall genannt: Bei der Betriebsratswahl 1968 wurden dort 191 Arbeitsmigranten zu Betriebsräten gewählt. Nach der Gesetzesreform vier Jahre später waren es 1.445 ausländische Mandate, was einer Steigerung von 650 % entspricht. Daten für andere DGB-Gewerkschaften gibt es für diesen Zeitraum nicht. Allerdings sind zum damaligen Zeitpunkt in anderen Wirtschaftsbranchen aufgrund einer stärker deutschen Belegschaftsstruktur weit geringere Werte zu vermuten.

eines passiven Wahlrechts schuf seit den Betriebsratswahlen von 1972 rechtswirksame Inklusionsmöglichkeiten, die sich aus den seitdem registrierten Betriebsratsmandaten von Arbeitsmigranten ergaben.

3.4.1 Ausländische Belegschaftsmitglieder in betrieblichen Vertretungsgremien

Es ist ausgeführt geworden, dass sich die Organisationsfähigkeit von Arbeitnehmerinteressen leichter herausbilden kann, wenn die betrieblichen Strukturen eine entsprechende Interessenvertretung unterstützen. Dies ist innerhalb eines Mitbestimmungssystems mit starker gewerkschaftlicher Beteiligung besser möglich als in Organisationssystemen, in denen die Arbeitnehmer auf nur geringe Unterstützung der Gewerkschaften zurückgreifen können. Innerhalb der Metallwirtschaft ist der gewerkschaftliche Organisationsgrad der Beschäftigten traditionell sehr hoch, sodass die Entwicklung ausländischer Betriebsratsarbeit in dieser Branche hilfreiche Aussagen zum Grad ihrer betrieblichen Integration geben kann:

Anzahl der ausländischen Betriebsräte*
im Zuständigkeitsbereich der IG Metall 1965-2014

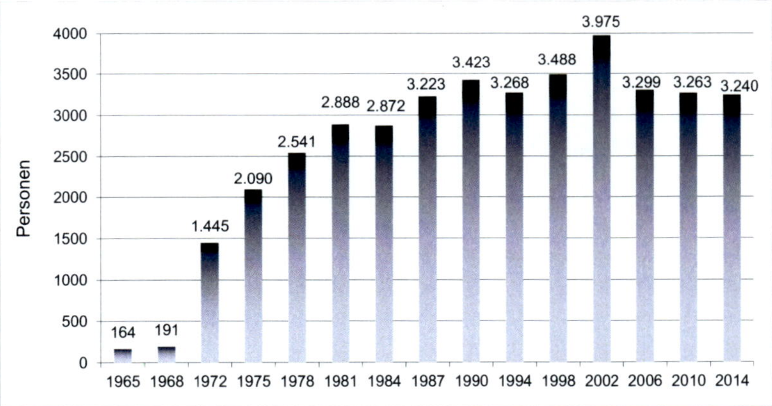

Abbildung 7: Anzahl der ausländischen Betriebsräte* im Zuständigkeitsbereich der IG Metall 1965-2014[76]

* Hierunter fallen Personen beiderlei Geschlechts

Quelle: IG Metall-Bundesvorstand

[76] Bis zum Jahr 1998 bezog sich die Zuständigkeit der IG Metall auf den Metall- und Elektrobereich. Seit ihrer Fusion mit den Gewerkschaften Textil und Bekleidung im Jahr 1998 sowie Holz und Kunststoff zwei Jahre später erweiterte sich ihre Zuständigkeit auf die entsprechenden Wirtschaftsbereiche. Da die IG Metall seit den Betriebsratswahlen 2010 ihre Daten nicht mehr zwischen den ehemaligen Einzelgewerkschaften differenziert, wurde für die Abbildung folgende Unterscheidung getroffen: Zwischen 1965 und 1994 beziehen sich die Zahlen auf den Metall- und Elektrobereich, seit den Betriebsratswahlen 1998 auf den gesamten Zuständigkeitsbereich der IG Metall (inklusive Textil, Bekleidung, Holz und Kunststoff). Zur Vervollständigung sei zudem die Anzahl der ausländischen Betriebsräte bis 2006 ausschließlich im Metall- und Elektrobereich dokumentiert:
1998: 3.023 Personen; 2002: 3.337 Personen; 2006: 2.884 Personen.

An der Entwicklung der ausländischen Betriebsratszahlen im Zuständigkeitsbereich der IG Metall in den letzten fünf Jahrzehnten ist erkennbar, dass es infolge der Änderung der Wahlrechtsgrundsätze zu einer überaus starken Zunahme an ausländischen Betriebsräten kam. Kann man dies auf der Basis sehr weniger Ausgangsmandate (im Jahr 1968: 191) für einen in dieser Situation typischen Neuerungseffekt halten, sind die Steigerungsraten ausländischer Betriebsräte der darauffolgenden Betriebsratswahlen untypisch für den Zugewinn einer einzigen Personengruppe: Im Zuständigkeitsbereich der IG Metall beträgt im Jahr 1975 die Steigerung der Mandate ausländischer Arbeitnehmer immer noch 45 % gegenüber den Betriebsratswahlen 1972, für die darauffolgenden Wahlen 22 und 14 % im Vergleich zu den jeweiligen Vorwahlen. Erst Mitte der 1980er-Jahre, also über zehn Jahre nach der Reform des BetrVG, kommt es zu einer kurzfristigen Stagnation der Werte, die sich im Jahr 1987 aber wieder erhöhen, da die Mandatszahlen ausländischer Beschäftigter in diesem Jahr um 12 % höher liegen als bei den Wahlen 1984. Im Jahr 1994 fällt der Wert wieder leicht um 4,5 % gegenüber der Vorwahl. Ab dem Jahr 1998 können die Daten aufgrund der Gewerkschaftsfusionen zwischen IG Metall und den Gewerkschaften Textil und Bekleidung im Jahr 1998 sowie Holz und Kunststoff zwei Jahre später nur noch eingeschränkt mit den Vorwerten verglichen werden.[77] Aber selbst unter Berücksichtigung der nunmehr aggregierten Gewerkschaftsdaten ist feststellbar, dass die Mandatszahlen nach der Jahrtausendwende durch die Ausweitung mitbestimmungsfähiger Betriebe und Unternehmen infolge der zweiten Reform des BetrVG im Jahr 2001 stark ansteigen (von 1998 bis 2002 um 14 % bei den fusionierten Gewerkschaftswerten sowie um 10,4 % im traditionellen Metall- und Elektrobereich).

Der in den 1990er-Jahren zu beobachtende Trend fallender Betriebsratsmandate für Arbeitsmigranten setzte bei den Wahlen 2006 wiederum ein (minus 17 % in der Gesamtgewerkschaft, minus 13,6 % im Metall- und Elektrobereich). Auch wenn die Mandatszahlen anschließend relativ stabil bleiben, darf man in diesem Zusammenhang festhalten, dass es mit der zweiten Reform des BetrVG offenbar nicht gelang, den Trend rückläufiger Mitbestimmungsbetriebe umzukehren. Zudem hat sich seit der Öffnung der Territorial-, Transport- und Kommunikationsgrenzen in den 1990er-Jahren infolge von Globalisierung und Beendigung des Kalten Krieges die Struktur der Ausländerbeschäftigung mit dem Zuzug neuer, häufig ost- bzw. südosteuropäischen, aber auch vermehrt afrikanischen Migrantengruppen auf dem bundesdeutschen Arbeitsmarkt stark verändert (vgl. Bade 2000, S. 409ff.). Ihre im Vergleich zu den ehemaligen Anwerbemigranten und deren Nachkommen fehlenden oder schlecht ausgebauten betrieblichen Netzwerke führen häufig zu einer schlechten Organisationsfähigkeit, die sich u. a. auch in Betriebsratswahlergebnissen äußert. Auch die zunehmenden Einbürgerungen von Nachkommen

---

[77] Im Zusammenhang mit der im Jahr 1998 umgesetzten Fusion zwischen der IG Metall und der Gewerkschaft Textil und Bekleidung, die im Gegensatz zur Metallgewerkschaft sehr viele Arbeitnehmerinnen betreute, sollen diesbezüglich markante Daten unter Berücksichtigung weiblicher Beschäftigter nicht unerwähnt bleiben: Für die fusionierten Bereiche Metall und Textil kommen die ausländischen Arbeitnehmerinnen auf 454 Mandate, hauptsächlich in der Textilbranche, was einem Anteil an allen ausländischen Betriebsratsmandaten von 13 % entspricht. Eine Unterrepräsentanz der ausländischen Betriebsrätinnen wird deutlich, wenn man den Anteil der ausländischen Frauen an der gesamten ausländischen Belegschaft in der Metall- und Textilindustrie von 22 % berücksichtigt. Leider stehen hinsichtlich der Zahl ausländischer Betriebsrätinnen nur für die Wahlen in 1998 Daten zur Verfügung, was eine Konsequenz der oben beschriebenen gewerkschaftsinternen Umstrukturierungen in Bezug auf die Sekretärs-Betreuung der Personengruppe „Ausländische Arbeitnehmer" sein könnte.

der Anwerbemigranten im Zuge der Reformen des Staatsangehörigkeitsrechts in den Jahren 1999/2004 können mit dazu beigetragen haben, dass trotz steigender Erwerbspersonenzahl von Migranten die Zahl ausländischer Betriebsräte nicht entsprechend wächst.

Trotz dieser einschränkenden Entwicklung ab Mitte der 2000er-Jahre kann man bei diesem branchenspezifischen Zugriff von einer Institutionalisierung der Mitbestimmung von Arbeitsmigranten in Betrieben der Metallwirtschaft sprechen. In Anbetracht der rückläufigen bzw. stagnierenden Werte im Jahr 1984 und seit den 1990er-Jahren sollen die Zahlen für die Arbeitsmigranten in Relation zur Zahl aller Betriebsräte und zur Größe der ausländischen Belegschaften in der Metallwirtschaft betrachtet werden, was nachfolgende Grafik leistet:

Repräsentanz der ausländischen Beschäftigten* in Unternehmen und Betriebsräten der Metallwirtschaft in der BR Deutschland 1972-2014

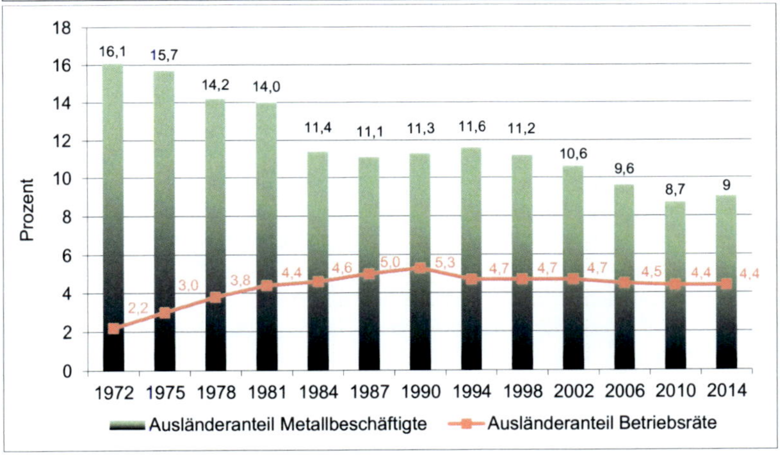

Abbildung 8: Repräsentanz der ausländischen Beschäftigten* in Unternehmen und Betriebsräten der Metallwirtschaft in der BR Deutschland 1972-2014[78]

* Hierunter fallen Personen beiderlei Geschlechts

Quelle: IG Metall-Bundesvorstand; BA; eigene Berechnungen

Die oben festgestellte Stagnation des Betriebsrätezuwachses von Arbeitsmigranten zwischen 1981 und 1984 erweist sich hier als relativ im Vergleich zu der in dieser Zeit noch stärker einsetzenden Abnahme von Betriebsratsmandaten deutscher Arbeitnehmer, denn der Anteil ausländischer Betriebsräte steigt im Vergleich zur Gesamtzahl aller Betriebsräte in diesem Zeitraum von 4,4 auf 4,6 %. Zudem steigt in diesem Jahr der Anteil ausländischer Mandatsträger gemessen am Ausländeranteil in der Metallwirtschaft. Dies bestätigt die oben dokumentierte Erkenntnis, dass während der Wirt-

[78] Aufgrund von Gewerkschaftsfusionen in den Jahren 1998 und 2000 existiert eine unterschiedliche Datenbasis: Zwischen 1965 und 1994 beziehen sich die Zahlen auf den Metall- und Elektrobereich, seit den Betriebsratswahlen 1998 auf den gesamten Zuständigkeitsbereich der IG Metall (inklusive Textil, Bekleidung, Holz und Kunststoff).

schaftskrise in der ersten Hälfte der 1980er-Jahre viele Menschen arbeitslos wurden und dass Ausländer davon weit stärker betroffen waren als deutsche Arbeitnehmer[79].

Ansonsten ist seit der gesetzlichen Möglichkeit zur Wahrnehmung des passiven Wahlrechts im Jahr 1972 bis zu den 1990er-Jahren eine deutliche Steigerung des Einflusses ausländischer Arbeitnehmer in den Betriebsratsgremien trotz gleichzeitig abnehmender Beschäftigtenzahlen von Arbeitsmigranten zu verzeichnen. Die starke Abnahme des Anteils von Ausländern in den Betriebsräten trotz steigender Beschäftigtenzahlen ausländischer Erwerbspersonen im Jahr 1994 ist wiedervereinigungsbedingt auf die starke Zunahme (ost-)deutscher Betriebsräte in Ostdeutschland bei dieser Wahl zurückzuführen.[80] Wurde bei vielen statistischen Zugriffen dieser Untersuchung der Arbeitsmarkt Ost aufgrund der dort kaum vorhandenen Beschäftigung ausländischer Arbeitnehmer bewusst herausgelassen, berücksichtigen die offiziellen Betriebsratsstatistiken der IG Metall sehr wohl die neu hinzugekommenen (deutschen) Betriebsräte der ostdeutschen Metallbetriebe und differenzieren nicht nach den alten Bezugsgrößen. So steigerte sich trotz allgemeiner struktureller Beschäftigungsabnahme in der Metallwirtschaft die Gesamtzahl der Betriebsräte im Geltungsbereich der IG Metall zwischen 1990 und 1994 um 4.981 Mandate. Daher könnte man unter Berücksichtigung des Wiedervereinigungseffektes und bei ausschließlicher Betrachtung westdeutscher Betriebe wohl davon ausgehen, dass auch der Anteil ausländischer Betriebsräte an der Gesamtzahl der Mandate gestiegen ist. Die nach 1994 einsetzende Stagnation sowie der seit 2006 erfolgte leichte Rückgang des Ausländeranteils in den Mitarbeitervertretungen geht mit einer starken Verminderung des Anteils von Migranten an allen Metallbeschäftigten einher, könnte allerdings auch in Zusammenhang mit der Einbürgerungspraxis von Nachkommen der Anwerbemigranten stehen.

Dennoch ist hinsichtlich des von ausländischen Betriebsräten zuletzt erreichten Wertes von 4,4 % aller Mandate zunächst eine Unterrepräsentanz der Arbeitsmigranten in Betriebsratsgremien zu konstatieren, da dieser Anteil mehr als um die Hälfte unter dem Wert der zu diesem Zeitpunkt festgestellten allgemeinen Ausländerquote in der Metallwirtschaft von 9 % liegt. Aber auch bei diesen Werten lohnt eine erweiternde Berück-

---

[79] Neben Gründen noch mangelnder Interessenvertretung ausländischer Arbeitnehmer lässt sich hierfür auch die in diesem Zeitraum praktizierte staatliche und betriebliche Politik finanzieller Rückkehrförderungen für Anwerbemigranten anführen (zu dieser Politik und weiteren restriktiven Maßnahmen der Ausländerbegrenzung vgl. Herbert 2001, S. 247-257), die auf Landesebene in Baden-Württemberg schon in den 1970er-Jahren einsetzte (vgl. dazu Meier-Braun 1979, S. 118, 166). Trotz der hinter den staatlichen Erwartungen zurückgebliebenen Rückkehrzahlen (vgl. dazu Pöschl und Schmuck 1984, S. 118) weist Körner (1986, S. 69) darauf hin, dass diese Politik in wettbewerbsanfälligen Wirtschaftsbranchen (wie z.B. in der Stahlindustrie, vgl. Motte 1999, S. 166) ein wesentlicher Bestandteil strukturellen Beschäftigungsabbaus war, sodass sie den allgemeinen Trend verstärkte, dass Ausländer häufiger als Deutsche ihren Arbeitsplatz verloren. Eine substantielle Untersuchung zu den Effekten des Rückkehrförderungsgesetzes des Bundes von 1983 nahm das Institut für Arbeitsmarkt- und Berufsforschung (1987, S. 303) vor: Danach kehrten ca. 154.000 Türken mit ihren Familien im Rahmen des Gesetzes in die Türkei zurück.

[80] Der für die Anteile ausländischer Arbeitnehmer in betrieblichen Mitbestimmungsgremien negative Wiedervereinigungseffekt lässt sich auch an der Entwicklung des Anteils ausländischer Gewerkschafter an allen Mitgliedern der IG Metall zu Beginn der 1990er-Jahre ablesen: Von 13 % im Jahr 1990 auf knapp 9 % im Jahr 1994 (vgl. Basar 1999). In diesem Zusammenhang ist ein Blick in die Ergebnisse der repräsentativen Befragung von IG Metall-Mitgliedern im Jahr 2016 hilfreich. Analog zur Gesamtbevölkerung variiert der Anteil von IG Metall-Mitgliedern zwischen West- und Ostdeutschland erheblich: Hatten in den westlichen Gewerkschaftsbezirken zwischen 20 und 30 % der Mitglieder einen Migrationshintergrund, waren es in den östlichen Bezirken ca. 10 % (vgl. Benner und Ghirmazion 2017, S. 298).

sichtigung der repräsentativen Befragung von IG Metall-Mitgliedern im Jahr 2016. Laut den entsprechenden Ergebnissen hatten 32 % aller Betriebsratsmitglieder der IG Metall einen Migrationshintergrund (vgl. Benner und Ghirmazion 2017, S. 299). Wenn man berücksichtigt, dass die IG Metall bei den bundesweiten Betriebsratswahlen regelmäßig etwa zwei Drittel aller Mandate erhält, kommt man unter diesen Prämissen zum Schluss, dass ca. 20 % aller Betriebsratsmandate in der Metallwirtschaft von Personen mit Migrationshintergrund besetzt sein könnten – ein etwa vier Mal so hoher Migrantenwert als in der nach Staatsangehörigkeiten geordneten offiziellen Gewerkschaftsstatistik. Bei aller Vorsicht gegenüber den rechnerischen Grauzonen dieser Übertragungsweise zeigen die Daten den großen Einfluss von Arbeitsmigranten und ihrer Nachkommen auf die Arbeit der Betriebsräte und damit die Wirkmächtigkeit ihrer rechtlichen Partizipationsmöglichkeiten.

Für einen anderen, die betrieblichen Einflussmöglichkeiten besonders stark berührenden Zusammenhang, bestätigt sich die Tendenz eines im langfristigen Durchschnitt ansteigenden Anteils ausländischer Arbeitnehmer in gewerkschaftlichen und betrieblichen Gremien. Nachfolgende Abbildung fokussiert dabei die Führungen der Betriebsräte, die in der betrieblichen Praxis die maßgeblichen Verhandlungen mit den Unternehmensvorständen führen:

Ausländische (stellvertretende) Betriebsratsvorsitzende* im Zuständigkeitsbereich der IG Metall 1975-2015

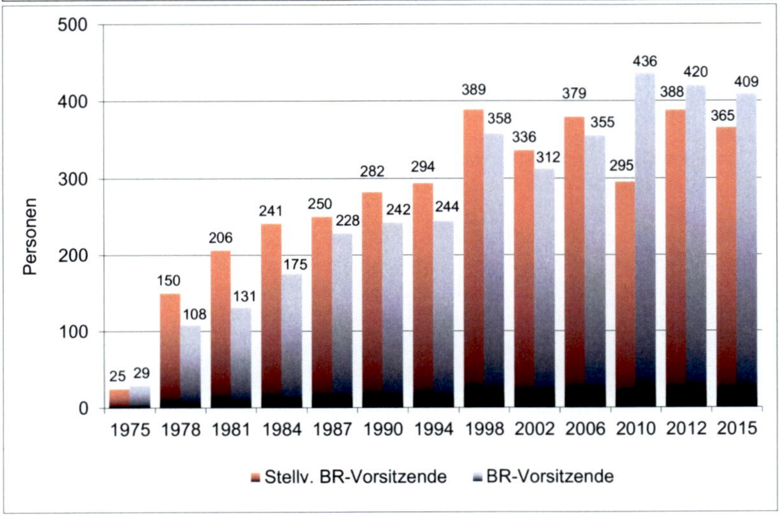

Abbildung 9: Ausländische (stellvertretende) Betriebsratsvorsitzende* im Zuständigkeitsbereich der IG Metall 1975-2015[81]

* Hierunter fallen Personen beiderlei Geschlechts
Quelle: IG Metall-Bundesvorstand

[81] Aufgrund der erläuterten Gewerkschaftsfusionen beziehen sich die Zahlen zwischen 1975 und 1994 auf den Metall- und Elektrobereich. Der Wert der Betriebsratswahl 1998 umfasst zusätzlich die Bereiche Textil und Bekleidung. Die Daten ab 2002 sind inklusive der Bereiche Holz und Kunststoff zu verstehen.

An der Datenentwicklung dieser einflussreichsten Ämter in den Betriebsräten wird deutlich, dass eine zahlenmäßig starke Besetzung dieser Positionen durch Arbeitsmigranten später einsetzte als der starke Anstieg der Werte ausländischer Betriebsräte, der schon 1972 bei der ersten Betriebsratswahl nach Reform des BetrVG begann. Dies ist aber insofern nicht verwunderlich, als in den allermeisten Fällen die Arbeit als einfacher Betriebsrat Voraussetzung für eine nachfolgende Tätigkeit in einer Führungsposition des Betriebsrates ist. Die erkennbare Stagnation von 1990 bis 1994 (plus 2 ausländische BR-Vorsitzende) relativiert sich, wenn man berücksichtigt, dass im gleichen Zeitraum die Zahl der ausländischen Betriebsräte um fast 5 % zurückging. Der besonders starke Anstieg bei der darauf folgenden Betriebsratswahl 1998 kann u. a. mit zusätzlichen (stellvertretenden) Vorsitz-Positionen nach der Fusion mit der Gewerkschaft Textil und Bekleidung erklärt werden[82]. Trotz leichter Schwankungen bei den nachfolgenden Wahlen kann bis dato ein hohes Niveau ausländischer Besetzung von Führungspositionen in Betriebsräten konstatiert werden[83]. Dies betrifft insbesondere die Häufigkeit von Betriebsratsvorsitzenden ausländischer Herkunft, die sich seit den Betriebsratswahlen 2010 stark erhöht und die Zahl der Stellvertreterpositionen weit übertroffen hat, was den Eindruck eines fortlaufenden Institutionalisierungsprozesses in Richtung stärkerer Einflussmöglichkeiten ausländischer Arbeitnehmer bei Mitbestimmungsthemen untermauert. Diesen Schluss bestärken wiederum die Ergebnisse der aktuellen Befragung unter IG Metall-Mitgliedern, wonach im Jahr 2016 11 % der Betriebsratsvorsitzenden und 19 % ihrer Stellvertreter einen Migrationshintergrund hatten (vgl. Benner und Ghirmazion 2017, S. 299). Aufgrund der Mehrheitsdominanz der IG Metall in den meisten Betriebsräten metallverarbeitender Unternehmen, die zumeist zur Besetzung der entsprechenden Vorsitzpositionen führt, bestätigen diese Daten die aufgezeigte Entwicklung zunehmender Einflussnahme von Arbeitsmigranten in den Betrieben der Metallwirtschaft.

3.4.2 Normative Appelle zur betrieblichen Integration ausländischer Belegschaftsmitglieder im Betriebsverfassungsgesetz

Ein letzter Indikator für die Charakterisierung der betriebspolitischen Integration von Arbeitsmigranten auf der allgemeinen, aggregierten Ebene bezieht sich auf rechtsverbindliche Vorschriften, die die Gleichstellung ausländischer Arbeitnehmer in der Arbeitswelt bewirken sollen. Hierbei stehen sowohl gesetzliche Regularien als auch tarifli-

---

[82] Leider differenziert die IG Metall in dieser Kategorie nicht zwischen altem und neuem Gewerkschaftsgebiet. Doch während die Zahl der BR-Vorsitzenden 1998 um 47 % anstieg (stellv. BR-Vorsitz: 32 %), wuchs die Anzahl der ausländischen Betriebsratsmandate unter Berücksichtigung der ausländischen Betriebsräte des Textil- und Bekleidungssektors nur um knapp 7 % (von 3.268 im Jahr 1994 auf 3.488 im Jahr 1998). Daher kann durchaus davon ausgegangen werden, dass auch nach den Wahlen von 1998 alte oder gar noch höhere Steigerungsraten bei den Betriebsrats-Führungspositionen erreicht wurden.

[83] Für den Bereich der Führungspersonen im Betriebsrat gibt es für einen begrenzten Zeitraum ebenfalls einige Zahlen zur entsprechenden Vertretung von ausländischen Frauen in diesen Positionen. Auch hier kann man von einem Aufholprozess sprechen, jedoch auf sehr viel niedrigerem Niveau. So steigerte sich die Zahl der weiblichen ausländischen Betriebsratsvorsitzenden im Zuständigkeitsbereich der IG Metall von 14 im Jahre 1990 über 21 (1994) auf 30 nach der Betriebsratswahl 1998 (37 stellv. Vorsitzende). Doch haben die ausländischen Arbeitnehmerinnen hinsichtlich ihrer politischen Teilhabechancen noch mehr Probleme als ihre deutschen Kolleginnen, deren Führungswerte im Vergleich zu ihrem Anteil in der Belegschaft zwar auch auf Unterrepräsentanz hindeuten, jedoch immer noch doppelt so hoch sind wie die Werte für ausländische Frauen in den Betriebsräten (Daten vom IG Metall-Bundesvorstand).

che bzw. betriebliche Vereinbarungen zur Gleichbehandlung oder gar Antidiskriminierung im Mittelpunkt der Betrachtung.

Als Grundlage betrieblicher Zusammenarbeit von Arbeitgebern und Arbeitnehmern enthält das BetrVG auf der rechtlichen Ebene neben den ausführlich diskutierten Wahlrechtsgrundsätzen weitere Elemente, die die Integration ausländischer Arbeitnehmer fördern sollen. Eine allgemeine Forderung nach Gleichberechtigung und Gleichbehandlung aller Arbeitnehmer durch Arbeitgeber und Betriebsrat findet sich seit der ersten Reform des BetrVG 1972 in § 75 Abs. 1 des Gesetzes.[84] Dieser Passus verlangt von Arbeitgeber und Betriebsrat ein „positives Eintreten für diese Grundsätze", beide Seiten haben „aktiv und nicht erst nach einer Beschwerde eines Arbeitnehmers für ihre Beachtung und Verwirklichung einzutreten" (Fitting et al. 2016 § 75 Rn 29 und Rn 18). Allerdings fordert dieser arbeitsrechtliche Gleichbehandlungsgrundsatz keine schematische Gleichbehandlung der Arbeitnehmer, wie Fitting et al. in ihrem juristischen Gesetzeskommentar von 2016 (§ 75 Rn 33) hervorheben: „Sachgemäße Unterscheidungen, die in den unterschiedlichen Verhältnissen der Arbeitnehmer oder durch besondere Umstände beim Arbeitgeber begründet sind, sind zulässig". Der allgemeine Gleichbehandlungsgrundsatz wird in Bezug auf Arbeitsmigranten im Betrieb innerhalb der in § 80 Abs. 1 BetrVG beschriebenen allgemeinen Aufgaben des Betriebsrates unter Ziffer 7 nochmals ausdifferenziert. Hierbei soll die Arbeitnehmervertretung die Eingliederung ausländischer Arbeitnehmer im Betrieb und das Verständnis zwischen ihnen und den deutschen Arbeitnehmern fördern. Bemerkenswerterweise ist hier unter Eingliederung von Ausländern „weniger die Einstellung als solche, sondern deren Integrierung in den Betrieb nach erfolgter Einstellung in ein normales Arbeitsverhältnis zu verstehen" (Fitting et al. 1996 § 80 Rn 24).

Somit steht in den gesetzlichen Vorgaben zur Integration ausländischer Arbeitnehmer in Betrieben ein normativer Anspruch gegenüber den betrieblichen Institutionen im Mittelpunkt des Integrationsansatzes. Im Sinne dieses appellativen, handlungsleitenden Ansatzes sah die Gesetzesreform von 2001 mithilfe zweier veränderter Paragrafen vor, die Situation ausländischer Arbeitnehmer in den Betrieben weiter zu verbessern: Gemäß des veränderten § 80 Abs. 1 Nr. 7 BetrVG sind die Betriebsräte verpflichtet, nicht nur die „Integration"[85] ausländischer Betriebsangehöriger zu fördern, sondern Maßnahmen speziell zur Bekämpfung von Rassismus und Fremdenfeindlichkeit im Betrieb bei der

[84] Die zweite Gesetzesreform 2001 geht bei der Benennung des Personenkreises einer möglichen Benachteiligung über die Regelungen in Art. 3 Abs. 3 GG sowie im § 75 Abs. 1 BetrVG 1972 hinaus. Gemäß BetrVG 2001 haben Arbeitgeber und Betriebsrat darüber zu wachen, „(...) dass jede unterschiedliche Behandlung von Personen aus Gründen ihrer Rasse oder wegen ihrer ethnischen Herkunft, ihrer Abstammung oder sonstigen Herkunft, ihrer Nationalität, ihrer Religion oder Weltanschauung, ihrer Behinderung, ihres Alters, ihrer politischen oder gewerkschaftlichen Betätigung oder Einstellung oder wegen ihres Geschlechts oder ihrer sexuellen Identität unterbleibt." An dieser Definition des Themen- und Personenkreises orientiert sich auch das AGG von 2006.

[85] Gegenüber der Gesetzesfassung von 1972, die eine „Eingliederung" ausländischer Arbeitnehmer im Betrieb fordert, spricht das BetrVG 2001 von einer „Integration" dieser Beschäftigtengruppe, was das Anliegen des Gesetzes verdeutlicht: „Der Betriebsrat hat diese Arbeitnehmer vor Ausbeutung durch unzulässige illegale Beschäftigung (Schwarzarbeit, unzulässige Arbeitnehmerüberlassung) zu schützen." (Fitting et al. 2016 § 80 Rn 32) Angesichts der großen Zahl ausländischer Beschäftigter und deren soziokulturellen Problemen (z. B. Sprache, Wohnraumbeschaffung, Einarbeitung) soll der Betriebsrat „das gegenseitige Verständnis ausländischer und deutscher Arbeitnehmer fördern und auf den Abbau wechselseitiger Vorurteile hinwirken." (ebd.)

Geschäftsleitung zu beantragen. Der neue § 88 Nr. 4 BetrVG sieht darüber hinaus vor, dass ausländerintegrierende Maßnahmen Gegenstand von Betriebsvereinbarungen zwischen Geschäftsleitungen und Betriebsräten sein können. Nach Ansicht der damaligen Reformkritiker – von den seinerzeitigen Oppositionsparteien CDU/CSU und FDP über die Arbeitgeberverbände bis hin zum damaligen Regierungsmitglied (sic!) Wirtschaftsminister Müller – wären beide Veränderungen nicht notwendig gewesen, weil behauptet wurde, dass Fremdenfeindlichkeit in den Betrieben kaum ein Problem darstelle, im Gegenteil die Betriebe sogar ein Vorbild für die gesamtgesellschaftliche Integration von Zuwanderern seien: „Der Wirtschaftsminister warnte gar (ohne Erfolg), dass eine so angefachte Diskussion des Themas ‚Rassismus und Fremdenfeindlichkeit am Arbeitsplatz' zu einer im Betrieb unangebrachten allgemein- und parteipolitischen Debatte führen werde" (Hinken 2001a, Hervorhebungen im Original).

Doch diese appellativen Änderungen enthielten in Bezug auf die betriebliche Ausländerintegration kaum Neuerungen. Sowohl die Möglichkeit der Beantragung von Maßnahmen zur Bekämpfung von Rassismus und Fremdenfeindlichkeit im Betrieb als auch der Abschluss von Betriebsvereinbarungen, die diese Thematik zum Inhalt haben, waren schon mit dem alten BetrVG möglich und wurden auch praktiziert, wie nachfolgend gezeigt wird. Die Hauptleistung der veränderten Paragrafen 80 und 88 liegt ausschließlich in der weiteren Sensibilisierung aller betrieblichen Akteure für die Belange von Ausländern in den Unternehmen. Eine wirksame Verbesserung ihrer betrieblichen Positionen hätte man bei dieser Gesetzesreform nur durch ihre Stärkung innerhalb des betrieblichen Mitbestimmungssystems erreichen können. Die seit der Reform des BetrVG 2001 geltende Quotenregelung für weibliche Beschäftigte (§ 15 Abs. 2 BetrVG), nach der Frauen entsprechend ihrem Belegschaftsanteil im Betriebsrat vertreten sein müssen, bot hierfür ein Modell. Allerdings profitieren von dieser Regelung eher Arbeitnehmerinnen ohne Migrationshintergrund, da die Erfüllung dieser Quote häufig durch die Kandidatur und Berücksichtigung von Frauen des Angestelltenbereichs gewährleistet wird, in dem zumeist Frauen ohne Migrationshintergrund beschäftigt sind. Daher überdeckt die doppelte Unterrepräsentanz der ausländischen Mitarbeiterinnen den allgemein positiven Effekt gestiegener Einflussmöglichkeiten von Arbeitsmigranten in den betrieblichen Gremien.

3.4.3 Gewerkschaftliche Musterregelungen gegen die Diskriminierung ausländischer Beschäftigter im Unternehmen

Seit Mitte der 1990er-Jahre sind im Bereich der Förderung der betrieblichen Integration von Arbeitsmigranten Initiativen auszumachen, die auch im Kontext der Mitbestimmung in Deutschland zu beobachten sind: Eine Verbetrieblichung tariflicher Fragen, die zuvor im korporatistischen Dialog zwischen Gewerkschaften und Arbeitgeberverbänden behandelt worden sind. Initiator für einzelbetriebliche Initiativen zur Gleichstellung ausländischer Arbeitnehmer waren jedoch nicht die Unternehmen selbst, sondern eine „Erklärung der europäischen Arbeitgeber- und Arbeitnehmerverbände [UNICE; EGB; CEEP, Anm. d. Verf.] über die Verhütung von Rassendiskriminierung und Fremdenfeindlichkeit sowie Förderung der Gleichbehandlung am Arbeitsplatz", verabschiedet auf dem Gipfel des Sozialen Dialogs am 21.10.1995 in Florenz. Diese Willenserklärung war eine Reaktion der europäischen Sozialpartner auf vermehrte feindliche Übergriffe auf Ausländer in Staaten der Europäischen Union zu Beginn der 1990er-Jahre.

Haben solche Erklärungen zumeist nur einen appellativen und damit unverbindlichen Charakter, der nachfolgend wenige Verbesserungen für die betriebliche Praxis bringt, nahm die IG Metall in Deutschland diese Vereinbarung zum Anlass, die normativen Appelle in die Form einer rechtsverbindlichen Mustervereinbarung zwischen betrieblichen Geschäftsleitungen und Betriebsräten zu bringen[86]. Mit dieser Mustervereinbarung aus dem Jahr 1997 (vgl. Campos 1998) konnte die Metallgewerkschaft die Arbeitgeberseite nunmehr in die Pflicht nehmen, die von ihrer europäischen Interessenvertretung erklärte Förderung ausländerintegrierender Maßnahmen in der betrieblichen Praxis einzulösen. Aber auch in einem weiteren Bereich brachte diese gewerkschaftliche Initiative die Unternehmer in Zugzwang. Die betriebliche Mustervereinbarung verwirklichte die von Arbeitgeberseite in den Jahren zuvor immer wieder geforderte Liberalisierung der flächentarifvertraglichen Struktur in der Bundesrepublik durch eine Verbetrieblichung arbeitsorganisatorischer Fragen. Da der Kernbereich dieser Forderung letztlich auf die Herauslösung der Lohntarife aus den Flächentarifverträgen zwischen Gewerkschaften und Arbeitgeberverbänden zielte, gehört die Förderung ausländischer Arbeitnehmer für die Arbeitgeber nicht zu den bevorzugten Themen, die auf betrieblicher Ebene rechtsverbindlich zwischen Geschäftsleitungen und Betriebsräten ausgehandelt werden sollte.

Der Inhalt der „Muster-Betriebsvereinbarung für Gleichbehandlung und partnerschaftliches Verhalten am Arbeitsplatz“[87] teilt sich grob in drei Teile auf. Neben einer einleitenden Präambel, die den Kampf gegen fremdenfeindliche und rechtsextremistische Gewalt auch innerbetrieblich aufnehmen möchte, werden zu Beginn die der Vereinbarung zugrunde liegenden Prinzipien für Gleichbehandlung und Partnerschaft am Arbeitsplatz genannt. Diese richten sich nicht nur abstrakt gegen Ungleichbehandlungen von Arbeitsmigranten, sondern thematisieren ebenso offene Diskriminierungen „nach konkreten Anlässen, wie Äußerungen von unberechtigten Vorwürfen, Vorurteilen, Pauschalurteilen, Tätlichkeiten, Verschlechterung der Stimmung im Betrieb usw. sowie allen Erscheinungsformen rassistischen, rechtsextremistischen oder antisemitischen Inhalts“. Eine Individualisierung und damit Konkretisierung des intendierten Ziels wird erreicht, indem alle Werksangehörigen verpflichtet werden, zur Einhaltung der Prinzipien beizutragen.

In einem zweiten Teil geht es um die Reaktion auf fremdenfeindliche Vorgänge im Betrieb. Es wird ausdrücklich ein betriebliches Beschwerderecht von diskriminierten Personen garantiert, das gegenüber genannten Ansprechstellen ausgeübt werden kann, ohne dass die Beschwerden zu nachfolgenden Benachteiligungen führen dürfen. Allerdings sollen diese Stellen (Vorgesetzter, Betriebsrat, Jugend- und Auszubildendenvertretung und Personalabteilung) erst dann aufgesucht werden, „wenn eine persönliche Zurechtweisung durch die belästigte bzw. diskriminierte Person im Einzelfall erfolglos ist oder

[86] Eine ähnliche Musterbetriebsvereinbarung entwickelte die IG Metall auch für andere Bereiche, die bisher in die Zuständigkeit der einzelthematischen Verhandlungen zwischen Gewerkschaften und Arbeitgeberverbänden fielen. So existiert etwa eine Mustervereinbarung der Metallgewerkschaft, bei der Geschäftsleitung und Betriebsrat eines Unternehmens eine sogenannte Zielvereinbarung abschließen können, die die betriebliche Gruppenarbeit flexibel organisieren kann.

[87] Nachfolgende wörtliche Zitate sind der Muster-Betriebsvereinigung der IG Metall entnommen.

unangebracht erscheint" – das heißt, man setzt zunächst einmal auf die Wirksamkeit persönlicher Klärungen. Erst beim Scheitern dieser informellen Lösungen von Konflikten sollte eine der genannten betrieblichen Institutionen benachrichtigt werden, die auf den Vorgang innerhalb einer Woche reagieren muss. Die Reaktionsmöglichkeit der entsprechenden betrieblichen Ansprechpartner besteht aus beratenden bzw. informativen Aktivitäten und der Initiierung und Durchsetzung von Sanktionsmöglichkeiten. Falls es nach Gesprächen immer noch nicht zu einer Entschärfung des Konflikts gekommen ist, wird der Fall von den betrieblichen Gremien weiter beraten. Die „im Einzelfall angemessenen" Sanktionen können betrieblich und/oder arbeitsrechtlicher Natur sein und folgen zumeist den Möglichkeiten der betrieblichen Arbeitsordnung. Betriebliche Maßnahmen ohne arbeitsrechtliche Relevanz erstrecken sich auf Belehrungen, Verweise, Verwarnungen und Geldbußen, arbeitsrechtlich relevante Sanktionen sehen Versetzungen, Abmahnungen oder ordentliche bzw. außerordentliche Kündigungen vor. Unter Verweis auf § 626 BGB wird ausdrücklich auf die Möglichkeit fristloser Kündigungen diskriminierender Personen aus wichtigem Grund hingewiesen. Diese kann ausgesprochen werden, „wenn es trotz Abmahnung oder Versetzung zu Verstößen gegen die Betriebsvereinbarung kommt oder auch in besonders schweren Fällen, in denen den diskriminierten Beschäftigten bzw. dem Unternehmen eine Weiterbeschäftigung unzumutbar ist". Doch dass diese Maßnahme nur eine Ultima Ratio sein soll, beweist der Hinweis, dass zur Abhilfe fortgesetzter Diskriminierungen einer Person auch ein Beratungs-, Schulungs- und/oder Therapieangebot erfolgen kann.

Im dritten Teil der Muster-Betriebsvereinbarung werden prophylaktische Initiativen zur Verhinderung von Ungleichbehandlungen von Ausländern in deutschen Betrieben vorgeschlagen, die sich in informative, personelle, bildungsfördernde sowie soziale Maßnahmen aufteilen. Informative Erfordernisse für eine Gleichstellung von Arbeitsmigranten sollen durch eine den allgemeinen Grundsätzen verpflichtende Öffentlichkeitsarbeit und Werbung des einzelnen Unternehmens angesprochen werden. Weiter sollen bei der innerbetrieblichen Informationspolitik Mitteilungen in einer allen Betriebsangehörigen verständlichen Sprache publiziert werden, z. B. durch die Verwendung der von größeren Belegschaftsgruppen gesprochenen Sprachen. Hierunter fallen auch die Mitteilungen zur Verbreitung der Vereinbarungsinhalte, die insbesondere auch durch besondere Schulungen vermittelt werden sollen. Im Bereich der personellen Maßnahmen wird eine Unternehmenspolitik gefordert, die nicht in Deutschland erworbene Vorqualifikationen von Migranten für betriebliche Rekrutierungsentscheidungen berücksichtigt. Als soziale Hilfsmaßnahme zur Förderung der Belange von Arbeitsmigranten enthält die Muster-Betriebsvereinbarung den Aspekt einer differenzierten Schicht- und Urlaubsplanung, bei der sowohl die Interessen der Beschäftigten ausländischer Herkunft als auch die der Arbeitnehmer ohne Migrationshintergrund des Betriebes angemessen berücksichtigt werden sollen.

Als einen der wichtigsten Kontrollpunkte für die Umsetzung der Inhalte sieht die Vereinbarung die Bildung einer paritätischen Kommission vor, die sich spätestens einen Monat nach Abschluss des Vertrages zwischen Geschäftsleitung und Betriebsrat konstituieren soll. Sie soll aus Vertretern von Beschäftigten mit und ohne Migrationshintergrund bestehen, bei Bedarf, aber mindestens jeden zweiten Monat tagen und insbesondere die erreichten Fortschritte sowie noch bestehende Probleme bei der Gleichbehandlung von Ausländern im Betrieb feststellen und entsprechende Lösungsvorschläge erarbeiten. Neben der Evaluation der Vereinbarungsziele hat die Kommission die Aufgabe, ein Ansprechpartner für die Belange ausländischer Beschäftigter zu sein.

Zusammenfassend lässt sich feststellen, dass die Inhalte der ersten beiden Teile der Muster-Betriebsvereinbarung letztlich nicht über das hinausgehen, was schon mit den bisherigen Gesetzen (z. B. dem Gleichbehandlungsgebot nach §75 Abs. 1 BetrVG) und betrieblichen Arbeitsordnungen mit ihren entsprechenden Sanktionsmaßnahmen möglich ist. Das Innovative der Muster-Betriebsvereinbarung sind nicht die Sanktionen an sich, sondern eine explizite Verbindung möglicher Bestrafungen mit dem Thema Ausländerfeindlichkeit. Diese Konkretisierung ist geeignet, das Bewusstsein eines jeden Arbeitnehmers für dieses sensible Thema zu schärfen. Allerdings widmen sie sich eher nachsorgend dieser Thematik. Das IG Metall-Muster hat seine Stärken insbesondere im dritten Teil, der mit seinen aufklärerischen und qualifizierenden Maßnahmen die strukturellen Nachteile von Arbeitsmigranten innerhalb der betrieblichen Arbeitshierarchie vorsorgend abschwächen will. Die Benennung verschiedener Themenbereiche, bei denen ausländische Arbeitnehmer speziell und verbindlich gefördert werden müssen, hat den Vorteil, den Blick auf sehr konkrete Bereiche zu lenken und sich dort vollziehende Entwicklungen auf Fortschritte im Bereich der Ausländerpartizipation zu untersuchen. Darin ist auch eine verbindliche Verbesserung der Situation von Ausländern in den einzelnen genannten Bereichen enthalten. Dieser Evaluierungsvorgang kann noch systematischer erfolgen, wenn er durch eine für diese Thematik ausschließlich zuständige Kommission regelmäßig durchgeführt wird. Die konkrete Thematisierung legitimer Gleichheitsansprüche ausländischer Organisationsmitglieder in formellen Gremien des Unternehmens schafft Sensibilisierung und macht es Vertretern der tradierten Strukturen schwerer, sich gegen diese Forderungen zu stellen.

3.4.4 Betriebsvereinbarungen zur Gleichstellung ausländischer Arbeitnehmerinnen und Arbeitnehmer

Neben der Konzeption geeigneter betrieblicher Maßnahmen zur Gleichbehandlung und damit vertiefender Integration ausländischer Arbeitnehmer ist in der Praxis die entscheidende Frage, wie sehr es der IG Metall und anderer Gewerkschaften gelingt, Betriebe zum Abschluss einer Betriebsvereinbarung zur Gleichstellung ausländischer Arbeitnehmer zu bewegen. Bis zum Jahr 2006 wurden in 35 deutschen Unternehmen eine entsprechende Betriebsvereinbarung zwischen Geschäftsleitung und Betriebsrat abgeschlossen, anfangs häufig in Großunternehmen der Eisen- und Stahlerzeugung sowie der Automobilindustrie, nachfolgend aber auch in vielen Betrieben der Chemieindustrie, des öffentlichen Dienstes und des Transportwesens[88]. In den meisten Unternehmen mit

[88] Seit Verabschiedung des AGG im Jahr 2006 gab es kaum noch Neuabschlüsse dieser Betriebsvereinbarungen (vgl. Dälken 2015). Bis September 2006 hatten folgende Unternehmen eine Betriebsvereinbarung gegen Fremdenfeindlichkeit sowie zur Förderung der Gleichbehandlung am Arbeitsplatz vereinbart (vgl. Kecskes 2006 sowie die aktuelle Liste unter http://www.migration-online.de): Adam Opel AG Rüsselsheim; AOK Thüringen Erfurt; Arbeiterwohlfahrt AWO; Aventis Pharma Deutschland GmbH; Betrieb für Beschäftigungsförderung Leipzig; Caritas Trägergesellschaft Trier e.V.; Degussa Gemeinschaftsbetrieb Marl; Deutsche Bahn AG; Deutsche Post AG, Niederlassung Briefpost Frankfurt/M.; Eko Stahl GmbH; Feuerverzinkerei Voigt Müller GmbH; Fraport AG; Ford-Werke AG Köln; Jenoptik Laser, Optik, Systeme GmbH; Johannes Gutenberg Universität Mainz; Landkreis Groß-Gerau; Otis GmbH & Co KG; Petrofer Chemie Hildesheim; Preussag Stahl AG; Rheinische Bahngesellschaft AG Düsseldorf; RPC WIKO GmbH & Co KG Brauweiler; RWTH Aachen; S-Bahn Berlin GmbH; Stadtverwaltung München; Stadt

entsprechender Betriebsvereinbarung existiert ein hoher Ausländeranteil in der eigenen Belegschaft, sodass der Abschluss dieser Vereinbarung gleichzeitig eine Maßnahme zur Förderung des Betriebsfriedens sein dürfte.

Bei den für diese Untersuchung relevanten Metall verarbeitenden Unternehmen weisen die meisten abgeschlossenen Betriebsvereinbarungen größere Unterschiede zum Vorschlag der IG Metall auf. Insbesondere der dritte Teil des Musters mit den prophylaktischen und fördernden Initiativen fehlt bei den meisten Unternehmen fast vollständig. Nur der Passus, dass die Inhalte der jeweiligen Betriebsvereinbarungen Teil der Aus- und Weiterbildung des Betriebes sein sollen, blieb vom ursprünglichen Inhalt des dritten Teils übrig. Kleine Ausnahmen finden sich nur bei den Vereinbarungen der Ford-Werke Köln und der Preussag Stahl AG. Beide sehen in ihrem Dokument die Bildung der entsprechenden Diskriminierungskommission vor, die regelmäßig zur Beratung des Themas zusammenkommen soll. Allerdings erwähnen nur die Ford-Werke die Notwendigkeit einer Evaluierung der Aktivitäten, die durch die entsprechende Kommission vorgenommen werden soll. In Bezug auf den ersten Teil der Muster-Betriebsvereinbarung, in dem es um die Grundsätze der Gleichbehandlung ausländischer Arbeitnehmer im Betrieb geht, sind ähnliche Tendenzen wie im zweiten Teil auszumachen. Wenn auch in verschiedenen Varianten, so finden sich dennoch fast überall die gleichen Grundsatzmuster. Unterschiede sind nur für den Kreis der Zielgruppen auszumachen. Einige der Unternehmen haben die inhaltlichen Grundsätze auf sexuelle Belästigung und Mobbing am Arbeitsplatz ausgeweitet.

Hinsichtlich des zweiten Teils des Musters, in dem es um Ansprechpartner und Sanktionen bei ausländerdiskriminierenden Aktionen von Betriebsangehörigen geht, kann man bei fast allen abgeschlossenen Betriebsvereinbarungen eine Orientierung an den allgemein gängigen Maßnahmen der betrieblichen Arbeitsordnung konstatieren, sei es direkt durch Nennung der Ansprechpartner und Sanktionen, durch einen Verweis auf die jeweiligen Punkte der betrieblichen Arbeitsordnung oder durch alleinige Androhung der weitest gehenden arbeitsrechtlichen Konsequenz, nämlich der Kündigung, wie es bei der Preussag Stahl AG erwähnt ist. Die Ruhrkohle AG (RAG)[89] verweist in Bezug auf die Beschwerdemöglichkeit nur auf die Inhalte des Beschwerderechtes nach § 84 BetrVG, Hinweise auf Sanktionsmaßnahmen fehlen ganz. Die Muster-Forderung, dass der jeweilige Ansprechpartner „unverzüglich – spätestens innerhalb einer Woche nach Kenntnis des Vorfalls“ in den genannten Formen aktiv werden muss, wurde von den Unternehmen Thyssen, Preussag, Ruhrkohle und Ford-Werke nicht übernommen.

Die Hauptleistung dieser Abschlüsse liegt in der auf die Betriebe heruntergebrochenen Sensibilisierung für das in den jeweiligen Grundsätzen beschriebene Thema, insbesondere, wenn es auf Betriebsversammlungen und in Betriebspublikationen fortlaufend thematisiert wird. Eine gewisse Lenkungswirkung kann man bei den im zweiten Teil dargestellten Sanktionsmechanismen bei ausländerfeindlichem Verhalten im Betrieb vermuten. Bei durchgeführten Befragungen von Beschäftigten in zweien dieser Betrie-

---

Bremen; Steinkohleunternehmen in der RAG AG; Steinway & Sons Hamburg; Technische Universität München; Thyssen Krupp Stahl AG; Universität Heidelberg; Universität Mannheim; Universitätsklinikum Ulm; Volkswagen AG Wolfsburg.

[89] Seit der Trennung von dem „weißen“ Evonik-Unternehmen nennt sich die RAG – Deutsche Steinkohle auch die „schwarze RAG“.

be, auf die im Verlauf der Untersuchung noch näher eingegangen wird, konnte man feststellen, dass alle Mitarbeiter um die möglichen arbeitsrechtlichen Konsequenzen von offen diskriminierendem Verhalten gegenüber Ausländern wissen. Daher sind entsprechende Handlungen immer weniger zu erwarten, da andernfalls die Arbeitnehmer Nachteile in ihrer betrieblichen Entwicklung oder gar den Verlust des Arbeitsplatzes befürchten müssen. Die hinsichtlich der Weiterleitung von Anzeigen gesetzte Frist von einer Woche bekräftigt den automatisierten Gang der Verfolgung diskriminierender Aktionen und trägt deshalb zur Ernsthaftigkeit der Ziele bei. Einen weiteren Fortschritt bedeutet auch die spezifische Benennung von Personen, denen sich Betroffene diskriminierender Vorfälle anvertrauen können. Für ein ernst gemeintes Warn- und Sanktionssystem gegen Diskriminierung am Arbeitsplatz ist ein niederschwelliger und vertrauensvoller Kontakt zu ersten Ansprechpersonen unerlässlich. Nur so können beanstandete Fälle von Ungleichbehandlung in formeller Form an die zuständigen betrieblichen Gremien weitergeleitet werden, sodass entsprechende Sanktionsmaßnahmen, die im weiteren Verlauf auch als prophylaktische Warnung gegenüber der Gesamtbelegschaft wirken, beschlossen werden können. Eine sachlich-fundierte sowie detaillierte Kommissionsarbeit ist zudem die beste Gewähr zur Verhinderung bzw. Aufdeckung vorgeschobener, vermeintlicher Diskriminierungsfälle. Solche Trittbrettfahrerversuche sind nicht auszuschließen, sind bei transparenten und genauen Untersuchungsmethoden in speziellen Kommissionen aber auch besser zu entlarven, was prophylaktisch gegen Missbrauch wirken würde.

Trotz dieser positiven Berichte verzichten viele Betriebe – darunter auch die meisten Unternehmen, bei denen eine Betriebsvereinbarung zur Gleichstellung ausländischer Arbeitnehmer abgeschlossen wurde – auf die Möglichkeit, das Thema in den mitbestimmten Ablauf ihrer jeweiligen Unternehmen zu integrieren[90]. Dieser Schluss ist naheliegend, da die meisten Betriebsvereinbarungen nicht die Gründung der paritätischen Kommission zur Gleichstellung von Arbeitsmigranten gemäß des IG Metall-Musters vorsehen. Für diesen Zusammenhang wird häufig auf andere Kommissionen verwiesen, die sich im Bedarfsfall mit den Fällen von Ausländerdiskriminierung beschäftigen könnten, zumeist der Personalausschuss. Meistens übernehmen die mit dem 2006 beschlossenen AGG zwingend vorgeschriebenen betrieblichen Beratungsstellen diese Funktion der Anlauf- und Beratungsstelle von Beschwerden. Gleichwohl bleibt die Frage nach der gemäß IG Metall-Muster-Betriebsvereinbarung geplanten Evaluierung der Situation von Ausländern im Betrieb häufig offen. Viele Unternehmen begnügen sich mit der selbstverständlichen Ablehnung diskriminierender Taten, ohne allerdings prophylaktische oder gar strukturelle Fördermaßnahmen festzulegen. So hat nur eines der zehn Unternehmen mit einer entsprechenden Betriebsvereinbarung, nämlich die Jenoptik GmbH, den dritten Teil des IG Metall-Musters fast vollständig übernommen, obwohl auch die Betriebsvereinbarung dieses Unternehmens nicht die Bildung einer speziellen Kommission vorsieht. Unter diesen Umständen können zwar offene Diskriminierungen ausländischer Betriebsangehöriger minimiert werden. Allerdings verpassen Betriebe unter diesen Bedingungen eine wirksame Möglichkeit, die strukturellen Nachteile der Arbeitsmigranten fokussiert und zielgenau aufzuarbeiten, sodass sich die Schichtung

[90] Diese und nachfolgende Aussagen gemäß dem Experteninterview mit dem damaligen Leiter der Abteilung „Rassismus und Diskriminierung“ beim DGB-Bildungswerk, Leo Monz, am 08.03.2000.

der betrieblichen Hierarchien mit einer stark internationalisierten unteren Ebene weiter manifestieren kann. Aufstiegserfolge ausländischer Beschäftigter bleiben dann weiter ihrem individuellen Qualifikationsinteresse unterworfen.

Handlungsansätze und Praxisbeispiele aus Betrieben und Verwaltungen zur Integration von Beschäftigten mit Migrationshintergrund zeigt eine 2015 bei der Hans Böckler Stiftung erschienene Broschüre in der Reihe "Kurzauswertungen – Betriebs- und Dienstvereinbarungen" (Dälken 2015). Laut Studie werden in den letzten Jahren aber kaum mehr neue Betriebsvereinbarungen gegen rechtsradikale und rassistische Vorfälle im Betrieb abgeschlossen. Ausgrenzung und Diskriminierung, die häufig Anlass für die Vereinbarungen waren, seien laut Studie jedoch nicht verschwunden. Es bestünde möglicherweise nach Verabschiedung des AGG im Jahr 2006 die Annahme, dass Vereinbarungen nicht mehr nötig seien, da es in den Unternehmen ebenfalls stärker um Gleichbehandlung ginge. In der Wirkung richte sich dies auch gegen rassistische und fremdenfeindliche Haltungen (vgl. Dälken 2015).

Bei den nachfolgend dokumentierten betrieblichen Fallstudien sollen praxisrelevante Details des unterstellten betriebspolitischen Integrationsprozesses ausländischer Arbeitnehmer freigelegt werden. Hierbei stehen sowohl die Entwicklung und näheren Umstände einer ausländerinkludierenden Betriebspolitik als auch die konkreten politischen Aktivitäten der jeweiligen ausländischen Belegschaftsgruppen im Mittelpunkt der Betrachtung. Zudem können Antworten erwartet werden, inwieweit die programmatischen Integrationsappelle aus Gesetzen und Betriebsvereinbarungen praktische Relevanz im jeweiligen Unternehmensalltag haben. Denn die beiden untersuchten Betriebe, VW in Wolfsburg und Ford in Köln, haben jeweils eine an der IG Metall-Mustervereinbarung orientierte „Betriebsvereinbarung für Gleichbehandlung und partnerschaftliches Verhalten am Arbeitsplatz“ abgeschlossen.

4 Partizipative Ausländerintegration im betrieblichen Praxistest: Zwei Fallstudien aus der deutschen Automobilindustrie

Die aggregierten Daten sowie wissenschaftlichen Erkenntnisse zum betrieblichen Wirken ausländischer Arbeitnehmer auf dem westdeutschen Arbeitsmarkt sind Grundlage sowie Hinweise für die Hypothese, dass es vielen der zwischen 1955 und 1973 angeworbenen Arbeitsmigranten und ihrer Nachkommen deshalb gelungen ist, sich in die betrieblichen Arbeitsbeziehungen der alten Bundesrepublik zu integrieren, weil sie nach und nach in das entsprechende arbeitsrechtliche System inkludiert wurden. Ihre ebenfalls angesprochene beschränkte Aufwärtsmobilität innerhalb der betrieblichen Arbeitsstellenstruktur hängt zum einen mit den ursprünglichen Anwerbemotiven für die erste Generation ausländischer Arbeitnehmer zusammen, die den Arbeitskräftemangel in den strukturell niedrigen, un- und angelernten Erwerbsbereichen mit Arbeitsmigranten ausgleichen sollte. Zum anderen war für den weiteren Verlauf ihrer Erwerbsbiografien sowie der Arbeitskarrieren ihrer Nachkommen entscheidend, welche Möglichkeiten der Schul-, Aus- und Weiterbildung diese Personengruppen hatten und erreichen konnten. Nach dem Eintritt in Ausbildungs- und Beschäftigungsverhältnisse hängt die erfolgreiche Ausgestaltung einer folgenden Unternehmenskarriere maßgeblich vom Zugang zu den dafür wichtigen betrieblichen Kommunikationskanälen und mikropolitischen Entscheidungsnetzen ab. Aufgrund der Mitbestimmungs-, Mitwirkungs-, Informations- und Initiativrechte des Betriebsrates eines Unternehmens ist dabei die Teilhabe an den betrieblichen Mitbestimmungsinstitutionen von entscheidender Bedeutung, da aufgrund der gesetzlichen Bestimmungen die Arbeitnehmervertretung ein wichtiger Ort der Kommunikation und Vermittlung von Informationen über Prozesse betrieblicher Veränderungen ist.

Die empirischen und Literatur auswertenden Ergebnisse der Vorkapitel bestätigen die einleitend formulierten Hypothesen insofern, als sie eine Entwicklung aufzeigen, die – grob ausgedrückt – einen Zweischritt der betrieblichen Integration von Arbeitsmigranten umfasst: 1. Die Beteiligung ausländischer Arbeitnehmer an den für unternehmerische Entscheidungsprozesse wichtigen Betriebsräten sowie an deren organisatorischem Unterbau, den gewerkschaftlichen Vertrauensleuten, ist im Laufe ihrer Betriebszugehörigkeiten kontinuierlich angewachsen. 2. Diese verstärkte Präsenz in den betrieblichen Mitentscheidungsgremien erlaubt es den Arbeitsmigranten, an den bereits bestehenden sozialen Netzen in den Unternehmen zu partizipieren oder gar selbst (häufig von ihrer Herkunft geprägten) Netzwerke aufzubauen und von ihnen zu profitieren. Diese mithilfe allgemeiner und häufig aggregierter Daten fundierten Arbeitshypothesen sollen nunmehr in operationalisierter Form exemplarisch an der konkreten betrieblichen Realität überprüft werden.

4.1 Zwei Unternehmen als ausländerintegrierende Politikarenen

Zur qualitativen Bestätigung dieser Annahmen sollten stark mitbestimmte Unternehmen mit hohem gewerkschaftlichen Organisationsgrad und Anwerbevergangenheit als Untersuchungsobjekte ausgewählt werden, die gute Voraussetzungen für *good practice*-Beispiele einer gelungenen betrieblichen Integration von Arbeitsmigranten bieten. Mit Hilfe der ausgewählten Unternehmen werden die Hypothesen anhand der konkret gesammelten Daten und vor Ort geführten Interviews der Forschungsbetriebe überprüft und gegebenenfalls qualitativ verfeinert, sodass ein realistisches Bild der betriebspolitischen Situation ausländischer Arbeitnehmer in mitbestimmten Unternehmen Deutschlands erkennbar wird. Die betrieblichen Fallstudien wurden größtenteils zwischen den Jahren 2000 und 2007 durchgeführt. Aus diesem Grund reichen die dokumentierten Daten größtenteils bis in das Jahr 2006. Dennoch können die zeitlich weitreichenden, aber befristeten Ergebnisse dieser Betriebsuntersuchungen formative Prozesse offenlegen, die exemplarisch die Mechanismen einer *good practice* betrieblicher Integration von Arbeitsmigranten beschreiben.

Als Untersuchungsbetriebe wurden das Volkswagen-Stammwerk in Wolfsburg und die Ford-Werke in Köln-Niehl ausgewählt. Die Wahl zweier Automobilunternehmen stützt sich auf drei entscheidende Gründe: 1. Betriebe der westdeutschen Automobilindustrie waren massiv an der Anwerbung von Arbeitsmigranten in den 1960er- und 1970er-Jahren beteiligt. 2. Die gewerkschaftliche Durchdringung und die Wirksamkeit des deutschen Mitbestimmungssystems in diesen Unternehmen ist besonders hoch. 3. Die beiden Unternehmen unterlagen wie viele Industriebetriebe den verschiedenen Umstrukturierungs- und Rationalisierungswellen der letzten dreißig Jahre, haben aber im Gegensatz zu anderen mitbestimmten Wirtschaftsbranchen in Deutschland wie etwa der Kohle- und Stahlindustrie, die als Untersuchungsobjekte ebenfalls in Betracht kamen, bessere wirtschaftliche Perspektiven im weltweiten Globalisierungsprozess und sind deshalb auch als zukünftige Referenzgruppe einsetzbar.

Die Anzahl und Auswahl der Unternehmen und dortigen Gesprächspartner folgte der vergleichenden Methode (vgl. Nohlen 1994), sodass durch die gleiche Zahl und Anordnung von Fällen und Variablen Unterschiede bzw. Gemeinsamkeiten im Grad der jeweiligen betrieblichen Integration ausländischer Arbeitnehmer in den untersuchten Unternehmen festgestellt werden sollen. Die Zahl der Unternehmen wurde auf zwei beschränkt, was einer exemplarischen Überprüfung entspricht. Beide Betriebe, Volkswagen in Wolfsburg und Ford in Köln-Niehl, sind ehemalige Anwerbeunternehmen, produzieren in der Automobilbranche und haben eine ähnliche Belegschaftsstruktur, die sich jedoch aufgrund unterschiedlicher Rekrutierungsmethoden in der nationalen Zusammensetzung der ausländischen Belegschaft unterscheidet: Während Volkswagen hauptsächlich Italiener anwarb, rekrutierte Ford vorwiegend Türken als sogenannte Gastarbeiter.

Der Zugang zu den Betrieben wurde durch persönliche Kontakte zu Personen in Arbeitsorganisationen gewährleistet, mit denen Experteninterviews über die Integration ausländischer Arbeitnehmer in den deutschen Arbeitsmarkt sowie in den Betrieben durchgeführt wurden. Nach der jeweiligen Zustimmung des Betriebsrates für die Untersuchung wurden die Interviews mit Arbeitnehmern, Betriebsräten und Vertretern der Geschäftsleitung durch eine dem jeweiligen Betrieb angehörige und dem Forschungsprojekt zugewiesene Kontaktperson aus der Personalverwaltung in enger Absprache mit dem Verfasser geplant. Ethnografische Voruntersuchungen zur passgenauen Auswahl von zu interviewenden Arbeitnehmern konnten nicht durchgeführt werden, da die Unternehmen auf eine nur einmalige Felduntersuchung in den jeweiligen Produktionsstätten bestanden.

Für die konkreten Forschungen in den einzelnen Produktions- und Fertigungshallen der Unternehmen konnte dann auf einige Arbeitsstätten zurückgegriffen werden, die Zeitressourcen für die aufwendigen Interviews zur Verfügung stellen konnten. Die entsprechenden Personalverwaltungen der festgestellten Produktionshallen fragten anschließend in ihren jeweiligen Belegschaften, wer auf freiwilliger Basis zu einem einstündigen Interview bereit wäre. Die letztliche Auswahl der Probanden wurde durch eine Abgleichung der Freiwilligen mit einer vorher vom Verfasser erarbeiteten Samplestruktur (s. u.) vorgenommen. Zu Volkswagen wurden zudem Befragungen im italienischen Kulturzentrum „Centro Italiano" in Wolfsburg durchgeführt, in dem einerseits vorher angeschriebene Betriebsrats- und Gewerkschaftskollegen und andererseits sich dort zufällig aufhaltende Arbeitnehmer interviewt werden konnten. Eine entsprechende außerbetriebliche Untersuchung konnte in Köln nicht geleistet werden, da die häufig herkunftsbezogene Freizeitkultur der türkischen Ford-Beschäftigten in der Millionenstadt Köln sehr viel heterogener strukturiert ist.

Die Durchführung der aufgezeichneten Interviews mit den jeweiligen Probanden dauerte in den beiden Unternehmen jeweils etwa eine Woche; die gesamte Feldforschungsphase in jedem Betrieb, die organisatorische Gespräche zur Betriebsinformation und Untersuchungsanlage, Interviews mit Betriebsangehörigen aus Produktion, Betriebsrat, gewerkschaftlichem Vertrauenskörper und Geschäftsleitung sowie Nachgespräche zur Sicherung von Betriebsstatistiken umfasste, kann mit jeweils etwa vier Wochen beziffert werden. Diese empirische Datensammlung in den beiden ausgewählten Betrieben wurde nach dem Untersuchungszeitraum durch Nachrecherchen und weitere Ergänzungen vervollständigt.

Wie geschildert erfolgte die konkrete Auswahl der Probanden zum größten Teil durch die betrieblichen Akteure. Die bei der Auswahl geeigneter Probanden gebotenen, langwierigen „Prozesse der Aushandlung, Strategien der Verweisung im Sinne des Schneeballsystems und vor allem die Fähigkeit der Herstellung von Beziehungen" (Flick et al. 1995: 75) konnten daher nur in geringem Maße für zusätzliche Gesprächspartner sorgen. Die bei diesem Vorgehen mitunter eingewendete Gefahr der ausschließlichen Einnahme der Außenseitersicht und damit der Vernachlässigung der Binnenperspektive innerhalb der „two realities" (Adler und Adler 1987, S. 21), die bei Aktivitäten sozialer Gruppen existieren,[91] lässt sich methodisch so weit entkräften, dass die Auswahl der Arbeitnehmer für die Interviews auf freiwilliger Basis geschah, sodass hier nicht von einer parteiischen Selektion der Probanden vonseiten des Unternehmens ausgegangen werden kann. Zudem hat die Einnahme der Position als „Besucher" den Vorteil, durch nur kurzes Eintauchen in das Feld zu einmaligen Interviews spezifische Erkenntnisse zu sammeln, die durch das Hinterfragen von Routinen und Selbstverständlichkeiten betrieblichen Alltags ermittelt werden. So kann z. B. ein betriebliches Verhalten, das als ausländerintegrierend im Unternehmen eingeschätzt wird, anders eingestuft werden, wenn man nicht in die betrieblichen Routinen integriert ist. Damit zeitigten die erläuter-

[91] Dabei meinen diese „zwei Wirklichkeiten" unterschiedliche soziale Gruppen, die dem Wissenschaftler bei der Feldforschung begegnen bzw. vorenthalten werden können: eine, die Außenseitern präsentiert wird, und eine andere, die für Eingeweihte reserviert bleibt.

ten organisatorischen Bedingungen der beiden Betriebsuntersuchungen positive Effekte, auch wenn das optimale Durchlaufen des „soziologischen Lernprozesses" (Lau und Wolff 1983) innerhalb des betrieblichen Untersuchungsfeldes nicht idealtypisch eingehalten werden konnte.

Die erwähnte Samplestruktur für die Auswahl der Probanden ist nicht auf eine repräsentative, sondern auf eine exemplarische Überprüfung der oben beschriebenen Arbeitshypothesen ausgerichtet und daher vorab abstrakt nach bestimmten Kriterien festgelegt worden. Die Auswahl der Fallgruppen sollte die Struktur der Organisation „mitbestimmtes Automobilunternehmen" widerspiegeln und stützt sich dabei auf die gemäß der Fragestellung des Projekts entscheidenden Organisationseinheiten Arbeitnehmerschaft, Betriebsrat und Geschäftsleitung. Die Gewerkschaften wurden mittels Gespräche mit ihren betrieblichen Vertrauensleuten und einigen Gewerkschaftssekretären Teil der Falluntersuchungen. Hinsichtlich der Fallauswahl sollen etwa zehn ausländische Arbeitnehmer die erste und zweite Einwanderergeneration berücksichtigen, wobei besonders auf Migranten aus den Anwerbeländern zurückgegriffen wurde. Aufgrund der unterschiedlichen Betriebshistorien muss bei der konkreten Auswahl von Interviewpartnern aus dem Arbeitnehmerbereich bei jedem Unternehmen die spezifische Gruppenbesonderheit der Anwerbenationalitäten Berücksichtigung finden. Somit sollte sich die Auswahl der Probanden bei Volkswagen in Wolfsburg größtenteils auf italienische Arbeitnehmer, bei den Ford-Werken in Köln-Niehl vorwiegend auf türkische Arbeitsmigranten konzentrieren. Auf die Berücksichtigung weiblicher Arbeitnehmer wurde verzichtet, da zum einen die bereitwilligen Produktionsbereiche nicht über Arbeitnehmerinnen verfügten und zum anderen der Frauenanteil in der untersuchten Automobilbranche, wie oben dargelegt, sehr niedrig ist, was sich auch in den beiden ausgewählten Unternehmen bestätigt: In den für die Untersuchungen maßgeblichen Lohnbereichen liegt der Frauenanteil unter den Beschäftigten bei Ford in Köln-Niehl bei ca. 4 %, bei Volkswagen in Wolfsburg bei etwa 8 %. Dieser Umstand macht diese Untersuchung zu einer geschlechtsspezifischen Fallanalyse, die vorwiegend die Situation eines „männlichen Industriearbeiters mit Migrationshintergrund" in den beiden Unternehmen begutachtet. Allerdings spiegelt dieser spezifische Blick auch den größten Teil des betrieblichen Alltags in der gesamten Automobilindustrie wider. Vervollständigt werden die Belegschaftsuntersuchungen durch die Berücksichtigung verschiedener Kontrollgruppen, in denen sich Arbeitnehmer ohne Migrationshintergrund oder ausländische Beschäftigte aus Nicht-Anwerbeländern befinden. Darüber hinaus sollte eine unterschiedliche Anzahl an Vertretern des gewerkschaftlichen Vertrauenskörpers, des Betriebsrates und der Geschäftsleitung interviewt werden. Bei Letzteren handelt es sich zumeist um Mitarbeiter der Personalabteilung, die für die Rekrutierung von Arbeitnehmern oder Auszubildenden oder für den Kontakt mit der Belegschaft respektive mit dem Betriebsrat zuständig sind. Im Idealfall sollte auch ein/e Vertreter/in der Geschäftsleitung einen Migrationshintergrund aufweisen. Da aus allen untersuchten Fallgruppen jeweils mindestens zwei Probanden interviewt werden, ist ein Mindestmaß an Kontrolle gewährleistet.

Tabelle 2: Idealtypische Samplestruktur für die betrieblichen Interviews

Fälle / Kontext	**Probanden mit Migrationshintergrund** (vorwiegend aus den für die jeweilige Betriebsanwerbung typischen Herkunftsländern)			**Probanden ohne Migrationshintergrund**
Fallgruppen	Alter: < 30	Alter: < 50	Alter: > 50	Alter: > 30
Arbeitnehmer	3	4	3	3
Betriebsräte / JAV	1	1	1	2
Gewerkschaftliche Vertrauensleute	1	1	1	1
Geschäftsleitung		(1)		4

JAV = Jugend- und Auszubildendenvertretung, Alter < 30 Jahre

Für die Gespräche mit den genannten betrieblichen Gruppen und Personen wurde die Befragungsform des „fokussierten Interviews" so ausgewählt, wie es Merton und Kendall 1946 konzipierten. Die projektbezogene Anwendung dieses Verfahrens konzentriert sich vorwiegend auf die Prinzipien „Erfassung eines breiten Spektrums" sowie „Tiefgründigkeit/ personaler Bezugsrahmen" und begreift die thematische Fokussierung im Interview, ohne die Vorgabe eines einheitlichen Reizes zu verwenden. Die Zielsetzung ist dabei die vertiefende Interpretation der experimentellen Ergebnisse.

Die Interviewfragen gemäß fallgruppenspezifischer Leitfäden beziehen sich einerseits auf die dem BetrVG zu entnehmenden konkreten Fortschritte bei der politischen Partizipation von Ausländern in den Betrieben (so ihre Einbeziehung in die Interessenvertretung der Arbeitnehmer durch Zubilligung des aktiven und passiven Wahlrechts bei den Betriebsratswahlen nach den §§ 7 und 8 BetrVG), andererseits auf allgemeine Fortschritte in Bezug auf die Chancengleichheit zwischen In- und Ausländern in Unternehmen (Diskriminierungsverbot nach § 75 BetrVG), die anhand von verschiedenen Indikatoren überprüft werden sollten. Durch eine Kombination von Fragen aus dem betrieblichen und dem gesellschaftlichen Kontext wurde die Organisationsstruktur der Arbeitnehmer auch außerhalb des Betriebes einbezogen.

Für die Auswertung der Interviews wird ein Verfahren angewandt, das sich an der qualitativen Inhaltsanalyse (vgl. Flick 1999) orientiert. Dieses Verfahren bietet sich an, weil sich aufgrund des theoretischen Ansatzes des Projekts und der vorangestellten Hypothesen Kategorien entwickeln, die an das Interviewmaterial herangetragen und nicht unbedingt aus den Interviewtexten entwickelt werden, wenngleich sie immer wieder daran überprüft werden. Ein sich daraus ergebender Vorteil ist eine erhebliche Materialreduktion, die den Vergleich der systematisierten Kategorien mit den in den Interviews identifizierten Typen oder formalen Strukturen vereinfacht. Bei der Darstellung der empirischen Interviewanalysen stehen die typischen Regeln betrieblicher Existenz ausländischer Arbeitnehmer insbesondere hinsichtlich ihrer politischen Partizipation im Vordergrund. Hierbei gerät die Gefahr der „selektiven Plausibilisierung" (Flick 1999, S. 239) in den Blick, wonach Ergebnisse bei qualitativen Studien für den Leser lediglich dadurch transparent und nachvollziehbar gemacht werden, indem „illustrative Zitate" aus Interviews oder Beobachtungsprotokollen eingeflochten werden. Im konkreten Fall wurden sowohl bei der Durchführung der betrieblichen Untersuchungen als auch bei der Analyse des Forschungsmaterials vertretbare Vorkehrungen hinsichtlich der Reliabilität und Validität der Untersuchungen getroffen. Hierfür spricht nicht nur die zwar geplante, aber letztlich doch zufällige Auswahl der Probanden sowie die Ermöglichung gleicher Interviewbedingungen, sondern auch die Gewährleistung einer gewissen Authentizität des Materials durch die Dokumentation relativ großer Interviewteile. Für diesen Zweck wurden die meisten in den beiden Unternehmen geführten Interviews nach Zustimmung der Probanden mithilfe eines Tonbandgerätes aufgezeichnet.

Die in dieser Untersuchung interviewten Probanden sind Teil ihrer jeweiligen betrieblichen Politikarenen. Laut § 2, Abs. 1 des BetrVG arbeiten in den Unternehmen „Arbeitgeber und Betriebsrat [...] unter Beachtung der geltenden Tarifverträge vertrauensvoll und im Zusammenwirken mit den im Betrieb vertretenen Gewerkschaften und Arbeitgebervereinigungen zum Wohl der Arbeitnehmer und des Betriebs zusammen." Was hier unter dem harmonisierenden Diktum eines gesetzlichen Appells als selbstverständlich vorausgesetzt wird, erfordert in der betrieblichen Praxis aufwendige mikropolitische Aushandlungsprozesse, die auch die Arbeitskarrieren der Arbeitsmigranten eines Unternehmens berühren. Die betrieblichen Verhandlungen vollziehen sich dabei auf zwei Ebenen: 1. Die Geschäftsleitung des Unternehmens und der Betriebsrat befinden sich auf Unternehmensebene innerhalb eines Zwangsverhandlungssystems, das betriebliche Entscheidungen unter den Vorbehalt der Mitbestimmungsrichtlinien des BetrVG stellt. 2. Der Betriebsrat hat dabei auf der Belegschaftsebene die polittaktische Bedingung zu erfüllen, im Zusammenwirken mit den Gewerkschaften eine homogene Arbeitnehmerschaft zu repräsentieren. Auf dieser Grundlage dominiert in den meisten Metall- oder Automobilunternehmen Deutschlands das einheitsgewerkschaftliche Modell die betriebliche Realität, sodass zumeist die IG Metall die entscheidende Arbeitnehmerorganisation ist, die die betrieblichen Gremienwahlen in dieser Wirtschaftsbranche bestimmt. Berücksichtigt man die für unseren Fall wichtigen und aufgrund ihrer großen Anzahl auf die betrieblichen Wahlen Einfluss nehmenden Arbeitnehmer mit Migrationshintergrund als gesonderte Beschäftigtengruppe, könnten – in Anlehnung an die Erklärungsmodelle des akteurzentrierten Institutionalismus (vgl. Scharpf 2000, S. 130ff.) – die betrieblichen Koordinationsoptionen in den beiden untersuchten Automobilunternehmen folgende mikropolitischen Ausgangsbedingungen aufweisen:

Auf der allgemeinen Unternehmensebene, gemäß BetrVG mit einem Zwangsverhandlungssystem der betrieblichen Mitbestimmung versehen, können Geschäftsleitung und Arbeitnehmervertretung ihren individuellen sowie den betriebskollektiven Nutzen maximieren, wenn sie sich auf eine gemeinsame Strategie einigen – sie sollten es zumindest, da sie bei Nichtkooperation keinen Vorteil aus einer für beide Seiten nicht erfolgreichen Unternehmensentwicklung erwarten können. Insofern bietet eine enge Zusammenarbeit von Unternehmensführung und Betriebsrat in betriebsstrategischen Fragen die Voraussetzung für den ertragreichsten Betriebsablauf und eine hohe Zufriedenheit in der Belegschaft. In der Praxis entwickelte sich daraus insbesondere in stark mitbestimmten Unternehmen ein „Co-Management" (Müller-Jentsch 1995) der Arbeitnehmervertretung, worunter ein Typus von Betriebsrat verstanden wird, der weit über die vom BetrVG eingeräumten Mitbestimmungs- und Mitwirkungsrechte hinaus an wirtschaftlichen Entscheidungen seines Unternehmens beteiligt wird. Auch wenn ein jeweils nicht-kooperatives Verhalten kurzfristige Teilerfolge erbringen kann[92], existieren für beide Betriebsparteien starke Anreize zur kooperativen Zusammenarbeit, sodass ein nicht-kooperatives Verhalten nur als kurzzeitiger Zustand der (polittaktischen) Neujustierung ratsam ist.

Auf der spezifischen Belegschaftsebene, wo kein Zwangsverhandlungssystem zwischen verschiedenen Arbeitnehmergruppen existiert, können die Verhandlungs- und Koalitionsmöglichkeiten variabler gestaltet werden. Dabei müssen die verschiedenen Interessen der organisierten Beschäftigtengruppen innerhalb eines politischen Aushandlungs- und Wahlprozesses austariert und kanalisiert werden. Nur so kann es zu einer homogenen Belegschaft kommen, die die Grundlage für das gemeinsame Co-Management von Geschäftsleitung und Betriebsrat ist. Somit ist auf der Belegschaftsseite eine Akteurkonstellation vorhanden, die gemeinsame Kooperation als rationale Interaktionsform nahelegt und vor das einseitige, nicht-kooperative Handeln stellt. Allerdings gibt dieses Koordinationsmodell davon abweichenden polittaktischen Möglichkeiten beispielsweise von Einwanderergruppen in der Belegschaft zusätzlichen Raum.

[92] So können bei betriebspolitischen Auseinandersetzungen beide Parteien durch jeweils nicht-kooperatives Verhalten ihr betriebliches Profil schärfen: die Geschäftsleitung, wenn sie z.B. ihre Entscheidungsautorität im Unternehmen herausstreichen möchte, der Betriebsrat, wenn er etwa bei Tarifauseinandersetzungen den Gegensatz zwischen Arbeitgebern und Arbeitnehmern betont.

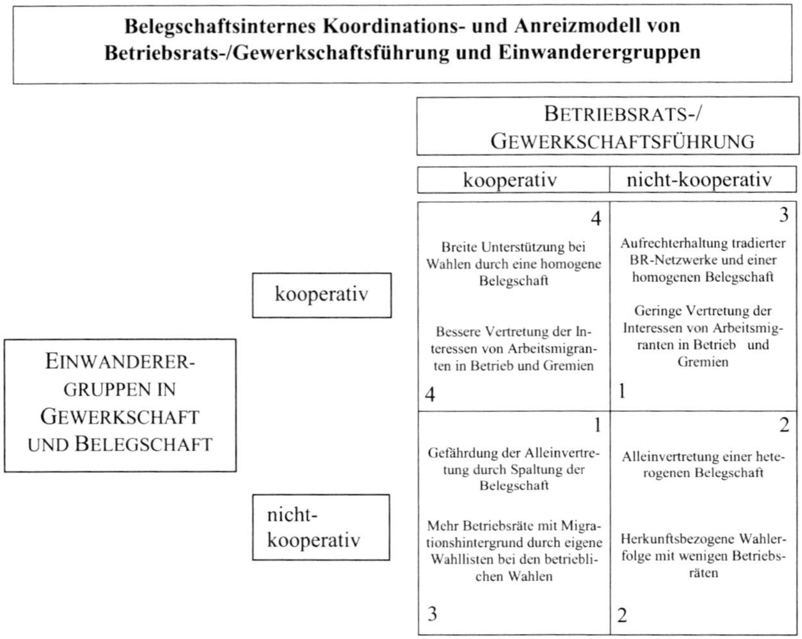

Abbildung 10: Belegschaftsinternes Koordinations- und Anreizmodell von Betriebsrats-/Gewerkschaftsführung und Einwanderergruppen[93]

In diesem Koordinationsmodell verhalten sich die Akteure im Arbeitnehmerlager ähnlich dem einheitsgewerkschaftlichen Anspruch, eine homogene Belegschaftsatmosphäre herstellen zu wollen: Sie bleiben zusammen und kooperieren, um gemeinsam den größtmöglichen Nutzen zu erzielen. Dieser besteht beispielsweise in einem hohen Tarifabschluss innerhalb der Lohnverhandlungen mit der Geschäftsleitung oder – in Bezug auf unseren Fall – in der besseren Berücksichtigung der Interessen von Arbeitsmigranten (Feld links oben). Wenn allerdings ein Akteur, hier z. B. eine Migrantengruppe, die Arbeitnehmereinheit verlassen würde, um stattdessen einen kleineren Nutzen allein zu erreichen (etwa durch die Aufstellung herkunftsbezogener Wahllisten mehr Betriebsräte mit Migrationshintergrund zu erhalten, siehe Feld links unten), wäre es bei dieser Verhaltensoption auch für die vorherrschende Gewerkschaftsgruppe angezeigt, sich nicht-kooperativ zu verhalten, indem sie mit der abtrünnigen Mitarbeitergruppe nicht zusammenarbeitet und dennoch für sich die Alleinvertretung der Belegschaft in Anspruch nähme (Feld rechts unten). Im umgekehrten Ausgangsfall (Feld rechts oben) kann es wie zu Beginn der Anwerbephase und der umfangreichen Existenz ausländischer Arbeitnehmer in deutschen Betrieben auch zu einem kooperativen Verhalten der Einwanderergruppen, jedoch einer unkooperativen Nichtberücksichtigung von Arbeitsmigranten und ihrer Interessen seitens der Gewerkschaft bzw. des Betriebsrates gekommen

[93] In Anlehnung an Scharpf (2000, S. 131f.). Die Zahlen geben den jeweiligen Nutzwert an.

sein. Letztere hätten damit ihre herkömmlichen Rekrutierungsstrukturen für Betriebsrats- und Gewerkschaftsposten und gleichzeitig eine (nach außen) homogene Belegschaft behalten können, selbst unter dem Manko einer nicht adäquaten Betreuung der Kolleginnen und Kollegen mit Migrationshintergrund. Eine mittelfristige Reaktion der Arbeitsmigrantengruppen wäre auch hier eine beginnende Nichtkooperation mit der Gewerkschafts- bzw. Betriebsratsführung, in dem sie z.B. eigene Wahllisten bei den Gremienwahlen aufstellt.

In allen zuletzt genannten Fällen käme keine Kooperation zustande, obwohl bei gemeinsamer Kooperation nicht nur der größte kollektive, sondern auch der größte individuelle Nutzen erzielt werden könnte. Alle würden sich bei Nichtkooperation stattdessen mit einem kleineren Nutzen zufriedengeben, um nicht Gefahr zu laufen, fast leer auszugehen. Im Vergleich zum Koordinierungssystem innerhalb des betrieblichen Zwangsverhandlungssystems zwischen Geschäftsleitung und Betriebsrat gibt das belegschaftsinterne Koordinationsmodell somit mehr Raum für einseitiges Handeln. Doch auch in dieser Verhaltensvariante ist aufgrund der eigentlichen Koordinierungsprämisse die Tendenz erwartbar, dass durch vermittelnde Kommunikation und verbindliche Absprachen rationale Kooperationslösungen angestrebt werden, um in den Verhandlungen mit der Geschäftsleitung gemeinsam vorgehen und damit die ertragreichsten Betriebsergebnisse erreichen zu können.

Aufgrund des aufgezeigten mikropolitischen Anreiz- und Belohnungssystems konnten in den beiden nachfolgend dokumentierten betrieblichen Fallstudien bei VW in Wolfsburg und bei Ford in Köln zwei unterschiedliche Koordinierungsregime hinsichtlich der Integration von Arbeitsmigranten im Unternehmen identifiziert werden. Beide Regime haben sich aufgrund unterschiedlicher historischer und gesellschaftlicher Bedingungen im Verlauf des Anwerbe- und Beschäftigungsprozesses gebildet. In der nachfolgenden analytischen Betrachtung wird überprüft werden, welche politischen Strategien mit dem jeweiligen mikropolitischen Integrationsregime verbunden waren und ob ein sich daraus entwickeltes kooperatives oder nicht-kooperatives Handeln zwischen den beiden Akteurgruppen Gewerkschaft/Betriebsrat sowie Mitarbeiter mit Migrationshintergrund ein temporäres oder ein langfristiges Phänomen war bzw. wie es sich bis in die Gegenwart entwickelt hat.

4.2 Volkswagen in Wolfsburg: Einheitsgewerkschaftlich-konsensuale Partizipation italienischer Belegschaftsmitglieder

4.2.1 Das Unternehmen und seine Belegschaft im städtischen Umfeld

Die Volkswagen AG (VW) ist ein global agierender Konzern, der mit mehr als 600.000 Beschäftigten in zwanzig Staaten Europas und in elf Ländern Amerikas, Asiens und Afrikas Automobile herstellt. Im Jahr 2016 wurden in weltweit 120 Fertigungsstätten etwa 10,3 Millionen Fahrzeuge verschiedener Marken produziert, was einem PKW-Weltmarktanteil von 11.9 % entspricht und dem Konzern einen Jahresumsatz von über 217 Milliarden Euro sowie einen Gewinn von 5,4 Milliarden Euro einbrachte.[94] Auf-

[94] Entsprechende Daten zur Volkswagen AG gemäß der VW-Homepage unter https://www.volkswagenag.com/de/group/portrait-and-production-plants.html (Abruf am 08.10.2017).

grund seiner besonderen Entstehungsgeschichte während der Zeit des Nationalsozialismus, des Zweiten Weltkrieges sowie der anschließenden britischen Besatzung blieb das Unternehmen auch mit Gründung der Bundesrepublik Deutschland in staatlichen Händen und stand selbst nach der Teilprivatisierung zu Beginn der 1960er-Jahre unter einem entscheidenden staatlichen Einfluss, welchen das Land Niedersachsen als Profiteur des VW-Gesetzes von 1960 in der neu formierten Aktiengesellschaft ausübte. Die besonderen Eigentums- und Stimmrechtsbeschränkungen im VW-Aufsichtsrat zugunsten Niedersachsens deklarierte der Europäische Gerichtshof in seiner Entscheidung vom 23. Oktober 2007 jedoch als unvereinbar mit europäischem Recht, sodass die Sonderregelungen des VW-Gesetzes – so die Stimmrechtsbeschränkung für Anteilseigner, das Entsenderecht auf Aufsichtsratsmitglieder und die Verringerung der Sperrminorität auf 20 % der Stimmrechtsanteile – vom Deutschen Bundestag neu beraten werden mussten, doch von ihm in leicht veränderter Form in einem Beschluss vom 13. November 2008 im Grundsatz erhalten blieben.

Parallel zu dieser rechtlichen Entwicklung bemühte sich die Porsche AG lange Zeit, mit Aktienzukäufen den VW-Konzern zu übernehmen, bis die Finanz- und Wirtschaftskrise 2008/2009 zu einer gegenteiligen Entwicklung und der letztlichen Übernahme Porsches durch Volkswagen führte[95]. Ob die weitere VW-Unternehmensentwicklung, mögliche Regulierungen durch die EU-Kommission und darauf ggf. reagierende bundesdeutsche Änderungen des VW-Gesetzes gravierende Veränderungen insbesondere hinsichtlich des Arbeitnehmerschutzes und der Verlegung des Firmensitzes nach sich ziehen, muss die Zukunft zeigen. Festzuhalten bleibt jedoch, dass die bis dato gültigen volkswagenspezifischen Eigentümer- und Entscheidungsstrukturen einen besonderen Stellenwert externer Umwelteinflüsse auf die Unternehmenspolitik begünstigen. Beispielsweise räumt selbst das vom Bundestag im Jahr 2008 novellierte VW-Gesetz den Arbeitnehmern ein Vetorecht im Aufsichtsrat ein, wenn er etwa Betriebsverlagerungen nur mit einer Zweidrittelmehrheit beschließen kann und somit die im Gremium paritätisch vertretenen Arbeitnehmerrepräsentanten solche Entscheidungen zu Fall bringen können. Diese Sonderrechte der Arbeitnehmervertreter, die sich aus der historischen Entstehungsgeschichte des VW-Konzerns ableiten lassen[96] und die selbst in Zeiten gravierender Einsparziele wie jüngst im Jahr 2014 Diskussionen um die Verlagerung von Ar-

---

[95] Nach der Vergrößerung des Porsche-Besitzes an VW-Aktien und der Verwerfung des VW-Gesetzes durch den Europäischen Gerichtshof im Jahr 2007 wurde spekuliert, dass die Porsche AG einen Ausbau ihrer Beteiligung an VW auf 75 % anstrebe, um einen Beherrschungsvertrag abzuschließen, der die Rechte des VW-Vorstandes weitgehend eingeschränkt und womöglich einen Kapitalabfluss zugunsten der Porsche AG ermöglicht hätte (vgl. Süddeutsche Zeitung v. 12.03.2008). Der durch den Erwerb teurer VW-Aktien-Optionen massiv gestiegene Schuldenstand von über 10 Milliarden Euro konnte von der Porsche AG nach Beginn und Wirkung der globalen Finanzkrise ab Herbst 2008 nicht mehr bedient werden, sodass die Übernahmestrategie des Porsche-Vorstandschefs Wiedeking scheiterte. Daraufhin einigten sich die beiden Porsche-Eigentümerfamilien Porsche und Piech im Juli 2009 weiterhin auf einen „integrierten Automobilkonzern", jedoch unter Führung des Volkswagen-Konzerns: Dieser übernahm Porsche schrittweise und integrierte den Stuttgarter Automobilbauer als zehnte Marke in den Wolfsburger Konzern. Als Gegenleistung sollten die Porsche-Eigentümerfamilien fast 50 % der VW-Anteile erhalten, währenddessen ein neuer Investor, nämlich das Golfemirat Katar, wie das Land Niedersachsen etwa 20 % Aktienanteile hielten (vgl. Süddeutsche Zeitung v. 24.07.2009).

[96] So wurde der ab 1938 erfolgte Aufbau des Volkswagenwerkes Wolfsburg vor allem aus dem Verkauf des Gewerkschaftsvermögens finanziert, das die Nationalsozialisten nach der Zerschlagung der Gewerkschaften 1933 beschlagnahmten und das eine Höhe von etwa 50 Millionen Reichsmark betrug. Vgl. dazu Mommsen und Grieger (1996).

beitsplätzen und Fabriken tabuisieren[97], verfestigen den häufig beschriebenen Eindruck, die Betriebsräte seien „Co-Manager" des Unternehmens[98] und VW ein „Gewerkschaftskonzern", auf den die IG Metall erheblichen Einfluss habe.

Für die nachfolgenden Forschungsuntersuchungen wurde das Wolfsburger Stammwerk von Volkswagen ausgewählt. Gemäß seiner Entstehungsgeschichte (Mommsen und Grieger 1996) stellte das Wolfsburger Werk nach dem Zweiten Weltkrieg in industrieller Produktions- und Montagetechnik vorwiegend den VW-Käfer her, dessen Produktion nach fast 12 Millionen Exemplaren am 1. Juli 1974 in Wolfsburg auslief. Nachfolgend wurde dort statt des Käfers der VW-Golf produziert, der die Fertigungszahlen des Pionierwagens vervielfachte und in seinen verschiedenen Modellen die vorwiegende Produktion im Stammwerk ausmacht. Dafür sind in Wolfsburg mehr als 62.000 Menschen beschäftigt, von denen etwa 1.700 für das Tochterunternehmen Sitech Sitztechnik GmbH arbeiten (Stand: 2016), aber ebenfalls im Wolfsburger VW-Werk angesiedelt sind. Nach Gründung der Bundesrepublik wurde das Werk in Wolfsburg wegen der großen Nachfrage an Fahrzeugen immer weiter ausgebaut. Bereits Mitte der 1950er-Jahre zeigten sich die Grenzen der Expansionsmöglichkeiten in Wolfsburg, sodass neue Standorte und damit auch eine größere Menge an Beschäftigten notwendig wurden. Der steigende Bedarf nach Arbeitskräften führte dazu, dass VW ab 1961 systematisch ausländische Arbeitnehmer anwarb, was die Belegschaft im Stammwerk Anfang der 1970er-Jahre auf eine Stärke von fast 60.000 vorwiegend männliche Arbeitnehmer anschwellen ließ. Bevorzugte Gruppe der Anwerbemigranten im VW-Stammwerk Wolfsburg waren Italiener (vgl. von Oswald 2002, S. 56f.).

Die hauptsächliche Auswahl italienischer Arbeitnehmer entstand nicht nur aufgrund des frühzeitigen Anwerbeabkommens zwischen Italien und der Bundesrepublik aus dem Jahr 1955, sondern lag auch in den historischen Vorerfahrungen begründet, die man in der ehemaligen „Stadt des KdF-Wagens" mit italienischen (Zwangs-)Arbeitern hatte (vgl. Sala 2007).[99] Schon während des Aufbaus des Werkes ab 1938 war der Zugang deutscher Arbeiter zum abgeschiedenen und künstlichen Prestigebetrieb trotz hoher Lock-Löhne zurückgegangen, insbesondere weil deutsche Belegschaftsangehörige für den Bau des Westwalls an der deutschen Westgrenze abgezogen wurden. Als Reaktion darauf nahmen die Betriebsleitung und die Deutsche Arbeitsfront Kontakt mit dem verbündeten italienischen Staat auf, um als Ersatz für die nicht mehr erreichbaren deutschen Arbeiter eine Vielzahl an italienischen Arbeitnehmern anzuwerben. Die bis zu 3.000 Bau- und Produktionsbeschäftigten aus Italien wurden als Wanderarbeiter gleichbehandelt, versorgt und bezahlt wie die deutschen Beschäftigten. Mit Ausbruch und Verlauf des Zweiten Weltkrieges versiegte diese freiwillige Arbeitsaufnahme italienischer Migranten zusehends. Erst gegen Ende des Krieges, nach dem Sturz der Regierung Mussolinis, kamen wieder italienische Arbeiter im KdF-Werk zum Einsatz, allerdings unter den Bedingungen unfreiwilliger Zwangsarbeit. Ab 1944 wurden rund 1.000 italienische Militärinternierte im späteren VW-Werk neben anderen zumeist osteuropäi-

[97] Vgl. Süddeutsche Zeitung v. 17.07.2014.

[98] Zum sogenannten Co-Management in Unternehmen vgl. Hälker (2004), Rehder (2006) und Hürtgen (2008).

[99] Nachfolgender geschichtlicher Abriss zur Entstehung des KdF-Werkes („Kraft durch Freude", eine Unterorganisation der nationalsozialistischen Deutschen Arbeitsfront) und der Beschäftigung von Arbeitnehmern bzw. Zwangsarbeitern gemäß Mommsen und Grieger (1996, Kapitel 2).

schen Gefangenen als Zwangsarbeiter zur Produktion kriegswichtiger Rüstungsgüter wie dem Kübelwagen oder der „Vergeltungswaffe V1" eingesetzt. Die Zwangsarbeiter wohnten in einem angeschlossenen Konzentrationslager, das den beschönigenden Namen „Arbeitsdorf" (Mommsen und Grieger 1996: 496) erhielt.

Neben dieser absurd wirkenden historischen Kontinuität erklärt sich der italienische Migrationsstrom in den nach dem Zweiten Weltkrieg von den britischen Besatzern in „Wolfsburg" umbenannten Unternehmensstandort zudem durch Vermittlungsbeziehungen der VW-Führung in Italien. Der katholische Generaldirektor Heinrich Nordhoff, von 1948 bis 1972 an der Spitze des Unternehmens, besaß aufgrund persönlicher Kontakte zu Papst Pius XII. hervorragende Verbindungen zum Vatikan, die er Anfang der 1960er-Jahre dazu nutzte, über die einflussreiche katholische Vereinigung italienischer Arbeiter eine große Zahl an Arbeitnehmern aus Italien zu rekrutieren (vgl. von Oswald 2002, S. 56f.). Somit begann ab 1962 die offizielle VW-Anwerbung tausender italienischer Arbeitsmigranten in das Volkswagenwerk, die neben dem kirchlichen Kanal ebenso über die offiziellen Verbindungsbüros der BA in Italien lief. In den entsprechenden Anwerbekommissionen in Verona und Neapel waren auch VW-Vertreter präsent, um den Bedarf an Arbeitern für das Unternehmen zu decken. Da die meisten Bewerber vom Land kamen und häufig keine oder nur eine geringe Schulbildung hatten, mussten die zukünftigen VW-Anwerbemigranten eine Verpflichtungserklärung unterschreiben, in der sie eine mindestens fünfjährige Volksschulbildung versicherten. Bei der späteren betrieblichen Anwerbung von tunesischen Mitarbeitern[100] wurde diese VW-interne Qualifikationsbedingung auf neun Jahre Schulbildung erweitert, weshalb die Tunesier besser als Arbeitnehmer anderer Nationen für die betrieblichen Abläufe vorbereitet und qualifiziert waren[101].

Zu Beginn wurden zeitweise in der Spitze pro Tag etwa 200 Italiener eingestellt[102], sodass Ende 1962 schon etwa 4.000 ausländische Arbeitnehmer im Werk beschäftigt waren. Die meisten von ihnen wurden in den werkseigenen Unterkünften an der Berliner Brücke am Nordrand des Betriebes untergebracht, die in Form zweistöckiger Baracken aus Holz eilig gebaut und in denen zwischen 1962 und 1975 Arbeitsmigranten einquartiert wurden. Die Anlage war mit Stacheldraht gesichert, hatte Wachpersonal, das selbst

---

[100] Im Verlauf der Anwerbephase lenkte Volkswagen die Migrantenströme aus verschiedenen Anwerbeländern zu unterschiedlichen Werken: Während für das VW-Stammwerk in Wolfsburg ausschließlich Italiener und in der Spätphase Tunesier angeworben wurden, beschäftigte man in den VW-Werken Salzgitter, Braunschweig und Hannover vorwiegend Türken als ausländische Arbeitnehmer. Mit dieser Anstellungspolitik sollten in den einzelnen Werken ethnische Konflikte zwischen Arbeitsmigranten aus verschiedenen Anwerbenationen ausgeschlossen werden. Entsprechende Informationen vom Leiter der VW-Personalabteilung „Produktionseinstellung", Herrn Kern, im entsprechenden Interview v. 14.12.2000.

[101] Informationen gemäß dem Gespräch mit einer Gruppe italienischer Mitarbeiter des VW-Personalwesens am 24.08.2000 sowie einem Interview mit dem griechischen Facharbeiter Alois Paul v. 22.08.2000, der als Angehöriger der ersten Anwerbegeneration seit 1966 im Wolfsburger VW-Werk arbeitete.

[102] Diese und nachfolgende Informationen über die ersten Einstellungs- und Versorgungsbedingungen italienischer Anwerbemigration bei VW in Wolfsburg aus Gesprächen mit einer Gruppe italienischer Angestellter des VW-Personalwesens am 24.08.2000 sowie den seit 1961 bei VW beschäftigten und später in der Mitarbeitervertretung aktiven Arbeitsmigranten Lorenzo Annese (Interview v. 19.08.2000) sowie Rocco Artale (Interview v. 21.08.2000). Darüber hinausgehende Informationen aus von Oswald (2002), Haug (2002) und Rönneburg (2005).

nachts mit Hunden Kontrollgänge um das Wohnheim durchführte, und eine Eingangsschranke, die man nur mit einem Betriebsausweis passieren durfte. Durch den unaufhörlichen Zustrom neu im Werk arbeitender und in der „Berliner Brücke" einquartierter Italiener wurden die räumlichen sowie hygienischen Bedingungen in der Unterkunft immer prekärer: Die nahezu viertausend Männer lebten zu je 68 Bewohnern auf einer Etage, die jeweils eine Küche mit achtzehn Kochplatten, dreizehn Waschbecken im Waschraum und vier Toiletten hatte. Da man sich den knapp dreizehn Quadratmeter großen Schlafraum mit drei weiteren Arbeitern teilen musste, gab es keine Privatsphäre und häufiges Schlangestehen bei den persönlichen Bedürfnissen. Unter diesen Umständen kam es im November 1962 zu einem „Wohnheim-Aufstand" oder „Italienerstreik" in Wolfsburg. Konkreter Anlass war ein kranker Italiener, der aufgrund mangelnder ärztlicher Betreuung gestorben war. Nachfolgend organisierten die Italiener eine große Demonstration für eine Verbesserung der Wohnheimverhältnisse. Als Sicherheitsmaßnahme gegenüber möglichen Übergriffen der Ausländer in Wolfsburg, marschierten Polizei-Hundertschaften und die Grenzpolizei auf. Die tagelangen Verhandlungen der Aufständischen mit dem VW-Betriebsrat bzw. VW-Vorstand zeitigten substanzielle Fortschritte: Das Wohnheim, in dem zu Spitzenzeiten ca. 3.000 italienische Arbeiter wohnten, wurde nachfolgend mit einem Krankenzimmer, zwei Ärzten und einer Wäscherei ausgestattet. Außerdem erhielt die Unterkunft an der Berliner Brücke eine Infrastruktur mit Aufenthaltsräumen, einem Supermarkt, einer Bank sowie Freizeitmöglichkeiten, die es den Arbeitsmigranten ermöglichte, innerhalb ihrer italienischen Sprache und Lebensgewohnheiten zu verbleiben. Hierzu richtete man zudem eine institutionelle Betreuung der Wohnheimbewohner ein, indem man aus Italien einen Priester namens Don Parente rekrutierte, der fortan ein Freizeitprogramm für die alleinstehenden Männer organisieren sollte. Doch vorher, unmittelbar nach Beendigung des Aufstands, wurde vom Unternehmen noch ein machtpolitisches Zeichen gesetzt: Die „Rädelsführer" des Streiks wurden aus dem Betrieb entlassen und aus Deutschland ausgewiesen. Und selbst der Betriebsratsvorsitzende Hugo Bork sprach auf der anschließenden Betriebsversammlung davon, dass „die Italiener in Wolfsburg kommunistisch unterwandert seien". Ob dies stimmte, lässt sich im Nachhinein nicht mehr überprüfen. In jedem Fall verstanden die meisten anwesenden Italiener dieses Argument nicht – weil sie zu diesem Zeitpunkt noch nicht gut genug Deutsch sprachen.[103]

Bis Ende der 1960er-Jahre wuchs die Anzahl italienischer Arbeitnehmer auf über 5.000 Personen, was einem damaligen Ausländeranteil an der Wolfsburger Belegschaft von reichlich 9 % entsprach. Allerdings scheint diese Zahl recht gering, wenn man berücksichtigt, dass VW in den 1960er-Jahren eine vielfache Zahl an Italienern in das Wolfsburger Werk einstellte (vgl. von Oswald 2002, S. 60ff.). Erklärbar werden die voneinander abweichenden Daten durch die hohe Fluktuation der ausländischen Arbeitnehmer aus persönlichen oder betriebspolitischen Gründen: In den ersten zehn Jahren von Beginn der Anwerbung 1962 bis 1972 standen den knapp 33.000 Einstellungen etwa 30.000 Entlassungen bzw. Kündigungen gegenüber. Dahinter verbarg sich ein Beschäftigungskonzept, welches ganz bewusst die Rotation von jungen Männern innerhalb der Werkszäune favorisierte und mithilfe von jährlichen bzw. nur halbjährlichen Arbeitsver-

[103] So der seinerzeit anwesende italienische Anwerbemigrant und spätere IG Metall-Gewerkschaftssekretär sowie SPD-Stadtrat Rocco Artale im Interview v. 21.08.2000.

trägen sowie der Möglichkeit quasi unbegrenzten Nachschubs junger Männer aus Italien ein Phänomen kreierte, das durch von Oswald als „Arbeitsstippvisite“ bezeichnet wird (2002, S. 78). Die Gesamtanzahl aller anwesenden Arbeitsmigranten inklusive türkischer, jugoslawischer und tunesischer Staatsangehöriger entwickelte sich bis Anfang der 1970er-Jahre mit etwa 10.000 Personen dennoch rasant und wies mit einem Beschäftigtenanteil von etwa 15 % eine erhebliche Größe auf. Aber auch bei den nicht-italienischen Arbeitsmigranten verfolgte VW eine rotationsgeleitete, kurzfristig angelegte Planung mit ausländischem Personal. Insofern bestätigt diese Unternehmenspolitik das häufig postulierte, aber aufgrund der großen Zahl an dauerhaft in der Bundesrepublik bleibenden sogenannten „Gastarbeitern“ oft angezweifelte Rotationsprinzip von Anwerbemigranten – mit der wichtigen Quintessenz, dass die Zahl der Millionen Einwanderer höher war als die nur wenig kleinere Zahl an Millionen Zurückwandernden, was den letztlich positiven Zuwanderungssaldo erklärt (vgl. Bade 2000, S. 323, 335; Bommes 1999, S. 202, Anm. 397; Meier-Braun 1995, S. 22).

Belegschaftsentwicklung* bei VW in Wolfsburg 1961-2005

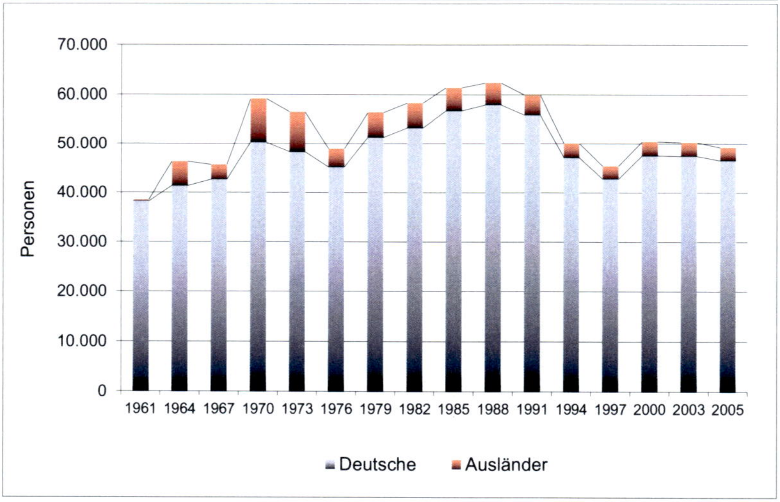

Abbildung 11: Belegschaftsentwicklung* bei VW in Wolfsburg 1961-2005

* Hierunter fallen Personen beiderlei Geschlechts

Quelle: Volkswagen AG; eigene Berechnungen

Diese situativ angelegte Planung mit ausländischem Personal kam VW während der Unternehmenskrisen 1967/68 und besonders zu Beginn der 1970er-Jahre sehr entgegen, als der VW-Betrieb massive Absatzprobleme hatte.[104] Die Käfer-Produktion brach zunehmend ein, da die Heckmotormodelle nicht mehr zeitgemäß waren. In dieser Zeit halbierte sich die Zahl ausländischer Arbeitnehmer bei VW schon vor Verhängung des

[104] Nachfolgende Informationen zur Darstellung der VW-Geschäfts- und Fahrzeugentwicklung gemäß Grieger et al. (2005) sowie http://de.wikipedia.org/wiki/Volkswagen_AG (Abruf am 08.10.2017).

bundesweiten Anwerbestopps für Arbeitsmigranten Ende 1973 sehr schnell. Erst als es unter Rückgriff auf Komponenten des neu in das Unternehmen eingegliederten Audi-NSU-Konsortiums gelang, mit neuen wassergekühlten Autos wie Passat oder Audi 80 ein modernes, attraktives Modellprogramm zu bieten, fuhr das Unternehmen wieder in die Gewinnzone. Den endgültigen Durchbruch brachte die Entwicklung und Fertigung des Golf ab dem Jahr 1974, eine der weltweit erfolgreichsten Automarken. Gefertigt wurde nach dem Baukastenprinzip, das durch in verschiedenen Modellen einsetzbare Bauteile erhebliche Einsparpotenziale freisetzte und sich auch in weiter sinkenden Beschäftigtenzahlen ausdrückte. Erst ab Mitte der 1970er-Jahre konsolidierte sich die Belegschaftsgröße wieder, auch dank einer wieder einsetzenden, aber inoffiziellen Anwerbepolitik des Unternehmens, das mithilfe persönlicher Vermittlungen italienischer Betriebsangehöriger Neueinstellungen vornehmen konnte[105]. Hierbei wurde mit dem „Brief auf Bestellung“ eine Rekrutierungsmethode entwickelt, die sowohl vor und nach der Verhängung des Anwerbestopps im November 1973 eine betriebliche Unabhängigkeit von den staatlichen Anwerberegularien sicherstellte als auch für eine familien- bzw. freundschaftsbezogene Verbindlichkeit bei der Arbeitseinstellung neuer italienischer Arbeitnehmer sorgte[106]. Zudem minimierten die Personalchefs die mit der Rekrutierung unbekannter Arbeitnehmer verbundenen Risiken, da das aufseiten der vermittelnden Arbeitsmigranten vorhandene Interesse an Verlässlichkeit zu Selbstselektion und sozialer Kontrolle unter den italienischen Beschäftigten führte (Haug 2002, S. 133).

Nach ihrem konjunkturellen Einbruch infolge des Ölpreisschocks erholte sich die Ausländerbeschäftigung bei Volkswagen in Wolfsburg Ende der 1970er-Jahre wieder und konsolidierte sich sukzessive auf mittlerem Niveau bei ca. 5.000 Beschäftigten (vgl. entsprechende Abbildung). Doch obwohl sich bei fortwährend gutem Unternehmensumsatz die Gesamtbeschäftigung bis zum Jahr 1988 auf ihren historischen Höchststand von über 60.000 Personen entwickelte, wirkte sich die günstige Beschäftigungspolitik auf die Anzahl der ausländischen Arbeitnehmer im VW-Stammwerk verhältnismäßig gering aus, ganz im Gegenteil sank die Zahl der ausländischen Arbeitnehmer. Nach Ende des Wiedervereinigungsbooms und mit Beginn von Rationalisierungsprogrammen in der ersten Hälfte der 1990er-Jahre verringerte sich die Gesamtbeschäftigung wieder

---

[105] Entsprechende Information aus einem Gespräch mit einer Gruppe italienischer Angestellter des VW-Personalwesens am 24.08.2000.

[106] Durch die mitarbeiterbezogene Anwerbemethode hatte VW über ihre italienischen Beschäftigten einen direkten Draht zu einem vorinformierten Reservepotenzial in Italien, über das es fernab der obligatorischen Verbindungsbüros bzw. der aufenthalts- und arbeitsrechtlichen Erschwernisse infolge des Anwerbestopps möglich war, eine kurzfristige und effiziente Puffermigration italienischer Arbeitskräfte zu steuern. Konkret funktionierte das Verfahren „Brief auf Bestellung“ folgendermaßen: Nachdem die Personalabteilung des Werkes kurzfristig den Bedarf an zusätzlichen Arbeitskräften festgelegt hatte, gab sie diese Information an den Betriebsrat weiter. Dieser informierte die italienischen Vertrauensleute über den Personalwunsch und gab diese „Bestellung“ wiederum an die italienischen Beschäftigten weiter, die in diesem Zusammenhang aufgefordert wurden, dem Betriebsrat Familienangehörige, Freunde oder Bekannte mit italienischer Adresse zu nennen, die gern bei Volkswagen in Wolfsburg arbeiten wollten. Anschließend stellte die Belegschaftsvertretung an die gemeldeten Interessenten einen Brief aus, der ihnen nach Italien geschickt wurde, sodass sie über diesen Arbeitgeberkontakt unverzüglich eine Aufenthaltsgenehmigung erhielten. Die neuen italienischen Arbeitsmigranten kamen dann mit dem Brief zu VW nach Wolfsburg und absolvierten anschließend eine Gesundheitsuntersuchung beim Werksarzt, um bei positivem Untersuchungsergebnis eingestellt zu werden. Dieses Verfahren wurde dem Verfasser von einem italienischen Mitarbeiter, der 1973 über seinen Cousin als Arbeitsmigrant aus Sizilien auf diese Weise von VW angeworben wurde, in einem Interview am 12.12.2000 geschildert.

erheblich. Dabei entwickelte sich auch die Zahl der Arbeitsmigranten bis heute mit weit unter 3.000 Arbeitnehmern auf etwa einem Drittel ihrer maximalen Ausweitung, sodass der gegenwärtige Ausländeranteil im Werk bei etwa 5,5 % liegt. Hinsichtlich der Belegschaftsentwicklung nach der deutschen Wiedervereinigung ist darauf hinzuweisen, dass sich mit dem Untergang der DDR für Volkswagen in Wolfsburg, ehemaliges Zonenrandgebiet, ein ganz neues Arbeitskräftepotenzial insbesondere im strukturschwachen Sachsen-Anhalt auftat. Unter diesem neuen Reservoir (ost-)deutscher Arbeitskräfte litten sicher auch die Einstellungsmöglichkeiten für ausländische Bewerber.

Die aufgezeigten VW-spezifischen Konjunkturphasen lassen sich anhand nachfolgender Abbildung mit den Beschäftigungsveränderungen von Deutschen und Ausländern im Volkswagen-Stammwerk in den letzten vier Dekaden noch besser nachvollziehen:

Beschäftigungsfluktuation bei VW in Wolfsburg im Vergleich zwischen Ausländern und Deutschen* 1970-2005

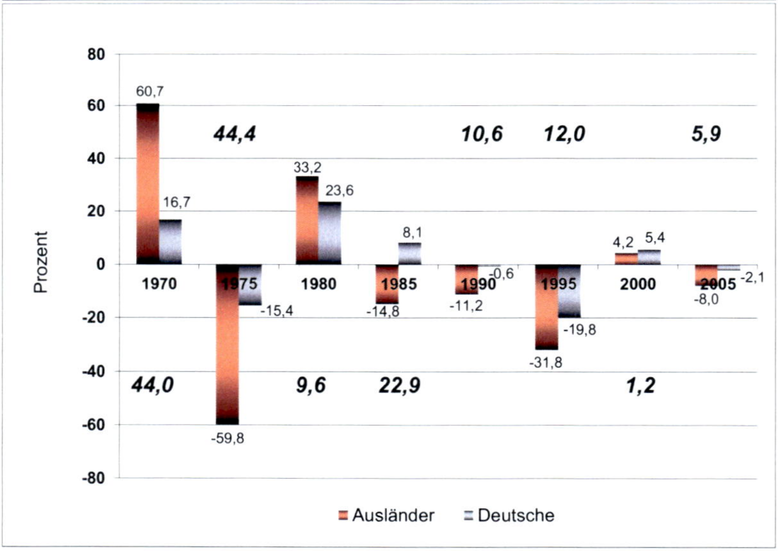

Abbildung 12: Beschäftigungsfluktuation bei VW in Wolfsburg im Vergleich zwischen Ausländern und Deutschen* 1970-2005 **(Basiswert: 1965; Differenzwerte kursiv)**

* Hierunter fallen Personen beiderlei Geschlechts

Quelle: Volkswagen AG; eigene Berechnungen

Im Vergleich sind die ausländischen Arbeitnehmer gegenüber den deutschen Erwerbspersonen bei Beschäftigungsveränderungen im Wolfsburger Werk klar im Nachteil: Seit den 1980er-Jahren wird ausländische Beschäftigung kontinuierlich abgebaut (Ausnahme: Ende der 1990er-Jahre), zudem in einem stärkeren Maße als bei ihren deutschen

Kollegen.[107] In den seltenen Phasen von Beschäftigungsaufbau profitieren ausländische Bewerber bei Neueinstellungen kaum oder weniger stark als deutsche Erwerbspersonen, die seit der deutschen Wiedervereinigung häufig auch aus den neuen Bundesländern rekrutiert werden. Gleichwohl – und noch deutlicher als bei den entsprechenden metall- bzw. automobilwirtschaftlichen Darstellungen im Vorkapitel – kann man erkennen, wie die Differenzwerte für Beschäftigungsveränderungen bei deutschen und ausländischen Erwerbspersonen von der Tendenz her abnehmen: Von den starken Schwankungen in der End- und Nachphase der Anwerbemigration während der 1970er-Jahre entwickeln sich beide Beschäftigungslinien aufeinander zu, selbst wenn es sich hauptsächlich um Beschäftigungsabbau handelt.

Doch auf unternehmerische Krisen wie die akuten (Absatz-)Probleme VWs in der ersten Hälfte der 1990er-Jahre reagierte das Unternehmen nicht nur mit Entlassungen. Eine arbeitnehmerorientierte Lösungsmöglichkeit war die Einigung des Betriebes mit der IG Metall, die Beschäftigung VWs mit Einführung einer Viertagewoche für die Arbeitnehmer zu sichern. Gemäß der Vereinbarung verpflichtete sich das Unternehmen, auf betriebsbedingte Kündigungen zu verzichten, wenn die Beschäftigten eine Verringerung ihrer Löhne und Gehälter um 10-20 % hinnehmen, indem die wöchentliche Arbeitszeit auf ca. 29 Stunden gekürzt wird, die bisherigen Monatseinkommen aber durch Verrechnung mit VW-Sondergratifikationen und zukünftigen Tarifangleichungen abgesichert werden (vgl. WSI-Tarifbericht 1993)[108]. Neben der Arbeitszeitverkürzung waren auch gleitende Einstiege für Facharbeiter sowie Vorruhestandsregelungen Teil dieses flexiblen Arbeitszeitmodells, sodass die offensichtliche Beschäftigungsverminderung in der ersten Hälfte der 1990er-Jahre nicht nur aus Entlassungen, sondern auch aus sozialverträglicherer Verrentung von Belegschaftsteilen bestand. Erst im Zuge eines Restrukturierungsprogramms, das als Reaktion auf einen kleineren Absatzeinbruch im Oktober 2006 die Sicherung von Produktivität, Arbeitskosten und Kapazitätsauslastung auf Wettbewerbsniveau gewährleisten sollte, wurde die Viertagewoche wieder abgeschafft. Die Erhöhung der Arbeitszeit auf bis zu 33 Wochenstunden in der Produktion und auf bis zu 34 Wochenstunden in den indirekten Bereichen wurde mit einer Festlegung von Fertigungsumfängen verbunden, die in den kommenden Jahren die Auslastung und Beschäftigung sichern sollten[109].

---

[107] Verschiedene VW-Funktionsträger (vgl. Interviews mit den Betriebsräten Annese und Garippo v. 19. bzw. 22.08.2000) bestätigten, dass die Beschäftigungsrückgänge bei Volkswagen in Wolfsburg u. a. auch Ergebnis einer Abfindungspolitik während der konjunkturellen Krisen der 1970er-Jahre (insbesondere in den Jahren 1974/75) sowie eines unternehmerischen Aufgreifens des Rückkehrförderungsprogramms der Bundesregierung in den Jahren 1983/84 waren, wie sie Motte (1999) schon für die Salzgitter Hüttenwerke AG, einem VW-Zulieferbetrieb, beschreibt. In diesem Zusammenhang warf man einigen ausländischen Arbeitnehmern einen Missbrauch der Rückkehrprämien vor, indem sie zunächst Abfindungen seitens des Unternehmens annahmen, um später wiederum bei VW zu arbeiten. Eine Karikatur in den Wolfsburger Nachrichten soll diese Vermutung aufgenommen und mit dem Untertitel „Vom Kündigungs- zum Einstellungsbüro!“ versehen haben (vgl. Interview mit einer Gruppe italienischer Angestellter im VW-Personalwesen v. 24.08.2000).

[108] Nachzulesen unter https://www.boeckler.de/cps/rde/xchg/hbs/hs.xsl/wsi-tarifarchiv_3267.htm (Abruf am 08.10.2017).

[109] Begünstigt wurde diese Entwicklung durch den Rücktritt des seinerzeitigen Konzern- und Gesamtbetriebsratsvorsitzenden Klaus Volkert aufgrund seiner Verwicklungen in die VW-Korruptionsaffäre am 30.06.2005. Volkert war als Betriebsratsvorsitzender Mitentwickler der Vier-Tage-Woche bei VW und bezeichnete dieses Modell in Reden begeistert als „Wunder von Wolfsburg“ (vgl. seine Rede vor dem IG-Metall-Bezirk Niedersachsen v. 11.09.2003).

Eine weitere Ausformung der Arbeitsmarktflexibilisierung ist die im August 2001 durch VW erfolgte Gründung der „Auto 5000 GmbH". Der Konzern deklarierte dieses Projekt als erfolgreichen Versuch, „den Standort Deutschland als Produktionsstätte zu erhalten und Arbeitsplätze in der Region zu schaffen, statt Produktionsstätten ins Ausland zu verlagern".[110] Am Anfang stand das Projekt „5000 x 5000", bei dem 5.000 neue Arbeitnehmer zu 5.000 DM Brutto-Entgelt eingestellt wurden. Dieses neuartige flexible Beschäftigungsmodell für eine rentable Produktion wurde ebenfalls in enger Abstimmung mit dem Gesamtbetriebsrat und der IG Metall als Versuchsprojekt vereinbart, um Arbeitslose und von der Arbeitslosigkeit bedrohte Personen in der Region Wolfsburg in Beschäftigung zu bringen. Mithilfe von 4.200 direkten Mitarbeitern baute die Gesellschaft, die auf dem VW-Werksgelände in Wolfsburg eine Fabrik unterhielt, seit 2002 den Kompakt-Van Touran sowie ab 2007 den Geländewagen Tiguan. Für die Produktion mit flachen Hierarchien, Teamarbeit, flexiblen Arbeitszeiten und mehr Prozesskompetenz der Beschäftigten ist ein spezielles Tarifmodell entwickelt worden, das die Verantwortung für die vereinbarte Stückzahl und Qualität direkt auf die Mitarbeiter übertragen soll. Die durchschnittliche Arbeitszeit lag bei 35 Stunden pro Woche. Je nach Auslastung der Fabrik konnte die Arbeitszeit auf 42 Stunden pro Woche ausgedehnt werden. Die geleisteten Überstunden wurden dem Mitarbeiter auf einem Zeitkonto gutgeschrieben, das im Regelfall mit Freizeit ausgeglichen wird. Zu der Arbeitszeit von 35 Stunden sah der Tarifvertrag 2,5 Stunden Qualifizierung pro Woche vor, die aber nur zur Hälfte bezahlt wurde. Jedoch berechtigte dieses in die Arbeit integrierte Qualifizierungskonzept nach zwei Jahren zum Erwerb des Zertifikats „Automobilbauer IHK". Im Juni 2006 wurde mit den Vertretern der IG Metall ein Dauertarifvertrag abgeschlossen, der den Ende März 2006 ausgelaufenen ersten Projekttarifvertrag Auto 5000 ersetzte und gleichzeitig eine Lohnerhöhung von drei Prozent für die Beschäftigten der Auto 5000 GmbH bedeutete. Ab 2009 wurden fast alle Mitarbeiter der VW-Tochtergesellschaft von der Volkswagen AG übernommen und das Projekt beendet.[111]

Die Umstände bei der Gründung der Auto 5000 GmbH deuten an, dass das Automobilwerk nicht nur Gründungszelle Wolfsburgs ist, sondern die Stadt seit über achtzig Jahren maßgeblich prägt[112]. In der ca. 125.000 Einwohner zählenden Stadt am östlichen Rand Niedersachsens, Teil des ehemaligen Zonenrandgebiets, ist VW mit seinen ca. 60.000 Beschäftigten der mit Abstand größte Arbeitgeber. Neben den eher protestantisch geprägten einheimischen Einwohnern haben etwa 14 % eine nichtdeutsche Staatsangehörigkeit (ca. 23 % einen Migrationshintergrund) und zumeist auch eine andere Religionszugehörigkeit.[113] Analog zur VW-Beschäftigtenstruktur sind die Italiener mit

---

[110] Diese und nachfolgende Informationen zur Auto 5000 GmbH mit Stand Ende 2007 unter: http://www.volkswagenag.com/vwag/vwcorp/content/de/the_group/production_plants.html und http:// www.auto5000.de (Abrufe am 16.04.2009).

[111] Vgl. https://de.wikipedia.org/wiki/Auto_5000 (Abruf am 08.10.2017).

[112] Symptomatischer Ausdruck der Dominanz von Volkswagen in und auf Wolfsburg ist folgende Begebenheit: In einer *Sympathiekundgebung* für den neuen VW Golf V hat die Stadt Wolfsburg vom 25. August bis 10. Oktober 2003 im Internet, auf dem Briefpapier der Stadt und auf den Ortsschildern alle Besucher mit dem Namen *Golfsburg* begrüßt. Diese Aktion fand ein bundesweites Echo in der Presse, in Rundfunk- und Fernsehnachrichten.

[113] Stand 2016. Vgl. diese und nachfolgende Informationen zu Wolfsburg unter https://www.wolfsburg.de/rathaus/bekanntmachungen/daten-und-fakten/StadtWolfsburg_Statistik _StatistischesJahrbuch2016.pdf (Abruf am 08.10.2017).

knapp 5.500 Bewohnern die größte Migrantengruppe in Wolfsburg, gefolgt von Polen, ehemals jugoslawischen Staatsbürgern, Türken und Tunesiern. Wie auch in anderen Regionen Deutschlands drifteten ebenso in Wolfsburg die Kurven der ausländischen Arbeitskräfte und der ausländischen Wohnbevölkerung seit Beginn der VW-Anwerbepolitik auseinander, d. h., der Anteil der Beschäftigten an der ausländischen Wohnbevölkerung nahm bei allen Migrantengruppen im Zeitverlauf ab (vgl. Münz und Ulrich 1996, S. 17). Die Zahl der ausländischen Bevölkerung wuchs schneller als die Zahl der ausländischen Arbeitskräfte, was mit dem Nachzug ihrer Familien erklärt werden kann. Dies führte zu einer Konsolidierung der italienischen Bevölkerung auch in der zweiten und dritten Einwanderergeneration, deren Mitglieder aufgrund der EU-Unionsbürgerschaftsrechte zwar weniger häufig die deutsche Staatsangehörigkeit annehmen, aber gleichwohl eine transnationale ethnische Gemeinschaft etabliert haben (vgl. Haug 2002, S. 142).

Die Arbeitslosenquote aller Erwerbspersonen der Stadt lag trotz des VW-Werkes im Jahr 2006 mit 9,7 % nur etwa ein Prozent unter dem Landesschnitt Niedersachsens, woran erkennbar wird, dass Wolfsburgs Wirtschaft durch das Volkswagenwerk und seinen vielen Zulieferern in der näheren Region stark auf die Automobilindustrie ausgerichtet ist und wenige Beschäftigungsalternativen außerhalb der Metallbranche anbietet, die die Gesamtbeschäftigung deutlich steigern könnten. Als die Arbeitslosigkeit in Wolfsburg Ende der 1990er-Jahre rapide anstieg, entwickelten die Stadt und VW in Anbetracht des wirtschaftsstrukturellen Kontextes ein Konzept, Wolfsburg von der Monoindustrie wegzubewegen, die bei Krisen im Automobilsektor sehr anfällig ist. Mit der Gründung der Wolfsburg AG[114] im Jahre 1998 sollte die Entwicklung einer nachhaltigen Wirtschafts- und Beschäftigungsperspektive am Standort Wolfsburg vorangetrieben werden. Die Gesellschaft ist eine *Public Private Partnership* der Stadt Wolfsburg und der Volkswagen AG und setzt das Konzept AutoVision um, das VW für die Stadt Wolfsburg im Jahr 1998 zum 60. Stadtgeburtstag erarbeitete. Ein Projektteam von Volkswagen und Stadt entwickelte mit Unterstützung der Unternehmensberatung McKinsey die AutoVision mit dem Ziel, den wirtschaftlichen Strukturwandel aktiv zu begleiten und dabei eine dauerhafte soziale und wirtschaftliche Entwicklungsperspektive für Wolfsburg und die Region zu schaffen. Dazu sollen Wirtschaftsnetzwerke in den Bereichen Mobilität, Freizeit, Tourismus Entertainment, Informationstechnologie und Gesundheitswirtschaft initiiert werden. Im Jahr 2007 beschäftigte die Wolfsburg AG 1.872 Mitarbeiter, davon 1.798 Zeitarbeitnehmer, und erwirtschaftete einen Umsatz von über 70 Millionen Euro. Bis zum Jahr 2012 steigerte das Unternehmen seine Beschäftigtenzahl in der Zeitarbeit auf den Höchststand von 9.576 Personen, der Umsatz erhöhte sich auf mehr als 450 Millionen Euro. Im Jahr 2014 hat die Wolfsburg AG ihr Zeitarbeitsgeschäft in das gemeinsam mit der VW-eigenen AutoVision GmbH betriebene Joint Venture AutoVision Zeitarbeit GmbH & Co. OHG übertragen.[115] Unter Berücksichtigung der auch bundesweit stark abnehmenden Zahl an Arbeitslosen trug dieses Kooperationsprojekt dazu bei,

---

[114] Vgl. https://de.wikipedia.org/wiki/Wolfsburg_AG (Abruf am 08.10.2017).

[115] Vgl. http://www.wolfsburg-ag.com/fileadmin/user_upload/ProfilWolfsburgAG_April2017_02.pdf (Abruf am 08.10.2017).

dass sich die Arbeitslosenquote in Wolfsburg bis Ende 2016 auf unter 5 % verringerte.[116]

Ähnlich der ehemaligen VW-eigenen Auto 5000 GmbH bot die „WOB AG" bzw. die AutoVision Zeitarbeit dem Wolfsburger VW-Werk die Möglichkeit, Absatz- und Produktionsspitzen mit flexibel einsetzbaren Beschäftigten zu bedienen, womit sie zum einen beschäftigungsfördernder Teil der arbeitsmarktlichen Entwicklung in und um Wolfsburg ist. Zum anderen ist sie jedoch auch Ausdruck der allgemeinen Tendenz einer Flexibilisierung des Arbeitsmarktes[117], deren Ergebnisse weniger abgesicherte bzw. vermehrt prekäre Arbeitsverhältnisse in Form von zeitlich befristeten Stellen oder Beschäftigungen mit Niedrigverdiensten sind, insbesondere auch für ausländische Arbeitnehmer. Die Auswirkungen der Finanz- und Wirtschaftskrise mit massiven Entlassungen von Zeitarbeitskräften in den Tochtergesellschaften sowie drastischen Kurzarbeiter-Einsätzen der VW-Stammbelegschaft in den Jahren 2008 und 2009 unterstreichen die beschäftigungspolitischen Vorteile der neuen Beteiligungsformen für Unternehmen.

Als Zwischenfazit lässt sich aus den historischen wie gegenwärtigen Migrationsverläufen der vorwiegend italienischen Einwanderer sowie den Migrationsbedingungen im VW-Werk und in der Stadt Wolfsburg festhalten, dass sowohl „Gastarbeiter- als auch Aufnahmegesellschaft" von einem provisorischen Konzept der „Gastarbeit" ausgegangen sind, welches sich gegenseitig verstärkte (vgl. von Oswald 2002, S. 79). Das Werk verfolgte ein kurzfristig angelegtes Beschäftigungskonzept für Ausländer, die italienischen Einwanderer hatten eine klare Rückkehrorientierung: „Somit ergänzten sich, wenigstens in Wolfsburg, beide Seiten in ihrer mangelnden Integrationsbereitschaft und verstärkten jede auf ihre Weise die Idee vom Provisorium." (ebd.) Dennoch verwirklichte sich diese „idee-geschichtliche" Einstellung nicht für alle ausländischen Arbeitnehmer bei VW. Eine beachtliche Zahl der Arbeitsmigranten kehrte nicht in ihr Heimatland zurück, sondern holte ganz im Gegenteil große Teile ihres sozialen Netzwerkes nach Wolfsburg, sodass dort wie auch in anderen Räumen italienischer Einwanderung nach Deutschland eine transnationale Gemeinschaft italienischer Staatsangehöriger entstand (vgl. Haug 2002: 140), die auch Nachfolgegenerationen italienischstämmiger Beschäftigter im VW-Werk entstehen ließ. Allerdings stießen diese neuen Arbeitnehmergenerationen mit Migrationshintergrund laut von Oswald (2002, S. 79) auf „inoffizielle Aufstiegssperren für die Italiener im Werk", die Ausdruck des kurzfristig angelegten VW-Beschäftigungskonzepts für Ausländer wären, aber von der Autorin in ihrer Funktions- und Wirkungsweise nicht weiter erläutert werden.

Hier greift die Argumentation der vorliegenden Arbeit, die die konstatierten „inoffiziellen Aufstiegssperren" als Ergebnis einer mikropolitischen Außenseiterstellung der Arbeitsmigranten im Betrieb markiert, sodass die italienischen Arbeitnehmer außerhalb der VW-Entscheidungsnetzwerke standen. Inwieweit es den italienischen Beschäftigten im Verlauf ihrer langjährigen Betriebszugehörigkeit bei VW gelang, sich im Wolfsbur-

---

[116] Vgl. https://www.wolfsburg.de/rathaus/bekanntmachungen/daten-und-fakten/StadtWolfsburg_ Statistik_Arbeitsmarktbericht2017.pdf (Abruf am 08.10.2017). Zum Vergleich betrug die Arbeitslosenquote in Niedersachsen im gleichen Jahr 5,7 % (vgl. https://www.statistik.niedersachsen.de/startseite/ themenbereiche/erwerbstaetigkeit_und_arbeitsmarkt/themenbereich-erwerbstaetigkeit-und-arbeitsmarkttabellen-87536.html, Abruf am 08.07.2017).

[117] Vgl. etwa eine Studie des Instituts Arbeit und Qualifikation (IAQ) der Universität Duisburg-Essen (vgl. IAQ-Report 2009-05).

ger Werk als Mitarbeitergruppe zu organisieren und damit ein betriebspolitischer Faktor der Arbeitnehmer- bzw. Unternehmenspolitik zu werden, soll die nachfolgend beschriebene politische Entwicklung im VW-Werk Wolfsburg zeigen, die sich aus der Analyse von Dokumenten, statistischen Daten sowie Interviews mit ehemaligen und gegenwärtigen Betriebsangehörigen nährt, deren ethnografische Umstände zunächst kurz erläutert werden.

4.2.2 Ethnografische Beschreibung der durchgeführten Interviews

Die Untersuchungen bei Volkswagen in Wolfsburg erfolgten in zwei Stufen: In einer ersten, größtenteils betriebsfernen Phase wurde im August 2000 das gesellschaftliche Umfeld der größten Migrantengruppe bei VW in Wolfsburg im italienischen Kulturzentrum, Centro Italiano, untersucht. Auf Vermittlung des VW-Betriebsrates konnten hier Gespräche mit ehemaligen und gegenwärtigen italienischen Betriebsräten und gewerkschaftlichen Funktionsträgern sowie mit einigen Arbeitnehmern geführt werden, deren Auswahl nach der Zufallsmethode erfolgte. Im Dezember 2000 folgten dann die betrieblichen Untersuchungen, bestehend aus teilnehmenden Beobachtungen von Arbeitsabläufen sowie Gesprächen mit Unternehmensvertretern, Mitgliedern der Betriebsratsführung sowie Beschäftigten aus zwei Arbeitssektoren des Lohnbereichs.
Für die Interviews von Arbeitnehmern wurden gemäß der eingangs erstellten Samplestruktur jeweils sechs Beschäftigte (jeweils zwei Deutsche, zwei Italiener und zwei Türken bzw. ein Türke und ein Grieche) aus einem Produktionsbereich (Halle 10, „Sitzefertigung/Polsterei“) und einem Facharbeitsbereich („Forschung und Entwicklung“) ausgewählt. In der Polsterei arbeiteten 965 Beschäftigte im Lohnbereich (Stand: 30.11.2000), nahezu alle unter Leistungs-, d. h. Akkordlohnbedingungen. Die Ausländerquote in diesem Produktionsbereich betrug 10,1 % (Vergleich Gesamtbelegschaft im VW-Stammwerk im Jahr 2000: 5,8 %). Im Gegensatz dazu arbeiten die knapp 3.900 Lohnbeschäftigten in der Forschung und Entwicklung fast ausschließlich im Zeitlohnbereich. In dieser Werksabteilung, in der noch viel mehr Gehaltsarbeitnehmer beschäftigt sind, lag der Anteil ausländischer Arbeitnehmer zum gegebenen Zeitpunkt bei 2,7 %. Durch eine allgemeine Ankündigung der jeweiligen Personalabteilungen fand eine Vorauswahl der Gesprächspartner statt, nach der sich die angesprochenen Arbeitnehmer freiwillig bereit erklären konnten. Die Interviews mit den Probanden wurden in einem 30 Quadratmeter großen Sitzungsraum in der Zentralen Personalverwaltung geführt, bei der Interviewer und Proband weitestgehend ungestört waren. Der Raum hatte zwar eine Glastür, deren Muster eine Durchsicht aber schwer möglich machte, sodass für die Probanden, die mit dem Rücken zur Tür saßen, nur akustische Störungen wahrnehmbar waren. Nach Angaben der interviewten Arbeitnehmer kannten sie in der Zentralen Personalverwaltung kaum jemanden.
Zusammen mit den im Vorfeld geführten Gesprächen im Centro Italiano ergab sich folgende Samplestruktur für die Untersuchungen im betrieblichen und betriebsnahen Feld:

Tabelle 3: Samplestruktur der Interviews im VW-Werk in Wolfsburg

Fälle Kontext	**Probanden mit Migrationshintergrund** (Herkunftsländer: 17 Italien; 3 Türkei; 3 Griechenland)			**Probanden ohne Migrationshintergrund**
Fallgruppen	Alter: < 30	Alter: < 50	Alter: > 50	Alter: > 30
Arbeitnehmer	2	6	4	3
Betriebsräte / JAV	1	2	2	3
Gewerksch. Vertrauensl.	3	2	1	2
Geschäftsleitung				4

JAV = Jugend- und Auszubildendenvertretung, Alter < 30 Jahre

4.2.3 Politische Entwicklung bei VW in Wolfsburg

Zur realistischen Ortung der betriebspolitischen Position der vorwiegend italienischen Arbeitsmigranten bei VW in Wolfsburg ist es zunächst erforderlich, die wichtigsten politischen Mitspieler im dortigen Betrieb zu identifizieren und das politische Spielsystem zu erkennen. Dabei kann unter Rückgriff auf das Wirken von VW in der Region Wolfsburg festgehalten werden, dass die aufgezeigten Beschäftigungsprojekte im Werk oder in der Stadt unter Beteiligung des Unternehmens, seines Betriebsrates, der IG Metall sowie der Stadt Wolfsburg durchgeführt wurden und werden. In Ergänzung zu den eigentumsspezifischen arbeitnehmerfreundlichen Entscheidungsstrukturen bei Volkswagen lässt dies auf die Existenz eines politischen Koordinationsspiels zwischen den genannten Akteuren schließen, das den gemeinsamen Nutzen in den Mittelpunkt politischer Aushandlungsprozesse stellt. Diese Kultur des weitgehend einheitlichen Vorgehens kann somit auch Ausgangslage für die mikropolitischen Entwicklungen im Betrieb selbst sein, bei denen die betrieblichen Akteurgruppen Geschäftsleitung, Betriebsrat und IG Metall innerhalb der betrachteten Zeitperiode[118] in grundsätzlich kooperativen Verhandlungen stehen.

Im Sinne der Fragestellung nach der betrieblichen Integration von Arbeitsmigranten steht die politische Ausdifferenzierung der Belegschaft im Mittelpunkt der Betrachtung. Einen aussagekräftigen Eindruck gewähren hierzu die Ergebnisse der Betriebsratswahlen bei VW in Wolfsburg. Da die in der Bundesrepublik tätigen ausländischen Arbeitnehmer erst mit der ersten Reform des BetrVG im Jahr 1972 ein uneingeschränktes aktives und passives Wahlrecht ausüben konnten, werden die Wahlen im Wolfsburger VW-Werk ab diesem Zeitpunkt nachfolgend dokumentiert:

---

[118] Unter Berücksichtigung der Hauptanwerbeperiode in den 1960er-Jahren umfasst der Untersuchungszeitraum hauptsächlich die Zeit zwischen der ersten Reform des BetrVG 1972 und der Betriebsratswahl im Jahr 2006. Zumeist unberücksichtigt bleiben muss damit die nachfolgend massiver wirkende Veränderung der Eigentümerstruktur gemäß des auf Übernahme drängenden Engagements der Porsche AG, die nachfolgenden Auswirkungen der Finanz- und Wirtschaftskrise, die bundesweite Hochkonjunkturphase in den 2010er-Jahren sowie der Abgas-Skandal in der Automobilindustrie auf Beschäftigung, Arbeitsprozesse und Unternehmensstrategie. Dennoch konnten die Ergebnisse der bis dato letzten Betriebsratswahl im Jahr 2018 dokumentiert werden.

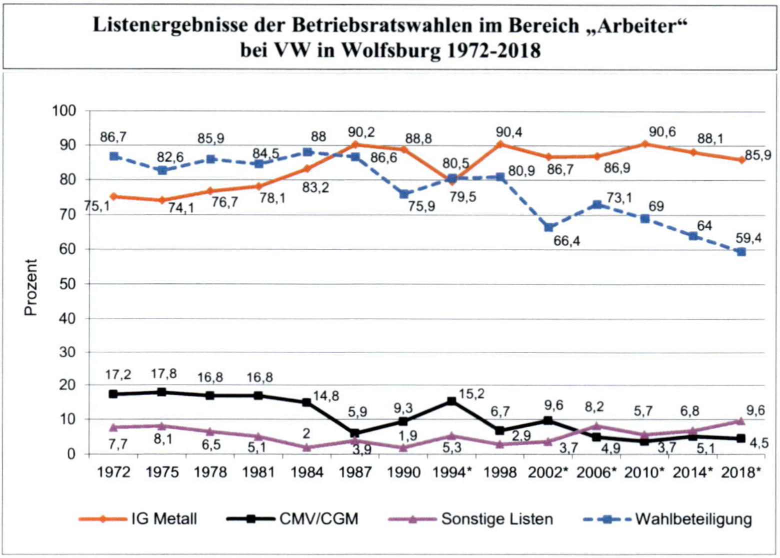

Abbildung 13: Listenergebnisse der Betriebsratswahlen im Bereich „Arbeiter“[119] bei VW in Wolfsburg 1972-2018

*Einheitliche Betriebsratswahlen ohne Unterscheidung „Arbeiter“ / „Angestellte“

Quelle: Gesamtbetriebsrat Volkswagen AG; IG Metall Bundesvorstand[120]

Die Ergebnisse zeigen eine deutliche Dominanz der IG Metall im Betrieb. Bei nahezu jeder Wahl kann sie mindestens drei Viertel aller abgegebenen Stimmen auf ihre Liste vereinigen, sodass sie den Gesamtbetriebsrat bei VW in Wolfsburg beherrscht. Ihre einzig ernsthafte Konkurrenzliste kommt aus dem Lager des Christlichen Metallarbeiterverbandes (CMV), der sich 1991 in Christliche Gewerkschaft Metall (CGM) umbenannte. Erhielt diese Konkurrenzliste bis Mitte der 1980er-Jahre noch zwischen 15 und 20 % aller Wählerstimmen im VW-Stammwerk, was innerbetrieblich eine gravierende Minderheitenposition mit einer merklichen Gruppe an Betriebsräten bedeutete, marginalisierte sich ihr Stimmenanteil zunehmend, sodass er im Jahr 2006 nicht einmal mehr fünf Prozent betrug. So entwickelte sich ab Mitte der 1980er-Jahre die ohnehin schon sehr starke Stellung der IG Metall zu einer Quasi-Alleinvertretungsdominanz in der Belegschaft: Seit 1984 pendelten sich ihre jeweiligen Stimmenanteile bei Betriebsratswahlen im Bereich zwischen 80 und 90 % ein und erreichten ihre datenmäßigen Höhepunkte in Ergebnissen von knapp über 90 % bei den Wahlen 1987, 1998 und 2010. Solch hohe

---

[119] Durch die Reform des BetrVG im Jahr 2001 wird seit den Wahlen 2002 nicht mehr zwischen verschiedenen Personengruppen unterschieden, sodass es seit diesem Zeitraum keine gesonderten Betriebsräte für Arbeiter und Angestellte mehr gibt. Dies ist ein Grund für die im Jahr 2002 rapide gesunkene Wahlbeteiligung, die im Angestelltenbereich traditionell geringer war.

[120] Für die Zahlen der Betriebsratswahlen 2010 und 2014 vgl. http://www.waz-online.de/Wolfsburg/Volkswagen/Betriebsratswahl-bei-Volkswagen-Die-IG-Metall-holt-88-1-Prozent (Abruf am 25.08.2018).

Stimmanteile verweisen zunächst einmal auf eine offenbar breite ökonomische Zufriedenheit in der Belegschaft, die laut Arbeitnehmervertretern[121] ihre Ursache in allgemein akzeptierten Tarifergebnissen findet, die der Betriebsrat und die IG Metall seit den 1980er-Jahren in den Verhandlungen mit der VW-Geschäftsleitung für die Belegschaft erreicht hatten. Durch hohe übertarifliche Löhne und vermehrte Gratifikationen bei guter Betriebskonjunktur hätten die Arbeitnehmer bei VW außerordentlich gut verdient, was zu einer breiten Zufriedenheit in der Belegschaft geführt hätte und das IG Metall-Ergebnis bei den Betriebsratswahlen jenseits der 90 Prozent-Marke hat klettern lassen.

Fernab dieser langfristig guten Unternehmensentwicklung stechen in der Datenbetrachtung seit den 1980er-Jahren jedoch drei Zeitpunkte besonders heraus: 1. Das Jahr 1994 markiert die Einführung der Viertagewoche mit ca. 29 Wochenstunden Arbeitszeit als Reaktion auf die damalige Absatzkrise bei VW. Trotz der Zusicherung der Geschäftsleitung, auf betriebsbedingte Kündigungen zu verzichten, belasteten die durchschnittlichen Lohneinbußen von 15 % sowie der teilweise Wegfall von betrieblichen Spar- und Urlaubsleistungen das Betriebsklima, was den Einbruch der IG Metall-Liste sowie das kurzzeitige Wiedererstarken der CMG erklärt und die seinerzeitige Betriebsratswahl wohl zu einer Protestwahl machte. 2. An der Wahl 2002 sind weniger überraschende Listenergebnisse als vielmehr ein Einbrechen der Wahlbeteiligung zu vermerken. Zum einen schlagen hier die wahlorganisatorischen Änderungen im Zuge der zweiten Reform des BetrVG zu Buche, nach der die Arbeiter die Betriebsratswahlen gemeinsam mit den weniger wahlaktiven Angestellten durchführten, was die Wahlbeteiligung im Vergleich zu den vorhergehenden Wahlen sinken ließ. Zum anderen ist aus den unten noch dokumentierten Interviews mit VW-Mitarbeitern, die vor der Wahl geführt wurden, bei einigen Probanden schon eine Unzufriedenheit über die neuartigen Beschäftigungs- und Lohnbedingungen in der parallel zu VW existierenden Wolfsburg AG herauszufiltern. Auch die flexibilisierten Arbeitsbedingungen in der kurz vor der Wahl gegründeten Auto 5000 GmbH sorgten in Teilen der Belegschaft für eine gedrückte Stimmung der Ohnmacht, die sich mangels kraftvoller Listenalternativen offenbar in Wahlabstinenz äußerte. 3. Der prozentuale IG Metall-Höhepunkt im Jahr 2010 wird erklärbar, weil die DGB-Metallgewerkschaft im Vorfeld dieser Wahl besonders attraktive Tarifergebnisse erzielt hat: Der „Zukunftstarifvertrag“ von 2006 schrieb fest, dass jedes Jahr zehn Prozent des operativen Gewinns der Marke Volkswagen als Erfolgsbonus an die Beschäftigten ausgeschüttet werden soll. So erhielten alle Beschäftigten des VW-Werkes Wolfsburg im Juni 2008 eine Erfolgsbeteiligung in Höhe von 3.700 Euro. In der Tarifrunde 2009 erhielten die Arbeitnehmervertreter von der Geschäftsleitung die Zusicherung, dass jährlich 1.250 Ausbildungsplätze im Stammwerk geschaffen und die Ausgebildeten in ein unbefristetes Arbeitsverhältnis bei der Volkswagen AG übernommen würden (vgl. IG Metall Wolfsburg 2012). Auch in den Folgejahren perpetuierte sich die aufgezeigte Ergebnisentwicklung bei den Betriebsratswahlen, allerdings erreichte die Wahlbeteiligung mit 59,4 % in 2018 einen bemerkenswerten Tiefststand.[122]

---

[121] Die Interpretationen der Wahlergebnisse berücksichtigen Wahlanalysen aus Interviews mit deutschen und ausländischen Betriebsräten bzw. Gewerkschaftsfunktionären, u. a. mit Werner Widuckel, damals VW-Gesamt- und Konzernbetriebsrat, sowie mit dem seinerzeitigen IG Metall-Referenten beim Gesamt- und Konzernbetriebsrat von VW in Wolfsburg, Uwe Oelze, am 15.12.2000.

[122] Vgl. https://www.cgm-wob.de/betriebsratswahl-2018-vw-wolfsburg/ergebnis/ (Abruf am 25.05.2018).

4.2.4 Konsensorientierte Position der italienischen Belegschaft

Darüber hinaus zeigen die Listenergebnisse keine weiteren bemerkenswerten Auffälligkeiten. Insbesondere hinsichtlich der Fragestellung, inwieweit die ausländischen Arbeitnehmer ihre ab 1972 kodifizierten Beteiligungsmöglichkeiten im politischen Betriebsleben internalisierten, geben die Wahlergebnisse keine offensichtlichen Aufschlüsse. Einen Blick hinter die Kulissen der politischen Daten können allerdings Beschreibungen des ersten ausländischen Betriebsrates bei VW eröffnen, der in einem Interview über die Entwicklung der Beschäftigung von Anwerbemigranten und ihre politische Teilhabe im VW-Werk Wolfsburg folgendermaßen berichtete[123]:

> ***Annese:*** *Ja gut, also die hier im Werk wollten nicht wissen, was ich gelernt hatte oder sonstwas. Und ich glaube, der Herr, der das Gespräch mit mir führte, das war der Hauptabteilungsleiter im Personalwesen, das war auch der zuständige Mann, der nachher dieses ganze Geschäft mit Italien abgewickelt hat, dem hat imponiert, nicht wie ich da reingekommen bin und so weiter, meine Pfiffigkeit, sondern auch, dass ich die Sprache schon beherrscht, nicht. Und der hat weiter gedacht, der hat gedacht: ‚Na, so ein Mensch kann man gebrauchen, wenn die Neue, die kommen, kann man den gebrauchen, um ein bisschen zu übersetzen'. Und so geschah es auch, so geschah das auch. Wie die Ersten kamen, kurze Zeit danach, ich habe das erfahren, dass die Italiener kommen, ich habe mich beworben als Dolmetscher, wobei ich muss ganz ehrlich sagen, ich hatte nicht die Qualifikation, als Dolmetscher zu fungieren, nur so bisschen zu helfen und die Leute da einzuweisen und so weiter. Aber so direkt zu übersetzen oder dolmetschen, das war ja nicht, das konnte man nicht von mir verlangen. Ja, und weil ich mich dann so beworben hatte, hat mich VW, nachdem die ersten Gruppen kamen, von der Arbeit freigestellt. Nicht für das Personalwesen, sondern unten im Betrieb, unten vor Ort, die Leute einzuweisen am Arbeitsplatz, ihnen zeigen, was sie für Arbeit zu machen haben, denen erklären, wo die Waschkaue ist, wie man die Stempelkarte zu behandeln hat, unfallverhütungsmäßig. Alles solche Sachen, und dass natürlich auch nur für einen bestimmten Bereich im Werk – das Werk ist groß, konnte nicht von einer Person allein abgedeckt werden. Ich war zuständig damals als Verbindungsmann für Presswerk und Rohbau. [...]*
> *Da kamen an manche Tage 50, 60, 70 bis 100 Leute pro Tag, und genauso viel gingen auch weg: Die Fluktuation war unheimlich hoch!*
> *[...]*

---

[123] Das Gespräch wurde am 19.08.2000 mit dem ehemaligen Betriebsrat Lorenzo Annese im italienischen Kulturzentrum „Centro Italiano" in Wolfsburg geführt und wird hier ausschnittweise dokumentiert. Trotz einiger sprachlicher Glättungen wurde versucht, die Authentizität der entsprechenden Interviewpassagen weitest möglich zu erhalten. Annese kam als italienischer Anwerbemigrant 1958 nach Deutschland und wurde zunächst in der Nähe von Wolfsburg in der Landwirtschaft eingesetzt. Nach mehreren Beschäftigungswechseln bei physisch wie psychisch prekären Arbeitsstellen in verschiedenen Wirtschaftsbranchen gelang es ihm im August 1961, noch vor Beginn der offiziellen VW-Anwerbepolitik, im Wolfsburger Werk des Autobauers eine Arbeitsstelle zu erhalten.

Von 1962 bis 1964 fungierte ich als Verbindungsmann im Betrieb für die Personalabteilung zwischen Produktion und Personalwesen. Nachdem ich schon eine Weile als Betreuer fungierte und mich die Vertrauensleute der IG Metall ein bisschen beobachtet hatten, hat mich der Sprecher der IG Metall-Vertrauensleute zum Vertrauensmann vorgeschlagen, was die Gewerkschaft auch akzeptierte. Kurz darauf haben die mich zu den ersten IG Metall-Lehrgängen angemeldet. 1964 wurde ich dann vom Betriebsrat angeworben. Die hatten inzwischen gesehen, dass ich ein Mann war, den sie gebrauchen konnten, für sich als Verbindungsmann. Die Zahl der ausländischen Kollegen wurde immer mehr – mittlerweile waren fast 4.000 Leute da. Der Betriebsrat hatte in verschiedenen Hallen Büros. Und der Betriebsrat hatte auch Probleme, wenn die Leute kamen und sich nicht verständigen konnten, irgendetwas erklären, am Arbeitsplatz und so weiter. Und die hatten ursprünglich einen aus Frankfurt [aus der IG Metall-Zentrale, der Verf.] kommen lassen. Der gute Mann ist hier nicht zurecht gekommen. Ein sehr sympathischer Mensch, auch fähiger Mann, aber er kam nicht klar. Der ging weg, und da haben sie mich dann angeworben. Sie haben mit der Unternehmensseite verhandelt und haben gesagt, sie wollten mich als Verbindungsmann für den Betriebsrat haben.
Verfasser: *Auch als Vertrauensmann?*
Annese: *Ich war ja schon vorher Vertrauensmann. Das eine hat mit dem anderen nicht unmittelbar zu tun. Das eine ist Gewerkschaft, das andere Betrieb. Als Verbindungsmann für den Betriebsrat sollte ich für den Betriebsrat dolmetschen. [...] Dieses Wort „Verbindungsmann" hatte man bewusst gewählt – damals hatte ich auch keine Ahnung – wegen der Bezahlungsfrage. Wenn die „Dolmetscher" geschrieben hätten, könnte ich später Anspruch erheben: Dolmetscherbezahlung. Deswegen: Verbindungsmann! Für mich war das in Ordnung, ich konnte ja auch keine großen Ansprüche stellen, und für die hat das auch gepasst. Für mich war das Materielle nicht das große Problem. Ich habe das denn so akzeptiert, die Tätigkeit als Verbindungsmann.*
Wie ich dann zum Betriebsrat kam und das erste Gespräch beim BR-Vorsitzenden geführt wurde, haben die mich gefragt, wie ich mir meine Arbeit beim Betriebsrat vorstelle. Entweder es war Glück oder Dummheit – da habe ich einen Volltreffer gehabt, in meiner Aussage: Ich sagte ihnen, ich stelle mir das so vor, dass wenn die Italiener hier neu ankommen, dass ich sie ein bisschen aufkläre über den Betrieb und dass sie auch in die Gewerkschaft aufgenommen werden sollen. Das war das A und O des Gesprächs, das sofort erledigt war.
Verf.: *War das für den Betriebsrat auch neu?*
Annese: *Ja, die hatten sowas noch nicht gemacht, auch mit den Deutschen vorher nicht gemacht! Mit den Deutschen wurde nicht das Gespräch über Gewerkschaft und Aufnahme in die IG Metall gleich bei der Einstellung geführt. Und sofort waren sie einverstanden, und gleich wurde veranlasst, dass schon bei der Einstellung die Ummeldung zum Betriebsrat eingeführt wurde mit anschließender Aufnahme in die Gewerkschaft.*

1964 fing ich dann im Betriebsrat an. Wie die Italiener dann gruppenweise kamen – so, wie ich vorhin sagte: jeden Tag kamen etwa 100, kamen direkt von Italien – habe ich denen immer gruppenweise einen kleinen Vortrag gehalten: über das Werk, über die Zusammensetzung des Betriebsrates, wie das Werk sich so zusammenstellt. Und dann habe ich natürlich auch gesagt, dass hier eine Gewerkschaft Metall existiert und dass es ratsam ist – ohne Zwang –, sich zu organisieren, dass ein Beitrag zu zahlen ist.
***Verf.:** Und wie haben die das aufgenommen?*
***Annese:** Alle waren einverstanden. Und in kürzester Zeit, von 1964 auf 1965, wurde ich schon vom Vorstand der IG Metall zum 8. Gewerkschaftstag nach Bremen*[124] *als Gast eingeladen, weil ich das hier so organisiert hatte. Und da konnten wir ganz stolz verkünden, dass die ausländischen Kollegen bei VW in Wolfsburg zu 95 % bei der IG Metall organisiert waren.*
***Verf.:** Das war für ganz Deutschland neu?*
***Annese:** Das war für ganz Deutschland neu! Mittlerweile war ich schon kurz vor dem Gewerkschaftstag zum Betriebsrat gewählt worden. Für die Betriebsratswahlen im Frühjahr 1965 wurde ich vorher aufgestellt, mittlerweile hatte ich eine Gruppe italienischer Vertrauensleute schon reingezogen, und die hatten mich dann vorgeschlagen als Kandidaten für die Betriebsratswahl. Ich wurde auf die Liste der IG Metall gesetzt, wurde auch auf einen sicheren Platz gesetzt. Also der Wille der IG Metall war da, das muss man eindeutig sagen: Und nicht nur der Wille zur Integration in die Organisation, sondern auch der Wille der Integration der ausländischen Kollegen in den Betrieb. Deswegen gab es nicht diese Ghettoformation im Betrieb. Wenn die IG Metall nicht gewollt hätte, wäre das auch nicht passiert. Also, der politische Wille war von VW, vom Betriebsrat und von der IG Metall da, dass dieser Prozess so abläuft.*
[...]
Damals gab es die Möglichkeit vom BetrVG her noch nicht, dass man sowas macht. Aber hier wurde das möglich durch das Gespräch zwischen VW, Betriebsrat und IG Metall, die die Notwendigkeit sahen, diesen ersten Schritt zu tun, ohne eine gesetzliche Grundlage.
[...]
So, ich wurde dann 1965 in den Betriebsrat gewählt. Mittlerweile die Zahl der ausländischen Kollegen stieg und stieg, war fast auf 10.000 gestiegen. Ich suchte mir dann einen aus meinen Vertrauensleuten, der für die neu ankommenden Italiener als Verbindungsmann fungierte, da ich mich voll auf meine Betriebsratstätigkeit konzentrieren musste. Natürlich war das andere auch voll unter meiner Regie. Ich hatte mittlerweile eine große Gruppe von Vertrauensleuten mit aufgebaut, zum Schluss waren es über 200 ausländische Vertrauensleute.

[124] Der 8. Gewerkschaftstag der IG Metall fand vom 06.-11.09.1965 in Bremen statt.

Die Aussagen beschreiben die exemplarische Einbindung der Arbeitsmigranten in die betriebsorganisatorischen Abläufe, was die beginnende Integration in Routinen des Mitbestimmungssystems von Betriebsrat und Gewerkschaft mit einschloss. Hierbei übernahmen sprachgewandte Pioniere der VW-Anwerbemigration eine Scharnierfunktion im arbeitsbezogenen Betreuungsverhältnis zwischen Betrieb bzw. Arbeitnehmervertretungen und Anwerbemigranten. Dabei ist bemerkenswert, dass die massenhafte Beschäftigung ausländischer Arbeitnehmer offenbar zu einer (stärkeren) Verflechtung zwischen Unternehmen und Gewerkschaft führte[125], die in der Folge (1) eine starke Bindung zwischen Arbeitsmigranten und Betriebsrat bzw. Gewerkschaft inklusive eines hohen gewerkschaftlichen Organisationsgrads seitens der ausländischen Arbeitnehmer auslöste. Daraus ergab sich (2) eine automatisierte Koppelung von Betriebs- und Gewerkschaftszugehörigkeit, die nachfolgend auch Neueinstellungen deutscher Arbeitnehmer gewerkschaftlich nutzbar machte und somit ebenso den gewerkschaftlichen Organisationsgrad in der Gesamtbelegschaft wesentlich erhöhte[126].

Die Gesprächssequenz macht zudem deutlich, dass die beginnende massenhafte Einstellung italienischer Arbeitnehmer einen Betreuungsmechanismus gegenüber den neuen VW-Beschäftigten in Gang setzte, der eine Organisationsfähigkeit der Arbeitsmigranten einschloss und zusehends eine Eigendynamik gewann: Die Beschäftigung der vorwiegend italienischen Arbeiter, die der deutschen Sprache zumeist nicht mächtig waren, machte den Aufbau eines Betreuungsapparates notwendig, der aus Verständigungsgründen aus Deutsch sprechenden italienischen Arbeitnehmern bestand. Mit der weiteren Zunahme italienischer Beschäftigung im Werk entwickelte sich um die Koordinatoren der Betreuung ein Stab ausländischer Funktionäre, deren Aufgabe in der Einweisung neuer Arbeitsmigranten bestand. An den weiteren Ausführungen ist erkennbar, dass das rapide Ansteigen der Zahl von Anwerbemigranten auch bei weiteren betrieblichen Organen einen Bedarf an ausländischen Ansprechpersonen weckte, der ebenso wie in der betrieblichen Personalverwaltung eine Eigendynamik entwickelte. Auch die betrieblichen Mitbestimmungsorgane benötigten nunmehr einen Betreuungskörper für die betriebsrätliche und gewerkschaftliche Anbindung der ausländischen Kollegen. Eine nachfolgend automatisierte Organisationseinbindung der Arbeitsmigranten in das Unterneh-

[125] Gegenüber dem Betriebsrätegesetz von 1920 waren die gewählten Arbeitnehmervertreter im 1952 beschlossenen BetrVG vorrangig dem Betrieb und nicht mehr der Gewerkschaft verpflichtet. Aus diesem Grunde wurde in den größeren Betrieben und Unternehmen eine eigene gewerkschaftliche Struktur mit so genannten Vertrauensleuten eingerichtet, die seitdem die betriebliche Mitbestimmung fundiert. Vgl. dazu auch ein entsprechendes Interview mit dem früheren DGB-Sekretär Karl-Heinz Goebels v. 05.09.2000. Zur speziellen Bindung der Anwerbemigranten zu den Gewerkschaften vgl. die entsprechenden Ausführungen im vorhergehenden Kapitel.

[126] Schon seit Beginn der Anwerbeperiode wurden bei VW in Wolfsburg vereinzelt italienische Arbeitnehmer von Vertrauensleuten angesprochen, Gewerkschaftsmitglieder zu werden (vgl. ein Interview mit dem ehemaligen italienischen Betriebsrat Pietro Genzo v. 23.08.2001). Doch die systematische und in Kombination mit der Betriebseinstellung nahezu automatisierte Mitgliederrekrutierung für die IG Metall wurde durch den VW-Betriebsrat erst seit 1964 praktiziert. Kehrseite dieser automatischen Koppelung von Betriebs- und Gewerkschaftszugehörigkeit ist der drohende Arbeitsplatzverlust bei fortgesetzter Weigerung, in die IG Metall einzutreten: In mehreren vorliegenden Interviews mit Arbeitnehmern und gewerkschaftlichen Vertrauensleuten wurde ausgeführt, dass widerwillige Beschäftigte massiv unter Druck gesetzt werden, in die Gewerkschaft einzutreten, und bei standhafter Weigerung betriebliche Degradierungen oder gar Entlassungen in der Vergangenheit ausgesprochen wurden.

men musste in Kombination mit akuten Konfliktlösungen[127] geradezu präjudizierende Wirkungen auf ihre formale Teilhabemöglichkeit in Form einer offiziellen Kandidatur für den Betriebsrat haben, der dann folgerichtig Unternehmensführung, Betriebsrat und Gewerkschaft schon vor der Reform des BetrVG von 1972 zustimmten. Diese Eigendynamik umfasste zwei Funktionsbereiche innerhalb des Betriebes: (1) die offizielle, betriebsorganisatorische Funktion einer ersten Einweisung neuer Arbeitsmigranten und (2) eine inoffizielle, communitybezogene Funktion, die im Aufbau und in der Absicherung einer eigenen Organisationsfähigkeit seitens der ausländischen Belegschaftsangehörigen bestand. Ob der vom Betriebsrat Annese verwandte Ausdruck eines „politischen Willens" von Unternehmen und Mitarbeitervertretungen allerdings schon eine Integration der Arbeitsmigranten in die mikropolitischen Aushandlungsprozesse des Betriebes meint, darf für die Zeit der Anwerbung ausländischer Arbeitnehmer bezweifelt werden – womöglich indirekt, indem Form und Ausmaß des betrieblichen Wirkens der italienischen Multiplikatoren in diesen Jahren noch immer ausschließlich vom Willen der bis dahin wirkenden betrieblichen Akteure abhingen. So handelt es sich in den Anfangsjahren der Anwerbung wohl eher um eine betriebsorganisatorische, jedoch nicht um eine betriebspolitische Integration der ausländischen Arbeitnehmer.

Nichtsdestotrotz wurde damit eine integrative Entwicklung initiiert, die von der Aktivität der Arbeitsmigranten geprägt ist und ihre Wurzel auch in den Umständen des frühen Umgangs mit ihnen durch die VW-Verantwortlichen hat. Denn während des zu Beginn des Kapitels geschilderten Aufstandes im Migrantenwohnheim „Berliner Brücke" im November 1962 entwickelten einige Aufständige den Plan, eine eigene italienische Gewerkschaft zu gründen, da sie mit der Ausländerpolitik der IG Metall bzw. des von ihr gestellten Betriebsrates unzufrieden waren[128]. Doch obwohl das aufständische und damit nicht-kooperative Verhalten der italienischen Arbeiter zunächst gewinnbringende Ergebnisse zeitigte, weil die VW-Führung infolge der Unruhen eine Verbesserung der Zustände im Wohnheim zusagte und dies nachfolgend auch tat, scheiterte der Versuch des Aufbaus einer eigenständigen Position seitens der Arbeitsmigranten. Denn auch Unternehmens- und Betriebsratsführung reagierten in Teilen nicht-kooperativ und sogar repressiv, indem sie die politischen Anführer und ihre politischen (Gewerkschafts-)Pläne nach Streikende als kommunistisch brandmarkten und die „Rädelsführer" zudem noch aus dem Unternehmen entfernten und aus Deutschland ausweisen ließen.

Insofern können die anschließenden Reaktionen von Betriebsrat und IG Metall auf der einen sowie der italienischen Beschäftigten auf der anderen Seite als Strategieänderung im Sinne des spieltheoretischen Koordinations- und Anreizmodells gewertet werden: Ein weiterhin nicht-kooperatives Verhalten der Arbeitsmigranten, z. B. in Form einer eigenständigen italienischen Gewerkschaft, hatte aufgrund der machtpolitischen und auch betriebsrechtlichen Bedingungen im Unternehmen kaum Aussicht auf Spielgewinne. Aber da sich Unternehmensleitung, Betriebsrat und die örtliche IG Metall offenbar auch in einem Lernprozess in Bezug auf den adäquaten Umgang mit den ausländischen Belegschaftsangehörigen befanden und nach den Unruhen sich die Wohnbedingungen

[127] Hierzu zählte insbesondere die Lösung des schon angesprochenen Wohnheim-Aufstandes im November 1962, dessen besondere Bedeutung weiter unten noch detaillierter dargestellt wird.

[128] Entsprechende Informationen aus einem Gespräch mit einer Gruppe italienischer Angestellter des VW-Personalwesens am 24.08.2000.

für die Arbeitsmigranten zusehends verbesserten, strebten sowohl die Vertreter der tradiert-einheimischen Strukturen als auch die Sprecher der ausländischen Mitarbeiter ein für alle beteiligten Akteurgruppen gewinnbringendes Kooperationsverhalten an: Statt autonomer unabhängiger Strukturen erhielt die italienische Belegschaft die Gelegenheit, sich in die gegebene Betriebs- und Gewerkschaftsstruktur einzubringen und dort Ämter und Funktionen zu besetzen. Dies war ein entscheidender Grund für den Aufbau einer eigenständigen italienischen Vertrauensleute-Struktur und der nachfolgenden Wahl Anneses zum Betriebsrat unter Zustimmung von Unternehmen und Gewerkschaft im Frühjahr 1965[129]. Auf der anderen Seite ordneten sich die Arbeitsmigranten den tradierten Hierarchie- und Entscheidungsstrukturen des Unternehmens unter. In diesem Sinne war das Kernziel der modifizierten, ausländerinkludierenden Mitbestimmungsstruktur bei Volkswagen, für eine Befriedung und Kanalisierung der Begehrlichkeiten italienischer Belegschaftsangehöriger unter der Prämisse einer betreuenden Interessenvertretungsfunktion zu sorgen.

So führte diese paternalistische Betriebspolitik gegenüber den Anwerbemigranten mit einem eindeutig betreuenden statt gleichberechtigt partizipierenden Charakter gleichwohl zu einer sich beginnenden Selbstorganisation der Arbeitsmigranten und beförderte ihr betriebspolitisches Selbstbewusstsein und Engagement, wie folgende Gesprächspassage zeigt:

> ***Verfasser:*** *Als Sie 1962 hier bei VW anfingen, haben Sie von vornherein bei Betriebsratswahlen mitwählen dürfen?*
> ***Annese:*** *Ich habe gleich gewählt. Die Betriebsratswahlen waren erst alle zwei, dann alle drei, und zum Schluss alle vier Jahre. Ich habe gleich 1962 angefangen, und ein Jahr später waren für mich die ersten Betriebsratswahlen.*
> ***Verf.:*** *Haben sich die ausländischen Arbeitnehmer dafür interessiert, als sie hier neu waren?*
> ***Annese:*** *Doch, nachdem die ausländischen Arbeitnehmer kamen und dann auch gewerkschaftlich-politisch aufgeklärt wurden durch mich und durch die Vertrauensleute, waren sie die stärkste Gruppe, die sich für Betriebspolitik interessierten und beteiligten.*
> ***Verf.:*** *Also, sie waren interessierter als die Deutschen?*
> ***Annese:*** *Interessierter und engagierter als die Deutschen. Wenn Sie einige Demonstrationen in Dokumentationen verfolgen, z. B. von örtlichen oder bundesweiten IG Metall-Dokumentationen, dann werden Sie sehen, dass in den ersten Reihen ausländische Kollegen sind. Das ist auch bedingt durch die politische Entwicklung in Italien. Das Bewusstsein der Italiener in diesem Sektor ist schon zuhause geweckt worden.*
> ***Verf.:*** *Sich politisch zu engagieren?*
> ***Annese:*** *Ja. Auch durch die Nöte: Der Deutsche wurde nachher ein bisschen bequemer, und heute ist er ganz bequem geworden (lacht), schlimmer wie ein Ami!*

---

[129] Entsprechende Informationen aus einem Gespräch mit einer Gruppe italienischer Angestellter des VW-Personalwesens am 24.08.2000 sowie gemäß einem Interview mit dem italienischen Anwerbemigrant der ersten Stunde und späteren IG Metall-Gewerkschaftssekretär Rocco Artale v. 21.08.2000.

Verf.: *Das heißt, zu Betriebsratswahlen gehen die Leute freiwillig gar nicht mehr hin?*
Annese: *Da muss man schon ein paar Tricks anwenden, um sie ein bisschen zu bewegen. Ist schade, ist schade, ist aber so!*
Verf.: *Aber bei den ausländischen Arbeitnehmern, da war immer ein Eigeninteresse (Annese: Ja!). Galt das nur für die Italiener oder auch für die zweitgrößte Anwerbegruppe bei VW, die Tunesier?*
Annese: *Die Tunesier genauso! Die Tunesier, die wurden zu Beginn ein bisschen runter und zurückgehalten. Die waren sowieso von Haus aus etwas schüchtern, durch die französische Kolonie, so ein bisschen. Als die hierher kamen, mussten sie auch noch kuschen. Da waren auch einige Kräfte, ob ihr Konsulat oder ihre Botschaft, die ihnen immer ‚Zurückhaltung' eingetrichtert hatten. Und auch die Leute, die sie hier vor Ort hatten. Aber nachdem sie später selbst gemerkt hatten oder auch von uns aufgeklärt wurden oder auch eine Truppe von Vertrauensleuten – denn wir hatten auch für die Tunesier einen eigenen Vertrauenskörper aufgebaut – dann waren sie genauso resolut wie wir auch.*
Verf.: *Also: Gewerkschaft (Annese: Ja!), Betriebsratswahlen (Annese: Ja!), Betriebsräte (Annese: Ja!) – es sind also auch tunesische Betriebsräte gewählt worden?*
Annese: *Ja, nein, nein: Tunesische Betriebsräte waren noch nicht. Die waren auf der Liste mit aufgestellt, fast auf sichere Plätze, aber zum Betriebsrat wurde keiner gewählt.*
Verf.: *Damals oder bis heute nicht?*
Annese: *Bis heute nicht. Jetzt ist ja das Problem, dass die Zahl der Betriebsräte stark zurück gegangen ist. Das ist ganz einfach durch die gesunkenen Beschäftigtenzahlen zu erklären. [...] Von 65.000, wo ich vor sieben Jahre ausgeschieden bin, bis heute auf 42.000 gesunken. Dementsprechend geht auch die Zahl der Betriebsräte zurück. Von daher ist auch die Chance für einige Personengruppen niedriger. Aber heute spielt im Vergleich zur Anfangsphase die Nationalität fast gar keine große Rolle mehr. Wenn Sie heute in den Betriebsrat gucken, gibt es allein drei italienische Betriebsratsmitglieder bei einer ganz geringen Zahl ausländischer Beschäftigter. Heute gibt es auch kein Betriebsratsmitglied mehr, der nur für ausländische Kollegen zuständig ist. Der ausländische Betriebsrat, im Sinne wie damals, gibt es heute nicht mehr.*
Verf.: *Der ist genauso wie die deutschen Betriebsräte für viele Belange zuständig?*
Annese: *Der hat jetzt seinen Bereich – warum? Weil, der neue ausländische Betriebsrat von der zweiten oder dritten Generation ist eigentlich Deutscher. [...] Es sind jetzt bald fünf italienische Betriebsräte. Das sind alles Leute, die hier aufgewachsen sind, die auch den Beruf bei VW gelernt haben: Das sind ja fast gar keine Italiener mehr – nur vom Pass und vom Namen her!*
Verf.: *Können Sie sagen, wann sich die Aufgabenzuweisung geändert hat?*
Annese: *Vor etwa acht, neun Jahren.*
Verf.: *Vorher waren die ausländischen Betriebsräte nur für die ausländischen Arbeitnehmer zuständig?*

> ***Annese:*** *Bis ich ausgeschieden bin: Ich war der Erste und der Letzte, der diese Privilegien hatte. Ich war bis zu einem gewissen Grad zwar auch für deutsche Kollegen zuständig, aber nicht so stark wie jetzt. Jetzt bist Du meinetwegen für die Lackiererei zuständig, die Vertrauensleute aus diesem Bereich schlagen Dich vor als Betriebsratsmitglied, und wenn die Wahl gewonnen wird, dann bist Du dran.*

Hierbei wird deutlich, dass die kontinuierliche Ausländerbeschäftigung zu einer Diversifizierung der Mitarbeitervertretung bei Volkswagen führte: Die Arbeitsmigranten gehörten durch ihre zunehmend automatisierte Einbeziehung in das betriebliche und gewerkschaftliche Betreuungssystem zum aktiven Teil der Werksbelegschaft, der sich zudem – wie auch die Ausführungen im Vorkapitel zeigen – betriebspolitisch äußerst gut mobilisieren ließ. Trotz dieser Inklusion gab es ein nationales Gefälle innerhalb der Mitarbeitervertretung: Vollständig selbstverantwortliche Betriebsräte waren weiterhin Vertreter der Mehrheitsgruppe in der Belegschaft, somit Deutsche. Unterhalb dieser Entscheidungsebene entwickelten sich nationale Subebenen der Mitarbeitervertretung, auf denen größere Nationalitätengruppen innerhalb der Belegschaft gewerkschaftlich betreut wurden. Bei Volkswagen in Wolfsburg erhielten somit die zahlenmäßig großen Gruppen der Italiener und, in einer weniger ausdifferenzierten Form, auch der Tunesier eigene Vertrauenskörper, die neben bzw. hierarchisch unterhalb der „regulären" Vertrauenskörper der einzelnen Produktionshallen existierten[130]. Die größte Minderheitsgruppe der Italiener hatte zudem die Aufgabe, alle weiteren Nationalitäten im Bereich der Produktion mit zu betreuen[131].

Auf der Ebene des Betriebsrates umfasste die Diversifizierung jedoch nur die Unterscheidung in der Betreuung einheimischer und ausländischer Arbeitnehmer. Die größte Ausländergruppe, nämlich die der Italiener, sollte einen Betriebsrat stellen, der dann Verbindungsmann zu allen ausländischen Arbeitern für den Betriebsrat war und keine vollständige Mitbestimmungsverantwortung gemäß BetrVG ausübte. Die entsprechenden Entscheidungen trafen ausschließlich die deutschen Betriebsräte, sodass man in diesem Zusammenhang von einer betriebsroutinierten Ungleichheit zwischen deutschen und ausländischen Betriebsräten bei VW sprechen kann[132]. Auf gewerkschaftlicher Ebene galt dies ebenso für die Doppelstruktur des betrieblichen Vertrauenskörpers. Und so ist es innerhalb dieses Zweiebenen-Vertretungssystems symptomatisch, dass der interviewte erste italienische Betriebsrat bei VW seine verminderten Betriebsratsrechte als „Privileg" ansieht – offenbar, weil er eben keine betriebsrechtliche Verantwortung übernehmen musste, der man nur mit einem hohen Maß an inhaltlicher und (fach-)sprachlicher Kompetenz gerecht werden kann. Diese bei VW praktizierte Dop-

---

[130] Im Gegensatz zur ganzheitlichen Vertrauenskörperstruktur, wo ein Vertrauensmann für eine Gruppe von etwa 20-30 Beschäftigte einer Abteilung zuständig ist, war ein ausländischer Vertrauensmann für alle ausländischen Beschäftigten einer Werkshalle zuständig, was einer arbeitsintensiveren Betreuungsquote von z. T. dreistelligen Beschäftigtengruppen entsprach.

[131] Die Vertretungsfunktion der Italiener für alle ausländischen Belegschaftsmitglieder führte jedoch auch zu einer einseitig personellen Besetzung von Vertreterpositionen: Nicht-italienische Bewerber hatten keine Chance sich in den italienisch dominierten Wahlversammlungen als Betriebsratskandidaten durchzusetzen. Vgl. dazu ein Interview mit dem griechisch-stämmigen gewerkschaftlichen Vertrauensmann Alois Paul v. 22.08.2000.

[132] So auch Aussagen im Interview mit dem italienischen Betriebsrat Gerardo Scarpino v. 23.08.2000.

pelstruktur entsprach dem Empfinden der ausländischen Arbeiter, die ihre betrieblichen, aber auch sprachlichen und kulturellen Probleme als Ausländer in einem fremden Land und fremder Unternehmenskultur mit ihresgleichen verständlich besprechen konnten[133]. In diesen Anfangsjahren der Arbeitsmigration war die emotionale Komponente der Betriebszugehörigkeit wichtiger als die Möglichkeit gleichberechtigter Teilhabe im Vergleich zu den deutschen Kollegen.

Darüber hinaus weisen die Aussagen des italienischen Mitarbeiterfunktionärs zusammen mit den dokumentierten Listenergebnissen der Betriebsratswahlen auf die spezifische Ausformung der bei Volkswagen in Wolfsburg geprägten Koordinierungspolitik hin, das man hinsichtlich der Integration der Arbeitsmigranten als „einheitsgewerkschaftlich-konsensuales Partizipationsmodell" bezeichnen kann: Traditionell hatte die im einheitsgewerkschaftlichen Verbund des DGB agierende IG Metall bei Volkswagen eine strukturelle Mehrheit in der Belegschaft und im Betriebsrat. Wie in den Listenergebnissen dokumentiert, gab es zu ihr insbesondere seit den 1980er-Jahren keine ernsthafte Konkurrenz mehr, was die Mitgliedschaft in zur Mehrheitsgewerkschaft in Opposition stehenden Listen für Arbeitsmigranten wenig attraktiv machte. Die im Interview beschriebene Zusammenarbeit von IG Metall und Migrantensprechern legt folgerichtig eine konsensorientierte Zusammenarbeit nahe, die sich auch in den inoffiziellen Vereinbarungen zur Festlegung der Gewerkschaftsliste zwischen Gewerkschaftsführung und Sprechern der Italiener im Betrieb ausdrückt. Durch die Doppelstruktur innerhalb der diversifizierten Mitarbeitervertretung bei VW hatten die italienischen Arbeitnehmer eine passende Organisationsstruktur, um politische Forderungen in der eigenen Nationengruppe zu entwickeln bzw. vorzustrukturieren und sie in den Verhandlungen mit den Betriebsrats- und Gewerkschaftsführern spätestens auf der wahlvorbereitenden Vertrauensleutekonferenz zu artikulieren. Innerhalb dieser Verhandlungen wurden Proporzplätze für italienische Kandidaten auf der Gewerkschaftsliste vereinbart, die eine sichere Wahl bei den nachfolgenden Betriebsratswahlen wahrscheinlich machten. Die nachfolgende Abbildung zeigt den prozentualen Anteil der jeweilig im Betriebsrat vertretenen Arbeitsmigranten in Relation zum Ausländeranteil in der Gesamtbelegschaft:

[133] Vgl. Aussagen im Interview mit dem italienischen Anwerbemigranten und gewerkschaftlichen Vertrauensmann Agatino Pesce v. 22.08.2000.

Repräsentanz von Ausländern („Arbeiter“)* in der Belegschaft und im Betriebsrat bei VW in Wolfsburg 1972-2018

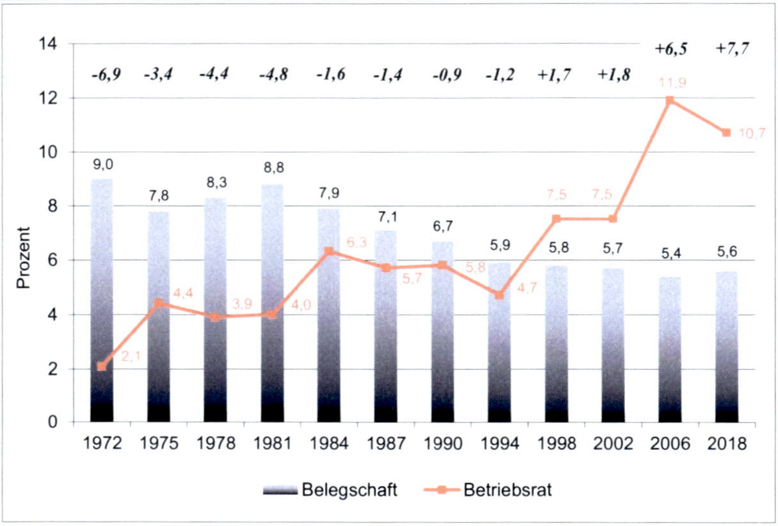

Abbildung 14: Repräsentanz von Ausländern[134] („Arbeiter“)* in der Belegschaft und im Betriebsrat bei VW in Wolfsburg 1972-2018[135] **(Differenzwerte kursiv)**

* Hierunter fallen Personen beiderlei Geschlechts. Durch die Reform des BetrVG im Jahr 2001 wird seit den Wahlen 2002 nicht mehr zwischen „Arbeitern“ und „Angestellten“ unterschieden.

Quelle: Gesamtbetriebsrat Volkswagen AG

Hinsichtlich des Ausländeranteils im Wolfsburger VW-Betriebsrat lässt sich ein sukzessiver Anstieg beobachten, der etwa im Zehnjahresrhythmus eine höhere Niveaustufe bei der quantitativen Vertretung der ausländischen Arbeitnehmer im Betriebsrat erreicht und nach der zuletzt dargestellten Betriebsratswahl 2006 gravierende Züge annimmt. Dies ist umso bemerkenswerter, da die aufgezeigte Datenrelation nicht nur einen durchschnittlich ansteigenden Betriebsratsanteil von ausländischen Beschäftigten zeigt, son-

---

[134] Sowohl in den betrieblichen als auch in den gewerkschaftlichen Statistiken zur politischen Partizipation von Arbeitsmigranten und ihren Nachfahren wird zumeist zwischen Ausländern und Deutschen unterschieden. Im Sinne des hier verwendeten Forschungsansatzes steht die Gruppe der Arbeitnehmerinnen und Arbeitnehmer mit Migrationshintergrund im Mittelpunkt der Betrachtung, worunter insbesondere Anwerbemigranten sowie ihre Nachfahren fallen. Bei den nachfolgenden Migrantengenerationen fallen darunter häufig auch Beschäftigte mit inzwischen deutscher Staatsangehörigkeit. Letztgenannte Personengruppe findet sich in den gewerkschaftlichen und betrieblichen Statistiken nur dann in der Personengruppe der „Deutschen“, wenn sie explizit einen Staatsangehörigkeitswechsel angegeben haben, was die wenigsten Betroffenen tun. Aus diesem Grund gibt die statistische Gruppe der „Ausländer“ in den Abbildungen dieser Untersuchung zumeist noch einen authentischen Blick auch auf die größere Gruppe der Beschäftigten mit Migrationshintergrund. Im Zweifelsfall konnten statistische Absicherungen mithilfe der in den Betrieben geführten Interviews geleistet werden.

[135] Die Daten für die Betriebsratswahlen von 2010 und 2014 konnten nicht bereitgestellt werden. Zu den Zahlen gemäß der Betriebsratswahlen 2018 vgl. https://www.igmetall-wob.de/betriebe/vw/vw-betriebsrat/ (Abruf am 25.08.2018) sowie IG Metall Bundesvorstand.

dern dies zudem innerhalb der gegenläufigen Tendenz von fallenden Ausländeranteilen in der Belegschaft stattfindet. Somit ist bei der Einschätzung ihrer politischen Partizipation im betrieblichen Mitbestimmungsgremium nicht nur die entsprechende Anteilskurve für den Betriebsrat, sondern auch ihr jeweiliger Abstand zu den Belegschaftswerten zu berücksichtigen: Die anfängliche Unterrepräsentanz der Arbeitsmigranten im Betriebsrat (Abstand der Werte im Jahr 1972: minus 6,9 Prozentpunkte) entwickelt sich im Laufe der Zeit in eine heutige Überrepräsentanz in etwa der gleichen Höhe (Abstand der Werte im Jahr 2006: plus 6,5 Prozentpunkte). Abhängige Variablen für den Betriebsrat-Wert sind sowohl die Anzahl der ausländischen Betriebsräte als auch die Gesamtzahl der Betriebsratsmandate. Letztere nahmen in Abhängigkeit zu den Beschäftigtenzahlen seit der ersten Reform des BetrVG 1972 kontinuierlich ab. Demgegenüber nahm die Zahl der ausländischen Betriebsräte seit 1972 tendenziell zu: Wurde nach anfänglicher Vakanz der erste Migrant im Jahr 1965 in den Betriebsrat gewählt, kam bei der Wahl zehn Jahre später ein weiterer Arbeitsmigrant als Betriebsrat hinzu. Nach einer weiteren Dekade gab es zwischenzeitlich drei italienische Mandatsträger, deren Zahl sich im Laufe der 1990er-Jahre durchsetzen konnte. Bis zur zweiten Reform des BetrVG im Jahr 2001 bedeutet dies in der Gesamtbetrachtung, dass bei durchschnittlich abnehmender Gesamtzahl der Betriebsratsmandate im VW-Werk Wolfsburg und zunehmender oder zumindest gleichbleibender Anzahl an Betriebsräten mit Migrationshintergrund die rechnerische Repräsentanz der Arbeitsmigranten in der politischen Vertretung zunehmen musste. Durch die jüngste Reform des BetrVG 2001 erfolgte dann eine erhebliche Aufstockung der Gesamtzahl der Betriebsratsmandate. Mit dieser automatischen Erhöhung der Gesamtmandatszahl ging bei der Betriebsratswahl 2002 ein Anstieg der gewählten ausländischen Betriebsräte auf fünf Personen einher, sodass der Prozentwert für die Repräsentanz von Arbeitsmigranten bzw. ihrer Nachkommen im Betriebsrat auf hohem Niveau gleich blieb. Bei der Betriebsratswahl 2006 stieg der entsprechende Wert dann noch einmal erheblich an, da bei gleichbleibender Gesamtmandatszahl sogar acht Betriebsratsmandate an Beschäftigte mit Migrationshintergrund gingen. Auch bei den Repräsentanzwerten in Belegschaft und Betriebsrat hat sich die dokumentierte Entwicklung in den Folgejahren auf diesem Niveau fortgesetzt, wie die Ergebnisse der Betriebsratswahlen 2018 zeigen.

4.2.5 Politische Konflikte als produktive Partizipationsgewinne

In Anbetracht der Mandatsentwicklung bei Betriebsratswahlen im VW-Stammwerk Wolfsburg im Laufe der letzten vierzig Jahre ist es beachtlich, dass die seinerzeit angeworbenen Arbeitsmigranten, ihre Nachkommen der zweiten und dritten Generation sowie alle weiteren ausländischen Arbeitnehmer sich und ihre Interessen im Betriebsrat sukzessive nicht nur immer besser vertreten fühlen können, sondern seit Ende der 1990er-Jahre in der Mitarbeitervertretung sogar stark überrepräsentiert sind. Die Entstehung erster ausländischer Vertretungsstrukturen in Gewerkschaft und Betriebsrat u. a. im Zuge des Aufstandes im Ausländerwohnheim „Berliner Brücke“ zeigt, dass solche politischen Emanzipationsakte zum einen häufig Ergebnis von Interessenkonflikten und Auseinandersetzungen sind. Zum anderen ergibt sich aus Interviews mit beteiligten Betriebsräten, dass die Zunahme ausländischer Betriebsräte im VW-Stammwerk in direkter oder indirekter Abhängigkeit von Verhandlungen um sichere Proporzplätze auf der IG Metall-Liste zurückgeht, häufig auch in Anschluss an Konflikten.

Ein mit dem „Italienerstreik" 1962 vergleichbarer Anlass für die Verhandlung der Interessen der Arbeitsmigranten war die Kandidatur ausländischer Wahllisten, die durch die Zubilligung des passiven Wahlrechts für Betriebsangehörige ausländischer Nationalität im Zuge der ersten Reform des BetrVG seit den Betriebsratswahlen von 1972 möglich wurde und insbesondere der IG Metall Konkurrenz machte, wie nachfolgende Passage aus dem Interview mit Annese zeigt:

> ***Verfasser:*** *Gab es mal Tendenzen, dass die italienischen Beschäftigten eine eigene italienische Liste bei Betriebsratswahlen aufstellen wollten, um zu sagen: Wir möchten jetzt mal einen gesonderten Einfluss im Betriebsrat haben?*
> ***Annese:*** *Ab 1967 gab es ein italienisches Zentrum in Wolfsburg, das von einem italienischen Priester*[136] *geleitet wurde. Der Priester war somit der Verwalter dieses italienischen Zentrums. Er hatte da natürlich auch seine Leute, die für ihn gearbeitet haben. Der Priester hat die Freizeitgestaltung in den Massenunterkünften in seiner Regie gehabt. Da war z. B. ein großer Kinosaal mit 500 Plätzen. Der Priester hat vom Auslandsministerium in Italien Filme zur Verfügung gestellt bekommen. Er brauchte nur das Porto bezahlen, die Filme selbst hatte er umsonst bekommen. Dann hat er bei jeder Vorführung 50 Pfennige Eintritt pro Person genommen. Die Leute hatten damals nichts anderes, wo sie hingehen konnten. Die alten Filme wurden von einigen sogar mehr als einmal besucht, am Wochenende wurde so eine Filmvorführung zwei-, dreimal durchgeführt. Da lief das Ding jeden Tag, war oft proppevoll. Selbst bei 50 Pfennigen war es dann ein Haufen Geld, was da reinkam. Somit hatte der Priester das Monopol auf die Freizeitgestaltung der italienischen Arbeitnehmer. Wir haben dann eine große Demonstration durchgeführt, weil wir ihm dieses Monopol wegnehmen wollten. Wenn der Priester dafür etwas geleistet hätte, hätten wir nichts dagegen gehabt. Wir hatten das vorgerechnet, was da alles so zusammenkam, aber dafür nichts geleistet wurde. Ich habe dazu noch das ganze Material zu Hause, das könnte ich Ihnen zeigen. Die Presse damals hatte mitgezogen, und der Priester musste hier verschwinden. Es wurde festgestellt, dass er über eine halbe Million Mark Gewinn gemacht hatte, was für die damalige Zeit ungeheuer war.*
> ***Verf.:*** *Das hatte er sich in die eigene Tasche gesteckt?*
> ***Annese:*** *Der hatte gewirtschaftet wie ein König. Das war die damalige Situation. [...] Und jetzt komme ich darauf, dass dieser Priester auch bei der Betriebsratswahl seine Aktivitäten weitergeführt hat, indem er eine eigene Liste hat aufstellen lassen. Nicht er direkt, da er im Hintergrund blieb und selbst nicht erschienen war, aber von italienischen Kollegen. Aber nicht, weil die Leute hier nicht gut vertreten waren. Sondern, weil er durch seine Leute auch im Betrieb Fuß fassen wollte. Er hat nicht nur hier draußen im ,Centro Italiano' und in den Unterkünften das Sagen haben wollen, sondern auch*

---

[136] Es handelt sich hierbei um den oben erwähnten italienischen Priester Don Parente, der nach dem „Italienerstreik" 1962 nach Wolfsburg kam und die Freizeitgestaltung der italienischen VW-Arbeiter organisieren sollte.

im Betrieb. Die Liste hatte er als Liste ‚Tricolore' tituliert, womit die Fahne Italiens gemeint war. Somit hatte er einen nationalistischen Gedanken mit hineingebracht. Und wir, die wir vor der Situation einer ausländischen Liste standen, haben dann – wir hatten da auch unsere Drähte gehabt damals – ganz schnell rausfinden können, wer alles auf der Liste stand, wer für diese Liste kandidierte und wie das alles zustande gekommen ist. Und schnell haben wir einige von diesen Leuten zu Gesprächen eingeladen, seitens der IG Metall. Und da haben wir einzelne Gespräche mit diesen Leuten oder zu zweit oder zu dritt geführt. Und da haben wir festgestellt, dass die Masse gar nicht wusste, auf was sie sich da eingelassen hatte. Und die meisten haben sich dann davon distanziert, haben ihre Kandidatur zurückgezogen, andere haben auch die Unterstützung durch ihre Unterschrift zurückgezogen. Aber die Liste ist trotzdem geblieben, aber glücklicherweise kriegten die nicht genügend Stimmen für ein Betriebsratsmandat. Und bei der kommenden Betriebsratswahl haben die gar nicht mehr gewagt, eine Liste aufzustellen. Aber es hat immer wieder Krieg gegeben. Z. B. in einer Zeitschrift, die der Priester betrieben hatte, hat er immer gegen [...] den Betriebsrat geschossen.
Verf.: *Was waren die Vorwürfe? Was hat er da beispielsweise kritisiert?*
Annese: *Die ausländischen Kollegen würden nicht richtig vertreten. Die Zahl z. B. der Beschäftigten, so und so viel Tausend, und nur ein Betriebsratsmitglied: Da wären die Ausländer unterrepräsentiert. [...] Er machte die Rechnung immer so auf: Es gibt 10.000 ausländische Beschäftigte, also müssen wir 10 Betriebsräte haben. Aber das geht ja nicht!*
Verf.: *Aber er hatte ja Unterstützung, und einige italienische Mitarbeiter hatten wohl das Gefühl, man könne diese italienische Liste wählen, oder nicht?*
Annese: *Ja, [.] die Masse, die war ja blind, blind durch Unwissen! Natürlich hatte er einen Haufen von Leuten um sich herum, die von seinen Machenschaften profitierten. Z. B. hatte er sich eine Gruppe von Hauswarten in den Unterkünften zu Freunden gemacht, die die Kinovorführungen machten, die haben immer was bekommen. Leute, die hier [im Centro Italiano, d. Verf.] gearbeitet haben, hat er machen lassen, die haben immer was bekommen. Und diese Leute, die haben für ihn [im Betrieb, der Verf.] die Arbeit gemacht, aufklären und scharfmachen und so. Das war seine Machtposition. Und der Wähler, der kleine Mann, der hat sich von solchen Geschichten, von solchen Leuten beeinflussen lassen und ist da mit marschiert. Und, wie gesagt, glücklicherweise das war nur dieses eine Mal, diese Initiative und auch glücklicherweise ist das nicht gelaufen.*
Verf.: *Und so eine Konkurrenzliste, das gab es nie wieder?*
Annese: *Das gab es nicht wieder.*

Neben der bemerkenswerten und im Vergleich zur offiziellen VW-Darstellung überraschenden[137] Tatsache, dass schon bei der ersten rechtlichen Gelegenheit eine eigenständige ausländische Liste bei den Betriebsratswahlen kandidierte, geben die Ausführungen einen weiteren Eindruck von substanziell bedeutsamen betriebspolitischen Aushandlungsprozessen unter Beteiligung ausländischer Belegschaftsmitglieder. Die zur IG Metall und ihren italienischen Funktionären in Konkurrenz stehende Liste ‚Tricolore' drohte die ausländische Belegschaft zu spalten und damit die konsensualen Proporzabsprachen zwischen Einheitsgewerkschaft und italienischen Beschäftigten zu konterkarieren. Somit war die neue Konkurrenzliste nicht nur eine Bedrohung für den IG Metall-dominierten Betriebsrat, sondern insbesondere auch für die bisherigen Sprecher der italienischen Beschäftigten. Die nach Bekanntwerden der Konkurrenzkandidatur aufgenommenen Gespräche mit Vertretern von ‚Tricolore' dürften nicht dem Ausgleich zwischen beiden Lagern gedient haben, sondern einzig der Schwächung der missliebigen Liste, deren Wahlchancen dadurch minimiert werden sollten. Dass dies gelang, ist sicherlich auch auf den Tatbestand zurückzuführen, dass der eigentliche Initiator der Liste, der italienische Priester, nicht vor Ort im Betrieb zugegen sein konnte und zudem – mithilfe von Kooperationspartnern wie der Wolfsburger Presse – mit belastenden Vorwürfen konfrontiert wurde. Die nachfolgende Entwicklung mit der Vertreibung des mutmaßlich korrupten italienischen Priesters zeigt unbeachtet der detailgetreuen Richtigkeit der dargestellten Vorwürfe gewisse Ähnlichkeiten zum repressiven Umgang mit den Streikführern beim Wohnheimkonflikt 1962. Doch im Gegensatz zum Ablauf zehn Jahre zuvor mussten Unternehmensführung und Betriebsrat bei diesem politischen Verdrängungsprozess vorsichtig sein, weil es sich mit der Aufstellung einer – wenn auch missliebigen – Betriebsratswahlliste zum einen um eine legale und gesetzlich durchaus gewollte betriebspolitische Initiative handelte, zum anderen z. T. um außerbetriebliche Vorgänge. So konnte der Konflikt vorwiegend durch die italienische Community selbst gelöst und so auch eine weitere Diversifizierung oder gar Spaltung der (ausländischen) Belegschaft im VW-Werk Wolfsburg verhindert werden – obwohl ein möglicher Erfolg der italienischen Konkurrenzliste gemäß dem belegschaftsinternen Anreizmodell wahrscheinlich zu mehr ausländischen Betriebsräten geführt hätte.

In diesem Zusammenhang zeitigte diese brisante politische Situation nachfolgend größere Mitwirkungsmöglichkeiten der italienischen Belegschaftsmitglieder. Nach den Ereignissen bei den Wahlen von 1972 dürfte es kein Zufall sein, dass die IG Metall den Italienern im Betrieb schon bei der nächsten Betriebsratswahl 1975 einen weiteren sicheren Platz auf ihrer Wahlliste zubilligte. Die seit diesem Zeitpunkt zwei italienischen Betriebsräte hatten aber weiterhin ausschließlich betreuende Funktionen und waren so in ihrer Entscheidungsgewalt von den deutschen Betriebsräten abhängig[138]. Die Ereig-

---

[137] In den offiziellen, vom VW-Betriebsrat bzw. Zentralen Personalwesen des Unternehmens zur Verfügung gestellten Wahlstatistiken wird die italienische Liste ‚Tricolore' nicht erwähnt. Für die Betriebsratswahlen von 1972 werden neben der IG Metall und der CMV Stimmenanteile nur für „Unabhängige" in Höhe von 7,7 % (4 Betriebsratsmandate) ausgewiesen, worunter auch die abgegebenen Stimmen für die italienische Liste fallen dürften.

[138] Diese inoffiziellen Verhandlungsergebnisse wurden sowohl von den italienischen Funktionären als auch von der IG Metall-Führung in Interviews bestätigt: Neben dem schon seit 1965 amtierenden italienischen Betriebsrat Lorenzo Annese wurde zudem Antonio Cerlenizza auf einen sicheren Listenplatz für die Betriebsratswahl 1975 gesetzt. Nach erfolgter Wahl teilten sie sich ihre betreuende Zuständigkeit für alle Fragen, die die ausländischen Belegschaftsmitglieder betrafen (Einstellungen, Entlassungen, Wohnsi-

nisse um die italienischen Ambitionen zu Beginn der 1970er-Jahre offenbaren das betriebspolitische Wechselspiel zwischen konflikt- und konsensorientierten Aushandlungsprozessen der betrieblichen Akteure und ermöglichen dabei, einen Blick auf die jeweiligen Strategien mit den möglichen Gewinnen zu werfen. Gemäß dem belegschaftsinternen Koordinations- und Anreizmodell hätte den ausländischen Beschäftigten ein nicht-kooperatives Verhalten gegenüber der Gewerkschaftsführung wohl mehr Betriebsratsmandate erbracht. Allerdings hätte sich die italienische Arbeitnehmerschaft dabei in einen Tricolore-Block und einen IG Metall-Block gespalten, was dem italienischen Priester einen gewissen Einfluss im VW-Werk eröffnet und das Gewicht der bisherigen Führer der Arbeitsmigranten deutlich geschwächt hätte. Es sind interessante Fragen, ob eine so gespaltene italienische Belegschaft von dem nachfolgend zu erwartenden Konkurrenzkampf bei der Durchsetzung ihrer betrieblichen Interessen profitiert oder dabei eher verloren hätte und wie die deutschen Belegschaftsangehörigen und Funktionäre auf diesen inneritalienischen Wettbewerb reagiert hätten.

Gerade die Umstände um das konkurrierende Wirken des italienischen Priesters und seiner betriebspolitischen Liste ‚Tricolore' zeigt eine gegenüber dem Wohnheim-Konflikt modifizierte politische Taktik des Betriebsrates bzw. der örtlichen IG Metall: Mit Unterstützung eines erheblichen Teils der ausländischen Beschäftigtengruppe konfrontierte man die italienische Konkurrenzliste mit ihrem Alleinvertretungsanspruch, der kompromisslos durchgesetzt wurde. Bemerkenswert dabei ist die ebenso offensive Haltung der italienischen Gewerkschaftsführer gegenüber ihren opponierenden Landsleuten. Auch ihre Position wäre bei einem Erfolg der Liste ‚Tricolore' in Gefahr geraten, die sie unter allen Umständen und mit massiver Hilfe einheimischer Kräfte bannen musste. Zudem erbrachte ihnen das einvernehmliche Vorgehen mit der IG Metall und weiteren Bündnispartnern[139] noch den zusätzlichen Verhandlungsgewinn, die Tricolore-Forderung nach mehr italienischen Betriebsräten zumindest in geringem Maße ebenfalls durchgesetzt zu haben. Dass dies in Absprache mit dem Betriebsrat bzw. der IG Metall gelang, bestätigte die Migrantensprecher in der Einschätzung, dass langfristig der größtmögliche Gewinn für die Interessen der ausländischen Belegschaft nur mithilfe eines kooperativen Verhaltens zu erreichen sei.

Doch auch in den folgenden Jahren wurde die vordringlichste Forderung der Liste ‚Tricolore', den Anteil ausländischer Arbeitnehmer im Betriebsrat zu erhöhen, von anderen Migranten wiederkehrend erhoben[140], nicht zuletzt, weil man aufgrund des Ausländeranteils in der Belegschaft rein rechnerisch bis zu sechs ausländische Betriebsräte

---

tuation etc.), räumlich auf: Während Annese für den Südbereich des Werkes zuständig war, kümmerte sich Cerlenizza um den Nordbereich des Betriebes.

[139] Es ist sicherlich kein Zufall, dass der ehemalige italienische Betriebsrat Annese die Unterstützung der Wolfsburger Tageszeitung erwähnt. Wenn man die Konsequenzen für das betriebliche Zwangsverhandlungssystem sowie den großen Einfluss des Volkswagen-Konzerns auf das gesellschaftliche Leben Wolfsburgs berücksichtigt, ist es nicht unwahrscheinlich, dass das Unternehmen dabei mithalf, die auch für den Betrieb missliebige Konkurrenzliste ‚Tricolore' zu schwächen sowie die weiteren Aktivitäten des italienischen Priesters Don Parente in Bezug auf die Freizeitgestaltung der italienischen Arbeitnehmer zu diskreditieren. Zumindest war dies auch im Sinne der Geschäftsleitung, da sie nur mit einer einheitlichen Belegschaft die optimalen betriebspolitischen Gewinne erzielen kann. Bezeichnenderweise ging der Priester recht bald nach Bekanntwerden der Vorwürfe zurück nach Italien.

[140] Dies belegen nahezu alle Interviews, die mit (ehemaligen) ausländischen Funktionsträgern der Arbeitnehmervertretung in Betrieb und IG Metall geführt wurden.

hätte beanspruchen können[141]. Zudem gab es inhaltliche Anlässe, die kooperative Zusammenarbeit der ausländischen Belegschaftsgruppen mit der Betriebsrats- und Gewerkschaftsführung in Zweifel zu ziehen. Denn zwingendes Ergebnis dieser polittaktischen Linie musste eine überzeugende Vertretung der Ausländerinteressen in Betrieb und Gremien sein – besser, als man es mit einer eigenen italienischen Liste mit mehr italienischen Betriebsräten hätte tun können. Wie schon beim Wohnheim-Aufstand 1962 war die Unterbringung der ausländischen VW-Beschäftigten sowie ihre allgemeine Wohnsituation ein wiederholt brisantes Thema. Eklatante Versäumnisse bei der Organisation und Betreuung eines Hochhauskomplexes für ausländische VW-Beschäftigte im seit 1972 zu Wolfsburg gehörenden Stadtteil Kästorf führten im Verlauf der 1970er-Jahre wiederum zu betriebspolitischen Verwerfungen.

Das Unternehmen entschloss sich zu Beginn des Jahrzehnts, die Holzbaracken an der Berliner Brücke durch feste, gemauerte Behausungen zu ersetzen. In Kästorf, direkt nördlich am Werksgelände gelegen, wurde ein Kleinhochhauskomplex errichtet, indem die alleinstehenden Arbeitsmigranten wiederum in Mehrbettzimmern unterkommen sollten. Jedoch blieben die Wohnverhältnisse weiterhin prekär, da auch der Kästorfer Hochhauskomplex im Laufe der Zeit eine Überauslastung aufwies, was bei den Bewohnern zu immer größeren Unmut führte. Die offene Ansprache der für viele unhaltbaren Zustände in diesen Unterkünften auf einer Betriebsversammlung im Jahr 1973, auf der neben dem Betriebsrat und Mitgliedern des VW-Vorstandes auch bis zu fünfzigtausend Beschäftigte anwesend waren, kann als Auftakt für weitere Auseinandersetzungen innerhalb der Arbeitnehmerschaft gesehen werden, die in den folgenden Jahren um die Durchsetzung der Migranteninteressen bei VW in Wolfsburg geführt wurden. Für den italienischen Vertrauensmann, der dieses auch politisch heikle Thema coram publico ansprach und dabei die Personalverwaltung des Unternehmens für die beklagenswerte Wohnsituation der Arbeitsmigranten mitverantwortlich machte, war die Nachbearbeitung seiner Kritik an den bestehenden Verhältnissen durchaus ambivalent: Auf der einen Seite brachte ihn seine offene Ansprache nach eigener Aussage einigen Ärger mit Vertretern von Geschäftsleitung und Betriebsrat ein, da eine offene Kritik vor der gesamten Belegschaft ihrer Meinung nach nicht opportun sei[142]. Auf der anderen Seite war dem anwesenden und für die Unterbringung der Arbeitsmigranten zuständigen VW-Personalvorstand die Aufdeckung der Kästorfer Wohnverhältnisse so unangenehm, dass es nachfolgend Klärungsgespräche gab und die Situation verbessert wurde.

Der aufgezeigte Fall einer unzureichenden Wohnversorgungspolitik gegenüber den Anwerbemigranten kann als symptomatischer Konflikt innerhalb eines Prozesses gesehen werden, innerhalb dessen die betriebliche Anwerbepolitik zu Aufenthaltsproblemen und weiteren Einwanderungsfolgen führt. Dabei werden die Anwerbe-Unternehmen zunehmend gezwungen, die anstehenden Probleme in Abstimmung mit mündiger wer-

---

[141] In diesem Zusammenhang ist es bemerkenswert, dass im Verlauf der 1970er-Jahre auch die tunesischen Gewerkschaftsangehörigen einen Anspruch auf ein Betriebsratsmandat für ihre mit zwischenzeitlich etwa 1.000 Personen recht große ethnische Belegschaftsgruppe artikulierten. Da die IG Metall jedoch keine weiteren sicheren Listenplätze an die Ausländer im Betrieb abgeben und auch die Italiener nicht auf ihre eigenen Proporzplätze verzichten wollten, blieb diese Initiative erfolglos (vgl. Interview mit dem italienischen Betriebsrat Gerardo Scarpino v. 23.08.2000).

[142] Die Aussagen des italienischen Vertrauensmannes und späteren Betriebsrates Pietro Genzo wurden einem Interview v. 23.08.2001 entnommen.

denden Arbeitsmigranten zu lösen, die von ihren zugenommenen Wahlrechten ermutigt wurden, sich aktiv in die betrieblichen Abläufe einzumischen. Zudem kristallisieren an diesen politischen Problembearbeitungen auch partizipatorische Emanzipationsprozesse der Arbeitsmigranten, die dabei inhaltliche und personelle Reifeprozesse durchlaufen. So erhielt der Vertrauensmann, der auf der großen Betriebsversammlung den mutigen Einwurf unternahm, von seinen italienischen Kollegen viel Zuspruch für seine schonungslose Ansprache des dringenden Unterkunftsproblems, das sich trotz der allgemeinen Strategie einer kooperierenden Haltung der Arbeitsmigranten gegenüber dem Betriebsrat bzw. der IG Metall als virulent gezeigt hat. Insofern muss sich im italienischen Vertrauenskörper nach und nach der Eindruck verfestigt haben, dass die grundsätzliche Kooperationspolitik mit einer kombinierten Offensivvariante justiert werden müsse. Denn bei der übernächsten Betriebsratswahl im Jahr 1978 nominierte die italienische Vertrauensleuteversammlung nicht mehr den bisherigen Betriebsrat Cerlinizza auf den zweiten sicheren Listenplatz für die ausländischen Arbeitnehmer, sondern den fünf Jahre zuvor zur betriebsweiten Bekanntheit gelangten Vertrauensmann Pietro Genzo.[143] Erster Sprecher der Beschäftigten aus Einwanderergruppen und wiedergewählter Betriebsrat blieb jedoch Lorenzo Annese.

Nachfolgend blieb der neue Betriebsrat Genzo nach eigener Aussage seinem politischen Naturell treu und sprach weiter mutmaßlich fehlerhafte oder gar diskriminierende Verhaltensweisen gegenüber den Arbeitsmigranten offen an. Ein diesbezüglich heikler Konfliktfall, der die VW-Betriebsratsarbeit wiederkehrend beschäftigt und auf den im weiteren Verlauf der Untersuchung noch näher eingegangen wird, ist die Einlösung der traditionellen gewerkschaftlichen Forderung nach gleicher Entlohnung für gleiche Arbeit. Die durch den neuen italienischen Betriebsrat öffentlich gemachte Auseinandersetzung um die gleiche Entlohnung ausländischer Produktionsarbeiter bei VW in Wolfsburg provozierte nicht nur Unmut bei der VW-Verwaltung, sondern auch in der Betriebsratsführung, die diese Frage nicht zu einem betrieblichen Konfliktfeld machen wollte.[144] Zudem zeigte diese Auseinandersetzung, dass das neue italienische Betriebsratsgespann nicht harmonierte, da der zweite italienische Betriebsrat Annese die Haltung Genzos nicht teilte und sich auf die Seite der Betriebsratsführung stellte. Als Konsequenz trat Genzo nach kaum mehr als einem Jahr Betriebsratsarbeit von seinem Amt zurück; als kommissarischen Ersatz bestimmte die IG Metall-Führung den italienischen Vertrauensmann Francesantonio Garippo zum zweiten Vertreter der ausländischen Arbeitnehmer bis zur nächsten Betriebsratswahl 1981.

Diese Entwicklung ab Mitte der 1970er-Jahre ist Ausdruck einer Zeit der Unruhe innerhalb des ausländischen Vertrauenskörpers, die während der nächsten zehn Jahre zu diversen Fraktionsbildungen und Abspaltungen innerhalb der italienischen Gemeinschaft im Werk führen sollte. So kandidierte Genzo wiederum bei der nächsten Betriebsratswahl 1981, jedoch nicht für die IG Metall, sondern für eine unabhängige Wahlliste. Auf Listenplatz 2 stehend erreichte er zwar kein Betriebsratsmandat, aber auch mithilfe sei-

[143] Information gemäß einem Interview mit dem ehemaligen italienischen Betriebsrat Pietro Genzo v. 23.08.2001.

[144] Nachfolgende Informationen und Aussagen zu diesem Thema wurden sowohl Interviews entnommen, die zwischen dem 11. und 15.12.2000 mit VW-Beschäftigten aus Produktions- und Fachbereichen geführt wurden, als auch aus einem Gespräch mit dem ehemaligen ausländischen Betriebsrat Pietro Genzo v. 23.08.2001.

ner (italienischen) Stimmen konnte die Liste einen Sitz im Betriebsrat erobern. Bei der nachfolgenden Wahl 1984 ermöglichte eine weitere Konkurrenzkandidatur dann doch ein zusätzliches ausländisches Mandat im Betriebsrat: Neben den IG Metall-Proporzkandidaten Annese und Garippo erreichte der italienische Arbeiter Romano ebenso ein Betriebsratsmandat, jedoch als Kandidat der Konkurrenzgewerkschaft CMV, was als weiterer Ausfluss des beschriebenen Richtungsstreites gewertet werden kann. Hierbei konnte sich jedoch letztlich die Kooperationsstrategie des Betriebsrates Annese gegen eine konfrontativere Linie durchsetzen, für die insbesondere der ehemalige Betriebsrat Genzo eintrat. Letztere Position ging davon aus, dass man nur durch konkrete Intervention einer größeren Zahl ausländischer Betriebsräte vor Ort die Situation der Kollegen mit Migrationshintergrund im Werk verbessern könne, weshalb man Konflikten mit örtlichen Meistern, Abteilungs- und Hallenleitern nicht aus dem Weg gehen dürfe. Falls die herkömmlichen Entscheidungspersonen dieses Vorhaben nicht oder nur mangelhaft unterstützten, dürfe man dann nicht davor zurückschrecken, mittels eigener Kandidaturen und Konkurrenzlisten der IG Metall zu zeigen, dass sie „nicht allein Herr im Haus wäre“[145]. Die Gegenseite um Annese und den IG Metall-Gewerkschaftssekretär Rocco Artale argumentierte, dass wenige italienische Betriebsräte immer noch besser seien als eine Eskalation der grundlegenden Meinungsverschiedenheit mit der IG Metall-Führung über die richtige Anzahl ausländischer Mandatsträger. Auch sie hätten sich ein stärkeres Entgegenkommen der deutschen Funktionäre gewünscht, setzten dabei aber auf Ausgleich statt Konfrontation: Denn mit einer eigenen Ausländerliste wäre man im Betriebsrat in der Minderheit gewesen und hätte weniger Einfluss bei allen Fragen der Gleichstellung geltend machen können, als man es in der Mehrheitsfraktion der IG Metall tun konnte: „Wem hätte also eine eigene Liste genutzt?“[146]

Wie schon bei den vorhergehenden Konflikten im Zuge des Wohnheim-Aufstandes 1962 und der italienischen Konkurrenzliste ‚Tricolore' zehn Jahre später bewegten sich die Führungen des Betriebsrates und der örtlichen IG Metall in einem politischen Spektrum zwischen harter Konfrontation und vermittelnder Kooperation. Einerseits konnte die DGB-Gewerkschaft aufgrund ihrer enormen Machtposition im Unternehmen Druck auf Mitglieder oder Unterstützer konkurrierender Bewegungen ausüben, damit diese entweder geschwächt oder gar nicht zu den Wahlen antreten konnten. Denn aufgrund der formalen Erfordernisse zur Wahlzulassung[147] sind die offiziellen Unterstützer aller antretenden Wahllisten frühzeitig bekannt. Nach Aussagen verschiedener Probanden und ehemaliger Funktionsträger drängten Vertreter der Mehrheitsverhältnisse die Listenunterstützer zur Rücknahme ihrer Unterschriften, indem sie sie einschüchterten oder im äußersten Fall gar mit Entlassung aus dem Betrieb drohten. In vielen Fällen sei dies erfolgreich gewesen, was oft dazu führe, „dass die Leute nicht den Mut haben, sich ge-

---

[145] So die Position des ehemaligen italienischen Betriebsrates Pietro Genzo in einem Interview v. 23.08.2001.

[146] Rhetorische Frage aus einem Gespräch mit dem damaligen IG Metall-Gewerkschaftssekretär Rocco Artale v. 21.08.2000.

[147] So braucht jede sich bewerbende Liste einhundert Unterstützungsunterschriften von Wahlberechtigten, um vom Wahlvorstand, der wiederum vom Betriebsrat bestimmt wird, für eine Betriebsratswahl zugelassen zu werden. Diese die jeweilige Liste unterstützenden Arbeitnehmer des Unternehmens sind nach Einreichung des Wahlvorschlages beim Wahlvorstand allen politischen Akteuren des Betriebes bekannt.

gen die Meinung des Betriebsrates zu stellen, auch wegen ihrer Familien und deren Versorgung. Denn wenn einer sich traut, gegen sie [*die Meinung des Betriebsrates, Anm. d. Verf.*] zu gehen, dann ist er in Gefahr, dass er abgeschafft wird. [...] Bei Widerstand wird er früher oder später weggeputzt."[148] Andererseits fand diese Ausgrenzungsstrategie ihre Grenzen im Verlust der allgemeinen Migrantenunterstützung, sodass die IG Metall bzw. der von ihr beherrschte Betriebsrat auch immer wieder Zeichen des Entgegenkommens und der Integration setzen musste. So sorgte der Betriebsrat in einem symbolischen Akt im Jahr 1985 dafür, dass zwei italienische Vertrauensleute, die nach der Organisation eines Spontanstreiks vom Unternehmen entlassen wurden, wieder eingestellt wurden, wenn auch zu verschlechterten Lohn- und Arbeitsbedingungen. Und auch die weiter aufrechterhaltene Forderung nach drei sicheren Listenplätzen für die Arbeitnehmer aus Einwanderergruppen erfüllte die IG Metall erstmals zur Betriebsratswahl 1990[149].

Mit dieser Strategie, die manche Beteiligte an die Methode von „Zuckerbrot und Peitsche"[150] erinnerte, jedoch andere italienische Funktionsträger für notwendig hielten, um gegenüber der Werksgeschäftsleitung als eindeutiger und verlässlicher Partner auftreten zu können[151], gelang es der IG Metall, bis Ende der 1980er-Jahre die offenen Konkurrenzkandidaturen ausländischer Kollegen einzudämmen. Diese Entwicklung ging mit einer allgemeinen Homogenisierung der betriebspolitischen Listenlandschaft bei VW in Wolfsburg einher, die sich in der erdrückenden Dominanz der IG Metall sowie der Minimierung der Wahlkonkurrenz ausdrückt. Und mit dem Ausscheiden des ersten italienischen Betriebsrates Annese aus dem Arbeitsleben Anfang der 1990er-Jahre veränderte sich auch der Modus der ausländischen Interessenvertretung: Das Zweiebenen-Vertretungssystem, innerhalb dessen die italienischen Betriebsräte keine Mitbestimmungsverantwortung gemäß BetrVG ausübten, wurde nach einer vereinbarten Erprobungsphase ab der Betriebsratswahl 1994 abgeschafft. Trafen in der Vergangenheit ausschließlich die deutschen Betriebsräte betriebsrechtliche Entscheidungen im Sinne des Mitbestimmungsrechts, wurde nachfolgend eine betriebspraktische Gleichheit zwischen Betriebsräten mit und ohne Migrationshintergrund im VW-Werk Wolfsburg hergestellt: Ausländische Betriebsräte berieten nicht mehr nur bei Fragen, die die ausländischen Belegschaftsmitglieder betrafen, sondern sie entschieden von nun an über Neuausschreibungen, Stellenbesetzungen oder Arbeitsplatzveränderungen in ihren zugewiesenen Betriebsbereichen, somit in Angelegenheiten, die alle Beschäftigten in ihren jeweiligen Arbeitsbereichen betrafen. Und auch auf gewerkschaftlicher Ebene vertraten jetzt auch Vertrauensleute mit Migrationshintergrund alle Beschäftigten einer Arbeitseinheit, selbst wenn die nationalitätenspezifische Vertretungsstruktur des betrieblichen Vertrauenskörpers zusätzlich inoffiziell beibehalten wurde, da es hier seitens vieler Beschäftig-

[148] Aussage des ehemaligen italienischen Betriebsrates Pietro Genzo in einem Interview v. 23.08.2001.

[149] Das dritte sichere Betriebsratsmandat auf der IG Metall-Liste besetzte in diesem Jahr der Facharbeiter Gerardo Scarpino. Scarpino war in den 1980er-Jahren der erste ausländische Jugendvertreter bei VW in Wolfsburg und wies im Interview v. 23.08.2000 ebenfalls auf die andauernden Versuche der ausländischen Belegschaft hin, in der damaligen Zeit mehr Betriebsräte stellen zu können.

[150] Aussage des ehemaligen italienischen Betriebsrates Pietro Genzo in einem Interview v. 23.08.2001.

[151] Meinung des italienischen Betriebsrates Gerardo Scarpino in einem Interview v. 23.08.2000.

ter aus Einwanderergruppen den Wunsch gab, immer auch einen Vertrauensmann ihrer Nationalität als Ansprechpartner zu behalten[152].

Die Aufhebung der Doppelstruktur Anfang 1990er-Jahre hatte mit zwei korrespondierenden Entwicklungen zu tun: Zum einen trat mit der Verrentung von Lorenzo Annese der langjährige Vertreter des reinen Betreuungssystems von der Bühne der ausländischen Mitarbeitervertretung ab. Hierbei zeigt sich der allgemein gültige Mechanismus, dass ein Personalwechsel die beste Chance auf einen Strukturwechsel bietet. Zum anderen drängten immer mehr Beschäftigte in die betrieblichen Gremien, die als Nachkommen von Anwerbemigranten eine Fachausbildung bei Volkswagen absolviert hatten und zudem auch sprachlich die notwendige Kompetenz aufwiesen, die für eine vollwertige Betriebsratsarbeit notwendig ist. Somit war die neue Rolle der Betriebsräte und Gewerkschaftsvertreter aus Einwanderergruppen mit einer größeren Verantwortung an ihren Arbeitsplätzen, aber auch mit einem höheren wahltaktischen Risiko verbunden. Denn mit der Beendigung der Doppelstruktur gab es nun auch keine sicheren Proporzplätze mehr: Bei den Wahlen der Vertrauensleute und zur Festlegung der Listenplätze für die Betriebsratswahlen müssen sich die Kandidaten mit Migrationshintergrund nunmehr der Konkurrenz von Bewerbern ohne Migrationshintergrund stellen, was vielen Arbeitsmigranten und ihren Nachkommen Respekt oder gar Angst einflößt[153]. So denken noch viele Belegschaftsangehörige aus Einwanderergruppen, dass die Konkurrenten ohne Migrationshintergrund häufig besser qualifiziert seien und auch die Belegschafts- und Gremienstruktur noch immer besser verinnerlicht hätten, da die Mehrheit der VW-Beschäftigten eben keinen Migrationshintergrund hätten. Organisationstheoretisch ist diese Verunsicherung mit dem formalen Wegfall der eigenen Mitarbeitergruppe als Inklusionsbegründung erklärbar: Die alte Legitimation für einen sicheren Listenplatz fiel weg, die Gremienkandidaten mit Migrationshintergrund hatten eine individuelle personale Begründung aufzubauen, für die sie persönlich einstehen mussten.

So verwundert es nicht, dass sich die Zahl der Betriebsräte mit Migrationshintergrund bei den Wahlen 1994 auf zwei Mandatsträger verringerte, was jedoch auch auf konjunkturpolitische Entwicklungen zurückzuführen ist: Aufgrund der oben dargestellten einschneidenden Rationalisierungen in der Automobilindustrie nach Abebben des Wiedervereinigungsbooms nahm die Beschäftigung auch im Wolfsburger VW-Werk stark ab, was einen drastischen Einbruch des Ausländeranteils in der gesamten Wolfsburger Belegschaft wie auch ein Absinken der gesamten Betriebsratsgröße in der ersten Hälfte der 1990er-Jahre zur Folge hatte. Doch in Bezug auf die Verunsicherung der Migrantenfunktionäre akklimatisierten sie sich recht schnell in der neuen Vertretungsstruktur, worauf die Mandatsentwicklung ab Ende der 1990er-Jahre schließen lässt: Seit der Betriebsratswahl 1998 kam es zu einem bemerkenswerten Anstieg ihrer Mandatsanteile im Betriebsrat und zu einer erstmaligen Überrepräsentanz der Mitarbeitervertreter mit Migrationshintergrund, die nach der Wahl 2006 mit acht gewählten Betriebsräten ausländischer Herkunft gravierende Ausmaße erlangte. Diese Überrepräsentanz blieb auch in der Folgezeit erhalten: Bei der Betriebsratswahl 2018 gewannen wiederum acht auslän-

---

[152] Diese beibehaltene Vertretungskultur drückt sich in der Praxis eines regelmäßig monatlichen Treffens der Vertrauensleute und Betriebsräte mit Migrationshintergrund aus, um spezifische Probleme ihrer Beschäftigtengruppe zu besprechen.

[153] Diese und nachfolgende Einschätzungen durch den italienischen Vertrauensmann Agatino Pesce in einem Interview v. 22.08.2000.

dische Beschäftigte auf der IG Metall-Liste ein Mandat, was einem Ausländeranteil im Betriebsrat von 10,7 % entspricht[154] – obwohl der Anteil von Ausländern in der Gesamtbelegschaft bei VW in Wolfsburg nur knapp halb so groß ist. Offensichtlich sind die Nachkommen der ursprünglichen Anwerbemigranten in das betriebspolitische System des Wolfsburger Unternehmensteils nicht nur inkludiert, sondern proaktiv integriert, obwohl die Mehrheit von ihnen weiterhin keine deutsche Staatsangehörigkeit besitzt.

Gemäß der aufgezeigten Entwicklung auf der Arbeitnehmerseite lassen sich in Bezug auf die betriebspolitische Integration der Arbeitsmigranten Kategorien darstellen, die als Kombination von Konfliktanlässen und nachfolgenden Aushandlungsergebnissen verschiedene prozessuale Partizipationsphasen typisieren:

Tabelle 4: Dreistufiges Partizipationsmodell der italienischen Belegschaftsmitglieder bei VW in Wolfsburg: einheitsgewerkschaftlich-konsensual

	Ankunftsjahre (1960er-Jahre)	Angleichungsjahre (1970er-/1980er-Jahre)	Emanzipationsjahre (seit 1990er-Jahre)
1. (Direkte) Konfliktanlässe	„Wohnheim-Aufstand" 1962	• Konkurrenzlisten • Wohnverhältnisse im Wolfsburger Stadtteil Kästorf	• Abgang erster italien. BR Annese 1992 • Kompetenz nachrückender italien. BR
2. (Konsensorientierte) Aushandlungsprozesse	„Tagelange Verhandlungen"	Inneritalienische und gewerkschaftliche Verhandlungen	Vereinbarte Erprobungszeit bis zur nächsten BR-Wahl 1994
3. Ausgleichsergebnisse	• Verbesserung der Infrastruktur • Entlassung der „Rädelsführer"	• Keine italienische Liste • Feste Proporzplätze bei IGM • Steigende BR-Mandate der italien. Beschäftigtengruppe	• Gleichberechtigte Stellung italien. BR • Aufhebung der Doppelstruktur

4.2.6 Die betriebliche Position der Nachkommenschaft: Beschäftigung und Gremienrepräsentanz von Jugendlichen mit Migrationshintergrund

Die Entwicklung der Vertretung und Einbeziehung von Belegschaftsangehörigen aus Einwanderergruppen im Betriebsrat wurde als sukzessiver Angleichungsprozess beschrieben, in dessen Verlauf die unterschiedlichen Vertretungsrechte von deutschen und ausländischen Betriebsräten ab Mitte der 1990er-Jahre verändert wurden mit dem Ergebnis einer Abschaffung der Doppelstruktur der Mitarbeitervertretung. Diese Veränderung wurde maßgeblich durch die sprachliche und fachliche Kompetenz nachrückender Betriebsräte mit Migrationshintergrund herbeigeführt, die im Vergleich zur angeworbenen Elterngeneration eine konkurrenzfähigere Qualifikation für die Betriebsratsarbeit aufzuweisen hatten. Die berufsfachlichen Kompetenzen erwarben sie sich u. a. in Berufsausbildungsgängen des VW-Konzerns, in die Jugendliche aus Einwanderergruppen verstärkt ab den 1990er-Jahren[155] Eingang fanden, wie nachfolgende Abbildung zeigt:

[154] Vgl. https://www.igmetall-wob.de/betriebe/vw/vw-betriebsrat/ (Abruf am 25.08.2018).

[155] Die VW-Coaching GmbH, eine betriebseigene Ausbildungsgesellschaft von Volkswagen, führt erst seit 1989 die Kategorie „ausländische Auszubildende" in ihren Statistiken. Nach Auskunft des VW-Betriebsrates Scarpino, der in den 1980er-Jahren Mitglied und zuletzt Vorsitzender der Jugend- und Auszubildendenvertretung (JAV) im VW-Werk Wolfsburg war, gab es bis Anfang der 1980er-Jahre nur vereinzelte, bis Ende dieses Jahrzehnts immer noch relativ wenige Auszubildende mit Migrationshintergrund im Werk, sodass man vor 1989 von „20 bis 30 Ausländern pro Ausbildungsjahrgang" (vgl. das entspre-

Entwicklung der gewerblich-technischen Auszubildendenzahlen von Deutschen und Ausländern* bei VW in Wolfsburg 1989-2005

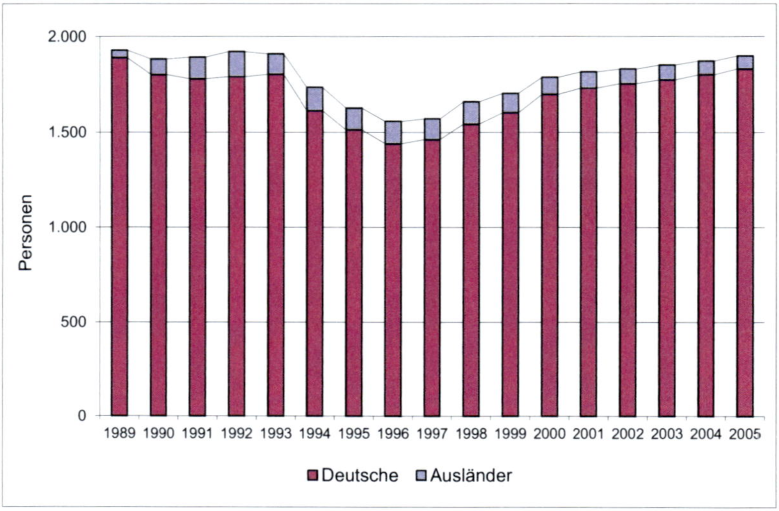

Abbildung 15: Entwicklung der gewerblich-technischen Auszubildendenzahlen von Deutschen und Ausländern* bei VW in Wolfsburg 1989-2005

* Hierunter fallen Personen beiderlei Geschlechts

Quelle: VW-Coaching GmbH

Es ist auffällig, dass die Zahlen der ausländischen Auszubildenden zwischen 1989 und 1998 stark ansteigen bzw. zuletzt stabil bleiben, obwohl sich die Gesamtzahl aller Auszubildenden bei VW in Wolfsburg spätestens ab 1994 sehr verringert, was auch dem oben beschriebenen Abbau von Gesamtbeschäftigung im Werk ab Mitte der 1990er-Jahre entspricht. Im weiteren Verlauf der Entwicklung erkennt man allerdings eine Abnahme der Zahl ausländischer Auszubildender, obwohl sich die Gesamtgröße der Ausbildungszahlen im VW-Stammwerk leicht erholt und 2005 wieder in die Nähe der Höchststände von Anfang der 1990er-Jahre gelangt. Diese jeweils gegenläufigen Entwicklungen machen einen detaillierten Blick auf die Daten der ausländischen Beschäftigten vonnöten, der sich in den Ausländeranteilen in der Gesamtbelegschaft in Relation zum Ausbildungsbereich des VW-Werkes Wolfsburg zeigt:

chende Interview v. 23.08.2000) ausgehen kann, was einem Anteil von 1-2 % in der damaligen VW-Ausbildung in Wolfsburg entsprechen würde.

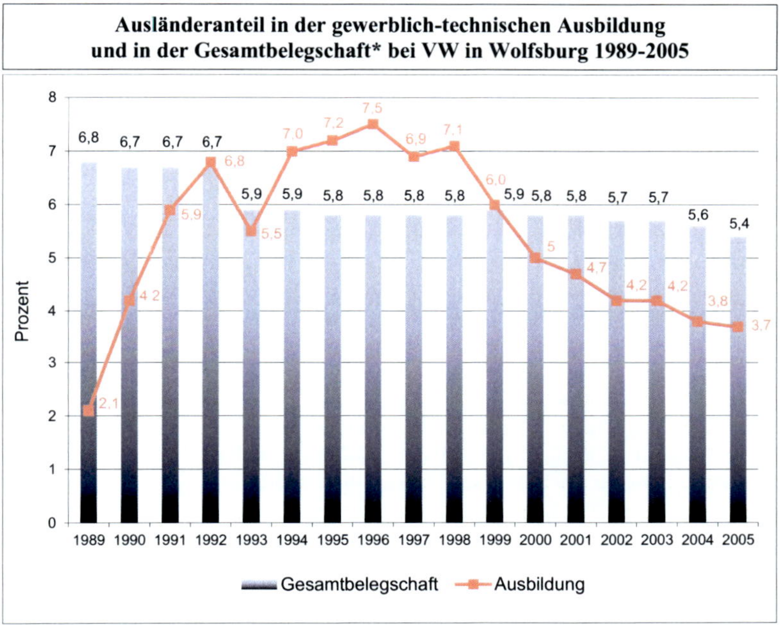

Abbildung 16: Ausländeranteil in der gewerblich-technischen Ausbildung und in der Gesamtbelegschaft* bei VW in Wolfsburg 1989-2005

* Hierunter fallen Personen beiderlei Geschlechts

Quelle: VW-Coaching GmbH; eigene Berechnungen

Bei dieser auf die ausländischen Mitarbeiter in Gesamtbeschäftigung und Ausbildung bezogenen Abbildung werden drei Phasen sichtbar: Bei stabilen Beschäftigungsquoten von Arbeitsmigranten bei VW in Wolfsburg steigt der Ausländeranteil in den Ausbildungsbereichen des Werkes zwischen 1989 und 1992 steil an. Nach dem Zwischenjahr 1993, in dem die Zahl ausländischer Mitarbeiter in beiden Beschäftigungsbereichen sinkt, setzt sich zwischen 1994 und 1998 der für die erste Zeitphase beschriebene Trend weiter fort, mit dem entscheidenden Unterschied, dass die Ausländerquote in der Ausbildung nunmehr weit oberhalb des Ausländeranteils in der Gesamtbelegschaft liegt. Doch ab 1999 gibt es einen starken Abfall der ausländischen Werte in der Ausbildung, obwohl der Ausländeranteil im Gesamtwerk bis 2005 relativ stabil bleibt. Diese in weiten Teilen gegenläufigen Entwicklungen der beiden Ausländerquoten lassen die Frage in den Mittelpunkt rücken, wie diese unterschiedlichen Phasen zustande kamen, somit, wie die generelle Auswahl von Auszubildenden praktiziert wird und wovon speziell die Einstellung von Jugendlichen mit Migrationshintergrund abhängen könnte.

Die Auswahl von Jugendlichen für die VW-Ausbildung[156] wird in den 2000er-Jahren in einem dreistufigen Bewerbungsverfahren durchgeführt[157]: 1. Die eingehenden Bewer-

[156] Im VW-Werk Wolfsburg können über zwanzig Ausbildungsberufe erlernt werden, davon jeweils etwa die Hälfte in gewerblich-technischen und in kaufmännischen Berufen.

bungen werden auf Kriterien geprüft, die für Volkswagen Mindeststandards eines Bewerbungsprofils darstellen: Haben die Interessenten mindestens einen Hauptschulabschluss, kommen sie aus der Region und sind sie bisher ohne Ausbildungsplatz gewesen? Gemäß dieser Bedingungen fallen von jährlich nahezu 5.000 Bewerbern etwa ein Drittel aus dem Kreis chancenreicher Jugendlicher heraus. 2. Die Übriggebliebenen werden zu einem ca. dreistündigen Bewerbungstest gebeten, der sowohl allgemeinbildende als auch ausbildungsaffine Fragen umfasst. Die Testergebnisse der verbliebenen Bewerber dienen zusammen mit den Noteneindrücken ihrer letzten Zeugnisse als Grundlage für den nächsten und weitreichendsten Reduktionsschritt, bei dem drei Viertel der Testabsolventen aussortiert werden. Übrig bleiben etwa 700 Bewerber, die zu einem Interview mit zwei Ausbildern eingeladen werden. Das Unternehmen verschafft sich dabei einen persönlichen Eindruck von den übrig gebliebenen Bewerbern. Nach den bisherigen Eignungsprüfungen werden innerhalb dieses letzten Verfahrensschritts die persönliche Motivation und Neigung der Kandidaten überprüft, um letzte Zweifel über einzelne Kandidaten oder gar Missverständnisse bei den jeweiligen Ausbildungserwartungen auszuräumen. Es erhalten dann auch die meisten der zum Interview Eingeladenen einen Ausbildungsplatz bei VW in Wolfsburg, drei Viertel von ihnen in gewerblich-technischen, der Rest in kaufmännischen Ausbildungsbereichen.

Das dargestellte Stufenverfahren besteht somit aus quantitativen Kontrollinstrumenten wie die Einhaltung von Mindestbedingungen sowie die Feststellung der Testergebnisse wie auch qualitativen Bewertungen, wenn Eindrücke aus den jeweiligen Zeugnissen oder den Interviews zu Auswahlentscheidungen führen. Aus Bewerbersicht geht es dabei sowohl um erreichte Qualifikationsniveaus als auch um die Gewinnung eines persönlichen Profils, um die Entscheider von sich überzeugen zu können. Nach Auskunft der Ausbildungsabteilung besteht das Qualifikationserfordernis aus dem Erreichen eines untersten Sollwertes, der als Mindestniveau für die Ausbildung in VW-Werken festgelegt wurde. So muss beispielsweise im Bewerbungstest nur eine Mindestpunktzahl erreicht werden, um in der Auswahl zu verbleiben. Eine Differenzierung erfolgt für einzelne Ausbildungsbereiche nur insofern, als die Testergebnisse gemäß fachlich unterschiedlicher Anforderungen separat für die Bereiche Metall, Elektro oder kaufmännische Berufe aufgeschlüsselt werden. Eine zu diesem Mindestqualifikationsverfahren alternative Bestenauslese gibt es nur in den begehrtesten Ausbildungsberufsgruppen, wozu insbesondere der kaufmännische Bereich gehört: Dort bewarben sich seinerzeit auf einen Ausbildungsplatz etwa zwanzig Personen, in den gewerblich-technischen Bereichen lag das Verhältnis Plätze : Bewerber zumeist bei 1 : 4.

Was bedeutet dieses Rekrutierungssystem im VW-Ausbildungsbereich für die Jugendlichen mit ausländischen Wurzeln in der Region Wolfsburg? In Bezug auf die vor den 1990er-Jahren relativ niedrige Zahl ausländischer Auszubildender im Stammwerk von VW kann gemäß verschiedener Arbeiten zur Schulausbildung ausländischer Kinder (vgl. allgemein: Boos-Nünning und Henscheid 1986; Hunger 2001; speziell für die Italiener: Schaefer und Thränhardt 1998, S. 167–173) zum einen davon ausgegangen werden, dass ihre Schulkarrieren und Abschlüsse selten gute Voraussetzungen für Bewerbungsverfahren waren, sowohl aufgrund eigenqualifikatorischer Defizite als auch aus

---

157 Nachfolgende Informationen gemäß Interviewaussagen des seinerzeitigen Leiters der VW-Coaching GmbH, Herrn Bergmann, am 14.12.2000.

Gründen „institutionalisierter Diskriminierung" (Hunger 2001, S. 132), die von einer Probandin auch für die Wolfsburger Verhältnisse bestätigt wird[158]: Auch dort wären bis in die 1980er-Jahre hinein italienische Kinder wegen mangelnder Sprachkenntnisse in untere Bildungseinrichtungen wie Sonder- oder Hauptschulen eingestuft worden. Grund dafür seien jedoch nicht nur die häufig fehlerhaften Organisations- und Einstufungsentscheidungen der Wolfsburger Schulbehörde gewesen, sondern auch die Einstellung der Migranteneltern, ihre Kinder „italienisch" zu erziehen, was sich in einer elterlichen Betonung der italienischen Sprache sowie ihre mangelhafte Unterstützungsfähigkeit für die schulischen Probleme ihrer Kinder im deutschen Bildungssystem ausdrückte. Aus diesen Gründen hätten viele Kinder der Migrantenfamilien für die VW-Ausbildungsplatzvergabe nicht einmal die Mindestqualifikationen bei Zeugnissen und Testergebnissen erreicht. Spätere Einlassungen zur gegenwärtigen Beschulung von italienischstämmigen Kindern in Wolfsburg zeigen, dass sich ihre schulischen Einstufungschancen inzwischen stark verbessert haben.

Zum anderen zeigen Interviews mit Personen, die in Vergangenheit und Gegenwart für die Auswahl von Auszubildenden verantwortlich waren und sind, dass sich auch bei den Einschätzungen der Bewerter eine Veränderung einstellte, was zu einer modifizierten betrieblichen Personalpolitik in dieser Frage führte. Denn nach Aussage eines damaligen Jugendvertreters[159] wurden bei VW in Wolfsburg bis zu Beginn der 1980er-Jahre ausländische Kinder fast nur als Produktionsarbeiter eingestellt. VW-Ausbildungsstellen für Migrantenjugendliche waren zu dieser Zeit exotische Ausnahmen und kamen nur durch vereinzelte Interventionen einflussreicher Kontaktpersonen zustande[160]. Dies änderte sich erst durch einen Zufall bei der Zusammensetzung des Bildungsausschusses des Betriebsrates, der gemäß BetrVG allen von der Unternehmensführung gewünschten Ausbildungsverhältnissen zustimmen muss. In einem konsensualen Verfahren entscheiden die im Ausschuss vertretenen Betriebsräte zusammen mit den für den Ausbildungsbereich zuständigen Vertretern der Geschäftsleitung über die Kandidaten auf der Grundlage des dargestellten dreistufigen Bewerbungsverfahrens. Auf Arbeitnehmerseite setzt sich der Bildungsausschuss aus den Betriebsräten verschiedener Belegschaftsbereiche zusammen[161]. Bis Mitte der 1980er-Jahre waren dies die verantwortlichen Betriebsräte aus den Beschäftigungsbereichen Angestellte, Leistungslohn, Zeitlohn sowie der Vorsitzende der Jugend- und Auszubildendenvertretung (JAV). Mit der Wahl eines Italieners zum Vorsitzenden der JAV wurde ab 1984 erstmals ein

---

[158] Nachfolgende Äußerungen gemäß eines Interviews v. 24.08.2000 mit der italienisch-stämmigen gewerkschaftlichen Vertrauensfrau Concetta Zammataro, die 1978 als achtjähriges Kind von Sizilien zum Wolfsburger Arbeitsort ihres Vaters zog und dort die italienisch-deutschen Schulbedingungen erlebte.

[159] Vgl. das Interview mit dem heute als Betriebsrat tätigen Gerardo Scarpino v. 23.08.2000. Er selbst kam als Sohn eines italienischen VW-Arbeiters als Dreijähriger von Italien nach Deutschland.

[160] Eine solche Ausnahme war auch das italienische Arbeiterkind Gerardo Scarpino. Als einer der wenigen italienischen Kinder ging er seit Beginn der 1970er-Jahre auf eine Realschule, die er 1978 mit der Mittleren Reife abschloss. Trotz guter schulischer Leistungen mit entsprechend höherem Abschluss wurde seine Bewerbung um einen VW-Ausbildungsplatz zunächst einmal abgelehnt. Erst nach Intervention des Personalchefs des Vaters erhielt er als einer von vier Ausländern unter 680 Lehrlingen seines Jahrgangs dann doch einen Ausbildungsplatz als Maschinenschlosser.

[161] Vgl. Interview mit dem seinerzeitigen Leiter der VW-Coaching GmbH, Herrn Bergmann, am 14.12.2000.

Nichtdeutscher Mitglied des Bildungsausschusses und damit Mitentscheider für die Vergabe von Ausbildungsplätzen.

Die Einbeziehung einer Entscheidungsperson italienischer Abstammung änderte die Perspektive der Kandidatenbetrachtung im für die Auswahl zuständigen Ausschuss. Der neue Vorsitzende der JAV[162] bemerkte während der ersten Auswahlprozesse, dass selbst bei vergleichbaren Qualifikationsleistungen von Kandidaten die Entscheidungsberechtigten kaum ausländische Bewerber auswählten. Dies nährte bei ihm den Verdacht, dass die konsensualen Auswahlentscheidungen stark vom persönlichen Blickwinkel der jeweiligen Entscheider abhängen, somit personenabhängig seien. Eine Bestätigung dieser Einschätzung erhielt der Jugendvertreter durch eine nachfolgende Intervention seinerseits, in einer Situation vergleichbarer Leistungen verschiedener Bewerber die Auswahl eines italienischen Anwärters vorzuschlagen, was vom Ausschuss ohne große Diskussion so entschieden wurde. Weitere ähnlich gelagerte Entscheidungen führten zum Ergebnis, dass schon im ersten Jahr der Tätigkeit des italienischen Jugendvertreters im Bildungsausschuss sich die Zahl ausländischer Auszubildender bei VW in Wolfsburg von 12 auf 30 Personen nahezu verdreifachte.

Diese Veränderung von Entscheidungsausgängen verweist auf eine spezielle Funktionsweise von Organisationen, wie sie systemtheoretisch beschrieben wird: Danach ist eine Organisation „ein rekursiver Entscheidungsverbund" (Luhmann 1995, S. 22), d. h., zur Abgrenzung von der Organisationsumwelt werden in ihr Entscheidungen als spezifische Kommunikationsform ausdifferenziert. Organisationen reproduzieren sich durch die Kommunikation ihrer Entscheidungen, die sich wiederum an vorhergehende Entscheidungen anschließen. Das Resultat ihrer Reproduktion durch Entscheidungen sind u. a. die Organisationsstrukturen, so ihre Entscheidungsprämissen wie Programme, Stellen, Personal oder Kommunikationswege (vgl. Bommes 1999, S. 155 f.). Auf unseren Fall übertragen ist die Veränderung von Auswahlentscheidungen insofern folgerichtig, als die vermehrten Entscheidungen für italienische Auszubildende anschlussfähig zur Neubesetzung des Bildungsausschusses mit einem italienischen Vorsitzenden der Jugendvertretung war. Diese Veränderung der Ausschusszusammensetzung initiierte Gelegenheiten der Anschlusskommunikation, indem jemand auf das im Vergleich zu anderen Kandidaten nicht minder kompetente Persönlichkeitsprofil italienischer Bewerber hinwies und so eine weitere Entscheidungsalternative legitimierte. Oder anders ausgedrückt: Unter der Voraussetzung einer notwendigen Mindestqualifikation von adäquaten Kandidaten statt der Befolgung einer Bestenauslese müssen unter Ermangelung fachlicher Parameter weitere Auswahlkriterien herangezogen werden, um die Unsicherheit der richtigen Entscheidung zu minimieren. Wenn die Sollkurve der Qualifikationsanforderungen erreicht wird, ist Raum für andere Kriterien, sozialpolitischer oder individueller Art. Häufig werden dann persönliche Befindlichkeiten der Entscheidungspersonen zu personalen Prämissen der Entscheidung, die den jeweils eigenen Schul- und Berufskarrieren ähneln oder von den Erwartungen anderer Organisationsmitglieder (etwa Verwandte von Bewerbern) geprägt sind (vgl. Bommes 1999, S. 160ff.).

So führte die Neubesetzung des Vorsitzes der JAV mit einem italienischen Arbeitnehmer zu einer Veränderung der Rekrutierungsauswahl mit weitreichenden Konsequen-

---

[162] Nachfolgende Einschätzungen gemäß Interviewaussagen des damals neu gewählten Vorsitzenden der JAV, Gerardo Scarpino, v. 23.08.2000.

zen: Betriebsrat und Geschäftsleitung wurden für die Rekrutierungsthematik sensibilisiert mit der Folge, dass es eine „weiche Quote“[163] von mindestens 20-30 ausländischen Auszubildenden pro Jahrgang geben sollte. Zudem wurde innerhalb der Arbeitnehmervertretung vereinbart, dass ab Mitte der 1980er-Jahre auch ein italienischer Betriebsrat reguläres Mitglied des Bildungsausschusses wurde. Diese neue Rekrutierungsstruktur korrespondierte nachfolgend mit einem tradierten Auswahlergebnis, nach dem zu Spitzenzeiten 90 % der Auszubildenden bei VW in Wolfsburg Kinder von Werksangehörigen waren. Später waren es zwar nur noch ca. 60 %[164], dafür profitierten aber eben auch die Nachkommen der im Betrieb beschäftigten Anwerbemigranten von diesem System.[165] Gleichzeitig musste aber auch die italienische Betriebsöffentlichkeit sensibilisiert werden, da die italienischen Vertreter im Bildungsausschuss nunmehr unter starkem Druck ihrer eigenen Community standen, bestimmte Bewerber der eigenen nationalen Gruppe für einen Ausbildungsplatz bei Volkswagen auszuwählen[166]. Auch gab es in den 1980er-Jahren anfangs einige fachliche Probleme mit der steigenden Zahl ausländischer Auszubildender, weil sie in ihren Ausbildungsleistungen schwächer waren als ihre deutschen Kollegen. Doch durch eine aufklärende Rekrutierungssensibilisierung und durch kurzfristige Förderprogramme für alle Auszubildenden[167] verflüchtigte sich das Problem relativ schnell, da die Leistungsschwächen der ausländischen Jugendlichen offenbar aus mangelnden Erfahrungsressourcen bei den Bewerbern sowie ihren familiären und bekanntschaftlichen Informanten bezüglich des Ausbildungsverlaufs resultierten.

Die dokumentierten Ausbildungszahlen im Wolfsburger Werk zeigen, dass die erläuterte Öffnung der Rekrutierungsauswahl einen Prozess in Gang setzte, in dessen Verlauf Bewerber mit Migrationshintergrund offenbar immer konkurrenzfähiger zu ihren Mitbewerbern ohne Migrationshintergrund wurden, sowohl in Bezug auf ihre Qualifikationen als auch hinsichtlich ihres Persönlichkeitsprofils als Migrantenkinder. Die geschilderte Bedeutung des Vorsitzenden der JAV als Mitglied des Bildungsausschusses entspricht den oben dargestellten Wirkungen, die Betriebsräte aus Einwanderergruppen auf einzelne betriebspolitische Entwicklungen in der allgemeinen Belegschaftsvertretung bei VW in Wolfsburg haben. Somit dürfte die Partizipation von Jugendvertretern mit Migrationshintergrund in der JAV, der ebenso wie beim Betriebsrat eine Zubilligung des aktiven und passiven Wahlrechts für ausländische Jugendliche durch das BetrVG vorausging, eine entscheidende Rolle bei der wirksamen Vertretung der Interessen der

---

[163] Aussage des Betriebsrates und seinerzeitigen Jugendvertreters Gerardo Scarpino gemäß Interview v. 23.08.2000.

[164] Beide Informationen gemäß Interviewaussage des seinerzeitigen Leiters der VW-Coaching GmbH, Herrn Bergmann, am 14.12.2000.

[165] Diese Vater-Sohn-Rekrutierung im VW-Ausbildungssystem wird von vielen jüngeren Facharbeitern bestätigt, die ihre Ausbildung bei Volkswagen absolviert hatten. Dass davon auch Kinder von Arbeitnehmern mit Migrationshintergrund profitieren, bestätigte ein ausländischer Proband mit der Gesprächsnummer 16 in einem Interview v. 15.12.2000. In seinem Fall war bemerkenswert, dass die betriebliche Verbindung nicht nur über seinen Vater hergestellt wurde, der seit dreißig Jahren im VW-Stammwerk arbeitete, sondern auch über seinen älteren Bruder, der bei VW das Ausbildungssystem durchlief und inzwischen Mitglied und später Vorsitzender der JAV war.

[166] Diese Einschätzung wurde auch vom späteren Vorsitzenden der JAV bei VW in Wolfsburg, Angelos Mpoutskas, in einem Interview v. 21.08.2000 bestätigt.

[167] Aussage gemäß Interview mit dem damaligen Jugendvertreter Gerardo Scarpino v. 23.08.2000.

Migrantenkinder im Werk spielen. Ein Blick auf die Entwicklung der Migrantenquote innerhalb der JAV, die aufgrund der Begrenzung des Wahlalters auf 24 Jahren und im Unterschied zum Betriebsrat alle zwei Jahre neu gewählt wird, unterstreicht den Eindruck steigender Partizipation von Auszubildenden aus Einwanderergruppen in ihrem Vertretungsgremium:

Tabelle 5: Partizipation von Auszubildenden mit Migrationshintergrund* in der Jugend- und Auszubildendenvertretung (JAV) bei VW in Wolfsburg 1972-2018

Jahr	Anzahl der Mandate von Azubis mit Migrationshintergrund	JAV-Prozentanteil von Azubis mit Migrationshintergrund	JAV-Vorsitzender ein Azubi mit Migrationshintergrund?
1972	0	0 %	Nein
1974	0	0 %	Nein
1976	0	0 %	Nein
1978	0	0 %	Nein
1980	1	11,1 %	Nein
1982	1	11,1 %	Nein
1984	1	11,1 %	Ja
1986	1	11,1 %	Ja
1988**	1	7,7 %	Nein
1990	1	7,7 %	Nein
1992	2	15,4 %	Ja
1994	3	23,1 %	Ja
1996	5	38,5 %	Ja
1998	6	46,4 %	Ja
2000	5	38,5 %	Ja
2002	5	33,3 %	Nein
2004	9	60,0 %	Nein
...	...	...	...
2018	5	35,7 %	Ja

* Hierunter fallen Personen beiderlei Geschlechts
** 1988 wurde die Gesamtmandatszahl in der JAV von 9 auf 13 erhöht.
Quelle: Gesamtbetriebsrat Volkswagen AG; IG Metall Wolfsburg

Es ist auffällig, dass bis Ende der 1990er-Jahre der steigende Anteil von Jugendvertretern mit Migrationshintergrund in der JAV mit dem sich erhöhenden Ausländeranteil in der gesamten VW-Ausbildung korrespondiert. An den jeweils absoluten Zahlen ist erkennbar, dass typischerweise die Datenentwicklung in der JAV denen in der Gesamtausbildung folgt, sich die positiven Entwicklungen im Ausbildungsbereich somit zeitversetzt auch in der JAV einstellten. Und ähnlich dem Migrantenanteil im Betriebsrat steigt auch der Anteil von Jugendvertretern mit Migrationshintergrund in der JAV zuletzt in überaus große Höhen, die weit über dem Ausländeranteil im gesamten Ausbildungsbereich liegen. Doch im Gegensatz zum Betriebsrat lag der Migrantenanteil in der JAV sehr schnell höher als in der Gesamtauszubildendenschaft. So hatten bei VW in Wolfsburg junge Beschäftigte mit Migrationshintergrund in der dokumentierten Zeitperiode nicht nur sehr gute Chancen, ein Mandat für die JAV zu erhalten. Sondern in mehr als der Hälfte des Zeitraumes wurde einer von ihnen sogar zum Vorsitzenden dieses Gremiums gewählt, was die beschriebenen Auswirkungen auf die Zusammensetzung des einstellungsrelevanten Bildungsausschusses hatte. Diese Entwicklung hält auch aktuell an: In der JAV 2018 des Wolfsburger Stammwerkes liegt der Anteil von Mitgliedern mit Migrationshintergrund weiterhin hoch bei über 35 %. Und auch die aktuelle Vorsitzende des Gremiums hat einen Migrationshintergrund.[168] Das unterschiedliche Ausmaß der Partizipationsanteile von Migranten in JAV und Betriebsrat ist nach Einschätzung eines früheren Vorsitzenden der Jugendvertretung mit Migrationshintergrund[169] auf zwei Tendenzen zurückzuführen: Zum einen ist die sprachliche und schulische Qualifikation der Migrantenkinder in der VW-Ausbildung besser als die Qualifikationsvoraussetzungen vieler Betriebsratskandidaten mit Migrationshintergrund, was Auswirkungen auf ihren persönlichen Eindruck bei den Wählern hat und somit auf ihre Wahlchancen. Zum anderen gehört die JAV eher zu einer Vorfeldinstitution des Betriebsrates mit im Vergleich beschränktem Einfluss. Dies führe bei Kandidaten ohne Migrationshintergrund zu einer Aufmerksamkeit bei Betriebsratswahlen, während bei ihnen die JAV eine weniger große Bedeutung erhielte.

Zudem ist bei den Daten der Ausländeranteile in der VW-Ausbildung bemerkenswert, dass der starke und stringente Abfall des entsprechenden Wertes (von 7,1 % im Jahr 1998 auf 3,7 % in 2005) keine Entsprechung bei der Entwicklung des Migrantenanteils in der JAV findet. Denn ganz im Gegenteil wäre es logisch, wenn bei einem stark fallenden Ausländeranteil unter den Wählern auch der Vertretungsanteil in der JAV fallen würde. Als Erklärungsansatz bietet sich zum einen die Erweiterung des VW-Arbeitskräftepotenzials auf ehemaliges DDR-Gebiet im Zuge der deutschen Wiedervereinigung an: Es ist zu vermuten, dass neben regulären Arbeitskräften vermehrt auch mehr Auszubildende aus Ostdeutschland Eingang in die entsprechende VW-Statistik finden, wo sie natürlich als Deutsche geführt werden. Doch unter Berücksichtigung des seit 1993 stabil bleibenden Ausländeranteils in der Gesamtbelegschaft kann der Wiedervereinigungseffekt kein ausreichender Erklärungsansatz sein. Vermutlich sind die sich unterschiedlich entwickelnden Datenkurven auch auf ein statistisches Phänomen zurückzuführen, da es in diesem Zusammenhang um die Definition von Ausländern bzw. Jugendlichen mit Migrationshintergrund geht. Es ist anzunehmen, dass der rapide Abfall des Ausländeranteils in der VW-Ausbildung nicht auf eine geringere Berücksichtigung von Migrantenkindern bei der Ausbildungsrekrutierung im Wolfsburger Werk verweist, zumal hierbei Jugendliche mit Migrationshintergrund institutionell gefördert werden, wie obige Analysen zeigten. Vielmehr ist zu vermuten, dass aufgrund einer steigenden Intermarriage-Quote zwischen deutschen und italienischen Ehepartnern in Wolfsburg (Ende 2016 fast 16 %)[170] immer mehr Kinder italienischer Arbeitsmigranten

[168] Vgl. die Darstellung der personellen Zusammensetzung des VW-Betriebsrates in Wolfsburg auf https://www.igmetall-wob.de/betriebe/vw/vw-betriebsrat/ (Abruf am 25.08.2018).

[169] Aussage gemäß Interview mit dem ehemaligen Jugendvertreter Angelos Mpoutskas v. 21.08.2000.

[170] Vgl. https://www.wolfsburg.de/rathaus/bekanntmachungen/daten-und-fakten (Abruf am 25.08.2018).

die deutsche Staatsangehörigkeit besitzen und so als erfolgreiche Ausbildungsbewerber nicht als Ausländer, sondern als Deutsche in der Ausbildungsstatistik registriert werden. Im Gegensatz dazu hebt die Dokumentation der Jugendvertreter in der JAV im Sinne des Forschungsansatzes nicht auf die formale Staatsangehörigkeit, sondern auf die Existenz eines Migrationshintergrundes ab, um die Entwicklung betriebspolitischen Kapitals aufseiten der Anwerbemigranten und ihrer Nachkommen infolge der Zubilligung von aktivem und passivem Wahlrecht nachzuvollziehen. Es ist anzunehmen, dass der hohe Anteil von Kindern mit Migrationshintergrund in der JAV auch ab Ende der 1990er-Jahre wiederum einem entsprechend hohen Anteil von Auszubildenden mit Migrationshintergrund folgt, selbst wenn er in Form einer nationalitätenstatistischen Dokumentation nicht (mehr) nachvollziehbar ist.

Das dargestellte Ausbildungs- und Rekrutierungssystem im VW-Stammwerk Wolfsburg hat erhebliche Auswirkungen auf die Beschäftigungschancen von Jugendlichen aus Einwanderergruppen in der Region Wolfsburg, da laut VW-Manteltarifvertrag zwischen Geschäftsleitung und Betriebsrat alle Auszubildenden nach Ende ihrer Ausbildungszeit vom Unternehmen übernommen werden, häufig in Facharbeiterpositionen.[171] Allerdings gelten diese für Auszubildende mit Migrationshintergrund günstigen Bedingungen zumeist nur für gewerblich-technische Ausbildungsberufe, die den Ressourcen von Migrantenkindern in Form von Qualifikation und sozialem Kapital am ehesten entsprechen. Im kaufmännischen Bereich ist die Beschäftigung von Migrantenjugendlichen häufig noch die Ausnahme, was nur in zweiter Linie ein Qualifikationsproblem dieser Bewerbergruppe sei, so der ehemalige Ausbildungsleiter, da Bewerber mit Migrationshintergrund im Vergleich zur geringen Zahl an vorhandenen Ausbildungsplätzen im kaufmännischen Bereich ausreichend häufig Abitur aufwiesen. Vielmehr sind in diesem Berufsbereich die Rekrutierungsbedingungen andere: So folgt die hier angewandte Auswahlmethode nicht nur dem Prinzip der Bestenauslese, wonach Bewerber ohne Migrationshintergrund zumeist immer noch das oberste Niveau bestimmen, sondern auch das weitere Bewerbungsverfahren findet direkt in den jeweiligen kaufmännischen Betriebsbereichen statt. Dies bedeutet in der Praxis, dass die Rekrutierungsentscheidungen auch in diesem Bereich zwar mitbestimmungspflichtig, aber nicht ausschussrelevant sind, somit nicht der gemeinsam tagende Bildungsausschuss inklusive seiner Mitglieder mit Migrationshintergrund über die Bewerber im Angestelltenbereich entscheidet, sondern die jeweiligen Abteilungsleiter des kaufmännischen Bereichs unter Einbeziehung eines für den Angestelltenbereich zuständigen Betriebsrates[172]. Ähnlich der Anwendung sozialpolitischer und individueller Kriterien bei der Auswahl von Kandidaten im Bildungsausschuss ist es auch im kaufmännischen Bereich unter den offiziellen Bedingungen der Bestenauslese üblich, dass die Entscheider einen vorhandenen Spielraum bei der letztlichen Entscheidungsfindung mithilfe persönlicher Kriterien füllen, um die Position mit geeigneten und ggf. bekannten Kandidaten zu besetzen. Oder wie es

---

[171] Information des seinerzeitigen Leiters der VW-Coaching GmbH, Herrn Bergmann, vgl. entsprechendes Interview v. 14.12.2000.

[172] Information des seinerzeitigen Leiters der VW-Coaching GmbH, Herrn Bergmann, vgl. entsprechendes Interview v. 14.12.2000.

ein VW-Abteilungsleiter ausdrückt: „Es gibt nicht nur Empfehlungen vom Betriebsrat, sondern auch vom Vorstand".[173]

So lässt sich in Bezug auf die Partizipation von Bewerbern und Entscheidern mit Migrationshintergrund innerhalb dieses Beschäftigungszweiges feststellen, dass aufgrund der Anwendung einer Bestenauswahl zum einen eine verminderte Zahl konkurrenzfähiger Bewerber aus Einwanderergruppen im kaufmännischen Bereich wahrscheinlich ist, zum anderen durch die Dezentralisierung der Entscheidungsfindung die im Bildungsausschuss tätigen Migrantenvertreter im Angestelltenbereich nicht zum Zuge kommen. Gemäß des OECD-Bildungsberichts 2012 kommt noch hinzu, dass selbst gut qualifizierte Migrantenkinder in Deutschland deutlich schlechtere Arbeitsmarktchancen haben als ihre Altersgenossen ohne Migrationshintergrund, da hier entgegen der eingereichten Zertifikate oft die insgeheime Erwartung vorherrsche, dass Migranten nur über eine geringe Qualifikation verfügten.[174] Das unter diesen Auswahlbedingungen zu erwartende Ergebnis ist, dass es im kaufmännischen Ausbildungsbereich nur wenige Jugendliche mit Migrationshintergrund gibt, wie exemplarische Daten aus dem Jahr 2000 zeigen: Im November diesen Jahres waren von 330 Auszubildenden im kaufmännischen Bereich von VW in Wolfsburg drei ausländischer Nationalität (zwei Italiener, ein Portugiese), was einem Anteil von nicht einmal einen Prozent entspricht. Im Vergleich dazu hatten zum gleichen Zeitpunkt 5,5 % aller gewerblich-technischen Auszubildenden eine nichtdeutsche Staatsangehörigkeit (80 von 1.463 Azubis).[175] Wie viele junge Beschäftigte in den beiden Ausbildungsbereichen eine deutsche Staatsangehörigkeit, jedoch auch einen Migrationshintergrund aufweisen, ließ sich nicht dokumentieren. Aktuelle Berichte über die Zusammensetzung insbesondere des kaufmännischen Ausbildungsbereichs deuten jedoch darauf hin, dass Jugendliche mit Migrationshintergrund bei VW in Wolfsburg inzwischen häufiger einen Platz im höherwertigeren Ausbildungsbereich erhalten.[176]

Zusammenfassend lässt sich analog zu den in der Forschung festgestellten Ergebnissen (vgl. Bommes 1999, S. 206ff.; Seifert 1995, S. 166ff.; Schäfer 1994, S. 143f.) auch für das VW-Stammwerk in Wolfsburg konstatieren, dass es den jugendlichen Nachkommen der Anwerbemigranten sehr gut und vermehrt besser gelingt, Ausbildungsberufe in Lohnbereichen zu ergreifen und sie damit die Möglichkeit erlangen, in Facharbeiterpositionen vorzudringen. Allerdings haben sie trotz verbesserter Qualifikationsleistungen aufgrund eines abgeschlosseneren Rekrutierungssystems geringere Chancen in den kaufmännischen Ausbildungsbereich zu gelangen, was ihnen nachfolgende Aufstiegsmöglichkeiten in höhere Positionen mit steigendem Einfluss der zu vergebenden Funktionen verbaut.

---

173 Aussage des damaligen Leiters der Personalabteilung „Produktionseinstellung", Herrn Kern, im entsprechenden Interview v. 14.12.2000.

174 Vgl. http://www.oecd.org/berlin/publikationen/bildung-auf-einen-blick.htm (Abruf am 08.10.2017).

175 Entsprechende Daten mit Stand 14.11.2000 aus der VW-Personalabteilung.

176 So die Einschätzung des italienischstämmigen VW-Betriebsrates Christian Matzedda, der im Ortsvorstand der IG Metall in Wolfsburg für die Belange der Beschäftigten mit Migrationshintergrund zuständig ist, in einem telefonischen Interview am 24.03.2016.

4.2.7 Qualifikation, Netzwerke und ihre Auswirkungen auf die strukturelle Position der ausländischen Belegschaftsangehörigen in Betrieb und Gesellschaft

Die bisher dokumentierten Untersuchungsergebnisse lassen den Eindruck zu, dass bei der Besetzung von Arbeitsstellen für Volkswagen die Erfüllung der jeweiligen Qualifikationsanforderungen kriteriengeleitete Priorität hat. Dabei steigt naturgemäß das zu erreichende Qualifikationsniveau mit der Wichtigkeit der zu besetzenden Stelle oder Funktion. Auch aus diesen Gründen waren die bei den meisten Anwerbemigranten beschränkten betrieblichen Karrieren vorherbestimmt, da die zumeist aus dem strukturschwachen mediterranen Raum stammenden Anwerbemigranten entweder über unzureichende schulische oder berufliche Ausbildungen verfügten oder eben nicht den fachlichen, sprachlichen und personalen Anforderungen eines Metall verarbeitenden Industrieunternehmens in Deutschland genügten. Aus diesem Grunde waren weitreichende Beförderungen für ausländische Beschäftigte bei VW in Wolfsburg lange Zeit die Ausnahme: So gab es bis Anfang der 1980er-Jahre unter der Vielzahl an Betriebsmeistern im VW-Stammwerk nur zwei mit italienischer Staatsangehörigkeit, die als angeworbene Arbeitsmigranten zu Volkswagen kamen. Beide kamen aus Italien mit einer Fachausbildung und qualifizierten sich unter schwierigsten betrieblichen und persönlichen Umständen weiter, um bei VW die Meisterpositionen erreichen zu können.[177] Zudem gab es neben den Qualifikationsdefiziten der meisten Arbeitsmigranten während der Anwerbephase für sie sowie für das Unternehmen keine systematischen Anreize, langfristige Weiterqualifikationen mit dem Ziel einer nachhaltigen Karriereplanung der Anwerbemigranten zu fordern oder zu fördern: Denn der gedankliche Orientierungspunkt war weiterhin die Annahme, die angeworbenen Arbeiter übten eine vorübergehende Tätigkeit bei VW aus – wofür also langfristige Weiterbildungsinvestitionen für eine Beschäftigtengruppe tätigen, deren weitere Existenz in Deutschland zumindest fragwürdig erschien? Gleichwohl gab es mit Beginn der 1970er-Jahre berufsschulische Weiterbildungskurse speziell für angeworbene Arbeitsmigranten, die u. a. aus Förderprogrammen des Bundesarbeitsministeriums bzw. des Bund-Länder-Ausschusses zur Arbeitsmarktintegration ausländischer Arbeitnehmer finanziert wurden. Innerhalb dieser Förderprogramme konnten in Wolfsburg ungelernte italienische Beschäftigte an der örtlichen Berufsschule einen gewerblich-technischen Beruf erlernen, der zum VW-Arbeitsspektrum passte.[178] Dieses Berufsschulprogramm bestand arbeitsschichtbegleitend aus zwei Phasen: In den ersten zwei Jahren wurden in einem italienischsprachigen Unterricht die wichtigsten deutschen Fachausdrücke und Arbeitsbedingungen vermittelt; die nachfolgenden zwei Jahre waren die eigentliche Fachausbildung, die in deutscher Sprache durchgeführt wurde.[179] Allerdings stellten sich hinsichtlich des Erfolgs dieser Weiterbildungen in den ersten Anwendungsjahren zwei Schwierigkeiten ein: Als Erstes waren die meisten italienischen Kursteilnehmer mit dem inhaltlichen, zeitlichen und vor allem schichtbegleitenden Förderprogramm physisch wie psychisch überfordert, sodass nur

---

[177] Entsprechende Informationen gemäß des Interviews mit dem ersten italienischen Betriebsrat bei VW in Wolfsburg, Lorenzo Annese, v. 19.08.2000.

[178] Entsprechende Erinnerung eines damals 28-jährigen italienischen Probanden mit der Gesprächsnummer 10, Interview v. 13.12.2000.

[179] Entsprechende Erinnerung eines damals 25-jährigen italienischen Probanden mit der Gesprächsnummer 13 (Interview v. 13.12.2000), der die beschriebene Ausbildung zwischen 1973 und 1977 durchlief.

eine kleine Minderheit diese Abschlüsse erlangte.[180] Als Zweites reagierten die meisten deutschen Vorgesetzten reserviert auf die Weiterbildungserfolge bzw. entsprechenden Ambitionen der Arbeitsmigranten, weshalb sie ausländische Absolventen dieser Berufsausbildung betrieblich kaum höher stuften bzw. Interessenten vom Ausbildungsgang häufig abrieten.[181]

In diesem Zusammenhang waren die Förderungs- und Beförderungsmöglichkeiten für die ausländischen Beschäftigten seitens des Unternehmens bis Ende der 1970er-Jahre sehr beschränkt.[182] Erst ab dieser Zeit geriet das Feld einer strukturellen Gleichbehandlung von Arbeitsmigranten in Form von Beförderungen oder auch gleichwertiger Bezahlung, von der im weiteren Verlauf der Untersuchung noch zu sprechen sein wird, ins Blickfeld einzelner italienischer Interessenvertreter, sei es in der Funktion eines gewerkschaftlichen Vertrauensmannes oder gar als Betriebsrat.[183] Doch hatte für die Arbeitnehmervertreter aus Einwanderergruppen die Beförderungsthematik gegenüber anderen Gleichstellungsbereichen den Nachteil, zwar mitbestimmungspflichtig, aber nicht ausschussrelevant zu sein. Im beispielhaften Vergleich mit den Einstellungen im Ausbildungsbereich bedeutete dies etwa, dass Verbesserungen der Arbeitsmigranten in der Arbeitshierarchie durch Beförderungen nicht so planbar waren, wie beispielsweise die Umbesetzung des Bildungsausschusses sofortige Auswirkungen auf die herkunftsbezogene Zusammensetzung eines Ausbildungsjahrganges hatte. Insofern wäre die hierarchische Förderung des Migrantennachwuchses im Ausbildungsbereich eine Erfolg versprechendere Strategie zur strukturellen Gleichbehandlung ausländischer Beschäftigter.[184] Und wie die Beschreibungen der Ausbildungsbedingungen und Bewerberstruktur bei VW in Wolfsburg zeigen, erfüllen die Nachkommen der Anwerbemigranten die heutigen Karrierevoraussetzungen auch sehr viel besser, da z. B. ein Ausbildungsplatz bei Volkswagen laut Manteltarifvertrag nicht nur eine Übernahmegarantie enthält, sondern eine ebenso günstige Voraussetzung für eine Facharbeiter- bzw. Vorgesetztenkarriere im Unternehmen ist.[185]

Über die Qualifikationsanforderungen hinaus entfalten aber gerade in einem Großunternehmen die innerbetrieblichen sozialen Netze, in denen Rekrutierungs-, Weiterqualifikations- und Beförderungsentscheidungen getroffen werden, entscheidende Wirkungen bei Einstellung und Karriereverlauf. Anhand der geführten Gespräche mit Belegschaftsmitgliedern bei VW in Wolfsburg lässt sich zeigen, dass von dieser Protektion durch die jeweiligen Entscheider nicht nur Bewerber und Arbeitnehmer ohne Migrationshintergrund profitieren, sondern auch Beschäftigte aus Einwanderergruppen, wie

[180] Entsprechende Erinnerung des italienischen Probanden mit der Gesprächsnummer 10, Interview v. 13.12.2000.

[181] Entsprechende Erinnerung des italienischen Probanden mit der Gesprächsnummer 13, Interview v. 13.12.2000.

[182] Diese und z. T. vorhergehende Informationen aus einem Gespräch mit dem damaligen IG Metall-Gewerkschaftssekretär, Rocco Artale, v. 21.08.2000.

[183] Vgl. entsprechende Aussagen im Interview mit dem von 1970 bis 1990 wirkenden gewerkschaftlichen Vertrauensmann Agatino Pesce v. 22.08.2000.

[184] Einschätzungen des Betriebsrates und früheren JAV-Vorsitzenden, Gerardo Scarpino, gemäß eines Interviews v. 23.08.2000.

[185] Einschätzung des ehemaligen IG Metall Gewerkschaftssekretärs, Rocco Artale, in einem Interview v. 21.08.2000.

nachfolgende Einstellungs- und Arbeitsbeschreibung eines türkischen VW-Mitarbeiters dokumentiert:

> ***Proband***[186]***:*** *Mein Schwiegervater, der ist im Modellbau, der hat das bei mir so gemacht: Der ist zum Betriebsrat gegangen, hat mit dem gesprochen und danach hat der Betriebsrat die Bewerbung dann weitergegeben, an – ich weiß jetzt nicht wie der heißt – hier von der Personalabteilung.*
> ***Verfasser:*** *Die Bewerbung, die Sie ausgefüllt haben, die ist erst zum Betriebsrat gegangen und wurde dann an die Personalabteilung weitergeleitet?*
> ***Proband:*** *Genau, ja!*
> ***Verf.:*** *Und ist das normal oder hat sich der Betriebsrat darüber gewundert?*
> ***Proband:*** *Nee, das ist wohl normal hier! [...] Eigentlich ist das mies, finde ich." [...]*
> *Ich habe direkt in Halle 8 angefangen, in der Polsterei: Lupo-Fertigung.*
> ***Verf.:*** *Haben Sie einen Fest- oder einen Zeitvertrag bekommen?*
> ***Proband:*** *Nein, einen Zeitvertrag für ein Jahr. Nach einem halben Jahr wurde ich krank, da habe ich eine Magenschleimhautentzündung gehabt, habe richtig Probleme gehabt, lag dreieinhalb Wochen im Krankenhaus und war insgesamt so viereinhalb Wochen lang krankgeschrieben. Dann ist das Jahr vorübergegangen, hat man mich runtergerufen und mir nahegelegt: ich solle meine Sachen abgeben, weil es mein letzter Tag heute gewesen wäre. Daraufhin habe ich meinen Schwiegervater angerufen und wir sind dann zum Betriebsrat gegangen. Die Gewerkschaft hat sich dann darum bemüht, dass ich doch weiter beschäftigt wurde.*
> ***Verf.****:* *Warum wollten sie Sie nicht mehr weiter beschäftigen? Weil Sie 4,5 Wochen krank waren?*
> ***Proband:*** *Ja, Fehlzeiten, das waren ungefähr 18 oder 19 % Fehlzeiten. Und Durchschnitt war wohl damals, 1998/99 war das, letztes Jahr genau, da waren so 4 bis 4,5 % Durchschnittsfehlzeit – ich hatte zu viel gehabt! Der Betriebsrat hat erreicht, dass ich noch mal ein halbes Jahr bekam und dann haben sie das noch mal um ein halbes Jahr verlängert, also insgesamt zwei Jahre war ich auf Probe, oder auf Zeitvertrag. Aber wenn ich krank wurde oder so, habe ich Urlaub genommen oder bin mit Fieber arbeiten gekommen. [...] Seit März habe ich einen Festvertrag. [...] Ich bin jetzt das dritte Jahr am polstern, und ich habe Probleme mit den Handgelenken. Ich habe an beiden Handgelenken Karpaltunnelsyndrom. Die ganzen Sehnen und Nerven laufen in den Handgelenken durch so einen Karpaltunnel. Der ist entzündet und drückt das Ganze zusammen.*

---

[186] Der türkische Proband mit der Gesprächsnummer 4 kam als Kleinkind nach Deutschland, weil sein Vater in Salzgitter als Anwerbemigrant arbeitete. Dort schloss der Proband die Schule mit dem Hauptschulabschluss ab, um anschließend eine Schlosserlehre erfolgreich zu absolvieren. Nach Heirat der Tochter eines langjährigen VW-Mitarbeiters zog er nach Wolfsburg, um sich 1997 bei Volkswagen als Produktionsarbeiter zu bewerben. Nachfolgende Beschreibungen entsprechen den Aussagen aus einem Interview v. 12.12.2000.

Dadurch schwellen die Hände an oder man hat Schmerzen in den Handgelenken. Das Polstern ist echt eine Knochenarbeit! Ich brauche öfter mal so eine Auszeit. Jetzt haben sie ein anderes Versuchsmodell gemacht, das läuft zwar besser, aber nun haben sie uns auch noch zwei Minuten wieder weggenommen, also weniger Zeit! In Halle 8 war ich ein Jahr bei der Lupo-Fertigung, da habe ich das nicht gehabt! Und wo ich dann nach Halle 10 gekommen bin, jetzt bin ich knapp zwei Jahre hier in Halle 10, wo Bora, Golf und Variant gepolstert werden, also seitdem wird das immer schlimmer und schlimmer!
***Verf.**: Warum ist es hier schlimmer als in Halle 8? Ist das eine andere Polsterung oder eine andere Technik, die man da anwendet?*
***Proband:** Die Bezüge beim Golf, die sind enger! Und dann gibt es so viel verschiedene Modelle – Variant, Sport. Beim Lupo sind die Bezüge, die haben an der Seite so Kunstleder, die lassen sich unwahrscheinlich gut dehnen! Und die beim Golf, die sind sehr eng: da muss man ziehen, machen und tun. Beim Lupo, bei den Hintersitzen, das Profil kann man so mit den Händen reindrücken. Aber beim Golf und beim Bora muss man mit dem Hammer – geht alles auf die Handgelenke. Die meisten Kollegen, also ich würde mal sagen, von den ganzen Leuten haben mit Sicherheit so über die Hälfte Probleme mit den Handgelenken, mit den Schultern.*
***Verf.**: Haben Sie sich deshalb schon mal an ihren Vorgesetzten gewandt? Was macht man denn da, wenn so viele der Kollegen damit Probleme haben?*
***Proband:** Also, letztes Jahr da war so eine kleine Information. Da haben die Vertrauensleute gesagt: VW hat von der Berufsgenossenschaft Ärger gekriegt! Die sollen das ändern! Es geht nicht an, dass 20, 25jährige, die noch genug Kraft und Energie haben, dass die jetzt schon nicht mehr können, halt kaputte Knochen haben. Und daraufhin haben sie dann das Ganze umgestellt, ein rotierendes System eingeführt: das man halt ein paar Tage polstert und dann mal ein Tag etwas anderes macht. Aber das konnte bis jetzt nicht umgesetzt werden, weil viele halt kaputt oder krank sind.*

Die Aussagen beschreiben eine durchaus typische Lage und Stellung von Produktionsarbeitern in der automobilherstellenden Industrie. Ohne Zweifel wandelten sich die harten und gesundheitsgefährdenden Produktionsmethoden der Vergangenheit (vgl. Bade 2000, S. 318) aufgrund fortschreitender technologischer Entwicklung und Automatisierung erheblich und führten zu gesundheitsschonenderen Arbeitsverfahren. Doch offenbaren die in diesem Gespräch geschilderte Situation sowie weitere Eindrücke der Untersuchungen bei VW in Wolfsburg sowie bei Ford in Köln die vielleicht überraschende Erkenntnis, dass die Arbeitsanforderungen in einigen Produktionsbereichen wie an den taktintensiven Montagebändern oder in der hier geschilderten Sitzefertigung bzw. Polsterei auch gegenwärtig noch an die Grenzen der physischen wie psychischen Belastbarkeit der dort Beschäftigten gehen und offenbar auch darüber hinaus reichen. Und obwohl öffentlichkeitswirksame Undercover-Untersuchungen von Publizisten wie Günter Wallraff (u. a. 2009; 2008) solche Arbeitsverhältnisse auch noch für die gegenwärtige Arbeitswelt festgestellt haben, konnte man nach der Rezeption seines berühmtesten Werkes „Ganz unten“ (u. a. durch Linder 1986 oder Berger 1988) dies in bekannten

Großunternehmen wie VW nicht unbedingt mehr erwarten. Dabei relativiert sich diese Einschätzung auch nicht durch die statistische Tatsache, dass bei Volkswagen eben nicht nur Arbeitnehmer mit Migrationshintergrund in diesen Produktionsbereichen arbeiten. Denn der Ausländeranteil in der für die Interviews ausgewählten Polsterei ist zwar fast doppelt so hoch wie in der Gesamtbelegschaft. Doch besitzen fast 90 % der etwa 1.000 Beschäftigten in diesem Werksbereich eine deutsche Staatsangehörigkeit, sodass die dort arbeitenden Personen mit Migrationshintergrund eine Minderheit sind, die ebenso wie ihre Kollegen ohne Migrationshintergrund mit den stark belastenden Arbeitsbedingungen leben müssen. Der Leidensdruck der meisten Beschäftigten in der Polsterei führt bei vielen zum Bemühen, „da raus zu wollen".[187] Doch sei dies in Anbetracht der daraus folgenden betrieblichen Konsequenzen schwierig, sodass entsprechende Versetzungsgesuche zu anderen Werksbereichen von der Personalabteilung zwei bis drei Jahre zurückgehalten würden.

An der Schilderung dieser Produktions- und Arbeitsbedingungen sind jedoch nicht nur die Versetzungsbemühungen der Beschäftigten aufgrund der Arbeitsintensität sowie die offensichtliche Inkaufnahme von körperlichen Schäden durch das Unternehmen bemerkenswert, sondern die routinierte Vertretung der betriebsrätlichen oder gewerkschaftlichen Organe von Arbeitnehmerinteressen auch im Produktionsbereich, wenn diese von Belegschaftsmitgliedern eingefordert werden. Die Einstellung von Bewerbern durch Vermittlung eines betrieblichen Bürgen, die Abwehr von Entlassungsvorhaben mit einseitigen Begründungszusammenhängen oder die Verbesserung von prekären Arbeitsbedingungen, die der Grund für gesundheitsschädigende Belastungen mit nachfolgenden Ausfällen und Unzufriedenheiten in der Belegschaft sind – all diese Maßnahmen zeigen die Einflussmöglichkeiten des Betriebsrates auf konkrete Arbeitsbedingungen und Beschäftigungsmöglichkeiten, die offenbar auch von Arbeitnehmern aus Einwanderergruppen wahrgenommen werden, selbst wenn es in diesem Fall der Verbindungen des deutschen Schwiegervaters bedurfte. Eine solche Verfahrensweise macht aber deutlich, dass das schon für den Ausbildungsbereich festgestellte System eines „Vater-Sohn-Betriebes" auch für Einstellungen in den Produktionsbereich gilt, dies lange Zeit vom Personalwesen des Unternehmens auch bewusst gefördert wurde, indem im Personalbogen der Einstellungsbewerbung explizit nach familiären Verbindungen zu Betriebsangehörigen gefragt wurde.[188] Dies sollte für die Gegenwart zwar aufgebrochen werden, aber würde nicht zuletzt aufgrund des Interesses der Arbeitnehmervertretung, „ihre eigenen Leute unterzubringen", in verminderter Form informell weiter betrieben.[189]

Die Regelung bezieht nicht zuletzt auf Betreiben des Betriebsrates auch die ausländischen Arbeitnehmer mit ein und kann, wie nachfolgende Passage im Gespräch mit dem

---

[187] Ausspruch eines Probanden ohne Migrationshintergrund mit der Gesprächsnummer 7, Interview v. 12.12.2000.

[188] Information des damaligen Leiters der Personalabteilung „Produktionseinstellung", Herrn Kern, im entsprechenden Interview v. 14.12.2000. Ein solches familiäres Vermittlungsverfahren qua Personalbogen beschreibt auch ein junger Facharbeiter, der als Sohn eines italienischen Anwerbemigranten mit einem Hauptschulabschluss in die VW-Ausbildung kommen konnte. Vgl. das Interview mit dem italienischen Probanden mit der Gesprächsnummer 12 v. 13.12.2000.

[189] Information des damaligen Leiters der Personalabteilung „Produktionseinstellung", Herrn Kern, im entsprechenden Interview v. 14.12.2000.

ersten italienischen Betriebsrat bei VW in Wolfsburg zeigt[190], sowohl auf eine gewisse Tradition zurückblicken als auch eine quantitative Verlässlichkeit beanspruchen:

> ***Annese:*** *[...] Bei Einstellungen wurden ganz genaue Regelungen festgelegt, dass die ausländischen Kollegen prozentual mit berücksichtigt wurden. Z. B., wenn jetzt zwischen Betriebsrat und der Unternehmensseite die Entscheidung fiel, 500 Einstellungen vorzunehmen, dass dementsprechend die ausländischen Kollegen berücksichtigt werden. Egal welche Nationalität, dass die prozentual mit berücksichtigt werden – auch bei den Frauen! Vorausgesetzt, dass auch die angeforderte Qualifikation ein bisschen passt. Z. B. bei den ausländischen Kollegen wurde ein bisschen weggeguckt, wenn alle mit Qualifikation eingestellt werden sollten, vor allem in den letzten Jahren, weil die Technik immer weiter fortschreitet. Da sagte man: „Komm, Mensch, den nehmen wir trotzdem, was soll's, ist ein Sohn von einem Werksangehörigen. Selbst, wenn der keinen Beruf hat, was soll man damit machen, da muss man mithelfen." Die wurden, und meiner Meinung nach werden sie jetzt noch, prozentual zu den restlichen Einstellungen berücksichtigt. Und wir hatten uns so verständigt, dass von den Belegschaftszahlen – z. B. so und so viele haben wir an ausländischen Kollegen im Betrieb, so und so viele sind allgemein einzustellen, und prozentual zu den deutschen und den ausländischen Beschäftigten sollten die Neueingestellten entsprechend berücksichtigt werden. Und das waren bei den italienischen Kollegen etwa zehn Prozent.*
> ***Verfasser:*** *Da wurden dann vorwiegend auch Familienangehörige berücksichtigt?*
> ***Annese:*** *In erster Linie, in erster Linie, war auch bei den Deutschen so. In erster Linie haben wir darauf geachtet. Wäre ja nicht ganz korrekt, wenn jetzt der Vater meinetwegen 30 Jahre im Werk ist und jetzt kommt er und sagt: „Mensch, mein Sohn ist jetzt 18, ist 20 geworden, und kriegt keine Arbeit". Dann kann man nicht sagen: „Was interessiert mich Dein Sohn" (schmunzelt). Ist zwar auch nicht ganz richtig, dass meinetwegen ein Vater Geld nach Hause bringt, aber ein anderer Vater, der draußen ist, kein Geld nach Hause bringt und der hat einen Sohn, und der kriegt auch keine Arbeit. Wäre auch nicht ganz richtig. Aber irgendwo muss vonseiten des Betriebes gegenüber den Werksangehörigen auch eine gewisse Verpflichtung entgegen kommen. Der Betrieb profitiert ja auch ein bisschen vom vorhandenen Vertrauensverhältnis.*

Der Ausschnitt betont die offensichtliche Inklusion von Erwerbspersonen aus Einwanderergruppen in das Einstellungssystem bei Volkswagen, zu dem auch das Vater-Sohn-Beziehungsnetzwerk (respektive Verwandtennetzwerk) gehört. Die Bemerkungen hinsichtlich der Einstellung von Frauen bedürfen jedoch einer Erläuterung: Bis Mitte der 1980er-Jahre wurden kaum ausländische Frauen bei Volkswagen in Wolfsburg eingestellt. Dies war weniger einer doppelten Diskriminierung dieser Personengruppe geschuldet, als einer einseitigen Benachteiligung von arbeitswilligen Frauen, die bei

---

[190] Interview mit dem ehemaligen italienischen Betriebsrat Lorenzo Annese v. 19.08.2000.

Volkswagen eine lange Tradition hat: Bis auf Kantinenpersonal wurden auch keine deutschen Frauen für die betriebliche Produktion beschäftigt. Eine signifikante Änderung setzte für ledige (sic!) Frauen – zunächst deutsche, aber nachfolgend auch ausländische Beschäftigte – erst im Verlauf der 1980er-Jahre ein[191], was sich an der erstmaligen Berücksichtigung von Frauen in den betrieblichen Regelstatistiken in der zweiten Hälfte dieses Jahrzehnts zeigt. Dies hatte auch Auswirkungen auf die Reihenfolge der Personengruppen innerhalb der Einstellungshierarchie bei Volkswagen: 1. Deutsche Männer, 2. ausländische Männer, 3. deutsche Frauen, 4. ausländische Frauen; bei Entlassungen oder Aufhebungsverträgen hätte sich die Reihenfolge bezeichnenderweise verkehrt, wie eine gewerkschaftliche Vertrauensfrau befand.[192]

Waren die Initiativen und Forderungen der Betriebsräte mit Migrationshintergrund hinsichtlich dem Wunsch nach stetiger Einstellung ihrer Nachkommen bzw. ihres jeweiligen herkunftsbezogenen Kulturkreises sowie nach Schutz vor (vorzeitiger) Entlassung ihrer Belegschaftsgruppe recht erfolgreich, blieb ihre Gleichbehandlung in anderen Arbeitsbereichen aber weiter prekär. Ein diesbezüglich heikler Konfliktfall, der schon oben im Zuge der Entwicklung einer selbstbewussten polittaktischen Migrantenschaft angesprochen wurde, ist die Frage nach gleicher Entlohnung für gleiche Arbeit[193], die vom seinerzeit neu im Amt befindlichen italienischen Betriebsrat Genzo aufgeworfen wurde. Kurz nachdem er seine neue Tätigkeit als für die ausländischen Arbeitnehmer im Nordbereich des Werkes zuständiger Betriebsrat aufgenommen hatte, nahm er sich eines nach Aussage vieler Probanden wichtigen Dauerthemas an, nämlich der betrieblichen Entlohnungspolitik in den Produktionsabteilungen, etwa in der Endmontagehalle 54. Viele während der Untersuchungen interviewte Arbeitnehmer aus Einwanderergruppen formulierten diesbezüglich den Vorwurf, dass Deutsche und Ausländer, die in der Produktion die gleiche Arbeit verrichteten, nicht gleich bezahlt würden, weil sie von ihren Vorgesetzten ungerechtfertigterweise in unterschiedliche Lohngruppen eingestuft würden.

Die formal zuständigen deutschen Betriebsräte entledigten sich dieses Beurteilungsproblems häufig dadurch, dass sie unzufriedene ausländische Kollegen zu „ihrem Vertrauensmann oder Betriebsrat“ schickten, womit innerhalb des damals noch gültigen Zwei-Ebenen-Vertretungssystems der ausländische Funktionskollege gemeint war. Der ausländische Betriebsrat Genzo nahm sich somit der Sache an und beharrte gegenüber den betrieblichen Abteilungsleitern und nachfolgend gegenüber dem Hauptabteilungsleiter der Halle 54 auf veränderte Eingruppierungen in einschlägigen Fällen seiner Meinung nach ungleicher Bezahlung. Nach Aussage Genzos wäre den Personalverantwortlichen diese Eskalation recht unangenehm gewesen, da Streitigkeiten mit dem Betriebsrat Unruhe in die Betriebsabläufe bringen und zudem nicht karriereförderlich sind. Letzten Endes griff sogar der damalige Betriebsratsvorsitzende Ehlers in den Konflikt ein,

---

191 Entsprechende Informationen aus einem Gespräch mit einer Gruppe italienischer Angestellter des VW-Personalwesens am 24.08.2000.

192 Einschätzung der italienischstämmigen gewerkschaftlichen Vertrauensfrau Concetta Zammataro in einem Interview v. 24.08.2000.

193 Nachfolgende Informationen und Aussagen zu diesem Thema wurden sowohl Interviews entnommen, die zwischen dem 11. und 15.12.2000 mit VW-Beschäftigten aus Produktions- und Fachbereichen geführt wurden, als auch aus einem Gespräch mit dem ehemaligen ausländischen Betriebsrat Pietro Genzo v. 23.08.2001.

indem er sich auf die Seite der Vorgesetzten stellte und seinen Betriebsrat für seine inhaltliche Haltung kritisierte sowie in der Sache zurechtwies – „da musste ich für mich Konsequenzen ziehen und gab das Betriebsratsmandat wenig später auf"[194], kommentierte der betroffene Betriebsrat knapp zwanzig Jahre später seine damalige Position, für die er kaum inhaltliche Unterstützung bei den italienischen Betriebsrats- oder Gewerkschaftsfunktionären erhielt.

Wurde dieser Konflikt zur damaligen Zeit machtpolitisch und gegen die Interessen mutmaßlich benachteiligter Arbeitnehmer gelöst, ist die eigentliche inhaltliche Frage durchaus diffizil und auch in der Gegenwart noch mit Konfliktpotenzial behaftet, das im Zweifelsfall zum Politikum werden kann. Denn die lohntechnische Einstufung von Produktionsarbeitern hängt entscheidend von zwei Parametern ab: zum einen von der Schwere, zum anderen von der Komplexität der ausgeführten Arbeit. Die brisante Entlohnungsproblematik dreht sich somit um zwei unterschiedliche Fragestellungen: 1. Werden Beschäftigte aus Einwanderergruppen gegenüber Kollegen ohne Migrationshintergrund übervorteilt, indem sie in Bezug auf Schwere und Komplexität ihrer Tätigkeiten schlechter eingestuft werden, obwohl sie die gleiche Arbeit verrichten? Oder ist es 2. eher so, dass Beschäftigte ohne Migrationshintergrund die komplexeren, und Arbeitsmigranten die schwereren Arbeiten zugewiesen bekommen, was in Bezug auf die Entlohnung bei den Arbeitnehmern ohne Migrationshintergrund einen größeren Entlohnungsspielraum zulässt, der bei ihnen häufig mit höheren Entgelten gefüllt wird? Während somit die erste Variante eine ungerechte Ungleichheit bei der Bezahlung thematisiert, geht es beim zweiten Ansatz um die ungerechte Zuweisung unterschiedlich bezahlter Tätigkeiten. In der Tat ist es nach Auffassung eines italienischstämmigen Betriebsrates, der als Mitglied des Betriebsausschusses in der Betriebsratshierarchie bei VW in Wolfsburg sehr weit vorgedrungen ist, eher die zweite Variante, die von Vorgesetzten ohne Migrationshintergrund im Zweifelsfall angewandt würde. Gleichwohl könne ein bei diesem Thema sensibilisierter Betriebsrat im Einzelfall nur vermittelnd eingreifen, da der formale Begründungszusammenhang für eine konkrete Arbeitszuweisung zu kleinteilig sei und eine Gegenmeinung des Betriebsrates Gefahr laufe, sich im Detail zu verlieren. Ähnlich wie bei der Besetzung des Bildungsausschusses in der Ausbildungsrekrutierung käme es vielmehr darauf an, gut ausgebildete Arbeitnehmer mit Migrationshintergrund in Vorgesetztenpositionen zu bringen, die wiederum über die Arbeitszuweisungen für Beschäftigte befänden.[195]

Doch die Arbeit der italienischstämmigen Betriebsräte beschränkt sich nicht nur auf die Verbesserung der strukturellen Position der Belegschaft aus Einwanderergruppen im Werk, sondern kümmerte sich gerade in der Zeit einer sich langsam konsolidierenden ausländischen Interessenvertretung in den 1970er- und 1980er-Jahren auch um die herkunftsbezogene Community in der Stadt Wolfsburg. Anhand der Konflikte um die Wohnunterkünfte der im Ausland angeworbenen Werksbeschäftigten konnte man schon erkennen, dass die Unterbringung der Arbeitsmigranten und ihrer Familien ein entscheidendes Kriterium für ihre Emanzipation und damit Integration in die deutsche Arbeitsgesellschaft war. Auch hierzu dokumentiert eine Gesprächspassage mit dem ersten

[194] Aus dem Interview mit dem ehemaligen ausländischen Betriebsrat Pietro Genzo v. 23.08.2001.

[195] Informationen und Einschätzungen des italienischen Betriebsrates Gerardo Scarpino gemäß des entsprechenden Interviews v. 23.08.2000.

italienischen Betriebsrat die integrative Funktion institutionalisierter Interessenvertretung der ausländischen Arbeitnehmer:

> ***Verfasser:*** *Was war ganz konkret Ihre Aufgabe, nachdem Sie als Betriebsrat gewählt waren?*
> ***Annese:*** *Nachdem die Wahl erfolgt ist, konstituiert sich der Betriebsrat und es werden die Ausschüsse gebildet. Ich war in erster Linie zuständig für die Frage der ausländischen Kollegen: Wenn es Probleme gibt bei Einstellungen, bei Entlassungen, im Personalausschuss war ich mit dabei, wenn da Entscheidungen zu treffen waren, disziplinarischer Art oder sonstwas. Ich war offiziell in zwei Ausschüssen: Ich war im Personalausschuss und im Sozialausschuss mit drin; im Wohnungsausschuss je nach Bedarf, aber nicht mit Stimmrecht.*
> ***Verf.:*** *Da ging es um die Unterkünfte der ausländischen Arbeiter?*
> ***Annese:*** *Da ging es nicht nur um die Massenunterkünfte, sondern es ging auch darum – das ist eine weitere Phase der Entwicklung –, dass ein großer Teil der ausländischen Kollegen auch ihre Familien holen wollte. Das ist der Grund für die hohe Fluktuation gewesen. Aber die Familie konnte man nur holen, wenn man eine Wohnung hatte: Damals war Wohnungsmangel überall hier in Wolfsburg! Der Wohnungsausschuss hat sich fast gar nicht mit den Fragen der Massenunterkünfte beschäftigt. Der Wohnungsausschuss hat sich mehr um die Wohnungen für die Familien, nicht für die ledigen Männer, gekümmert – das war überhaupt kein Thema für den Wohnungsausschuss. [...] Der Wohnungsausschuss kümmerte sich ja mehr um die VW-Wohnungen in ganz Wolfsburg, wo VW Mitspracherechte hatte. Damit dann die ausländischen Kollegen, die ja ihre Familien mitbringen wollten, prozentual einigermaßen berücksichtigt werden – ist ja klar, die kamen immer zu mir, durch die Vertrauensleute, und sagten: „Ich will meine Familie mitbringen, aber keine Wohnung" – also: Wohnungsantrag stellen. Da wurde dann von uns der Wohnungsantrag gestellt und wir haben denn das verfolgt, inwieweit das berücksichtigt wird oder nicht. Immer wieder im Wohnungsausschuss vorgesprochen. Und auch hier waren alle Beteiligten – und hier muss ich auch die Stadt mit einbeziehen, weil die Wohnungen waren nicht nur durch VW zu vergeben, sondern da waren auch Wohnungen, wo Stadt und VW gemeinsam Mitspracherecht oder Belegungsrecht hatten – auch die Stadt hat voll mit gezogen, dass man hier keine „Ghettos" außerhalb des Betriebes bildet, ausgenommen die Massenunterkünfte. Also, dort wo Familien untergebracht werden, hat man sich so geeinigt, dass man maximal, maximal bei jeder 8./9. Wohnung eine ausländische Familie unterbringt. Also, so zerstreut, dass kaum auffällt, dass da eine ausländische Familie mit drin ist.*
> ***Verf.:*** *Und auch da wieder das Konzept: Kein Wohnviertel mit vielen Ausländern?*
> ***Annese:*** *Jawoll! Sie werden hier nirgends etwas finden, ausgenommen die ehemaligen Massenunterkünfte, dass hier irgendwie ein Wohnviertel gibt, wo nur Ausländer sind: das finden Sie hier nicht!*

Die adäquate Unterbringung der Arbeitsmigranten ist nicht nur aufgrund der schon besprochenen Konflikte um die Massenunterkünfte an der Berliner Brücke und im Wolfsburger Stadtteil Kästorf ein Politikum, sondern auch im Zuge der langfristigen, häufig unbewussten Bleibeentscheidung der Arbeitsmigranten und der nachfolgenden Alternative zwischen ihrer siedlungsgemäßen Akkulturation in Wolfsburg oder einer örtlichen Segregation, was der Interviewte mit dem Begriff „Ghetto“ umschreibt. Dass der italienische Betriebsrat letztere Variante besonders ausschließt und das Ziel einer Vermeidung entsprechender Zustände ausdrücklich betont, bedeutete jedoch in der Praxis auf der Rückseite, dass die Wohnungsgesuche ausländischer Werksangehöriger im Wohnungsausschuss nur vermindert Berücksichtigung finden konnten (*„dass man maximal, maximal bei jeder 8./9. Wohnung eine ausländische Familie unterbringt.*“). Eklatant war die Nichtberücksichtigung von Werksangehörigen aus Einwanderergruppen bei der Zuweisung der zeitweise über 40.000 VW-Wohnungen in Wolfsburg bis Ende der 1970er-Jahre: Nur in Ausnahmefällen besorgten einflussreiche Betriebsfunktionäre Arbeitsmigranten eine Betriebswohnung, indem sie ihre Beziehungen zur Abteilung ‚Wohnungswesen' ausnutzten.[196] Erst mit dem nachhaltigen Einsatz eines italienischen Betriebsrates im Sozialausschuss konnte im Verlauf der 1970er-Jahre eine regelmäßige Berücksichtigung ausländischer Werksangehöriger bei der Wohnungsvergabe erreicht werden. Dabei wurde gemäß des Anteils ausländischer Arbeitnehmer in der Wolfsburger VW-Belegschaft der genannte Verteilungsschlüssel angewandt. Ob die im Vergleich zu anderen Besetzungsbereichen ungewöhnliche Durchsetzung dieser harten Quote ein großer Verhandlungserfolg der ausländischen Beschäftigungsgruppe war, kann anhand des fehlenden Wohnraums für die Anwerbemigranten und ihrer Familien im Vergleich zur bisherigen Wohnraumversorgung der deutschen Werksangehörigen zumindest fraglich erscheinen. Aber zumindest führte die von den italienischen Funktionären favorisierte Strategie einer Konsenspolitik innerhalb des Betriebsrates zu einer Übernahme der Argumentation, dass eine größere Existenz von Bewohnern aus Einwanderergruppen in einer Siedlung ein Problem aufbrächte, gar der Entstehung eines „Ghettos“ Vorschub leisten würde[197] – obwohl es bei den Wohnungszuweisungen im entsprechenden Ausschuss nicht um eine mehrheitliche oder überwiegende Bewohnung von Siedlungen seitens ausländischer Familien hätte gehen müssen, sondern nur um eine größere Zuteilung verfügbarer Wohnungen. Offenbar ging es bei der praktizierten Verteilungsstrategie des Wohnungsausschusses nicht nur um die Verhinderung von Ghettobildungen, sondern ebenso um die unauffällige Existenz ausländischer Nachbarn in deutscher Wohngebieten (*„Also, so zerstreut, dass kaum auffällt, dass da eine ausländische Familie mit drin ist.“*).

Die angewandte Argumentation und Ausdrucksweise macht unter Berücksichtigung der älteren Wohnheimkonflikte deutlich, dass die Versorgung der Arbeitsmigranten und ihrer Familien mit ausreichendem und angemessenem Wohnraum ein Problem war, insbesondere für die ausländische Bevölkerung selbst. Denn als die ersten italienischen Arbeitsmigranten im Verlauf der 1970er-Jahre vermehrt ihre Familien aus Italien nach Wolfsburg nachholen wollten, musste es auch hinsichtlich der familiären Versorgung

[196] Entsprechende Informationen aus einem Gespräch mit einer Gruppe italienischer Angestellter des VW-Personalwesens am 24.08.2000.

[197] Eine entsprechende Argumentation gegen die Entstehung von „Ghettos“ vertrat auch der italienische Betriebsrat Francesantonio Garippo in einem Interview v. 22.08.2000.

mit Wohnraum einen Politikwechsel geben. So baute Volkswagen in der Nähe des Arbeiterwohnheims in Kästorf bald auch familiengerechte Werkswohnungen, die der Unterbringung italienischer Familien dienen sollten. Trotz der substanzielleren Unterbringung der Arbeitsmigranten nicht in einer separierten Wohnanlage, sondern in einem Wolfsburger Stadtteil, bemängeln Kritiker entgegen den Ausführungen Anneses, dass VW im Verbund mit der Stadt Wolfsburg die Italiener sehr wohl in einer „ghettoähnlichen Wohngegend“ zusammenfassen wollte, weil man bei einem Zusammenleben mit Deutschen sozialen Sprengstoff vermutete[198]. Ein Ergebnis dieser Haltung war, dass Deutsche nicht in Kästorf wohnen wollten[199]: *„Man war unter sich, mit direkter Straßenverbindung zum Werk – als ob man uns nicht in der Stadt haben wollte“*, kommentiert die Tochter eines italienischen Anwerbemigranten[200], die zusammen mit ihrer Mutter 1978 nach Deutschland zu ihrem Vater nachzog und sich mit ihrer Familie in Kästorf ansiedelte, die betriebliche und städtische Wohnpolitik der damaligen Zeit in Wolfsburg.

Gleichwohl gibt es in der Gegenwart in Wolfsburg-Kästorf eine größere Konzentration ausländischer Bewohner. Doch mit 17 % Anteil an der Gesamtbevölkerung im Stadtteil (Stand: 31.12.2016)[201] scheint dies kaum als starke Segregation von Migranten bezeichnet werden zu können, da der allgemeine Ausländeranteil in Wolfsburg Ende 2016 bei 13,9 % lag. Etwas relativiert wird diese Einschätzung durch die Tatsache, dass der Anteil von Deutschen mit Migrationshintergrund in Kästorf zum gleichen Zeitpunkt bei 29,9 % lag (in Wolfsburg insgesamt: 22,9 %), in diesem Stadtteil somit der Zuwanderungsanteil insgesamt 46,9 % betrug (Wolfsburg: 36,8 %). Dennoch dürften die meisten Anwohner in Kästorf schon auf eine sehr lange Aufenthaltsdauer in Wolfsburg zurückblicken. Deshalb liegt das Ergebnis nahe, dass die betrieblich-städtische Wohnungspolitik im Zusammenwirken mit der konsensualen Kooperationsstrategie der ausländischen Belegschaftsgruppe in weiten Teilen der Stadt eine erfolgreiche Wohnintegration der ausländischen Bevölkerung in die städtischen Wohn- und Siedlungsgebiete initiierte. Nur in den Wolfsburger Stadtteilen Heßlingen und besonders Rothenfelde mit Ausländeranteilen von 37,2 % bzw. 43,9 % Ende 2016 gibt es in den letzten Jahren eine segregierende Entwicklung, die die jeweilige Bevölkerung mit Migrationshintergrund in der deutlichen Mehrheit sieht (54,1 % bzw. 62,8 %).

Von städtischer Seite wurde eine integrierende Politik nicht zuletzt ab den 1990er-Jahren auch durch Einwirkung Wolfsburger Stadträte mit Migrationshintergrund gefördert. Obwohl sich das kommunale Wahlrecht für alle Ausländer trotz wiederkehrender Initiativen in der Bundesrepublik bisher nicht durchsetzen konnte, wurden die vermehrten Wählerstimmen und damit die Interessen eingebürgerter Arbeitsmigranten sowie durch EU-Recht kommunalpolitisch wahlberechtigter italienischer Bewohner und ihrer Nachkommen besonders für die Wolfsburger Politik immer wirksamer und einflussrei-

---

[198] Entsprechende Aussagen aus einem Gespräch mit einer Gruppe italienischer Angestellter des VW-Personalwesens am 24.08.2000.

[199] Aussage aus einem Gespräch mit dem damaligen IG Metall Gewerkschaftssekretär Rocco Artale v. 21.08.2000.

[200] Auszug aus dem entsprechenden Interview v. 24.08.2000.

[201] Nachfolgende bevölkerungsstatistische Daten gemäß https://www.wolfsburg.de/rathaus/ bekanntmachungen/daten-und-fakten (Abruf am 25.08.2018)

cher.[202] Stadträte mit Migrationshintergrund, zumeist italienischer Abstammung, gibt es im Wolfsburger Stadtparlament seit der Kommunalwahl im Jahr 1996, nachdem der Maastrichter Vertrag mit seinen Bestimmungen zum aktiven und passiven Kommunalwahlrecht von EU-Ausländern dies in den Staaten der Europäischen Union vorsieht. U. a. die Stimmen der vier 1996 zu Stadträten gewählten Migranten sorgten für eine erstmalige rot-grüne Mehrheit im Rat der Stadt Wolfsburg und die Wahl einer SPD-Bürgermeisterin. Der für diese Wahlperiode festzustellende Ausländeranteil im Stadtrat von 8,2 % entsprach nahezu dem entsprechenden Anteil von Ausländern an der Wolfsburger Bevölkerung. Bei den nachfolgenden Wahlen 2001 und 2006 verlor die SPD die Mehrheitsführerschaft im Wolfsburger Rat, was auch ein Absinken des Ausländeranteils im Stadtrat auf jeweils 6,5 % nach sich zog (jeweils nur noch drei ausländische Mandatsträger). Denn die meisten Migranten-Stadträte gehörten in den damaligen Ratsperioden der SPD an, nur jeweils einer den Bündnisgrünen und interessanterweise auch der CDU. Im darauf folgenden Stadtrat gab es nur aufseiten der SPD Mandatsträger mit Migrationshintergrund, was bei der gegenüber 1996 stark geschrumpften Fraktionsstärke um fast ein Drittel einen bemerkenswerten Migrantenanteil von 20 % innerhalb der SPD-Fraktion entsprach. Diese Situation hält auch in der Gegenwart an: Nach den Kommunalwahlen 2016 liegt der Migrantenanteil in der sozialdemokratischen Fraktion weiterhin über 20 %, auch wenn sich in den anderen Fraktionen keine weitere Person mit Migrationshintergrund befindet.[203]

Eine solche integrative Entwicklung im wichtigsten Gremium der Stadt ist auch für andere städtische Bereiche feststellbar. So gibt es im Schulwesen zwar auch in Wolfsburg die bundesweit festzustellende Tendenz, dass ausländische Kinder, die Ende 2016 einen Anteil von 10,8 % an der Gesamtheit der Wolfsburger Schülerschaft hatten, überdurchschnittlich in Hauptschulen (Ausländeranteil: 20,4 %) und unterdurchschnittlich in Gymnasien (entsprechender Anteil: 5,9 %) vertreten sind.[204] Allerdings wird in Wolfsburg seit den 1990er-Jahren ein deutsch-italienisches Schulkonzept praktiziert: ab 1994 an einer deutsch-italienischen Grundschule, seit 1999 ebenso an einer deutsch-italienischen Gesamtschule. An diesen Schulen lernen deutsche und italienische Kinder gemeinsam innerhalb eines interkulturellen Schulprogramms; seit dem Schuljahr 2009/10 werden beide Konzepte in der Leonardo da Vinci-Gesamtschule zusammengefasst, die auch einen bilingualen Zweig von der 1. Klasse bis zum Abitur umfasst.[205] Auf diese Weise werden besonders viele italienische Kinder und Jugendliche auch zu höheren Abschlüssen bis zur Hochschulreife gebracht, was sich an der Quote ausländischer Schüler von 26,3 % (Stand: 31.12.2016) an der Leonardo da Vinci-Gesamtschule ablesen lässt. Statistisch nicht erfasst sind dabei Kinder deutscher Staatsangehörigkeit mit italienischem Migrationshintergrund, die aus den in Wolfsburg vermehrt zu beobachtenden Verbindungen deutsch-italienischer Ehepartner hervorgegangen sind. Die

[202] Einschätzung des seinerzeitigen SPD-Stadtrates und langjährigen Gewerkschaftssekretärs Rocco Artale in einem Interview v. 21.08.2000.

[203] Vgl. https://www.wolfsburg.de/rathaus/politik/rat-der-stadt-wolfsburg (Abruf am 25.08.2018).

[204] Alle schulstatistischen Daten gemäß https://www.wolfsburg.de/rathaus/bekanntmachungen/daten-und-fakten (Abruf am 25.08.2018). Bezeichnenderweise waren alle 402 Ende 2016 an der Freien Waldorfschule in Wolfsburg unterrichteten Kinder deutsche Staatsangehörige.

[205] Vgl. das Schulprogramm bzw. die Besonderheiten der Leonardo da Vinci-Gesamtschule Wolfsburg unter http://www.da-vinci-gs.de/besonderheiten/ (Abruf am 25.08.2018).

darauf hindeutende Intermarriage-Quote betrug in der Stadt Wolfsburg Ende 2016 fast 16 %, d. h., bei etwa jeder sechsten Eheschließung in der Stadt bestand das Paar aus einem deutschen und einem ausländischen Partner, was ein weiterer Beleg für eine fortschreitende und nachhaltige Integrationsentwicklung in der Wolfsburger Stadtgesellschaft ist.

4.2.8 Initiativen von Geschäftsleitung und Betriebsrat zur Verhinderung von ethnischer Diskriminierung und Ausblick in die Zukunft

Im Vorkapitel, das u. a. die deutschlandweiten Initiativen von DGB und IG Metall im Bereich der betrieblichen Integration von Arbeitsmigranten thematisierte, wurde dargestellt, dass sich die Metallgewerkschaft für den Abschluss betrieblicher Vereinbarungen gegen Diskriminierung und zur Gleichbehandlung ausländischer Arbeitnehmer in Metall verarbeitenden Unternehmen einsetzt. Mit dem stark mitbestimmten Volkswagenkonzern gelang es der IG Metall dabei recht früh, ein großes Unternehmen im Deutschen Aktienindex (DAX) für diese Gleichstellungsinitiative zu gewinnen, sodass Konzernleitung und Gesamtbetriebsrat am 01.07.1996 die Betriebsvereinbarung „Partnerschaftliches Verhalten am Arbeitsplatz“ schlossen.[206] Gemäß IG Metall-Mustervereinbarung werden auch in der VW-Version zum einen Prinzipien für Gleichbehandlung und Partnerschaft am Arbeitsplatz aufgeführt, und zum anderen wird diskriminierten Personen ein betriebliches Beschwerderecht zuerkannt, z. B. als Reaktion auf fremdenfeindliche Vorgänge im Betrieb. Doch wie bei den meisten in anderen Unternehmen entsprechend abgeschlossenen Betriebsvereinbarungen fehlen auch bei der VW-Version viele der im IG Metall-Muster aufgeführten prophylaktischen und fördernden Initiativen gegen Ausländerfeindlichkeit und Diskriminierung. Nur der Musterpassus, dass die Inhalte der jeweiligen Betriebsvereinbarungen Teil der Aus- und Weiterbildung des Betriebes sein sollen, wurde in Form einer Nachfolgevereinbarung zwischen Geschäftsleitung und Betriebsrat operationalisiert, in der die Grundzüge eines Schulungskonzepts für die Weiterbildung der Mitarbeiter dargestellt sind. Danach bekommen alle entsprechend weitergebildeten VW-Beschäftigten einen Schulungspass, in dem die besuchten Aufklärungsmaßnahmen aufgeführt werden. Eine spezielle Weiterbildung im Bereich der Antidiskriminierung im Unternehmen wird somit für betriebliche Aufstiegsprozesse dokumentiert. Weiter wirkt die Volkswagen AG auch auf die bei VW tätigen Fremdfirmen sowie die VW- und Audi-Händler in Deutschland ein, die VW-Betriebsvereinbarung zu übernehmen, was eine bundesweite Ausdehnung der entsprechenden Inhalte auf mittelständische Betriebe bewirken soll. Inwieweit diese Einwirkungen Erfolge zeitigen, wird von VW nicht dokumentiert.[207]

Die Hauptleistung dieser Vermittlungselemente liegt in der auf die Betriebe heruntergebrochenen Sensibilisierung für das in den jeweiligen Grundsätzen beschriebene Thema – insbesondere, wenn es auf Betriebsversammlungen und in Betriebspublikationen thematisiert wird. Eine gewisse Lenkungswirkung kann man den im 5. Kapitel der Betriebsvereinbarung dargestellten Maßnahmen und Sanktionsmechanismen bei auslän-

---

[206] Die Betriebsvereinbarung ist als Anhang in der VW-Publikation „Partnerschaftliches Verhalten am Arbeitsplatz. Eine Information für Betroffene und Beteiligte“ dokumentiert.

[207] Entsprechende Äußerung der Leiterin der betrieblichen Beschwerdestelle bei VW in Wolfsburg, Frau Romanczyk, in einem telefonischen Interview v. 23.03.2016.

derfeindlichem Verhalten im Betrieb unterstellen. Bei den für diese Untersuchung im Wolfsburger VW-Werk durchgeführten Befragungen von Beschäftigten wurde festgestellt, dass die meisten Mitarbeiter über die möglichen arbeitsrechtlichen Konsequenzen von offen diskriminierendem Verhalten gegenüber Ausländern aufgeklärt sind.[208] Im Gegensatz zur entfernteren Vergangenheit seien diskriminierende Handlungen von Beschäftigten seit den 1990er-Jahren selten zu beobachten, da anderenfalls die Arbeitnehmer Nachteile in ihrer betrieblichen Entwicklung oder gar den Verlust des Arbeitsplatzes befürchten müssten.[209] Die hinsichtlich der Weiterleitung von Anzeigen gesetzte Frist von einer Woche (vgl. VW, Partnerschaftliches Verhalten, S. 57f.) bekräftigt den automatisierten Gang der Verfolgung diskriminierender Aktionen und trägt deshalb zur Ernsthaftigkeit der Ziele bei. Einen weiteren Fortschritt bedeutet auch die spezifische Benennung von Personen, denen sich Betroffene diskriminierender Vorfälle anvertrauen können. Hierzu hat der für die Überprüfung der Betriebsvereinbarung bei VW in Wolfsburg zuständige Gleichstellungsausschuss[210] eine spezielle Schulung für „Beratende“[211] entwickelt, die – ergänzend zu Vorgesetzten und Betriebsräten – diskriminierten Beschäftigten als niederschwellige Ansprechpersonen dienen sollen. Alle Ansprechpersonen sind zu „Vertraulichkeit“ bzw. „absolutem Stillschweigen gegenüber Dritten“ verpflichtet (VW, Partnerschaftliches Verhalten, S. 59). Dieser Passus dürfte besonders wichtig sein, weil diskriminierte Beschäftigte häufig Hemmungen oder gar Angst haben, etwas anzuzeigen bzw. zu bezeugen, weil sie anschließend weiter mit den belasteten Personen zu tun haben können.[212]

Der Ablauf einer Anzeige verläuft in der Regel folgendermaßen:[213] Zunächst wird die Anzeige entweder den „Beratenden“, den gewerkschaftlichen Vertrauensleuten, dem

---

[208] Exemplarisch dafür die entsprechenden Aussagen der Probanden mit den Gesprächsnummern 3 und 7, Interviews v. 11. bzw. 12.12.2000, sowie mit dem gewerkschaftlichen Vertrauensmann Alois Paul, Interview v. 22.08.2000.

[209] Entsprechende Einschätzung des ehemaligen italienischen Vertrauensmannes Agatino Pesce in einem Interview v. 22.08.2000. Nach Aussage der Leiterin der betrieblichen Beschwerdestelle (telefonisches Interview v. 23.03.2016) häuften sich mit dem großen Anstieg der Flüchtlingszahlen in Deutschland im Jahr 2015 fremdenfeindliche Äußerungen von VW-Mitarbeitern in Sozialen Medien.

[210] Interessanterweise ist bei VW in Wolfsburg der für die Gleichberechtigung von Frauen im Betrieb zuständige Gleichstellungsausschuss für die Überwachung der Betriebsvereinbarung „Partnerschaftliches Verhalten am Arbeitsplatz“ zuständig. Ihm obliegt neben Vorgängen aufgrund sexueller Belästigung und Mobbing auch die Thematik der Diskriminierung u. a. aufgrund ethnischer Vorbehalte. Nach Aussage der Betriebsrätin Gabriele Gräser in einem telefonischen Interview v. 10.03.2016, seit Verabschiedung der Betriebsvereinbarung 1996 Mitglied des zuständigen Gleichstellungsausschusses, behandelt das Gremium vorwiegend Probleme sexueller Belästigung und von Mobbing, während Fälle ethnischer Diskriminierung kaum vorkämen. Der Gleichstellungsausschuss sei paritätisch mit Vertretern bzw. Vertreterinnen von Geschäftsleitung und Betriebsrat besetzt, zudem mit den Beauftragten für Schwerbehinderte und der Frauenförderstelle. Personen (mit Migrationshintergrund), die für die Belange der Migranten zuständig sind, seien nicht im Ausschuss vertreten.

[211] Für diese Funktion können sich potenziell alle Wolfsburger VW-Beschäftigten melden und eine entsprechende Schulung durchlaufen. Neben den Anforderungen der Betriebsvereinbarung „Partnerschaftliches Verhalten am Arbeitsplatz“ dienen sie auch als Ansprechpersonen gemäß den Inhalten des AGG. Entsprechende Informationen von der Betriebsrätin Gabriele Gräser in einem telefonischen Interview v. 10.03.2016.

[212] Vgl. das Interview mit dem gewerkschaftlichen Vertrauensmann Alois Paul v. 22.08.2000.

[213] Den Ablauf schilderte der italienische Betriebsrat Francesantonio Garippo in einem Interview v. 22.08.2000.

Betriebsrat oder direkt dem Vorgesetzten gemeldet[214], möglichst mit einem die Anzeige unterstützenden Zeugen. Danach folgt ein gemeinsames Gespräch der Kontaktperson mit dem/der Betroffenen, das die Möglichkeiten einer sanktionslosen Klärung ausloten soll. Wenn dabei keine Einigung erzielt werden kann, wird der Fall an den zuständigen Personalausschuss von Geschäftsleitung und Betriebsrat weitergeleitet, der über mögliche Sanktionen entscheidet. Es gelte das Prinzip: „Je niedriger wir das regeln können, umso besser ist es“ (VW, Partnerschaftliches Verhalten, S. 59). Wie die Untersuchungen bei Volkswagen in Wolfsburg zeigten, kommt den Kontaktpersonen (Kollegen, Betriebsräte, Vorgesetzte usw.) durch ihr Zuhören, Befragen und Vermitteln in Gesprächen mit den Betroffenen eine hohe Bedeutung für die Thematisierung, Schlichtung und Verfolgung der Vorfälle zu. Falls die Vermittlungsversuche der jeweiligen Vertrauensperson scheitern, unterstützt sie ebenso die Weiterleitung des Falles an die zuständigen betrieblichen Gremien bzw. an die gemäß § 13 AGG gesetzlich vorgesehene betriebliche Beschwerdestelle, die bei VW in Wolfsburg kein eigenständiger Arbeitsbereich, sondern in der Abteilung „Arbeitsordnung“ angesiedelt ist. Nach Aussage der Abteilungsleiterin[215] sind entsprechend persönliche und vertrauliche Beschwerden von Mitarbeitern recht selten, wobei es dann u. a. um mutmaßlich (ethnisch) diskriminierende Mitarbeiter-Leistungsbewertungen ginge. Sehr viel häufiger seien offene Anzeigen zumeist Dritter, in denen es vereinzelt um Beleidigungen oder Tätlichkeiten und in den letzten Jahren verstärkt um Ausländerfeindlichkeiten mit VW-Bezug in Sozialen Medien ginge. Den massiven Anstieg von entsprechenden Anzeigen im Jahr 2015 und im ersten Quartal 2016 führt sie auf die Diskussionen und aufkommenden Sensibilitäten aufgrund des Zuzugs von Flüchtlingen nach Deutschland und der die Beschäftigten verunsichernden Entwicklung des VW-Abgas-Skandals zurück. Der zuständige Personalausschuss und andere VW-Gremien würden die Verstöße gegen die unternehmerischen Regeln jedoch konsequent sanktionieren, was man auch an der Schließung von zwei im Betrieb inoffiziell existierenden muslimischen Gebetsräumen Anfang 2015 erkennen könne, die im Zuge der Aufdeckung einer salafistischen Zelle in Wolfsburg ins Visier der Unternehmensleitung kamen.

Trotz mancher Unzulänglichkeiten belegen diese Beispiele eine zumindest regelmäßige und z. T. systematisierte Behandlung der Probleme von Arbeitsmigranten in Betrieben, denn die entsprechenden Gremien bzw. Stellen unterliegen den mitbestimmten Strukturen. Die Anwendung von Sanktionsmaßnahmen führt zur informellen Anerkennung der formellen Institutionen zum Schutz vor Diskriminierungen. Alle Beschäftigten und jedes Gremienmitglied ist demnach dafür verantwortlich, auf ein partnerschaftliches Miteinander zu achten, und dazu verpflichtet, Verstöße umgehend anzuzeigen. In einem solchen Fall wird das Unternehmen entsprechende Maßnahmen gegen die für die Diskriminierung verantwortliche Person einleiten: Laut Betriebsvereinbarung reichen diese von Belehrungen, Verwarnungen und Geldbußen über Versetzungen und Abmahnungen bis zur Kündigung (vgl. VW, Partnerschaftliches Verhalten, S. 53). Danach können sich Beschäftigte von geschulten Personen unterstützen und beraten lassen, wenn sie sich

---

[214] Nach Verabschiedung des AGG im Jahr 2006 auch der in § 13 vorgesehenen betrieblichen Beschwerdestelle.

[215] Die entsprechende Person ist somit gleichzeitig Leiterin der betrieblichen Beschwerdestelle bei VW in Wolfsburg. Vgl. die Informationen der Leiterin, Frau Romanczyk, in einem telefonischen Interview v. 23.03.2016.

diskriminiert fühlten. So kam es bei Volkswagen in einigen Fällen zu rechtlichen Maßnahmen wie Versetzung in eine andere Abteilung[216] oder auch zu Kündigungen.[217] Die so bewirkte Enttabuisierung von Diskriminierungsanzeigen wird durch eine betriebsinterne Öffentlichkeitsarbeit verbreitet und vorangetrieben. Die Verhaltensgrundsätze der Volkswagen AG stellen dafür eine konzernweite Richtschnur dar. Das Regelwerk zur Betriebsvereinbarung „Partnerschaftliches Verhalten am Arbeitsplatz" wurde nach der Verabschiedung des AGG im Jahr 2006 an das Gesetz und die Diversity-Philosophie der Volkswagen AG angepasst und ist Bestandteil der Informationen für alle neuen Mitarbeitenden sowie im Rahmen der Führungskräfteausbildung. Diese Unternehmensphilosophie des Konzerns drückt sich auch in den „Verhaltensgrundsätzen des Volkswagen Konzerns"[218] aus und wurde mit entsprechenden Anforderungsregeln auch auf die Zulieferer und Geschäftspartner des Konzerns ausgeweitet.[219] Abgesichert werden die verschiedenen Postulate durch ein Netz an Vereinbarungen, die Volkswagen auf betrieblicher, nationaler wie internationaler Ebene mit den jeweiligen Mitarbeitervertretungen geschlossen hat[220]. Interessanterweise gehen auf betrieblicher wie nationaler

---

[216] Entsprechende Aussagen gemäß dem Gespräch mit einer Gruppe italienischer Mitarbeiter des VW-Personalwesens am 24.08.2000.

[217] So die Aussage des Mitgliedes im für die Umsetzung der Betriebsvereinbarung „Partnerschaftliches Verhalten am Arbeitsplatz" zuständigen Gleichstellungsausschuss von VW in Wolfsburg, Betriebsrätin Gabriele Gräser, in einem telefonischen Interview v. 10.03.2016.

[218] Im Kapitel „Allgemeine Verhaltensanforderungen" heißt es dazu unter der Überschrift „Chancengleichheit und gegenseitiger Respekt": „Wir gewährleisten Chancengleichheit und Gleichbehandlung, ungeachtet ethnischer Herkunft, Hautfarbe, Geschlecht, Behinderung, Weltanschauung, Religion, Staatsangehörigkeit, sexueller Ausrichtung, sozialer Herkunft oder politischer Einstellung, soweit diese auf demokratischen Prinzipien und Toleranz gegenüber Andersdenkenden beruht." Vgl. Volkswagen AG (o.J.): Nachhaltigkeitsbericht 2014, S. 8, abrufbar unter http://www.volkswagenag.com/content/vwcorp/content/de/sustainability_and_responsibility.html (Abruf am 18.10.15).

[219] Etwa in den „Anforderungen des Volkswagen Konzerns zur Nachhaltigkeit in den Beziehungen zu Geschäftspartnern", die im Jahr 2013 publiziert wurden. Dort sind in der Rubrik „Rechte der Mitarbeiter" unter der Überschrift „Keine Diskriminierung" die gleichen Indikatoren aufgeführt wie im entsprechenden Kapitel in den „Verhaltensgrundsätzen des Volkswagen Konzerns" (a.a.O.). Vgl.: http://www.volkswagenag.com/content/vwcorp/info_center/de/publications/2015/05/anforderungen-des-volkswagen-konzerns-zur-nachhaltigkeit-in-den-.bin.html/binarystorageitem/file/2014_0566_ broschur_ coc_geschaeftspartner_de_en_07.pdf (Abruf am 18.10.15).

[220] Auf internationaler Ebene sind hier folgende Vereinbarungen zwischen Konzernvorstand, Weltkonzernbetriebsrat und Internationalem Metallgewerkschaftsbund zu nennen:

- 2002 die „Sozialcharta", die die grundlegenden sozialen Prinzipien und Rechte der Unternehmenspolitik für alle Konzernstandorte dokumentiert.
- 2004 die „Vereinbarung zu einer einheitlichen und nachhaltigen Arbeitsschutzpolitik", womit der Konzern bei der Entwicklung, Herstellung und Vermarktung von Automobilen die Gesundheit, Leistungsfähigkeit und Arbeitszufriedenheit der Belegschaften an den weltweiten Standorten vertraglich regelt.
- 2006 die „Vereinbarung zur Nachhaltigkeit in den Lieferantenbeziehungen", durch die sich auch die Produktionsprozesse und Arbeitsverhältnisse der Lieferanten von Volkswagen an globalen Mindeststandards messen lassen sollen.
- 2009 die „Charta der Arbeitsbeziehungen", mit der sich der gesamte Konzern verbindliche Mindeststandards in den Beteiligungsrechten der Arbeitnehmervertretungen auf betrieblicher Ebene setzen will: „Die Charta gilt international und sieht gestufte Unterrichtungs-, Konsultations- und Mitbestimmungsrechte für die Arbeitnehmervertretungen der im Welt-Konzernbetriebsrat vertretenen Marken und Gesellschaften vor. Die darin verankerten Beteiligungsrechte umfassen personelle und soziale Regelungen, Arbeitsorganisation, Vergütungssysteme, Information und Kommunikation, Aus- und Weiterbildung, Arbeitssicherheit und Gesundheitsschutz, Prozesscontrolling sowie soziale und ökologische Nachhaltigkeit.

Ebene keine(s) der hier untersuchten Medien und Publikationen auf das gemäß § 13 AGG existierende Beschwerderecht in Bezug auf betriebliche Diskriminierungen ein, die an die laut bundesdeutschem Gesetz im Betrieb einzurichtende Beschwerdestelle adressiert werden könnten. Auch finden keine systematischen Datendokumentationen oder gar regelmäßigen Evaluationen des Informationsangebotes, der Beschwerdemöglichkeiten sowie der Bearbeitung und ggf. Sanktionierung von Mitarbeiteranliegen in diesem Themenbereich statt.[221]

Zusammenfassend lässt sich sagen, dass die vorangegangenen Betrachtungen zur betrieblichen Integration von Arbeitsmigranten bei VW in Wolfsburg von einem einheitsgewerkschaftlich-konsensualen Partizipationsmodell ausgehen, das sich nach der Entstehung einer großen Belegschaftsgruppe von Migranten im Werk infolge der systematischen Anwerbepolitik des Unternehmens durch konfliktbezogene Aushandlungsprozesse sukzessive etabliert hat. Gerade die Eigenorganisationsfähigkeit der italienischen Arbeitnehmer zwang die bis dahin autochthon ausgerichtete Gewerkschafts- und Belegschaftsvertretung dazu, eine politische Strategie zu wählen, die von Konfliktfall zu Konfliktfall stärker auf politischen Ausgleich zwischen den Belegschaftsgruppen mit und ohne Migrationshintergrund setzte und somit ein zwischen den beiden Akteurgruppen Gewerkschaft/Betriebsrat sowie Arbeitsmigranten gemeinsames betriebspolitisches Handeln zu entwickeln. Dies äußert sich nicht nur in einer beachtlichen Repräsentanz der Arbeitsmigranten und ihrer Nachkommen in verschiedenen betriebspolitischen Mitbestimmungsgremien, sondern auch in daraus resultierenden Entscheidungen, die die strukturelle Position von Arbeitnehmern mit Migrationshintergrund im Betrieb verbessern, was sich sogar auf ihre gesellschaftlichen Teilhabemöglichkeiten in der Stadt Wolfsburg positiv auswirkte. Obwohl die statistischen Daten der hier dokumentierten Untersuchungen bei VW in Wolfsburg aus forschungsorganisatorischen Gründen häufig mit dem Jahr 2006 enden, zeigten Nachrecherchen in jüngerer Vergangenheit, dass die dargestellte Entwicklung bis in die Gegenwart anhält, trotz des verstärkten Aufkommens ausländerfeindlicher Vorgänge im Unternehmensumfeld im Zuge der Einwanderungsdebatte in den Jahren 2015 ff. Eine gegen offene Ausländerdiskriminierung und auf Belegschafts*diversity* ausgerichtete Unternehmensphilosophie sorgt zwar nicht für einen eigenständigen Anteil an struktureller Gleichstellung von Arbeitsmigranten, kann

- 2012 die „Charta der Zeitarbeit", gemäß der sich die Vertragspartner auf zentrale Grundsätze für Zeitarbeit im Volkswagen-Konzern geeinigt haben. Die vereinbarten Regelungen betreffen „den maßvollen Einsatz von Zeitarbeit als notwendiges Flexibilitätsinstrument, die Umsetzung von Equal-Pay: Bezugsbasis ist das jeweilige Grundentgelt, die Umsetzung von Equal-Treatment: Beschäftigungsbedingungen und fachliche Qualifizierungsangebote wie für die Stammbelegschaft". Laut Konzern werde mit dieser Charta „die Zeitarbeit für den Einzelnen zur individuellen Chance auf Übernahme in die Stammbelegschaft, wenn er die notwendigen Qualifikationen erworben hat und im Unternehmen Bedarf besteht."

Zu allen zitierten Vereinbarungen vgl. die Konzernmitteilungen v. 29.10.2009 (abrufbar unter http://www.volkswagenag.com/content/vwcorp/info_center/de/news/2009/10/Global_Labor_Charter.html , Abruf am 18.10.15) sowie v. 30.11.2012 (abrufbar unter http://www.volkswagenag.com/content/vwcorp/info_center/de/news/2012/11/charta.html, Abruf am 18.10.15). Außerdem die seit 2009 dokumentierten Nachhaltigkeitsberichte des Konzerns unter http://www.volkswagenag.com/content/vwcorp/content/de/sustainability_and_responsibility/Archive.html (Abruf am 18.10.15).

[221] Übereinstimmende Informationen der Betriebsrätin Gräser in einem telefonischen Interview v. 10.03.2016 sowie der Leiterin der betrieblichen Beschwerdestelle, Frau Romanczyk, in einem telefonischen Interview v. 23.03.2016.

im Zusammenspiel mit den gesetzlichen Gleichbehandlungsregelungen aber die Hemmschwelle für offene Diskriminierungshandlungen von Vorgesetzten und Kollegen gegenüber Personen mit Migrationshintergrund deutlich erhöhen. Offenbar vermögen es die betrieblichen Regelungen, fremdenfeindliche Beschäftigte im Unternehmensalltag zumeist davon abzuhalten, sich rassistisch gegen Kollegen zu verhalten. Jedoch legen xenophobe Arbeitnehmer ihre Einstellungen deshalb nicht einfach ab. Nach Auffassung eines gewerkschaftlichen Vertrauensmannes äußern sie sie dann eben außerhalb des Betriebes.[222]

4.3 Ford in Köln: Pluralistisch-kompetitive Partizipation türkischer Belegschaftsmitglieder

4.3.1 Das Unternehmen und seine Belegschaft im städtischen Umfeld

Die Ford-Werke in Köln-Niehl sind Teil des deutschen Automobilunternehmens Ford-Werke GmbH, zu denen noch die Werkanlagen in Köln-Merkenich, in Saarlouis und im belgischen Genk sowie das Forschungszentrum in Aachen gehören. Ford Deutschland ist eine Tochtergesellschaft der US-amerikanischen Ford Motor Company, dem weltweit fünftgrößten Automobilhersteller, der in 25 Staaten 201.000 Mitarbeiter beschäftigt (Stand: 2016).[223] Autoindustrielle Bedeutung erhielt das von Henry Ford gegründete Unternehmen durch die Einführung der Fließbandproduktion im Jahr 1913, mit der die Fertigungszeit eines Automobils von 12 auf 1,5 Stunden reduziert werden konnte. Davon profitierte insbesondere die kostengünstige und massentaugliche Produktion des berühmten Ford-Modells T („Tin Lizzy“), das für lange Zeit meistverkaufte Auto der Welt war und darin erst 1972 vom VW-Käfer abgelöst wurde.

Neben der Massenproduktion ihrer Autos in den USA begann die Ford Motor Company in den 1920er-Jahren mit der Gründung von Firmenstandorten im Ausland. So entstand im Jahr 1925 ein Ford-Werksstandort in Berlin, um mit der Montage von aus den USA gelieferten Teilen die hohen Schutzzölle zu umgehen, die seinerzeit in Deutschland auf den Import fertiger Autos erhoben wurden. Zur Vergrößerung der Produktionsstätten verlegte das Unternehmen den Firmensitz der deutschen Ford Motor Company Aktiengesellschaft im Jahr 1930 von Berlin nach Köln, wo ein neues Werksgelände im Stadtteil Niehl gebaut wurde, das für eine Jahresproduktion von 250.000 Fahrzeugen ausgelegt war.[224] Wurden in den deutschen Ford-Werken zunächst nur die US-amerikanischen Modelle nachgebaut und in Deutschland verkauft, produzierte man seit 1932 eigene Autos mit lokalen Modellnamen, wie den Ford Köln oder den Ford Eifel,

---

[222] Entsprechende Aussagen des Probanden mit der Gesprächsnummer 7 in einem Interview v. 12.12.2000 sowie des gewerkschaftlichen Vertrauensmanns Alois Paul, Interview v. 22.08.2000. Seinen Angaben zufolge beteiligten sich rechtsextreme VW-Beschäftigte, die sich im Betrieb unauffällig verhielten, außerhalb des Betriebs an xenophoben Aktionen. Nach Aussage der Leiterin der betrieblichen Beschwerdestelle (telefonisches Interview v. 23.03.2016) häuften sich seit dem großen Anstieg der Flüchtlingszahlen in Deutschland im Jahr 2015 fremdenfeindliche Äußerungen von VW-Mitarbeitern in Online-Foren.

[223] Entsprechende Daten zu Ford-Deutschland bzw. Ford Motor Company gemäß der Ford-Homepages unter www.ford.de bzw. www.corporate.ford.com (Abrufe am 08.10.2017).

[224] Vgl. Ford-Presseerklärung: „Vor 80 Jahren wurde die Ansiedlung der Ford-Werke in Köln vereinbart“, Oktober 2009 (Abruf am 23.10.2009).

der im Jahr 1939 vom Ford Taunus abgelöst wurde, dem erfolgreichsten deutschen Ford-Modell.

Während des Zweiten Weltkriegs verboten die deutschen Machthaber die Produktion ziviler PKW in den Ford-Werken Deutschlands und den besetzten Gebieten, sodass nur noch kriegswichtige Fahrzeuge wie LKW und Halbketten-Personentransporter, Motoren und Ersatzteile hergestellt wurden, was etwa einem Drittel der gesamten deutschen Produktion für Militärlastwagen entsprach[225]. Inwieweit die US-amerikanischen Anteilseigner der Ford Motor Company, die zu dieser Zeit ca. 80 % der Aktien an dem seit 1939 als Ford-Werke AG firmierenden deutschen Unternehmen hielten (Stand 1938), zur Umsetzung der nationalsozialistischen Wirtschafts- und Kriegspolitik mit den deutschen Behörden von vornherein kooperierten oder ob sich die NS-Machthaber die zwangsweise Kontrolle über die deutschen Ford-Werke sicherten, ist umstritten.[226] Laut einer durch die Ford-Werke initiierten Untersuchung über den Einfluss des NS-Regimes auf die Ford AG beteiligte sich der deutsche Unternehmenszweig mit seiner Güterproduktion am nationalsozialistischen Vierjahresplan von 1936 mit dem Ziel des Imports kriegswichtiger Rohstoffe und stellte auch schon vor dem Zweiten Weltkrieg Truppentransporter für die Wehrmacht her, die erstmals bei der Besetzung der Tschechei im Jahr 1939 eingesetzt wurden. Während des Krieges waren die Ford-Werke integraler Bestandteil der deutschen Kriegswirtschaft. Nach Eintritt der USA aufseiten der Anti-Hitler-Koalition erklärte das Oberlandesgericht Köln am 15. Mai 1942 die Ford-Werke zu Feindeigentum, ernannte den seit 1926 amtierenden Ford-Geschäftsführer Robert Schmidt zum Treuhänder und ersetzte den Aufsichtsrat durch einen unter nationalsozialistischem Einfluss stehenden Konsultativrat. Doch trotz der seit 1943 verstärkten alliierten Luftangriffe gegen Industrieanlagen in Deutschland war das Werksgelände in Köln-Niehl davon kaum betroffen. Stattdessen wurde es gegen Kriegsende von deutschem Artilleriebeschuss stärker in Mitleidenschaft gezogen. Nach Angaben des erwähnten Ford-Untersuchungsberichts wurden in den deutschen Ford-Werken ausländische Arbeitskräfte aus besetzten Ländern zur Arbeit eingesetzt, die in Baracken neben dem Werk untergebracht waren. Diese Arbeitskräfte waren zumeist Zwangsarbeiter und Kriegsgefangene aus West- und Osteuropa[227], nach dem Sturz Mussolinis auch italienische Militärinternierte und ab August 1944 ebenso Häftlinge aus dem Konzentrationslager Buchenwald.

Nach Kriegsende und der Übernahme durch die britische Militärverwaltung begannen die Ford-Werke mit der Reparatur militärischer Lastkraftwagen und produzierten ausschließlich für das britische Militär, sodass die Herstellung ziviler PKW erst gegen Ende 1948 wieder einsetzte.[228] Im Jahr 1950 erfolgten Investitionen zum Wiederaufbau

---

[225] Nachfolgender geschichtlicher Abriss zur Entwicklung der Ford-Werke Deutschland vor, während und nach dem Zweiten Weltkrieg gemäß Ford Archives (o.J.).

[226] Vgl. den Wikipedia-Artikel unter https://de.wikipedia.org/wiki/Ford_Deutschland (Abruf am 08.10.2017).

[227] Zu den Unterkunftsbedingungen vermerkt der Untersuchungsbericht (S. 8 f.): „*Ausländische Arbeiter und Zwangsarbeiter waren, getrennt nach Nationalitäten, in Holzbaracken neben dem Werk untergebracht, und wurden von Werkschutz und von der Gestapo überwacht. Das Lager der Ostarbeiter war von Stacheldraht umgeben. Westarbeiter lebten in einem nicht eingezäunten Lager oder außerhalb des Werksgeländes*".

[228] Im Jahr 1948 wurden 182, im darauf folgenden Jahr 11.109 PKW der Marke Taunus produziert. Vgl. Ford-Archives o. J., S. 11.

und zur Behebung der Kriegsschäden sowie zur Expansion und Modernisierung des Maschinenparks, sodass die Produktivität des Werkes gesteigert und die Fahrzeugstückkosten gesenkt werden konnten. Zur Finanzierung nutzten die US-amerikanischen Anteilseigner die ab 1951 wieder ausgezahlten Aktiendividenden, zu deren Aufkommen auch die gesperrten Dividenden der Jahre 1938 bis 1943 gehörten. Der Mutterkonzern verwendete die daraus resultierenden Gelder zudem darauf, einen Teil der Aktien der Ford Deutschland AG zurück zu erwerben, die sich im Besitz der in Liquidation befindlichen I.G. Farbenindustrie befanden. Auch mit dieser Maßnahme stand Ford Deutschland wieder nahezu vollständig unter der Kontrolle der US-amerikanischen Ford-Eigentümer, da die deutschen Gerichte im Dezember 1949 offiziell die Treuhänderbestellung beendeten, die die deutschen Behörden den Ford-Werken 1942 per Verordnung auferlegt hatten. Eine weitere Form der Kontinuität zum Vorkriegszustand zeigte sich in der Personalpolitik. Die britischen Militärbehörden setzten nach Kriegsende Erhard Vitger, vor und während des Krieges Betriebsmanager in einer Schlüsselposition, als Treuhänder ein und ernannten ihn am 8. August 1948 zum Generaldirektor der Ford-Werke in Köln. Der ehemalige Geschäftsführer und Treuhänder Robert Schmidt kehrte mit Unterstützung leitender Ford-Mitarbeiter im Jahr 1950 als technischer Berater zu den Ford-Werken zurück. Er und Vitger gehörten bis 1958 dem Vorstand des Unternehmens an. Beide waren später auch in dessen Aufsichtsrat vertreten.

Ab November 1948 stellte Ford in Köln das Vorkriegsmodell des „Buckeltaunus" wieder her. Die erste deutsche Ford-Neukonstruktion nach dem Zweiten Weltkrieg, der Taunus 12M („Weltkugeltaunus"), folgte im Januar 1952 und die ebenfalls erfolgreiche Consul-Reihe im Verlauf der 1950er-Jahre. 1958 wurde mit 128.000 produzierten Fahrzeugen erstmals eine sechsstellige Produktionszahl erreicht; zu diesem Zeitpunkt arbeiteten mehr als 10.000 Menschen bei Ford in Köln.[229] Vom fortschreitenden Wirtschaftsaufschwung in der Bundesrepublik profitierten auch die Ford-Werke, sodass dort 1965 erstmals mehr als 500.000 Fahrzeuge produziert wurden. Als Folge dieser Produktexpansion eröffnete das Unternehmen im selben Jahr ein neues Forschungszentrum in Köln-Merkenich; 1970 begann das Werk in Saarlouis die Produktion. Am Ende dieser Boomzeiten beschäftigte Ford 54.300 Mitarbeiter und erzielte einen Jahresumsatz von 5,8 Milliarden DM (Stand: 1972). Spätestens im Zuge der nachfolgenden Wirtschaftskrise – u. a. aus Anlass des Ölpreisschocks 1973 – musste Ford neue Produktpaletten konzipieren, die verbesserte Absatzmöglichkeiten schaffen konnten. Mit der Entwicklung der Automobilreihen Fiesta, Escort und Capri konnte man während der 1970er- und 1980er-Jahre in den Klein-, Kompakt- und Coupéwagenklassen neue Akzente setzen, mit den Marken Sierra, Granada und nachfolgend Scorpio im (oberen) Mittelklassebereich ebenso punkten, sodass im Jahr 1990 50.100 Mitarbeiter dem Unternehmen in Deutschland angehörten, die einen Jahresumsatz von ca. 20,7 Milliarden DM erwirtschafteten. Seit 1994 arbeiten mehrere Hundert Mitarbeiter im Ford Forschungszentrum Aachen (FFA), in dem alternative Antriebe, neue Motorengenerationen und aktive Fahrwerksysteme wie beispielsweise die Fahrzeug-zu-Fahrzeug-Kommunikation entwickelt werden. Seit 2004 firmiert das Unternehmen als „Ford-Werke GmbH". Diese Umwandlung der Rechtsform erfolgte nach einem *squeeze-out*, somit einem Ausschluss

---

[229] Diese und nachfolgende Informationen gemäß der Informationen der Ford-Homepage www.ford.de sowie des Wikipedia-Artikels unter www.wikipedia.org/wiki/Ford_Deutschland (Abrufe am 08.10.2017).

von Minderheitsaktionären im Jahr 2002, in dem die Ford Deutschland Holding GmbH über 95 % der Aktien der deutschen Ford-Werke-AG erwarb. Ende 2014 wurde das Werk im belgischen Genk geschlossen. Im Jahr 2016 arbeiteten rund 24.000 Menschen für die Ford-Werke GmbH (davon ca. 17.000 in Köln-Niehl), die über 280.000 Fahrzeuge produzierten und einen Jahresumsatz von ca. 25,2 Milliarden Euro erwirtschafteten.

Analog zu Volkswagen war in den letzten Jahrzehnten auch bei Ford die Einbeziehung von Arbeitsmigranten ein wesentlicher Faktor der Produktions- und Beschäftigungsentwicklung. Denn ebenso wie in anderen Metall verarbeitenden Unternehmen machte sich bei Ford zu Beginn der 1960er-Jahre ein akuter Arbeitskräftemangel bemerkbar, der den Betrieb zur Anwerbung insbesondere türkischer Arbeiter veranlasste. Im Vergleich zu VW in Wolfsburg begannen die Kölner Ford-Werke die Anwerbung von Arbeitsmigranten etwas früher, nämlich im Jahr 1960: zunächst mit italienischen Arbeitskräften, die bis 1962 die stärkste ausländische Beschäftigtengruppe im Werk war, und nachfolgend – begünstigt durch die Anwerbevereinbarung mit der Türkei von 1961 – durch türkische Beschäftigte, die nachfolgend die dominierende Migrantengruppe darstellten, nicht nur in den Ford-Werken.[230] Dort schnellte die Anzahl türkischer Anwerbemigranten noch stärker als bei anderen Beschäftigtengruppen aus dem Ausland in die Höhe: Umfasste die Gruppe türkischer Mitarbeiter bei Ford in Köln im Jahr 1965 schon fast 6.300 Menschen, konnte sie sich bis 1972 fast verdoppeln und erreichte in jenem Jahr auf ihrem Höhepunkt etwa 12.300 Personen, was einem türkischen Anteil unter den damals bei Ford beschäftigten Ausländern von über 80 % entsprach. Zusammen mit ca. 2.000 weiteren ausländischen Beschäftigten hatte Ford einen Ausländeranteil von ca. 40 % in der Gesamtbelegschaft.

Die nachfolgende Abbildung verdeutlicht die Belegschaftsentwicklung bei Ford in Köln in den Jahren zwischen 1960 und 2005. Erläuterungen zu diesen Ford-Daten werden anschließend mit der entsprechenden Grafik zur Beschäftigungsentwicklung bei VW in Wolfsburg im vergleichbaren Zeitraum kontrastiert, damit auffällige Unterschiede der beiden Untersuchungsfälle identifiziert werden können.

[230] Bereits im Jahr 1964 stammte die größte Personenzahl der in diesem Jahr über die Auslandsniederlassungen der BA angeworbenen „Gastarbeiter“ aus der Türkei (vgl. Bundesanstalt für Arbeit 1974, S. 114).

Belegschaftsentwicklung* bei Ford in Köln 1960-2005

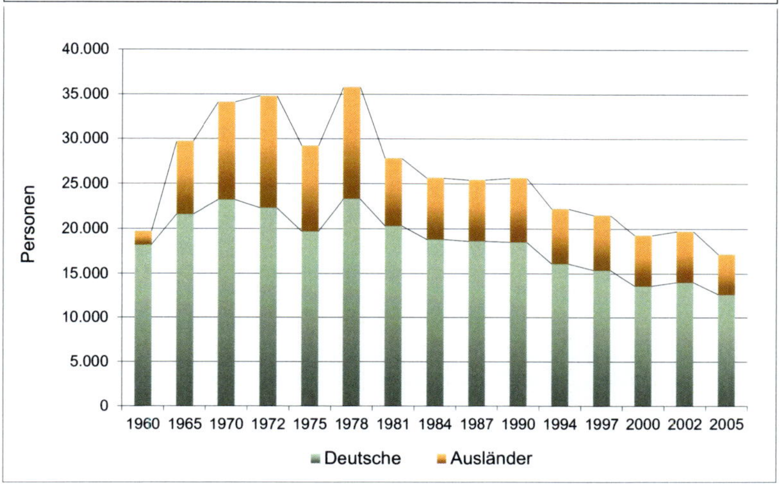

Abbildung 17: Belegschaftsentwicklung* bei Ford in Köln 1960-2005

* Hierunter fallen Personen beiderlei Geschlechts

Quelle: Ford-Werke GmbH; eigene Berechnungen

Belegschaftsentwicklung* bei VW in Wolfsburg 1961-2005

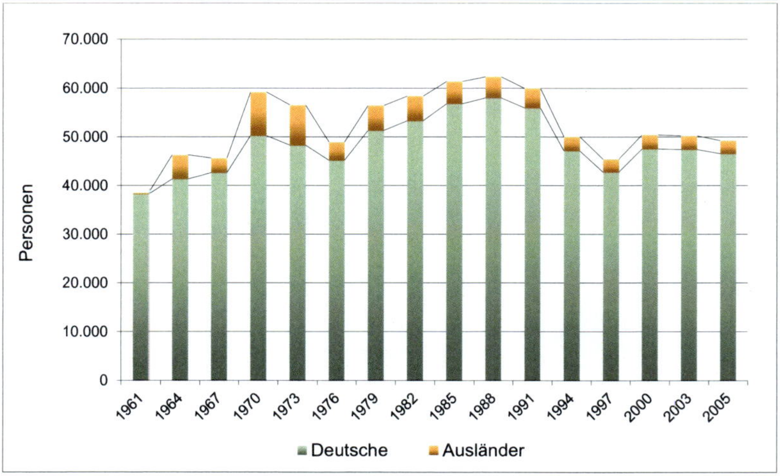

Abbildung 18: Belegschaftsentwicklung* bei VW in Wolfsburg 1961-2005

* Hierunter fallen Personen beiderlei Geschlechts

Quelle: Volkswagen AG; eigene Berechnungen

In beiden Unternehmen ist zu beobachten, dass die Anwerbemigranten bis zur jeweiligen Konjunkturkrise Anfang der 1970er-Jahre Arbeitskräftelücken der deutschen Bevölkerung schlossen. Der gleiche Effekt ist in beiden Firmen in der zweiten Hälfte des Jahrzehnts zu beobachten, die der Automobilindustrie einen wirtschaftlichen Aufschwung bescherte. Das allgemeine Beschäftigungsvolumen in den 1980er-Jahren unterschied sich in beiden Unternehmen: Während es Volkswagen gelang, wieder Beschäftigung aufzubauen, hatten die Mitarbeitenden bei Ford Personalabbau hinzunehmen. Bei beiden Unternehmen waren die 1990er-Jahre wiederum von rapidem Beschäftigungsrückgang geprägt, wobei insbesondere die ausländischen Arbeitnehmer Opfer des Arbeitskräfteüberschusses infolge der Computerautomatisierungs- und Rationalisierungsmaßnahmen dieser Jahre wurden. Im Gegensatz zu VW in Wolfsburg, wo sich der Beschäftigungsgrad um die Jahrhundertwende kaum veränderte, gab es bei Ford in Köln seit dem Jahr 2002 nochmals einen starken Beschäftigungsrückgang, der auf eine fortschreitende Automatisierung der Produktionsabläufe sowie die kostensenkende Auslagerung von Produktionssegmenten an Zuliefererfirmen zurückzuführen ist. Bei etwa 17.000 Beschäftigten (Stand: 2016) gehören rund 3.500 Personen (ca. 20 %) der türkischstämmigen Beschäftigtengruppe an (bei einem gesamtausländischen Beschäftigtenanteil von ca. 30 %).

Der direkte Vergleich beider Unternehmen hinsichtlich ihrer jeweiligen Belegschaftsentwicklung offenbart mehrere gravierende Unterschiede: Zunächst ist auffällig, dass das Wolfsburger VW-Werk hinsichtlich der Beschäftigtenzahl etwa doppelt so groß wie der Ford-Betrieb in Köln-Niehl ist. Trotz dieses Größenunterschieds ist sowohl die absolute Ausländerzahl als auch der relative Ausländeranteil bei Ford in Köln größer als beim Vergleichsbetrieb: Während der Ausländeranteil bei VW in Wolfsburg kaum je höher als 10 % lag, schwankt er im Kölner Werk von Ford im Laufe der Zeit etwa zwischen 30 und 40 %, was nahelegt, dass die ausländische Beschäftigtengruppe bei Ford einen gewichtigeren Anteil an den betrieblichen Entwicklungen haben könnte. Darüber hinaus machen die beiden Abbildungen deutlich, dass neben branchenspezifischen Konjunkturphasen wie in der zweiten Hälfte der 1970er-Jahre oder zu Beginn der 1990er-Jahre offensichtlich auch betriebsunterschiedliche Konjunkturverläufe der beiden Automobilunternehmen existieren, was insbesondere die Entwicklungen in der zweiten Hälfte der 1960er-Jahre, im Verlauf der 1980er-Jahre sowie in den 2000er-Jahren aufzeigen. Wie schon bei der VW-Untersuchung soll ein detaillierter Blick auf die Beschäftigungsveränderungen bei Ford/Köln weitere Aufschlüsse geben:

Beschäftigungsfluktuation bei Ford in Köln im Vergleich zwischen Ausländern und Deutschen* 1970-2005

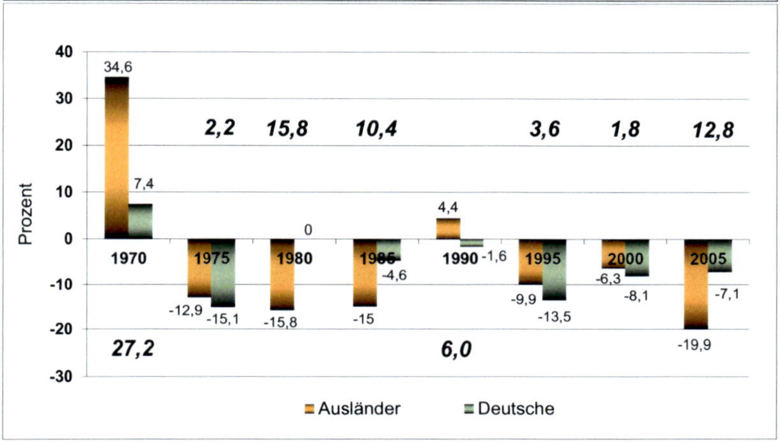

Abbildung 19: Beschäftigungsfluktuation bei Ford in Köln im Vergleich zwischen Ausländern und Deutschen* 1970-2005 (Basiswert: 1965; Differenzwerte kursiv)

* Hierunter fallen Personen beiderlei Geschlechts
Quelle: Ford-Werke GmbH; eigene Berechnungen

Beschäftigungsfluktuation bei VW in Wolfsburg im Vergleich zwischen Ausländern und Deutschen* 1970-2005

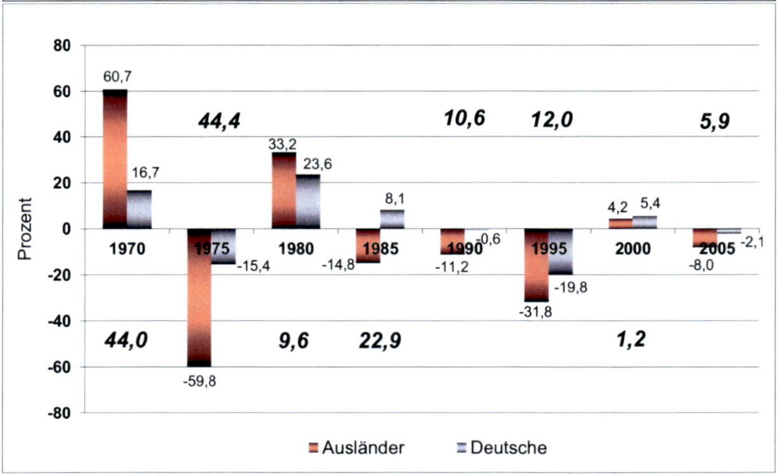

Abbildung 20: Beschäftigungsfluktuation bei VW in Wolfsburg im Vergleich zwischen Ausländern und Deutschen* 1970-2005 (Basiswert: 1965; Differenzwerte kursiv)

* Hierunter fallen Personen beiderlei Geschlechts
Quelle: Volkswagen AG; eigene Berechnungen

Die Zu- und Abnahmen der Beschäftigung zeigen bei Ford in Köln, dass seit den 1970er-Jahren sowohl ausländische als auch deutsche Belegschaftsangehörige von einem sukzessiven Beschäftigungsabbau betroffen waren, wenn auch anfangs – gegen die bundesweite Entwicklung sowie die Daten bei VW – in abweichendem Maße: Deutsche waren bei Ford in Köln in der ersten Hälfte der 1970er-Jahre stärker von Arbeitsplatzabbau betroffen als ihre ausländischen Kollegen. Erst ab Mitte dieses Jahrzehnts und zu Beginn der 1980er-Jahre balancierten vorwiegend die ausländischen Arbeitskräfte den Arbeitsplatzabbau aus. Diese abweichende Tendenz findet ihre Ursache in der Tatsache, dass die technologische Entwicklung bei Ford in Köln zu Beginn der 1970er-Jahre hinter der anderer metallindustrieller Unternehmen zurückblieb und die ausländischen Arbeitskräfte zunächst noch für die körperlich anspruchsvollen Arbeiten benötigt wurden.[231] Anders als bei VW gab es bei Ford in Köln dann später wohl keine speziellen Rückkehrprogramme für ausländische Betriebsangehörige. Die Abbildung zeigt im weiteren Zeitverlauf, dass sich die Arbeitsplatzsicherheit zwischen deutschen und ausländischen Arbeitnehmern bei Ford ab Mitte der 1980er-Jahre stark annäherte. Ab den 1990er-Jahren scheint sie bei den Arbeitsmigranten sogar noch größer zu sein als bei den einheimischen Arbeitskräften, auch wenn beide Beschäftigtengruppen von den massiven Umstrukturierungs- und Rationalisierungsmaßnahmen zu Beginn dieses Jahrzehnts betroffen waren. Nach der Jahrhundertwende gingen die Arbeitsplatzverluste eher auf Kosten der ausländischen Arbeitnehmer.

Dennoch kann bei Ford wie bei VW insgesamt ein Angleichungsprozess in Bezug auf die Arbeitsplatzsicherheit von Arbeitsmigranten und Deutschen festgestellt werden. Unternehmensvergleichend ist zwischen beiden Betrieben jedoch ein großer Unterschied bei den Gesamtsalden der Beschäftigungsentwicklung bemerkenswert: Während im Wolfsburger VW-Werk die ausländischen Arbeitnehmer gegenüber den deutschen Erwerbspersonen bei Beschäftigungsveränderungen über die gesamte Zeitperiode klar im Nachteil sind (Ausländer: minus 27,5 %, Deutsche: plus 15,9 %), ist bei Ford in Köln für den Zeitraum zwischen 1965 und 2005 bemerkenswert, dass ausländische und deutsche Betriebsangehörige fast gleichermaßen vom Beschäftigungsabbau betroffen waren (Ausländer: minus 44,2 %, Deutsche: minus 41,5 %). Im Saldo heißt das, dass bei Ford in Köln Ausländer wie Deutsche in diesem existenziellen Bereich nahezu gleichbehandelt wurden.

Ein weiterer augenfälliger Unterschied zwischen VW/Wolfsburg und Ford/Köln ist die Dominanz einer jeweils anderen Nationalität unter den ausländischen Arbeitnehmern. Gaben im Wolfsburger Stammwerk von VW historische Kontinuitäten und persönliche Verbindungen den Ausschlag für die Anwerbung italienischer Migranten, erfolgte bei Ford in Köln die Auswahl türkischer Arbeiter aufgrund der Erfahrungen mit einem erfolgreich verlaufenden Versuchsprogramm im Jahre 1958, als auf Initiative des damaligen Bundespräsidenten Theodor Heuss einige türkische Berufsschulabsolventen im Rahmen beruflicher Ausbildungsmaßnahmen Praktika u. a. bei den Ford-Werken in Köln absolvierten.[232] Diese positiven Erfahrungen mit den sogenannten „Heuss-Türken"

---

[231] Vgl. das Interview mit dem seinerzeitigen Geschäftsführer des Ford-Konzernbetriebsrates, Martin Hennig, v. 12.05.2000. Hennig wurde in den 2000er-Jahren zum Gesamtbetriebsratsvorsitzenden der Ford-Werke GmbH gewählt.

[232] Die vereinbarten beruflichen Ausbildungsmaßnahmen gehen auf einen Staatsbesuch von Bundespräsident Heuss in die Türkei zurück, der ein Jahr zuvor vom 5. bis 13. Mai 1957 stattfand. Das Ziel dieser

(Eryilmaz 1998, S. 94) lenkten den Blick auf das große Reservoir dieser Beschäftigtengruppe in ihrem Heimatland, das durch die am 30. Oktober 1961 fixierte deutsch-türkische Anwerbevereinbarung schließlich erschlossen werden konnte. Da den Türken in Deutschland schon „seit dem Ersten Weltkrieg der Ruf vorausging, willige, entbehrungsgewohnte Soldaten zu sein" (Kleff 2004, S. 251) und türkische Arbeitnehmer nach den ersten vereinzelten Vermittlungsversuchen der 1950er-Jahre als durchaus pünktlich, gründlich und geschickt galten, war Ford das erste Großunternehmen in Deutschland, das türkische Interessenten anwarb und dabei anfangs sogar auf fachlich geschulte Metallfacharbeiter zurückgreifen konnte (vgl. Hunn 2004, S. 74, 77). Nach der offiziellen Vermittlung über die BAAV[233]-Verbindungsstellen in Istanbul oder Ankara mit einer fachlichen Auswahl der Bewerber, einer Gesundheitsuntersuchung und diversen anderen Anforderungen[234] kamen die ersten türkischen „Gastarbeiter" nach dreitägiger Bahnfahrt am 27. September 1961 als Sammelgruppe mit dem Zug von Istanbul über Sofia, Belgrad und München[235] am Bahnhof Köln-Deutz an und wurden anschließend direkt zu den Ford-Werken nach Köln-Niehl weiter transportiert.[236] Dort setzte man sie ebenso wie in anderen Metall- und Automobilunternehmen in großem Maße in der physisch wie psychisch anstrengenden Fließbandmontage ein. Sie besetzten somit nur jene Arbeitsplätze, die körperlich besonders belastend waren und eine geringe Qualifikation erforderten. Und ebenso wie bei VW in Wolfsburg leisteten die Arbeitsmigranten bei Ford zumeist Schichtarbeit und Überstunden, um so mehr verdienen und ihr Sparziel schneller erreichen zu können. Doch entgegen der seinerzeitigen Arbeitgeberauffassung, am „Mittelpunkt Arbeitsplatz [hätten] Betrieb und Ausländer gleiche Interessen"[237], sorgten die Arbeits- und Lebensumstände der türkischen Anwerbemigranten mit ihrem entbehrungsreichen Alltag häufig für Probleme, die sich z. B. aus dem auf zwei Jahre befristeten Arbeitsaufenthalt sowie dem Verbot des Familiennachzugs ergaben, wie Hunn (2004, S. 79) beschreibt:

> „Die oft jahrelange Trennung von Ehepartnern und Kindern stellte eine gravierende Belastung dar und gehört zu den Schattenseiten vieler Biografien von Migranten. Die Vermittlung von Ehepaaren oder eine großzügigere Handhabung des Familiennachzugs, die viele

Maßnahmen war die Unterstützung der türkischen Wirtschaft, indem die Praktikanten nach Ende ihrer Ausbildungszeit in ihr Heimatland zurückkehrten. Die meisten von ihnen blieben jedoch dauerhaft in Deutschland (vgl. Eryilmaz 1998, S. 94).

233 Bundesanstalt für Arbeitsvermittlung und Arbeitslosenversicherung, Vorläuferinstitution der Bundesanstalt bzw. Bundesagentur für Arbeit (BA).

234 Eine detaillierte Darstellung über den Ablauf der umfänglichen Bewerbungsverfahren, der dabei notwendigen Anforderungen sowie der in den türkischen Verbindungsstellen durchgeführten Untersuchungen findet sich im Beitrag von Eryilmaz (1998).

235 Vgl. „Die Anreise der türkischen Gastarbeiter – Auf Holzsitzen ins ersehnte Land" auf der Webseite des Integrationsministeriums Rheinland-Pfalz: http://lebenswege.rlp.de/sonderausstellungen/50-jahre-anwerbeabkommen-deutschland-tuerkei/die-anreise-der-tuerkischen-gastarbeiter/ (Abruf am 20.07.15).

236 Vgl. Pressemitteilung der Ford-Werke GmbH „Ford in Köln warb als erstes Unternehmen in Deutschland türkische Arbeiter an" v. 21.10.2011. Interessanterweise kamen die ersten türkischen Anwerbemigranten Ende September 1961 zu Ford in Köln noch bevor die offizielle Anwerbevereinbarung mit der Türkei etwa einen Monat später in Kraft trat.

237 So der Titel eines Artikels des Ford-Mitarbeiters Giacomo Maturi in der BDA-Zeitschrift DER ARBEITGEBER (1965).

> dieser privaten Probleme hätten beseitigen können, passte aber nur bedingt in das Konzept der Arbeitgeber und noch viel weniger in das der deutschen Bundesregierung."

Da aber die Ford-Werke wie auch andere Unternehmen – im Gegensatz zu Volkswagen – nicht von einem provisorischen Konzept der Gastarbeit ausgingen, galten diese rechtlichen Restriktionen u. a. im Sinne eines Rotationsprinzips nur bis zum Jahr 1964, als die Bundesregierung in Absprache mit der türkischen Regierung die entsprechende Anwerbevereinbarung dahingehend veränderte, dass Vorgaben nach einer maximalen Aufenthaltsdauer sowie nach einem Ausschluss des Familiennachzugs wegfielen. Doch taten sich einige Arbeitgeber wie die Ford-Werke in Köln anschließend schwer, mit den Konsequenzen eines dauerhaften Aufenthalts ihrer türkischen Beschäftigten umzugehen. Als etwa die türkische Botschaft im Sommer 1965 mit einer Fragebogenaktion ermitteln wollte, wie viele türkische Arbeiter an einem Familiennachzug interessiert waren, lehnte es das Kölner Unternehmen ab, den entsprechenden Bogen an seine damals bereits mehr als 6.000 türkischen Mitarbeiter zu verteilen.[238]

Zu Beginn der Anwerbephase herrschte bei vielen türkischen Arbeitsmigranten häufig der Eindruck vor, sie würden schlecht entlohnt und nicht qualifikationsadäquat durch die Unternehmen eingesetzt. Dabei sahen sie sich z. B. auch gegenüber ihren italienischen Kollegen zurückgesetzt, die angeblich ihrer Qualifikation entsprechend beschäftigt wurden, wie sich ein türkischer Migrant per offenem Brief bei der türkischen Regierung beschwerte (gemäß Hunn 2004, S. 79f.). Solche Irritationen konnten auch aufgrund mangelnder oder fehlerhafter Informationen über die tatsächlichen Lohn-, Arbeits- und Lebensbedingungen in Deutschland entstehen, die in der Anfangszeit der Anwerbung wegen allgegenwärtiger Verständigungsschwierigkeiten[239] häufig fehlten. Denn schon bei den jeweils in Zehnergruppen stattfindenden Anwerbungsgesprächen in den türkischen Verbindungsstellen wurden lediglich 15 bis 20 Minuten darauf verwendet, den Arbeitern ihre künftige Beschäftigung und ihre Arbeitsverträge zu erklären, wie eine Untersuchung von 1964 offenbarte. Unterschiede zwischen Brutto- und Nettolöhnen, verschiedenen Steuerklassen und Lohngruppen sowie eventuelle Lohnabzüge für Verpflegung und Unterkunft wurden den Interessenten so nicht ausreichend erläutert (vgl. Hunn 2004, S. 80). Und auch die unterschiedlichen Lebensgewohnheiten und Einstellungen der türkischen Anwerbemigranten sorgten für erhebliche Anpassungsschwierigkeiten an die deutsche Gesellschaft:

> „Fern von ihren Familien und ihrem gewohnten sozialen Umfeld, meist in Wohnheimen mit Mehrbettzimmern und strengen Verhaltensrichtlinien untergebracht, darauf ausgerichtet, möglichst viel zu arbeiten, viel Geld zu sparen, wenig zu konsumieren und bald wieder zurückzukehren, befanden sich viele in einer sehr schwierigen existenziellen Situation" (Hunn 2004, S. 81).

Inwieweit sich diese Unzufriedenheit in betrieblichen Konflikten wie z. B. beim berühmten „Türkenstreik" in den Ford-Werken Kölns 1973 äußerte, werden die späteren

---

[238] Vgl. BDA an BMAS, 16.07.1965, BA, B 149/22374, zitiert nach Hunn 2004, S. 79.

[239] Schon im Jahr 1965 wiesen Informationen in Arbeitgeber-Publikationen auf Verständigungs- und Verständnisprobleme in den ersten Arbeitsmonaten hin (vgl. Maturi 1965, S. 301).

detaillierten Analysen zeigen. Festzustellen bleibt jedoch, dass bei der Beschäftigung der türkischen Anwerbemigranten ähnliche Betreuungs- und Anpassungsschwierigkeiten sichtbar wurden, wie sie sich zu Beginn der 1960er-Jahre bei der Einstellung der italienischen Beschäftigten bei VW in Wolfsburg zeigten. Hinzu kamen spezifische Besonderheiten der türkischen Bevölkerungscommunity. Rasch bemerkten einige Unternehmen[240], dass sich die Berücksichtigung gerade der religiösen Bedürfnisse der türkischen Mitarbeiter positiv auf deren Arbeitsmotivation und Betriebsbindung auswirken konnte. Größere Unternehmen zeigten sich deshalb schon früh dazu bereit, auf die religiösen und kulturellen Bedürfnisse ihrer muslimischen Arbeiter einzugehen (vgl. Hunn 2004, S. 82f.), was auch die Ford-Werke in Köln taten: Neben der vereinzelten Bereitstellung von halboffiziellen Gebetsräumen[241] boten die Kantinen bei Ford schon recht bald nach Ankunft der muslimischen Arbeitsmigranten mindestens ein schweinefleischfreies Gericht an. Und zur Zeit des Ramadan – also der 30-tägigen islamischen Fastenzeit – ermöglichte Ford seinen Mitarbeitern, ihren religiösen Vorschriften folgen zu können, indem sie z. B. ihr Mahl nach Sonnenuntergang gemeinsam einnehmen konnten (vgl. Ford-Werke 2011).[242] Und einzelne Funktionäre bei Ford äußerten nach den ersten Pionierjahren der Anwerbung öffentlich die Zuversicht, dass Sinn, Zweck und Ziel der Betreuungsarbeit inner- und außerhalb des Betriebes sein müsse, den einzelnen Arbeitsmigranten nicht mehr als Fremdkörper zu betrachten, sondern ihm mehr Selbstverantwortung aufzuerlegen, damit er dadurch mehr Verantwortung für den Betrieb übernehmen könne.[243]

Wie bei VW erfolgte die Unterbringung der Anwerbemigranten bei Ford zunächst in betriebseigenen Wohnheimen (vgl. Ford-Werke 2011). Während die ersten türkischen Mitarbeiter noch in Übergangswohnheimen wohnten, stellten die Ford-Werke ihren im Ausland angeworbenen Arbeitern ab 1962 neu errichtete Wohnheime mit Mehrbettzimmern zur Verfügung. Diese betriebsgebundenen Wohnheime für ausländische Arbeitnehmer gehörten überwiegend dem Internationalen Bund für Kultur- und Sozialarbeit/ Jugendsozialwerk e. V., einem nach dem Zweiten Weltkrieg gegründeten Hilfsdienst für gemeinnützige Aufbauarbeiten, der seine Sozialarbeit ab den späten 1950er-Jahren auf die Betreuung ausländischer Arbeitnehmer ausweitete und dies bei

[240] Neben den Ford-Werken etwa auch die Deutsche Bundesbahn oder die Essener Steinkohlebergwerke, vgl. Hunn 2004, S. 83.

[241] Aufgrund der religiösen Wünsche türkischer Muslime nahm die Geschäftsleitung die von türkischen Beschäftigten schon früh vorgenommene Einrichtung von muslimischen Gebetsräumen in einzelnen Fertigungshallen hin. Bis in die Gegenwart tat sich der Betrieb aus gleichbehandlungsrechtlichen sowie betriebsorganisatorischen Gründen schwer mit einer offiziellen Anerkennung dieser „Moscheen", was wiederum ermöglichte, bei Umbauten im Zuge von Produktionsveränderungsmaßnahmen einzelne Gebetsräume auch wieder betrieblich zu nutzen. Vgl. entsprechende Aussagen in den Interviews mit dem Leiter der Abteilung „Grundsatzfragen und Betriebsverfassung" bei den Ford-Werken, Jürgen Roeder, v. 10.05.2000 sowie mit dem Geschäftsführer des Ford-Konzernbetriebsrates, Martin Hennig, v. 12.05.2000.

[242] Für die Organisation der Werkskantine zur Verpflegung der Beschäftigten hatte Ford in Köln eine sogenannte „Küchenkommission" gebildet, in der ab den 1970er-Jahren immer ein türkischer Betriebsrat vertreten war, der auf islamkompatible Essenskomponenten und Hygienevorschriften achtete (vgl. das Interview mit dem Geschäftsführer des Ford-Konzernbetriebsrates, Martin Hennig, v. 12.05.2000).

[243] Siehe dazu die Äußerungen von Verantwortlichen der Ford-Werke auf einer Tagung des BDA, die zur Bilanz von zehn Jahren Beschäftigung ausländischer Arbeitnehmer am 30./31. März 1966 in Bonn stattfand (vgl. BDA 1966, S. 92f.).

Ford in Köln in Zusammenarbeit mit dem Unternehmen betrieb.[244] Ansonsten übernahm die konfessionsneutrale Arbeiterwohlfahrt die soziale Betreuung der türkischen Anwerbemigranten.[245] Im Laufe der Jahre wuchs die Zahl der von Ford gemieteten Wohnheime in Köln auf bis zu 30 Einheiten an. Aufgrund des sinkenden Bedarfs an Wohnraum und auch wegen der enormen Unterhaltungskosten gab Ford die Wohnheime schließlich auf, sodass das letzte Wohnheim von Ford in Köln im Jahr 1998 geschlossen wurde (vgl. Ford-Werke 2011).

Sehr schnell nach ihrer Anwerbung versuchten diejenigen unter den türkischen Arbeitsmigranten, die ihre Familien nachholen wollten, eine eigene Wohnung in den umliegenden Stadtteilen anzumieten – denn nur, wer einen festen eigenen Wohnsitz hatte, durfte gemäß den Aufenthaltsrichtlinien des Ausländergesetzes seine Familie nachholen. So wurden die nahe den Ford-Werken gelegenen nördlichen Kölner Stadtteile Niehl, Merkenich und vor allem Chorweiler im Laufe der Zeit zu Zentren türkischen sowie türkischsprachigen Lebens. Im Stadtteil Chorweiler ist der Anteil von Bevölkerung mit Migrationshintergrund mit über 50 % auch gegenwärtig besonders hoch, wenn man ihn mit dem kölnweiten Bevölkerungsanteil mit Migrationshintergrund von 37,8 % im Jahr 2016 vergleicht (Ausländeranteil: 19,3 %).[246] Die in diesem Jahr größte Personengruppe mit Migrationshintergrund in Köln war mit ca. 94.000 Personen die türkische Community (8,7 % Bevölkerungsanteil). Bundesweite Bekanntheit und stadtpolitische Bedeutung erlangte der Bau einer Zentralmoschee im Chorweiler benachbarten Stadtbezirk Köln-Ehrenfeld, die in Verantwortung der türkisch-islamischen DITIB-Organisation steht.

Als nächstgrößere Bevölkerungsgruppen folgten im Jahr 2016 mit einigem Abstand die Polnischstämmigen mit ca. 41.000 Personen (Bevölkerungsanteil: 3,8 %) sowie die knapp 27.000 Personen, die einen italienischen Migrationshintergrund aufweisen (Bevölkerungsanteil: 2,5 %). Und nicht zuletzt unterscheidet sich die Millionenstadt Köln auch in der Wirtschaftsstruktur von der mittleren Arbeiterstadt Wolfsburg. Während Letztere vom Volkswagenwerk dominiert wird, sind die Ford-Werke mit ihren knapp 17.000 Beschäftigten zwar der größte private Arbeitgeber Kölns, aber bei Weitem nicht das einzige große Unternehmen, von dem in der Rheinmetropole Arbeitsplätze abhängen: So umfasst der gesamte Dienstleistungssektor in der Universitäts-, Handels- und

---

[244] Vgl. die Festschrift des Verbandes zum 60-jährigen Bestehen unter http://www.internationaler-bund.de/fileadmin/user_upload/IB_Portal/PDF/60_Jahre_IB_ein_Rueckblick.pdf (Abruf am 20.07.15).

[245] Vgl. den entsprechenden Hinweis im Interview mit dem ehemaligen Ford-Arbeiter und späteren IG Metall-Vorstandsmitglied Yilmaz Karahasan in Motte und Ohliger (2004, S. 111). Im Sinne eines staatlich intendierten, konfessions- bzw. religionsorientierten Betreuungssystems wurden die muslimischen türkischen, tunesischen und marokkanischen Migranten von der laizistischen Arbeiterwohlfahrt, die katholischen Anwerbemigranten aus Italien wie auch die spanischen und portugiesischen Arbeitnehmer von der katholischen Caritas sowie die orthodoxen Griechen von der evangelischen Diakonie betreut – vgl. dazu Puskeppeleit und Thränhardt (1990, S. 47-50), die zudem darauf verweisen, dass die „spezifischen Klientelisierungsstrukturen des Beratungssystems“ eine „kollektive Interessenartikulierung und -organisierung“ der Ausländer auf gesellschaftlicher Ebene in Deutschland verhindert hätten (ebd., S. 143). Später gegründete Alternativvereine verfolgten gegenüber den Zuwanderern einen emanzipatorischen Ansatz mit stärkeren Beteiligungsformen für die Migranten, sodass sie laut Hunger (2004: 6) als Vorläufer der Migrantenselbstorganisationen zu sehen seien.

[246] Zu diesen und den nachfolgend genannten Kölner Daten vgl. https://www.stadt-koeln.de/politik-und-verwaltung/statistik/jahrbuecher/ (Abruf am 25.08.18).

Medienstadt Köln fünfmal mehr Beschäftigte als der Produktionssektor, zu dem der Personenfahrzeugbau gehört.

Aus den historischen wie gegenwärtigen Migrationsverläufen der vorwiegend türkischen Einwanderer sowie den Migrationsbedingungen im Ford-Werk Köln-Niehl ist als Zwischenfazit zu konstatieren, dass im Gegensatz zu VW bei Ford schon kurz nach Beginn der Anwerbephase wohl nicht mehr von einem provisorischen Konzept der „Gast-"Arbeit ausgegangen wurde. Auch die im Vergleich zur Entwicklung bei VW weniger technisierten und automatisierten Produktionsverfahren lassen vermuten, dass die Ford-Geschäftsleitung die in ihren Produktionsbereichen arbeitenden ausländischen Arbeitnehmer längerfristig beschäftigen wollte, um kostengünstig produzieren zu können. Die konjunkturellen und technischen Entwicklungen gingen über diese Vorstellung hinweg – und eine selbstbewusster werdende türkische Beschäftigtengruppe drängte auf Veränderung ihrer betrieblichen Einkommen und Positionen. Dies wird in den nachfolgend dargestellten mikropolitischen Prozessen zu belegen sein, die aus der Analyse von Dokumenten, statistischen Daten sowie Interviews mit ehemaligen und gegenwärtigen Betriebsangehörigen abgeleitet werden.

4.3.2 Ethnografische Beschreibung der durchgeführten Interviews

„Neben Berlin bildet Köln das bedeutendste Zentrum türkischer Einwanderung in Deutschland. Die Industriearbeiterschaft der Stadt, insbesondere im Automobilbau bei Ford, setzt sich zu großen Teilen aus Arbeitsmigranten aus der Türkei bzw. deren Kindern zusammen": Diese Feststellung von Motte und Ohliger (2004, S. 10) macht deutlich, dass die betriebliche wie städtische Integration der türkischen Arbeitsmigranten bei Ford in der Metropole Köln andere Voraussetzungen aufweist als die Aufnahme der italienischen Anwerbemigranten in der VW-dominierten und weniger gesellschaftspluralen Stadt Wolfsburg. So konnten Migranten in Köln eine gesellschafts- und religionspolitische Infrastruktur mit verschiedenen Organisationen entwickeln, wie sie sich in der türkisch-islamischen Community etwa im Umfeld von Moscheevereinen zeigt: Die politischen Aktivitäten des Vereins „Kölner Kalifatstaat", die „Islamische Gemeinschaft Milli Görüs" (IGMG)[247] oder die Initiative der muslimischen DITIB-Bewegung zum Bau der Kölner Zentralmoschee geben davon mitunter kontrovers Zeugnis. Die bei Ford geführten Interviews mit türkischen Funktionsträgern zeigten gelegentlich Verbindungen zu diesem religiös-stadtgesellschaftlichen Umfeld der betrieblichen Akteure. Eine direkte Verbindung mit weitreichender Personalunion besteht zwischen der seinerzeit angetretenen türkischen Betriebsratswahl-Liste „Kollegenschaft" im Ford-Werk und der stadtpolitisch-türkischen „Liste Birlik" (dt. = Einheit/ Gemeinschaft), die in den 2000er-Jahren von derselben Person angeführt wurden. Beide Listen weisen zudem eine große Nähe zu den konservativ-muslimischen Moscheevereinen Kölns auf. Die Liste Birlik ging z.B. aus den Kölner Integrationsratswahlen 2004 als eine der stärksten Fraktionen hervor (vgl. Statistisches Jahrbuch Köln 2004, S. 184).

[247] Vgl. etwa die Berichterstattung zu den politischen und mutmaßlich extremistischen Aktivitäten des „Kölner Kalifatstaates" und von Milli Görüs, etwa in der Frankfurter Rundschau v. 18.09.2001: Hier in Bezug auf die Folgen der Anschläge des 11. September 2001. Zu den Verbindungen der Milli-Görüs-Organisation im Zusammenhang von Migration, Religion und sozialer Integration vgl. Schiffauer (2004).

Wie bei VW in Wolfsburg verliefen die Untersuchungen bei den Ford-Werken in Köln-Niehl in zwei Phasen: Zunächst erfolgte im Mai 2000 die Durchführung des Großteils der betrieblichen Interviews mit Arbeitnehmern mit und ohne Migrationshintergrund, türkischen wie deutschen Betriebsräten bzw. gewerkschaftlichen Funktionsträgern sowie verantwortlichen Beauftragten der Geschäftsleitung. In einer zweiten Phase im Juni bzw. September 2000 erfolgten Interviews mit speziellen Gesprächspartnern der türkischen Interessenvertretung, um die nach der ersten Untersuchungsphase entwickelten Thesen zu kontrollieren. Für die Interviews von Arbeitnehmern wurden aus einem Facharbeitsbereich mit einem unterdurchschnittlichen Ausländeranteil von knapp 15 % (Hallen A und G „Getriebe und Chassis“) sowie einem Produktionsbereich mit einem überdurchschnittlichen Ausländeranteil von etwa 50 % (Hallen FK und X „Fertigung“) sieben bzw. acht Beschäftigte ausgewählt (jeweils ein bzw. zwei deutschstämmige Personen, zwei in Polen geborene Deutsche sowie jeweils vier türkischstämmige Arbeiter). Die Auswahl der Arbeitnehmer gemäß der nachfolgenden Samplestruktur erfolgte wiederum nach der Zufallsmethode: Nach einer allgemeinen Ankündigung der jeweiligen Hallen-Personalabteilungen konnten sich Beschäftigte freiwillig melden, um an den Gesprächen teilzunehmen. Die Interviews mit den Probanden wurden in einem 20 Quadratmeter großen Raum in der Personalabteilung der FK-Halle geführt, bei denen Interviewer und Probanden weitgehend ungestört waren.

Tabelle 6: Samplestruktur der Interviews im Ford-Werk in Köln-Niehl

Fälle / Kontext	**Probanden mit Migrationshintergrund** (Herkunftsländer: 13 Türkei; 2 Polen)			**Probanden ohne Migrations-hintergrund**
Fallgruppen	Alter: < 30	Alter: < 50	Alter: > 50	Alter: > 30
Arbeitnehmer	2	6	4	3
Betriebsräte		2		3
Gewerksch. Vertrauensl.		1		2
Geschäftsleitung				4

4.3.3 Politische Entwicklung bei Ford in Köln-Niehl

Unter Berücksichtigung der gesellschaftspolitischen Besonderheiten Kölns im Umfeld der türkischen Migranten-Communitys können analog zum Volkswagen-Stammwerk in Wolfsburg die gleichen politischen Akteurgruppen (Belegschaftsgruppen mit und ohne Migrationshintergrund, Betriebsrat, Gewerkschaft IG Metall, Geschäftsleitung) im politischen Betriebssystem identifiziert werden, das auch bei Ford stark arbeitnehmermitbestimmend ausgerichtet ist. Ein Indikator dafür ist der gewerkschaftliche Organisationsgrad bei Ford in Köln-Niehl: Der Anteil der Gewerkschaftsmitglieder bei den Betriebsbeschäftigten lag zwar in den 1960er-Jahren bei nur etwa 50 %, was für einen einheitsgewerkschaftlichen Anspruch an Repräsentanz relativ gering ist. Es entwickelte sich jedoch damals die mit der Geschäftsleitung abgestimmte und auch später gängige Praxis, Neueingestellten am ersten Arbeitstag nicht nur den Arbeitsvertrag zur Unterschrift vorzulegen, sondern auch das Beitrittsformular für die IG Metall – als quasi einheitlichen Akt zu Arbeitsbeginn. Hinzu kam die analog zu VW auch bei Ford ab 1963 praktizierte Vorgehensweise, dass durch den Betriebsrat angeworbene ausländische Vertrauensmänner die neu eingestellten Arbeitsmigranten für die Gewerkschaftsmitgliedschaft warben.[248] Nachfolgend steigerte sich der gewerkschaftliche Organisationsgrad in den 1970er- und 1980er-Jahren auf 60 bis 70 %. Und da diese Vorgehensweise bis in die Gegenwart fortgeführt wurde[249], entwickelte sich der Organisationsgrad in den 1990er-Jahren auf bis zu 80 % der Betriebsangehörigen, was zwar beachtlich ist, aber nicht den höheren Wert von etwa 90 % bei Volkswagen in Wolfsburg erreicht. Somit wurden die Arbeitsmigranten auch bei Ford in Köln sukzessive nicht nur in das Unternehmen, sondern auch in die Gewerkschaft IG Metall integriert. Befragt man dazu die Arbeitnehmer im Betrieb, so wird diese Verbindung als ganz normal wahrgenommen: Betriebsrat und IG Metall werden als eine Einheit gesehen, Funktionäre üben häufig in Personalunion Tätigkeiten in beiden Institutionen aus. Auch die betrieblichen Gremienwahlen verlaufen oft nach einem ähnlichen betrieblichen Automatismus. Viele Arbeitnehmer wissen gar nicht genau, was gerade gewählt werden muss: Betriebsrat, Aufsichtsrat oder gewerkschaftliche Vertrauensleute. Durch das abteilungsweise Durchschleusen der Wahlberechtigten wird der jeweilige Wahlakt in die betrieblichen Abläufe integriert.[250]

Die auch für Ford in Köln festgestellte starke gewerkschaftliche Position mit einem inzwischen hohen gewerkschaftlichen Organisationsgrad lässt wiederum auf arbeitnehmermitbestimmte Entscheidungsstrukturen innerhalb eines politischen Koordinations- und Zwangsverhandlungssystems zwischen Geschäftsleitung, Betriebsrat und IG Metall schließen, das den gemeinsamen Nutzen in den Mittelpunkt politischer Aushandlungsprozesse stellt. Es wird dabei zu prüfen sein, inwieweit das gegenüber dem konsensualen Wolfsburger VW-Belegschaftsmodell eher listenpluralistische Ford-Partizipationssystem mit seiner US-amerikanischen Eigentümerstruktur aufseiten der Geschäftsleitung und eines in Köln religionspolitischen Einflusses der türkischen Arbeitnehmerschaft andere mikropolitische Entwicklungen befördert hat als bei VW in Wolfsburg. Dennoch werden die gesetzlichen Mitbestimmungsregeln auch bei den Ford-Werken in Köln-Niehl ein Interaktionsregime begünstigen, mit dem die betrieblichen Akteurgruppen in grundsätzlich kooperativen Verhandlungen zueinander stehen können. Hierbei sollen auf Arbeitnehmerseite wiederum zunächst die politischen Ausdifferenzierungen bei den Betriebsratswahlen seit der (ersten) Reform des BetrVG im Jahr 1972 untersucht werden:

---

248 Einer dieser ausländischen Vertrauensmänner bei Ford in Köln war das spätere IG Metall-Vorstandsmitglied Yilmaz Karahasan, der 1963 bei Ford eingestellt und relativ bald im Betrieb für die Gewerkschaft ausländische Kollegen als Mitglieder anwarb. Nach seiner Aussage (vgl. Motte und Ohliger 2004, S. 106) habe er innerhalb von vier Wochen etwa 1.000 Arbeitsmigranten für die Gewerkschaftsmitgliedschaft angeworben, was bei dieser Anzahl sicher nur über den mit der Geschäftsleitung abgestimmten Kombinationsmechanismus von Betriebseinstellung und Gewerkschaftsmitgliedschaft realisiert werden konnte.

249 Entsprechende Feststellung eines polnisch-deutschen Probanden mit der Gesprächsnummer 2 bei den betrieblichen Untersuchungen bei Ford/Köln, Interview v. 08.05.2000.

250 Entsprechende Einschätzung eines Probanden ohne Migrationshintergrund mit der Gesprächsnummer 3 bei den betrieblichen Untersuchungen bei Ford/Köln, Interview v. 08.05.2000.

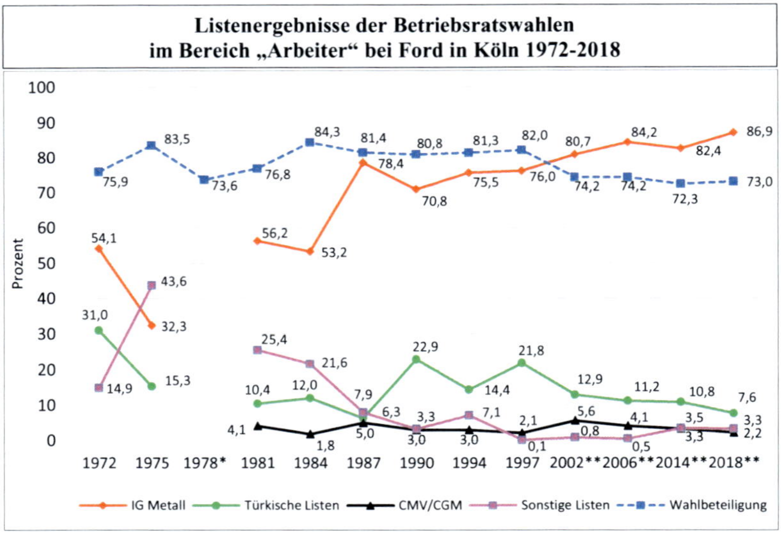

Abbildung 21: Listenergebnisse der Betriebsratswahlen im Bereich „Arbeiter" bei Ford in Köln 1972-2018[251]

* Durchführung der Wahlen nicht als Listenwahl, sondern als Personenwahl
**Einheitliche Betriebsratswahlen ohne Unterscheidung „Arbeiter" / „Angestellte"[252]

Quelle: Ford-Gesamtbetriebsrat; eigene Berechnungen

Die Einführung des passiven Wahlrechts für Arbeitnehmer ohne deutsche Staatsangehörigkeit im Jahr 1972 führte bei Ford in Köln noch nicht zur Kandidatur vieler Arbeitsmigranten. Eine Tradition zahlreicher Wahllisten bei Betriebsratswahlen, insbesondere in Konkurrenz zur IG Metall-Liste, existierte im Betrieb aber schon seit Längerem. So kandidierte 1961 die Rathausgruppe, im Jahr 1965 die Christliche Liste und ab dem Jahr 1967 traten mehrere Automobilarbeiterlisten aus dem rechten und linken politischen Spektrum an. Die Reform des BetrVG sorgte bei Ford in Köln zwar für eine hohe Wahlbeteiligung ausländischer Beschäftigter, aber nur zu sehr wenigen Kandidaturen von Arbeitsmigranten auf der Liste der IG Metall oder anderer Listen. Denn bei dieser Wahl von 1972 trat noch keine besondere „türkische Liste" mit mehreren türkischen Bewerbern an, sondern nur ein ausländischer Einzelkandidat, nämlich der türkische Be-

[251] Im Jahr 1978 wurde die Betriebsratswahl nicht als Listen-, sondern als Personenwahl durchgeführt, bei der statt politischer Listen einzelne Personen gewählt werden konnten. Aus diesem Grund gibt es für dieses Jahr keine Ergebnisse der aufgeführten Wahllisten; die seinerzeitige Wahlbeteiligung lag bei 73,6 %, der geringste Wert dieser Kategorie unter den dokumentierten Betriebsratswahlen. Zu den Ergebnissen der Betriebsratswahlen 2014 und 2018 vgl. http://ford-igmetall.de/wahlen-im-uberblick/ und https://de-de.facebook.com/vklford/ (Abruf am 25.08.2018). Die Daten für 2010 lagen nicht vor.

[252] Durch die Reform des BetrVG im Jahr 2001 wird seit den Wahlen 2002 nicht mehr zwischen verschiedenen Personengruppen in den Betrieben unterschieden, sodass es seit diesem Zeitraum keine gesonderten Betriebsräte für Arbeiter und für Angestellte mehr gibt. Dies ist ein Grund für die ab der Wahl 2002 stark gesunkene Wahlbeteiligung, die im Angestelltenbereich traditionell geringer war als im Arbeiterbereich.

schäftigte Mehmet Özbagci. Dennoch erhielt sein Wahlvorschlag 31 % aller Stimmen, was einer Sensation gleichkam. Dieser Prozentanteil hätte seinerzeit mindestens zehn Betriebsratsmandate bedeutet. Da Özbagci allerdings der einzige Kandidat seiner Wahlvorschlagsliste war, fielen alle weiteren Mandate an die IG Metall und an eine Liste kommunistischer Automobilarbeiter. Über diese Listen zogen jedoch noch fünf weitere ausländische Beschäftigte in den Betriebsrat ein (vier Türken und ein Italiener). Diese Wahl war auch unter einem anderen Aspekt interessant, denn über fünf Prozent aller abgegebenen Stimmen waren damals ungültig, was dem Umfang von zwei Betriebsratsmandaten entsprach. Ob dies ein Hinweis auf Verständnisschwierigkeiten der ausländischen Mitarbeiter, auf eine unzureichende Information aller Wähler oder auf eine Protestwahl Unzufriedener ist, kann heute nicht mehr geklärt werden.

Das Wahlergebnis deutete auf eine schwierige Wahlperiode für den von der IG Metall dominierten Betriebsrat hin, denn die Zusammensetzung des Betriebsrates entsprach bei weitem nicht dem Wählerwillen. Erschwerend kam hinzu, dass die von der IG Metall gestellte Betriebsratsmehrheit keinem der über die Konkurrenzlisten gewählten Betriebsräte eine Freistellung zubilligte, nicht einmal dem türkischen Betriebsrat Özbagci, der fast ein Drittel aller Stimmen erhalten hatte. Nach Darstellung der damaligen Betriebsratsopposition warfen IG Metall-Betriebsräte dem türkischen Arbeitnehmervertreter mangelnde Kenntnisse der deutschen Sprache und fehlende Kompetenzen im Arbeitsrecht vor (vgl. Betriebszelle Ford 1973, S. 90). Auch wenn die fachliche Kompetenz für die Bestimmung freigestellter Betriebsräte zweifellos ein wichtiges Kriterium ist, hatte diese Entscheidung betriebspolitisch weitreichende Folgen. Denn die IG Metall dominierte die Arbeitnehmervertretung zwar faktisch, jedoch ohne diese Dominanz in der Belegschaft ausreichend verankern zu können. Schon das Wahlergebnis zeigt dieses Misstrauen: Obwohl 1972 fast 70 % der Belegschaftsangehörigen Mitglieder der IG Metall waren, gaben knapp 46 % der Wähler ihre Stimme nicht der IG Metall, und über 40 % der gültigen Stimmen gingen an die Konkurrenzlisten. Dieses deutliche Vertretungs- und Vertrauensdefizit der IG Metall insbesondere gegenüber den türkischen Arbeitnehmern sollte schon ein knappes Jahr später Grundlage einer geradezu revolutionären Aktion sein, die als „Wilder Streik bei Ford (1973)“[253] bundesweite Bekanntheit erlangte. Bei diesem Ausstand im Ford-Werk Köln-Niehl ging es ursächlich um kritikwürdige Arbeitsbedingungen, die von großen Teilen der Belegschaft gegenüber Betriebsrat und Ford-Geschäftsleitung angemahnt und im Verlauf des Konflikts von herkunftsbezogenen Ressentiments überlagert wurden. Auf die wesentlichen Konfliktlinien des „Wilden Streiks“ wird später im Detail eingegangen. Nicht zuletzt anhand der Daten der nachfolgenden Betriebsratswahl 1975 lässt sich aber schon erahnen, dass alle Versuche des IG Metall-dominierten Betriebsrates, den spontan begonnenen Streik und seine Auswirkungen nachfolgend unter Kontrolle zu bringen, am mangelnden Vertrauen einer Mehrheit aller Beschäftigten scheiterten.[254]

Der Streik misslang nach einigen Tagen, hinterließ jedoch eine aufgeheizte politische Atmosphäre und führte bei Ford in Köln zu einer Politisierung der Belegschaft, die sich

---

[253] So der Titel der entsprechenden Wikipedia-Seite: www.wikipedia.org/wiki/Wilder_Streik_bei_ Ford (Abruf am 08.10.2017)

[254] Zu den Ursachen, dem Verlauf und den Ergebnissen des Streiks bei Ford Köln im August 1973 vgl. in Motte und Ohliger (2004) das Kapitel „Einwanderung und Selbstbewusstsein: Der Fordstreik 1973“.

bei der nachfolgenden Betriebsratswahl in einem ausgeprägten Listenpluralismus zeigte. Bei dieser Wahl 1975 traten zwölf Listen an; die IG Metall fiel in der Wählergunst auf den historischen Tiefststand von 32,3 %. Doch auf ihrer Liste wurden vonseiten der türkischen Belegschaft immerhin drei Beschäftigte in den Betriebsrat gewählt (mit ihnen waren zu diesem Zeitpunkt insgesamt acht Migranten in der Arbeitnehmervertretung). Die in dieser Entwicklung deutlich werdende Aufsplitterung des Belegschaftswillens führte dazu, dass alle Gruppierungen sich für die Betriebsratswahl 1978 auf eine listenlose Personenwahl einigten, um so eine freie Wahl der Kandidaten zu gewährleisten. Nach dem katastrophalen Ergebnis bei der Wahl 1975 war dies seitens der IG Metall der Versuch, einen symbolischen Schnitt zu machen. Mit Erfolg: Bei der nachfolgenden Betriebsratswahl 1981, die auf Initiative der IG Metall wieder als Listenwahl durchgeführt wurde, konnte sie wieder über 50 % der Stimmen auf sich vereinigen, obwohl sich noch vier weitere Listen zur Wahl stellten. Zwar traten 1984 reichlich 16 Listen an, aber die IG Metall konnte ihre Mehrheit im Betriebsrat trotz des erneut einsetzenden Listenpluralismus knapp halten. Ob die DGB-Metallgewerkschaft bei dieser Entwicklung von der Personenwahl 1978 profitierte, die möglicherweise eine gewichtigere Etablierung von Konkurrenzlisten verhinderte, kann im Nachhinein nicht mit Sicherheit gesagt werden. Doch die Daten zeigen, dass die IG Metall seit Mitte der 1980er-Jahre nur noch wenige Konkurrenzlisten zu fürchten hatte. Denn seit 1987 kandidierten maximal fünf Listen bei den Betriebsratswahlen, bei denen die IG Metall fast immer eine Dreiviertelmehrheit der Stimmen erreichen konnte, in den 2000er-Jahren sogar mit einem Stimmenanteil jenseits der 80 Prozent-Marke. Dennoch zeigt diese Entwicklung, dass es bei Ford in Köln (im Gegensatz zu VW in Wolfsburg) bis in die Gegenwart einen ausgeprägten Pluralismus insbesondere türkischer Listen gab. Bei den zehn zwischen 1972 und 2006 relevanten Betriebsratswahlen traten 25 unterschiedliche ausländische, zumeist türkische Wahllisten an, auf denen türkische und andere Beschäftigte mit Migrationshintergrund kandidierten (vgl. Wahllisten Ford-Gesamtbetriebsrat). Die meisten Listen existierten zwar in den 1970er- und 1980er-Jahren, aber auch gegenwärtig treten pro Betriebsratswahl noch 2-3 Wahlvorschläge an, die die betriebspolitischen Bedürfnisse explizit der Arbeitnehmer aus Einwanderergruppen thematisieren – wenn sie auch die Dominanz der IG Metall-Liste bei Ford in Köln inzwischen nicht mehr erschüttern können. Ganz im Gegenteil: Bei der Betriebsratswahl 2018 errang die IG Metall mit 86,9 % ihr bislang bestes Ergebnis.

Damit sie gute Ergebnisse erzielen kann, nutzt die DGB-Metallgewerkschaft auch ihre seit Jahrzehnten engen Kontakte zur Unternehmensspitze. Bei der Betriebsratswahl 2006 etwa konnte die IG Metall besonders von einer kurz vor der Wahl zwischen Betriebsrat und Geschäftsleitung abgeschlossenen Standortsicherungsvereinbarung profitieren, die u. a. vorsah, dass für die Ford-Standorte Köln und Saarlouis „**bis zum Jahr 2011** betriebsbedingte Kündigungen ausgeschlossen sind, kein Kollege Geld verliert, die Arbeitszeiten für alle Lohnempfänger und Tarifangestellten beibehalten bleibt, [...] die Leiharbeitnehmerquote nicht ausgeweitet wird, ein großer Teil der zukünftigen Jungfacharbeiter in ein festes Arbeitsverhältnis übernommen werden [und] sich die Pensionen für alle Kolleginnen und Kollegen **auf Dauer nicht** verschlechtern“ (Hervorhebungen gemäß Original: Ford-Gesamtbetriebsrat: Information 2/2006 v. 06.03.2006). Mit dieser Vereinbarung war die Zusicherung der Geschäftsleitung verbunden, konkret am Standort Köln bis 2011 verschiedene Fahrzeugfertigungen zu belassen und auch in dieser Hinsicht Investitionsschutz zu gewähren. Im Gegenzug machten die Arbeitnehmervertreter das personalkostenrelevante Zugeständnis, die von 2006 bis 2010 zu erwartenden Tariferhöhungen bis zu zwei Prozent auf die bei Ford gezahlten übertariflichen Lohn- und Gehaltsbestandteile anzurechnen, was auf einen Verzicht auf tarifliche Lohn- und Gehaltszuwächse um bis zu 50 % hinauslief. Faktisch erkaufte sich der Betriebsrat damit Arbeitsplatzsicherheit durch Personalkosteneinsparungen mittels Lohn- und Gehaltverzichts. Zur „Sicherung von Beschäftigung“ verständigten sich Betriebsrat und Unternehmen außerdem darauf, die wie bei VW auch bei Ford um die Jahrhundertwende eingeführten Formen kosten- und tarifgünstiger Beschäftigung[255] zu reduzieren und „ihre Bemühungen für die Schaffung anderweitiger Beschäftigungsmöglichkeiten durch Hereinnahme von Arbeiten, Reduzierung von Zeitarbeit und Fremddienstleistungen, wo immer das mit einem Kostenvorteil für das Unternehmen verbunden ist, zu verstärken“ (ebd.). Es dürfte kein Zufall sein, dass der Betriebsrat diese für die Kölner Ford-Belegschaft unter dem Strich beruhigende Vereinbarung der Beschäftigungssicherung nur knapp eine Woche vor den anstehenden Betriebsratswahlen mit der Geschäftsleitung abschloss.

Dennoch ist bei den dokumentierten Listenergebnissen auffällig, dass mit Ausnahme der Betriebsratswahl 1987 seit der Personenwahl von 1978 nur die türkischen Listen dem rapiden Schrumpfungsprozess der IGM-Konkurrenzlisten entkamen, die offenbar eine längerfristig vorhandene Bedürfnislage der türkischen Belegschaft bedienen. Über die Motive der türkischen Beschäftigten sowie die Gründe für die Aufstellung der türkischen Konkurrenzlisten sollen folgende Beschreibungen des Spitzenkandidaten der türkischen Liste „Kollegenschaft“ Aufschluss geben:[256]

> ***Sirin:*** *Unser Weg, warum wir aus der IG Metall-Sammelliste herausgesprungen sind und eine eigene Liste gegründet haben, war aus dem Grund, dass die Interessen der ausländischen Mitarbeiter und besonders der türkischen Arbeitnehmer [kurze Pause], wie soll ich das formulieren, sich weniger vertreten sahen als sie das von den IG Metall-Führern erwarteten. Nach dem Motto: „Leute, wir werden nicht genug vertreten!“ Unsere Interessen waren mit unserer jetzigen IG Metall-Führung nicht richtig vertreten. [...]*
> *Die Kollegen haben natürlich immer versucht, auch die Interessen und Probleme der Minderheiten anzusprechen und auch dement-*

[255] Im Jahr 2013 wurden bei Ford in Köln noch zwischen 80 und 130 Kräfte des Zeitarbeitsunternehmens Adecco für kurzfristige Produkteinsätze eingesetzt. Laut Kölner Stadtanzeiger v. 25.02.2014 sei Leiharbeit bei Ford mit einem Arbeitslohn von rund 14 Euro die Stunde für die eingesetzten Zeitarbeitnehmer deutlich lukrativer als in anderen Unternehmen.

[256] Das Gespräch mit dem türkischen Betriebsrat Metin Sirin wurde am 04.09.2000 geführt und wird hier ausschnittweise dokumentiert. Trotz einiger sprachlicher Glättungen wurde versucht, die Authentizität der entsprechenden Interviewpassagen weitest möglich zu erhalten. Sirin kam 1979 als Familiennachzügler mit 18 Jahren in die Bundesrepublik, nachdem sein Vater seit 1971 bei den Ford-Werken arbeitete. Er selbst ist seit 1981 bei Ford in Köln-Niehl beschäftigt, vorwiegend im Produktionsbereich des Rohbaus. Trotz seiner Tätigkeit für die IGM-Konkurrenzlisten „Kollegenschaft“ und „Demokratische Alternative“ ist er Mitglied der IG Metall, für die er in den 1980er-Jahren auch gewerkschaftlicher Vertrauensmann war. Sirin ist zudem in der Ausländer- und Integrationspolitik Kölns aktiv. Als Spitzenkandidat der türkischen „Liste Birlik“ (dt. = Einheit/ Gemeinschaft), die eine große Nähe zu den konservativ-muslimischen Moscheevereinen Kölns aufweist, war er zwischen 1999 und 2005 Vorsitzender des Kölner Ausländerbeirates; bis zum Jahr 2010 war er für seine Liste Mitglied des Integrationsrates der Stadt Köln. Bezeichnenderweise haben die beiden Listennamen „Kollegenschaft“ und „Birlik“ die gleiche sprachliche Bedeutung.

sprechend Lösungen zu finden: Die waren immer bemüht – das muss ich ja zugeben, offen und ehrlich. Aber es gab einige Punkte, z. B. angenommen, es ging um religiöse Sachen. Wir Muslime haben zwei religiöse Feiertage: einmal das Fastenbrechenfest nach Beendigung des Ramadan und einmal das so genannte Opferfest. Z. B. wollten wir als muslimische Minderheit hier an diesen zwei Tagen entweder komplett Feiertag haben, was von der Firmenseite überhaupt nicht möglich war, oder im Rahmen von Urlaub oder Freischichten, dass die Leute irgendwie an diesen Tagen zu Hause bleiben konnten, damit sie ihren religiösen Pflichten nachgehen könnten. Das war immer ein Streitthema. Obwohl man natürlich sagen muss, dass diese religiösen Sachen [kurze Pause] nicht unbedingt betriebliche Sachen sind. Aber wenn die Leute dieses Bedürfnis haben, und wenn das hier im Werk ein Problem darstellt, dann sind wir dafür da, dafür eine Lösung zu finden. [...]

Natürlich ist die IG Metall eine ziemlich große Organisation, warum sollte es hier Splittergruppierungen geben? Das war natürlich unangenehm. Obwohl ich auch aus meiner Oppositionsliste zum Betriebsrat gewählt worden bin, bin ich auch trotzdem IG Metall-Mitglied geblieben.

Verfasser: *Interessanterweise gibt es hier auch mehrere Listen, deren Mitglieder häufig IG Metall-Mitglieder sind. Da fragt man sich als Laie, der nicht hier im Betrieb arbeitet, ob die IG Metall diese Abweichler nicht bestraft und gar mit Ausschluss droht, weil sie mit ihren Alternativlisten der IG Metall-Einheitsliste Konkurrenz machen. Werden den Abweichlern von der IG Metall Schwierigkeiten gemacht?*

Sirin: *Am Anfang waren die ziemlich sauer und sie wollten mit uns überhaupt nichts zu tun haben. Erst recht, als wir 1996 ein Aufsichtsrat gegen die IG Metall gewonnen hatten. Da haben wir zum ersten Mal in der Geschichte der Ford-Werke AG und auch in der Geschichte der IG Metall als Oppositionsliste ein Mitglied in den Aufsichtsrat bekommen. Und dann noch 1997, als wir 3-4 Leute als Betriebsräte gewählt bekamen. [unter „den 3-4 Betriebsräten" befindet sich ein türkischer Kollege einer anderen IGM-Konkurrenzliste, Anm. d. Verf.] [...]*

Aber das war das Volk, sage ich mal einfach. Unsere türkischen Leute, die sagten: „Bringt unsere Probleme in die obere Etage!" Sei es hier zum Betriebsrat, draußen zur IG Metall oder sogar hier zur Geschäftsleitung. Und als gewählte Betriebsratsleute haben wir versucht, erst mal mit unseren Vertretern hier, unserem Betriebsratsvorsitzenden, mit unserer Geschäftsführung Kontakt aufzunehmen. Und dann haben wir gesagt: „Leute, wir kämpfen nicht gegen die IG Metall". [...] Mit der Zeit hat man wahrscheinlich wirklich gemerkt und angenommen, dass wir nicht gegen die Gewerkschaft laufen, sondern eben auch vom Volk gewählt wurden. Und mit der Zeit ist unsere Kontaktaufnahme erwidert worden, sodass wir z. B. bei der letzten Aufsichtsratswahl vor 2-3 Monaten [im Jahr 2000, Anm. d. Verf.] keine Oppositionsliste dagegen gestellt haben und ein Signal setzen wollten: „Leute, wenn wir noch mal unsere Liste einreichen, haben wir die Stärke und die Möglichkeit, noch mal ein

Mandat zu kriegen. Aber wir verzichten darauf!" Damit wollen wir ein Zeichen setzen, dass wir nicht die Schädlinge gegenüber der IG Metall sein wollen. Obwohl wir auch verschiedene Angebote von anderen Gewerkschaften bekommen haben [u. a. von der christlichen Gewerkschaft CGM, Anm. d. Verf.], sind wir nicht da 'rübergelaufen.
Verf.: *Was haben Sie dafür als Gegenleistung erwartet?*
Sirin: *Als Gegenleistung haben wir dafür erwartet, dass die IG Metall bei den Betriebsratswahlen durch mehr ausländische Arbeitnehmer vertreten wird. Im Moment werden nur drei ausländische Betriebsräte, zwei türkische Kollegen und ein italienischer Kollege, von der IG Metall als Betriebsräte freigestellt. Und nach der Wahl haben wir Gespräche aufgenommen, dass unsere 3-4 Betriebsräte in Zukunft in die IG Metall-Einheitsliste integriert werden [...] und auch die gewerkschaftlichen Bildungsmaßnahmen besuchen können: Wir wollen also irgendwie gefördert werden! Sodass man also in Zukunft nicht mehr sagen kann: „Leute, warum gibt es so wenige ausländische Vertreter auf der IG Metall-Liste?"*
Verf.: *Und das ist Ihnen auch zugesichert worden?*
Sirin: *Das ist im Moment so zugesichert worden, weshalb wir auch unsere Oppositionsbewegung aufgeben. Warum soll man in der Opposition bleiben, wenn man von der Stärke nicht in der Lage ist, erstens die Probleme der Minderheit zu lösen, und zweitens: Warum soll dieses Thema überhaupt ein Streitthema sein? Denn, wenn immer mehr Splittergruppierungen da sind, hat auch diese größere Gruppierung, sagen wir die IG Metall, ein Problem gegenüber der Geschäftsleitung.*
Verf.: *Wie sieht dieses Problem aus?*
Sirin: *Je stärker unsere Vertretung hier ist, desto stärker kann sie mit der Geschäftsleitung verhandeln, wenn es um unsere Interessen geht. Aber, wenn die Geschäftsleitung sieht: „Mein Gott, die IG Metall ist ja ziemlich geschwächt, dann können wir jetzt noch mal einen draufhauen!".*
[...]
Verf.: *Bei der letzten Betriebsratswahl gab es ja drei ausländische Listen: „Kollegenschaft", „Ausländische Arbeitnehmer" und „Stimme der Basis" – was sind das jeweils für Listen?*
Sirin: *Es gibt verschiedene politische Gruppierungen hier. Angenommen unter der türkischen Belegschaft: religiöse, politisch Linke, politisch Rechte – aber nicht rechtsextremistisch, sondern wie in Deutschland sagen wir mal, wie CDU, rechte Seite. Und wenn ich Religiöse sage, das sind nicht die Fundamentalisten, sondern diejenigen, die ihren religiösen Pflichten nachgehen. O.K., die Linke dachte: „Wir werden nicht genug vertreten in der IG Metall-Organisation." Die rechten Religiösen dachten, dass auch sie nicht genug durch die IG Metall vertreten werden – die wollten alle ihre eigenen Leute in den Reihen sehen, nicht irgendeinen Türken. Und jetzt die Listen: Die „Stimme der Basis" ist die linke Gruppe, wir von der „Kollegenschaft" sind diese religiöse und rechte Gruppierung. Und die Liste „Ausländische Arbeitnehmer" war ein unzu-*

friedener Einzelkandidat, der lange Jahre in der IGM-Organisation drin war.
[...]
***Verf.:** Was sagen denn die ausländischen Belegschaftskollegen, wenn jetzt bei der letzten Aufsichtsratswahl keine türkische Liste mehr da ist, die sie wählen konnten?*
***Sirin:** Ja, wir sind natürlich am Anfang ziemlich kritisiert worden von unseren Wählern, die uns große Vorwürfe gemacht haben, z. B. mit dem Wort: „Seid Ihr auch gekauft worden von der Geschäftsleitung oder vom Betriebsrat?" Aber dann sind wir sehr stark in die Hallen gegangen, um die Leute direkt vor Ort zu informieren, worum es sich handelt. [...] Wenn wir nämlich eine ziemlich starke Vertretung gegenüber der Geschäftsleitung und gegenüber den Amerikanern haben, desto besser sieht auch unsere Zukunft aus. Das haben wir den Leuten klargemacht. Außerdem haben wir den Leuten auch gesagt, dass wir in Zukunft von der IG Metall integriert werden. Und nachdem wir diese Begründungen vorgetragen haben, hatten die sich größtenteils irgendwie beruhigt und ihr O.K. gegeben. Denn wir können natürlich nicht immer allein entscheiden, ob wir die Liste aufstellen oder nicht. Denn die meisten unserer Leute kennen wir von draußen, von verschiedenen Vereinen, von vielen Moscheen. Wir haben sehr enge Kontakte mit unseren Wählern, nicht nur hier im Betrieb, sondern auch draußen: das ist unser Vorteil! Wir können unsere Leute draußen in vielen Vereinen und Moscheen organisieren – durch türkische Kulturvereine, Sportvereine, Moscheen [...] und auch durch einen Vorbeter, der früher bei Ford gearbeitet hat, auch Betriebsrat war und jetzt in Rente ist, aber draußen immer noch aktiv ist in den muslimischen Moscheen und türkischen Vereinen.*

Die Interviewpassagen machen deutlich, welches spezifische Bedingungsgefüge bei Ford in Köln vorliegt, das insbesondere die Interessen der türkischen Belegschaft abbildet. Betriebspolitisch herrschen dabei zwei Hauptströmungen vor: eine links-kurdische Gruppe, aber vor allem eine religiös-konservative Strömung, die im religiös-politischen Umfeld der türkischen Community Kölns aufgehoben ist. Nach Auffassung von IG Metall-Vertretern im Konzernbetriebsrat wird sie von außen, etwa von Vorbetern in den Moscheen, (mit-)gesteuert, weshalb sich stark islamgläubige Beschäftigte sehr häufig „von außen unter Druck gesetzt fühlten".[257] Die in den 1990er-Jahren unter der Bezeichnung „Kollegenschaft"[258] entsprechend betriebspolitisch firmierende religiös-

[257] Aussagen im Interview mit dem seinerzeitigen Geschäftsführer des Konzernbetriebsrates, Martin Hennig, v. 12.05.2000.

[258] Diese Liste trat seit 1981 unter verschiedenen Bezeichnungen an: Zunächst in den 1980er-Jahren als Zweierlisten von namentlichen Einzelkandidaten, in den 1990er-Jahren bis zur Betriebsratswahl 2002 unter der Bezeichnung „Kollegenschaft" (türkisch = Birlik) und bei den darauf folgenden Wahlen als „Alternative Liste". Seit dem Zusammengehen mit anderen Kandidaten und Listen im Jahr 2014 firmiert sie als „Demokratische Alternative", bemerkenswerter Weise unter Führung eines Listensprechers ohne Migrationshintergrund (vgl. die entsprechende Internetseite unter www.alternativeliste.de, Abruf am 08.10.2017). Bei der Betriebsratswahl 2018 erhielt sie 7,6 % der Stimmen und errang dafür drei Betriebsratsmandate (vgl. https://www.facebook.com/vklford/?hc_ref=ARSLe8KQBUIgMf_6YILFUkaTFe TRZ5Rq1DKLmVN4qIUZi6R9nxp6JkJU-8L_n3CPoyE&fref=nf, Abruf am 25.08.2018).

konservative Liste war bei den betrieblichen Gremienwahlen die erfolgreichere Strömung, weil sie vor den Urnengängen in den Kölner Moscheevereinen umfangreiche Werbung betreiben konnte und dabei auch von der nichtbetrieblichen Infrastruktur und der sehr verbindlichen Unterstützung dieses religiösen Umfeldes profitieren konnte. Und obwohl die Stimmanteile der türkischen Listen seit der Jahrhundertwende sukzessive abnahmen und dadurch die Position der IG Metall weitaus komfortabler als noch in den 1970er-Jahren ist, kann die DGB-Gewerkschaft den spürbaren Einfluss dieser Listen auf die Beschäftigten mit Migrationshintergrund bei Ford in Köln nicht ignorieren, da dieser insbesondere in den stark türkisch durchsetzten FK- und W-Betriebshallen sowie der Y-Halle (Endmontage) erheblichen Einfluss hat und dort mit ihren betriebspolitischen Themen Rückhalt gewinnen kann. Denn eine hallenspezifische Analyse der für die türkischen Listen besonders erfolgreichen Betriebsratswahl von 1997 zeigt, dass sie ihren werksweiten Stimmenanteil von 21,8 % in den drei Fertigungshallen Y, W und FK mit hohem Ausländeranteil mit jeweils über 30 % übertreffen konnten. In der bei den durchgeführten Arbeitnehmer-Interviews relevanten FK-Halle lag der entsprechende Stimmenanteil der türkischen Listen bei 31,4 %, wovon allein auf die religiös-konservative Liste „Kollegenschaft“ 21,4 Prozentpunkte entfielen, was ihr höchster Listenwert in allen Werkshallen war. Diese Wählerstruktur blieb auch bis in die Gegenwart bestehen: Bei der Betriebsratswahl 2018 konnte die Nachfolgeliste „Demokratische Alternative“ in den genannten Hallen wiederum überdurchschnittliche Prozentanteile gewinnen.[259] Gerade in diesen Fertigungshallen mit vielen Produktionsarbeitern, die in den Kölner Moscheevereinen aktiv sind, spielt das Bedürfnis nach Ausüben der muslimischen Pflichten eine große Rolle, das es für sie betriebspolitisch zu artikulieren gilt.

Bemerkenswert an den mit der IG Metall-Liste konkurrierenden Kandidaten ist die Tatsache, dass sie fast alle selbst Mitglieder der DGB-Gewerkschaft sind. Das ist bei einem betriebsweiten Organisationsgrad von über 80 % und der damit einhergehenden Selbstverständlichkeit einer Gewerkschaftszugehörigkeit von Belegschaftsangehörigen zwar nicht sehr unwahrscheinlich, aber in der Konsequenz doch überraschend, da sie bei den betrieblichen Wahlen gegen die Einheitsliste ihrer eigenen Gewerkschaft kandidieren und damit deren Ergebnis schmälern. Das sich daraus ergebende Entsolidarisierungs- und Konfliktpotenzial konkurriert mit dem breiten Minderheitenrückhalt, den diese Abweichler in der Belegschaft und sogar bis in die Gruppe der gewerkschaftlichen Vertrauensleute hinein erhalten, sodass im Falle sanktionierender Ausschlussverfahren der IG Metall die Gefahr für die Gewerkschaft größer wäre, bei der nächsten Wahl die Opposition zu verbreitern.[260] Zudem verstehen sich die Konkurrenzkandidaten gemäß obiger Interviewpassagen offenbar als unverstandene Mitglieder einer eigentlich gemeinsamen Gewerkschaftsgruppe, die es vonseiten der IG Metall zu integrieren und zu fördern gelte – jedoch unter der besitzstandswahrenden Bedingung, sie bei der nächsten Betriebsratswahl auf sicheren Listenplätzen zu positionieren. Als Faustpfand dient die

---

[259] Vgl. http://ford-igmetall.de/br-wahl-liveticker/(Abruf am 25.08.2018).

[260] So die Einschätzung des seinerzeitigen Geschäftsführers des Ford-Konzernbetriebsrates, Martin Hennig, im Interview v. 12.05.2000. Zudem wies er darauf hin, dass der konfrontative IG Metall-Ausschluss von gewählten Betriebsräten in einem Großbetrieb wie Ford in Köln auch praktische Probleme mit sich brächte, weil damit die Unterstellungsverhältnisse der verbleibenden IG Metall-Betriebsräte pro Beschäftigten immer größer würden. Eine solche Entwicklung würde die Belegschaftszufriedenheit beeinträchtigen und damit auch auf die IG Metall zurückfallen.

im Interview artikulierte Einschätzung, bei den nächsten Wahlen *„die Stärke und die Möglichkeit [zu haben,] noch mal ein Mandat zu kriegen"*, was sich auf die Ergebnisse der Aufsichtsratswahlen 1996 bei Ford Deutschland bezieht.

Bereits seit 1978, wohl nicht zufällig in den bewegten 1970er-Jahren, wurde mindestens ein türkischer Beschäftigter über die IG Metall-Liste in das oberste Kontrollgremium des Unternehmens gewählt. Doch in der zweiten Hälfte der 1990er-Jahre wurde das türkische Mitglied im Ford-Aufsichtsrat aufgrund eines bundesweit für Aufsehen sorgenden Ereignisses nicht mehr von der IG Metall gestellt: Denn bei der Ford-Aufsichtsratswahl 1996 verlor die IG Metall in selten vorkommender Weise ein Arbeitnehmermandat im Aufsichtsgremium einer deutschen Aktiengesellschaft, nämlich an eine Listenverbindung von türkischer und christlicher Liste. Der darauf kandidierende Arbeitnehmer folgte im Aufsichtsrat nicht ohne Weiteres der einheitsgewerkschaftlichen Linie, was zu einer Schwächung der IG Metall-Position im Aufsichtsgremium führte. Auch die deutsche Geschäftsleitung der Ford-Werke war über diese Entwicklung nicht glücklich, da sie die kooperative Zusammenarbeit von Geschäftsleitung und Betriebsrat in der deutschen Dependance des US-amerikanischen Unternehmens in Gefahr zu bringen drohte und die skeptische Haltung der US-Firmenzentrale gegenüber dem deutschen Mitbestimmungssystem verstärkte[261].

Denn beim Koordinationsspiel innerhalb des gesetzlichen Zwangsverhandlungssystems der betrieblichen Mitbestimmung können Geschäftsleitung und Arbeitnehmervertretung ihren individuellen sowie den betriebskollektiven Nutzen nur dann maximieren, wenn sie sich auf eine gemeinsame Strategie einigen bzw. dies anhand der Mehrheits- und Sitzverhältnisse etwa im Aufsichtsrat ermöglicht wird. Innerhalb eines solchen Systems, das folgerichtig von einer homogenen Belegschaft ausgeht, muss der Betriebsrat für ein erfolgreiches Aushandeln der Unternehmenspolitik die Belegschaft des Betriebes gänzlich hinter sich wissen. Deshalb stieg der Druck auf die IG Metall und den von ihr dominierten Betriebsrat im Nachgang zur besagten Aufsichtsratswahl bei Ford, die Vertreter der wesentlichen Beschäftigtengruppen auf eine gemeinsame Linie zu bringen, um damit die Arbeitnehmerschaft zu homogenisieren.

Somit waren direkte Verhandlungen zwischen IG Metall und der größten türkischen Konkurrenzliste „Kollegenschaft" die unmittelbare Folge ihres sehr hohen Stimmenanteils bei der Aufsichtsratswahl von 1996, der bei der darauf folgenden Betriebsratswahl 1997 mit etwa 20 % Stimmenanteil eindrucksvoll bestätigt wurde. Ergebnis dieser Gespräche war die Absichtserklärung der IG Metall, in Zukunft mehr türkische Arbeitnehmer auf aussichtsreiche Plätze der IG Metall-Liste bei Betriebsratswahlen zu positionieren. Zudem sollten die Interessen der türkischen Mitarbeiter mehr Gewicht innerhalb der Betriebsratsarbeit erhalten.[262] Konkrete Konsequenzen dieser Vereinbarung

---

[261] Laut Aussage des seinerzeitigen Leiters der Abteilung „Grundsatzfragen und Betriebsverfassung" bei den Ford-Werken, Jürgen Roeder, in einem Interview v. 10.05.2000 ist es wiederholt vonnöten, die US-amerikanischen Eigentümer des deutschen Unternehmens von den konsensualen Umgangsformen im deutschen Mitbestimmungssystem zu überzeugen. Laut dem seinerzeitigen Geschäftsführer des Ford-Konzernbetriebsrates, Martin Hennig, im Interview v. 12.05.2000 versuchten die US-Vertreter im Aufsichtsrat mehrfach, die im Gremium offensichtliche Spaltung der Arbeitnehmerschaft für ihre Interessen zu nutzen und die Arbeitnehmervertreter gegeneinander auszuspielen.

[262] Entsprechende Informationen des türkischen Betriebsrates der Liste „Kollegenschaft", Metin Sirin, im Interview v. 04.09.2000.

waren, dass erstens die türkische Liste bei der darauf folgenden Aufsichtsratswahl im Jahr 2000 auf eine eigenständige Kandidatur verzichtete, sodass die IG Metall-Liste bei dieser Wahl fast 95 % aller abgegebenen Stimmen auf sich vereinigen konnte. Allerdings lag die Wahlbeteiligung bei diesem Urnengang etwa 25 Prozentpunkte unter den Werten, die sonst bei den Aufsichtsratswahlen zu verzeichnen sind. Das legt die Vermutung nahe, dass ein Teil der türkischen Belegschaft wenig Vertrauen in die Gewerkschaftsliste hatte und den Mangel an für sie wählbaren Alternativen mit Wahlabstinenz quittierte. Zweitens setzte die IG Metall bei der folgenden Betriebsratswahl im Jahr 2002 wirklich mehr türkische Kandidaten auf aussichtsreiche Listenplätze. Dabei half ihr die ein Jahr zuvor beschlossene Reform des BetrVG, wonach es eine gesetzliche Erhöhung der Gesamtzahl an Betriebsräten in großen Unternehmen gab. Das führte kurioserweise dazu, dass trotz der leicht erhöhten Zahl an türkischen Betriebsräten der ausländische Anteil an allen Betriebsratsmandaten von 27,6 auf 25,6 % leicht sank. Aus beiden genannten Gründen konnte die IG Metall bei den Ford-Wahlen in den nachfolgenden Jahren offenbar von den Gesprächsvereinbarungen profitieren: Während sie ihren Stimmenanteil auf jeweils über 80 % erhöhen oder zumindest konsolidieren konnte, halbierten sich die Werte der türkischen Liste bei der Betriebsratswahl 2002 sowie bei der Aufsichtsratswahl 2004 (im Vergleich zur entsprechenden Wahl 1996) und konnten sich bei den beiden nachfolgenden Wahlen 2006 und 2008 auch nicht mehr auf den alten Stand erholen.

Die vom Spitzenkandidaten der türkischen Liste im Interview genannte Hoffnung, in den Kooperationsverhandlungen eine Integration ihrer türkischen Betriebsräte in die IG Metall-Einheitsliste zu erreichen, bewahrheitete sich jedoch nicht. Die bei der Betriebsratswahl 2002 drei zusätzlich gewählten ausländischen Betriebsräte auf der IG Metall-Einheitsliste kamen nicht wie erhofft aus dem Lager der IGM-Konkurrenzlisten, sondern rekrutierte die IG Metall aus dem eigenen Listenreservoir, sodass die betriebliche Gewerkschaftsführung die Kandidaten der bisherigen Konkurrenzlisten außen vorließ. So kam es trotz des Verzichts einer türkischen Konkurrenzliste bei den Aufsichtsratswahlen im Jahr 2000 langfristig zu keiner Einigung auf gemeinsame politische Ziele zwischen beiden Lagern und somit auch zu keiner Zusammenführung des Kandidatenangebotes auf der IG Metall-Liste, sodass bei der darauf folgenden Betriebsratswahl 2002 wiederum eine türkische Liste antrat, wenn auch mit einer neuen Namensbezeichnung: Aus dem bisherigen türkischen Listenangebot entstand die „Alternative Liste“, die jedoch gegenüber der zuvor verlaufenen Betriebsratswahl 1997 mehr als ein Drittel ihrer Stimmen verlor und nur noch auf knapp 13,7 % kam. Somit ist zu konstatieren, dass die türkische Liste ganz offensichtlich zur wahldemokratischen Verliererin der Annäherungsgespräche zwischen den beiden Arbeitnehmerlagern wurde. Ähnlich wie Ende der 1970er-Jahre nutzte die IG Metall eine zwischenzeitliche Zusammenarbeit mit Oppositionskräften zur Abschwächung einer sich entwickelnden politischen Polarisierung in der Belegschaft, um anschließend gestärkt den Konkurrenzkampf wieder aufzunehmen. Die türkische Betriebsopposition hatte offenbar doch mehr an Glaubwürdigkeit und Überzeugungskraft in der aus Einwanderergruppen bestehenden Belegschaft eingebüßt, als ihr Spitzenkandidat dies in den entsprechenden Interviewpassagen erwartet hatte. Zudem deutet die weitere Abnahme ihrer Stimmergebnisse bis zu den gegenwärtigen Betriebsratswahlen 2018 darauf hin, dass mit der fortlaufenden Verrentung älterer türkischer Beschäftigter möglicherweise auch das religiös-konservative Wählerpotenzial für die türkische Liste sukzessive abschmilzt.[263]

Gemäß des im Vorkapitel dargestellten Koordinations- und Anreizmodell in den belegschaftsinternen Verhandlungsprozessen lohnt es sich offenbar für die beiden konkurrierenden Seiten, zwischendurch ein nicht-kooperatives Verhalten an den Tag zu legen: Für die türkischen Konkurrenzlisten, um in betriebssensiblen Phasen mit ihrem Angebot unerwartete Erfolge für ihre Belegschaftsgruppe zu erreichen, wie der Mandatsgewinn bei der Aufsichtsratswahl 1996 zeigt. Aber auch für die IG Metall kann sich ein nicht-kooperatives Verhalten lohnen, wenn der für ihre Mitbestimmungsmacht im Unternehmen wichtige Status einer homogenen Arbeitnehmerschaft gewährleistet bleibt. Dies konnte sie erreichen, nachdem sich innerhalb einer Verhandlungsphase die türkische Konkurrenzliste nicht an der Aufsichtsratswahl im Jahr 2000 beteiligte und so eine wiederholte Spaltung der Belegschaft im Kontrollgremium der Ford-Werke verhindert werden konnte. Die IG Metall erhielt so Spielraum, die Verhandlungen ohne Ergebnis zu beenden und die Beteiligungsforderungen der ungeliebten konservativ-religiösen Türkenliste zu ignorieren. Die anschließenden Gremienwahlen mit sich verringernden Stimmenergebnissen für die türkische Konkurrenzliste belohnten diese Strategie, sodass die IG Metall im Ford-Betriebsrat nunmehr eine ähnlich dominante Position aufweist wie ihre Schwesterorganisation in der Arbeitnehmervertretung bei VW in Wolfsburg.

Mit Blick auf die dortigen Ergebnisse der Betriebsratswahlen zeigt sich im Zeitverlauf ein unmittelbarer Kontrast nicht nur in den unterschiedlichen Wahlerfolgen der IG Metall, die sich bei VW in Wolfsburg auf sehr viel stabilerem und höherem Ergebnisniveau als bei Ford in Köln befinden. Auch die bei Ford stark schwankenden Ergebnisse der IGM-Konkurrenzlisten lassen dort auf einen dynamischen Markt betriebspolitischer Prozesse und Angebote schließen, der im Vergleich zum einheitsgewerkschaftlich-konsensualen VW-System bei Ford in Köln pluralistisch-kompetitiv gestaltet ist. Es wird zu prüfen sein, ob das alternative betriebspolitische System bei Ford in Köln noch weitere Unterschiede zu VW in Wolfsburg aufzeigt, insbesondere mit Bezug auf die verschiedenen Einstellungs-, Arbeits- und Ausbildungsfelder, auf denen sich die Integration der Belegschaftsmitglieder mit Migrationshintergrund abspielen. Neben den Wahlergebnissen von Migrantenlisten bei den Betriebsratswahlen ist für die Partizipationschancen von Arbeitnehmern mit Migrationshintergrund die Wahrnehmung von Mandaten durch Arbeitsmigranten und ihre Nachkommen von entscheidender Bedeutung. Hierüber gibt folgende Grafik Aufschluss, die nachfolgend wieder mit der entsprechenden Darstellung der Verhältnisse bei VW in Wolfsburg verglichen wird.

---

[263] Zumindest stellte der seinerzeitige Geschäftsführer des Ford-Konzernbetriebsrates, Martin Hennig, im Interview v. 12.05.2000 dazu fest, dass „die jüngeren Kollegen eigentlich gar kein Thema mehr mit dieser strengen Religion haben". Ähnliches gelte für die Feststellung, dass das Betriebsratsangebot einer in türkischer Sprache publizierten Informationsbroschüre mit Lohntabellen, Telefonnummern etc. jährlich immer weniger nachgefragt würde.

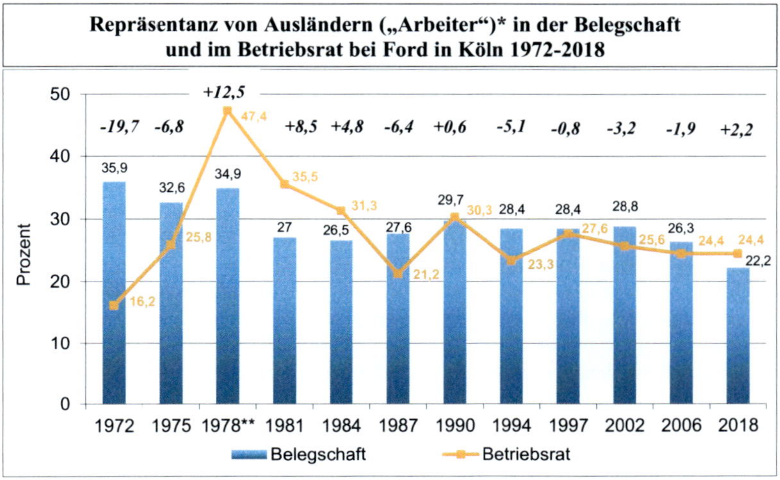

Abbildung 22: Repräsentanz von Ausländern („Arbeiter")* in der Belegschaft und im Betriebsrat bei Ford in Köln 1972-2018[264] **(Differenzwerte kursiv)**

* Hierunter fallen Personen beiderlei Geschlechts. 1994 und durchgängig seit den Wahlen 2002 wurde nicht (mehr) zwischen „Arbeitern" und „Angestellten" unterschieden.

** Keine Listen-, sondern Personenwahl – somit keine Listenergebnisse.

Quelle: Ford-Gesamtbetriebsrat; eigene Berechnungen

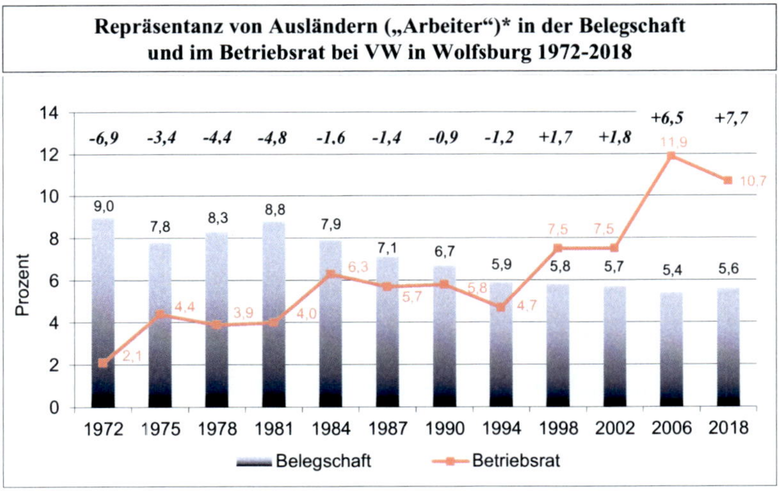

Abbildung 23: Repräsentanz von Ausländern („Arbeiter")* in der Belegschaft und im Betriebsrat bei VW in Wolfsburg 1972-2018[265] **(Differenzwerte kursiv)**

Quelle: Gesamtbetriebsrat Volkswagen AG; eigene Berechnungen

---

[264] Die Daten für die Betriebsratswahlen von 2010 und 2014 konnten nicht bereitgestellt werden. Die Zahlen zu den Betriebsratswahlen 2018 gemäß IG Metall Bundesvorstand.

Die Abbildung zur Entwicklung bei Ford in Köln zeigt, dass es infolge der Gesetzesänderung zu einem starken Anstieg des Anteils ausländischer Mandatsträger im Betriebsrat kam. Der Höhepunkt wurde bei der Betriebsratswahl 1978 erreicht, die als Personenwahl durchgeführt wurde und bei der die ausländischen Beschäftigten im Arbeiterbereich mit 18 von 38 Betriebsräten fast die Hälfte aller Betriebsratsmandate erlangten (15 Personen türkischer und 3 italienischer Herkunft). Dies sind womöglich Nachwehen des gescheiterten „Wilden Streiks bei Ford" von 1973 und der anschließend aufgeheizten politischen Stimmung insbesondere in der türkischen Belegschaft. Doch zum anderen entfiel mit der Personenwahl die Möglichkeit, schon durch die listeninterne Reihenfolge der Kandidaten Einfluss auf die Zusammensetzung des Gremiums zu nehmen. Das führte zu einem fortan nicht mehr erreichten Anteil ausländischer Betriebsratsangehöriger von 47,4 %, obwohl der Anteil ausländischer Arbeitnehmer in der Belegschaft zu diesem Zeitpunkt nur bei 34,9 % lag. Aber selbst in den nachfolgenden Jahrzehnten kann man nahezu von einer ihrem Belegschaftsanteil entsprechenden Repräsentanz der Beschäftigten aus Einwanderergruppen im Betriebsrat sprechen, die bis in die Gegenwart anhält, wie die Ergebnisse bei der Betriebsratswahl 2018 zeigen. Hierbei konnte sogar der ausländische Anteil im Betriebsrat gehalten werden, obwohl die Belegschaftszahlen von Arbeitsmigranten sanken. Die Institutionalisierung der Mitbestimmung von Arbeitsmigranten bei Ford in Köln führte dazu, dass sich die Beschäftigten mit Migrationshintergrund durch ihre Mandatsgewinne im Laufe der Zeit immer einflussreicher an der betrieblichen Entscheidungsfindung beteiligen konnten. Dabei gerieten sie sukzessive in eine immer bessere Position, um ihre eigenen Interessen zu schützen und diesbezüglich auch den drohenden Arbeitsplatzabbau ihrer Beschäftigtengruppen zu begrenzen. Dies ist ein Erklärungshinweis für die oben dargestellte Entwicklung zu den Zu- und Abnahmen von Arbeitsplätzen, in der sich die Beschäftigungssicherheit von Belegschaftsgruppen mit und ohne Migrationshintergrund annäherte.

Im Vergleich zu VW in Wolfsburg erkennt man hinsichtlich der Repräsentanz der Belegschaft aus Einwanderergruppen im Betriebsrat jedoch eine anders gelagerte Entwicklung: Auf einem sehr viel höheren Niveau der Ausländerbeschäftigung (im Durchschnitt etwa 30 % Ausländeranteil bei Ford in Köln gegenüber 5 bis 10 % bei VW in Wolfsburg) ist es den größtenteils türkischen Arbeitsmigranten bei Ford sehr viel schneller als den italienischen Beschäftigten bei VW gelungen, in ihrem Betriebsrat angemessen oder gar weit über die Maße (in den Jahren 1978 und 1981) repräsentiert zu sein. Das Ergebnis ist, dass seit Mitte der 1980er-Jahre eine stabile Repräsentanz von Arbeitsmigranten im Ford-Betriebsrat existiert (zumeist innerhalb eines Korridors von bis zu fünf Prozentpunkten entsprechend dem Ford-Gesamtbelegschaftsanteil der ausländischen Arbeitnehmer). Demgegenüber liegt die Betriebsratskurve der Arbeitsmigranten bei VW in Wolfsburg zu Beginn der Datenreihe sehr weit von ihrem Belegschaftsanteil entfernt und entwickelt sich vergleichsweise langsam auf einen ausgeglichenen Repräsentanzwert zu. Seitdem diese Schwelle Ende der 1990er-Jahre aber überschritten wurde, ging die Kurve in eine Phase der Überrepräsentanz über, die zuletzt sehr markant wird. Die für VW analysierte Etablierung eines Zweiebenen-Vertretungssystems mit unterschied-

---

[265] Die Daten für die Betriebsratswahlen von 2010 und 2014 konnten nicht bereitgestellt werden. Zu den Zahlen gemäß der Betriebsratswahlen 2018 vgl. https://www.igmetall-wob.de/betriebe/vw/vw-betriebsrat/ (Abruf am 25.08.2018) sowie IG Metall Bundesvorstand.

lichen Mitbestimmungsverantwortlichkeiten zwischen ausländischen und deutschen Betriebsräten lässt sich bei Ford in Köln nicht so beobachten. Dort übernahmen vielmehr vom Unternehmen bezahlte und bei den Betriebsräten ansässige türkische Übersetzer viele Betreuungsfunktionen für die türkischen Beschäftigen und gaben dabei Hilfestellungen etwa für die Kommunikation mit deutschen Behörden, während die türkischen Betriebsräte auch Mitbestimmungsfunktionen ausübten.[266]

Ob allerdings die fast gegenläufige Entwicklung bei der Repräsentanz von Arbeitsmigranten in den Betriebsräten mit den unterschiedlichen Politikmodellen der (ausländischen) Arbeitnehmerbeteiligung – einheitsgewerkschaftlich-konsensual versus pluralistisch-kompetitiv – erklärt werden kann, wird sich im weiteren Untersuchungsverlauf zeigen. Anhand der dargestellten Daten zu den Wahlen von Betriebsräten seit 1972 kann jedoch festgestellt werden, dass es beide Politikmodelle vermochten, die Arbeitnehmer aus Einwanderergruppen angemessen in den Mitbestimmungsgremien zu repräsentieren.

4.3.4 Der „Wilde Streik bei Ford 1973“ als Emanzipationssymbol der türkischen Beschäftigtenpartizipation

Die politische Entwicklung bei Ford in Köln/Niehl zeigt an einigen Stellen, welche Reibungen die Beschäftigung und Integration der türkischen Arbeitnehmer im Unternehmen verursacht haben und welche betriebspolitischen Konsequenzen sich daraus ergaben. In der Existenz solcher Konflikte und Probleme unterscheidet sich die Entwicklung bei Ford in Köln aber nicht von der Situation bei VW in Wolfsburg. Auch dort gab es mit dem „Wohnheim-Aufstand“ Anfang der 1960er-Jahre und der Kandidatur der italienischen Konkurrenzliste „Tricolore“ bei der Betriebsratswahl 1972 durchaus gewichtige Auseinandersetzungen mit weitreichendem Konfliktpotenzial. Dennoch entwickelte sich bei VW in Wolfsburg nachfolgend ein IG Metall-dominiertes Partizipationsmodell, das einen Konsens mit den Einwanderergruppen im Betrieb fand, insbesondere, weil dort die größte Migrantengruppe, die italienischen Arbeitnehmer, diesen Konsens in ihrer großen Mehrheit wiederkehrend suchte und dabei im Zeitverlauf bereit war, die langfristige Einheitlichkeit der Belegschaft kurzfristigen Konkurrenzgewinnen vorzuziehen. Im Vergleich zur pluralistisch-kompetitiven Entwicklung bei Ford in Köln stellt sich die Frage, warum sich die beiden Partizipationssysteme so gegenteilig ausgestaltet haben, obwohl die Grundbedingungen von Konflikt und Einigung zwischen den Beschäftigtengruppen mit und ohne Migrationshintergrund innerhalb des systematisch angelegten Vereinheitlichungsmechanismus eines Betriebes ähnlich waren. Auch wenn herkunftsbezogene Besonderheiten zwischen den türkischen und den italienischen Beschäftigungsgruppen oder persönliche Entscheidungsvorlieben der jeweiligen Gruppenführer ebenfalls bedeutungsrelevant sein werden, wird zu prüfen sein, ob die jeweiligen betriebspolitischen Konflikte und Entwicklungen bei Ford in Köln und bei VW in Wolfsburg Ursachen dieser unterschiedlichen Partizipationsmodelle sein könnten. Dabei sticht bei Ford in Köln-Niehl eine Auseinandersetzung hervor, die bis in die heutige Zeit eine

[266] Vgl. die entsprechenden Aussagen des seinerzeitigen Geschäftsführers des Ford-Konzernbetriebsrates, Martin Hennig, im Interview v. 12.05.2000.

prominente und nahezu legendenhafte Rezeption[267] erfährt: der „Wilde Streik bei Ford" im August 1973.

Bei den vorliegenden Untersuchungen war es bemerkenswert, dass bei Ford in Köln in der ersten Phase der Anwerbebeschäftigung in den frühen 1960er-Jahren kein tiefgreifender Konflikt mit den in Deutschland fremden türkischen Arbeitnehmern identifiziert werden konnte, wie er etwa bei VW in Wolfsburg mit dem „Wohnheim-Aufstand" der italienischen Anwerbemigranten im Jahr 1962 existierte. Trotz ähnlicher Wohnsituation in Heimen, die auch bei Ford in Köln von Überbelegung und schlechter Ausstattung geprägt war (vgl. Kleff 2004, S. 256), ist von einem größeren Aufstand der zumeist türkischen Insassen nichts bekannt. Die Ursache dafür könnte in einer desillusioniert-ohnmächtigen Haltung der türkischen Arbeitsmigranten liegen. Denn nach den durchaus gebildeten, sogenannten Heuss-Türken Ende der 1950er-Jahre begann infolge des deutsch-türkischen Anwerbeabkommens von 1961 eine Massenanwerbung von zunehmend weniger gebildeten und bäuerlich sozialisierten türkischen Arbeitnehmern, die sprachliche Schwierigkeiten und kaum Informationen über ihre Rechte etwa in Bezug auf die Ausstattung der Wohnheime hatten (vgl. Eryilmaz 1998, S. 172f.). Ihre häufig verklärten Vorstellungen von Deutschland wurden oft enttäuscht, sodass sie mit Problemen umgehen mussten, die sie in ihren politischen Aktivitäten innerhalb des fremden Landes eher bremsten als motivierten. Das Gefühl der sozialen und religiösen Isoliertheit trug dazu ebenso bei wie das psychologisch gravierende Missverständnis, in den Deutschen eben nicht die solidarischen ehemaligen Waffenbrüder des Ersten Weltkriegs oder die kulturell vorbildlichen Arbeitgeber und Kollegen zu erkennen, die ihnen das Land oder die anonymen, hierarchischen und automatisierten Betriebsverhältnisse auch emotional hätten nahebringen können (vgl. Hunn 2004, S. 79f. sowie Kleff 2004, S. 252). Stattdessen hatten viele türkische Anwerbemigranten mit dem Gefühl von Heimweh zu kämpfen, das sie in der Wahrnehmung folkloristischer Heimatabende auslebten und bei denen etwa die melancholischen Lieder des bekannten türkischen Liedermachers Metin Türköz gesungen wurden (vgl. DIE ZEIT v. 22.08.2011). So waren die Anfangsjahre der Masseneinwanderung türkischer Arbeitsmigranten in die Bundesrepublik Deutschland von einem Prozess der Disziplinierung zur industriellen Arbeit in einem fremden Land geprägt, die laut Kleff (2004, S. 256) so weit ging, dass die Anwerbemigranten eine „alltägliche, maßvolle Unterdrückung lange Zeit ohne Gegenwehr [hinnahmen, bis] das traditionelle Maß an Unterdrückung in nicht mehr zu leugnender Weise überschritten" wurde.

Die Geschehnisse lassen es offensichtlich erscheinen, dass diese Überschreitung bei Ford in Köln im August 1973 erreicht war, als ein mehrtägiger Streik insbesondere türkischer Beschäftigter im Unternehmen ausbrach. Wichtige Katalysatoren dieses Streiks dürften jedoch deutschlandweite Streikerfahrungen sein, die seit dem Ende der 1960er-Jahre zu beobachten waren. Nach dem Wirtschaftseinbruch 1967 prosperierte die bundesdeutsche Wirtschaft aufgrund der Konjunkturprogramme der folgenden Jahre enorm, was zu großen Verteilungsspielräumen für die Arbeitnehmerschaft führte. Dies führte zu hohen Tarifabschlüssen in den regulären sozialpartnerschaftlichen Verhand-

---

[267] Neben der erwähnten Internetseite auf Wikipedia existieren mehrere Publikationen zu diesem Streik. So widmet sich etwa der von Motte und Ohliger 2004 herausgegebene Sammelband „Geschichte und Gedächtnis in der Einwanderungsgesellschaft" dem „Fordstreik 1973" ein umfangreiches Kapitel mit vier Einzelbeiträgen.

lungen,[268] aber auch zu irregulären Spontan-Streiks, somit zu von Gewerkschaften nicht autorisierten Arbeitsniederlegungen von einzelnen Betriebsbelegschaften.[269] Dies mündete offenbar in einem streikpolitischen Lernen bei den seit einigen Jahren in der Bundesrepublik beschäftigten Arbeitsmigranten, wie die zu Beginn der 1970er-Jahre in einigen Industrieunternehmen verlaufenden spontanen Streiks vornehmlich ausländischer Arbeitnehmer zeigen[270]. Offensichtlich löste dieser Lerneffekt bei den Arbeitsmigranten eine Entwicklung aus, ihre durch größere Arbeitsplatzsicherheit und gestiegene Arbeitnehmerrechte (Reform des BetrVG 1972) erhöhten Partizipationschancen wirksamer wahrnehmen zu wollen.

Doch der Ausgangspunkt des „Wilden Streiks bei Ford in Köln“[271] hatte zunächst mit der beschriebenen Fremdheit der türkischen Arbeiter in Deutschland und ihrem Heimweh nach der Türkei zu tun. Denn der Streik begann, als 300 türkische Ford-Arbeiter zu spät aus ihrem zumeist vierwöchigen Jahresurlaub in der Türkei zurückgekehrt waren und deshalb fristlos entlassen wurden. Im Gegensatz zu den Vorjahren sollte dieser Arbeitsausfall nicht mehr durch finanziell entlohnte Zusatzschichten nachgeholt werden, weshalb weiterer Unmut entstand, weil die restliche Belegschaft nunmehr die Arbeiten der 300 Entlassenen übernehmen sollte. Die Sanktionierungsmaßnahme gegen die verspäteten türkischen Belegschaftsmitglieder wurde somit faktisch zu einer Rationalisierungs- und Kürzungsmaßnahme von Betriebsbeschäftigung mit nachfolgender Arbeitsverdichtung für alle Fließbandarbeiter, was damit auch die rechtzeitig anwesenden türkischen Mitarbeiter sowie einen kleinen Teil der deutschen Belegschaft betraf. Neben diesen Gründen gab es gerade in der Fahrzeug-Endmontage der Betriebshalle Y große Unzufriedenheit über die Arbeitsbedingungen, weshalb dort am Freitag, 24. August 1973, zunächst 400 türkische Arbeiter der Spätschicht und später die gesamte Spätschicht der weiteren Betriebshallen die Arbeit niederlegten, sodass letztlich etwa 8.000 türkische und deutsche Beschäftigte gegen die dargestellten Maßnahmen und Umstände demonstrierten. Neben der Losung nach Wiedereinstellung der Entlassenen forderten die Streikenden die Verlängerung des Jahresurlaubs auf sechs Wochen, eine Mark mehr Stundenlohn und den Wegfall der unteren Lohngruppen, zudem ein dreizehntes Monatsgehalt, eine Reduzierung der Bandgeschwindigkeit sowie einen Verzicht auf Disziplinierungsmaßnahmen wegen des Streiks. Mit Beginn der darauf folgenden Woche weiteten sich die Arbeitsniederlegungen aus, woraufhin nahezu das gesamte Werk von den Streikenden besetzt wurde. Der mit Ausnahme des Türken Özbagci deutsch besetzte

[268] Etwa 1971 die Lohnerhöhung in der Metallindustrie um sieben Prozent, die die IG Metall durch einen wochenlangen Streik erzwang. Ein Jahr zuvor konnte die Chemiegewerkschaft eine zweistellige Tariferhöhung von über zwölf Prozent erzielen, vgl. DER SPIEGEL 51/1971.

[269] Dabei waren deutschlandweit zwei Wellen von Spontan-Streiks zu beobachten: im September 1969 mit 140.000 Beteiligten und zwischen Mai bis Oktober 1973 mit rund 275.000 Streikenden, vgl. https://de.wikipedia.org/wiki/Streik#Deutschland (Abruf am 08.10.17).

[270] So u. a. im Februar 1970 beim Automobilzuliefererbetrieb Karmann in Osnabrück, im März 1970 sowie im März 1973 beim Landmaschinenhersteller Deere-Lanz in Mannheim, im Mai 1970 sowie im Juni bzw. August 1973 beim Automobilzuliefererbetrieb Pierburg in Neuss, im Mai 1972 bei Opel in Bochum und bei BMW in München (vgl. Birke 2007).

[271] Nachfolgende Beschreibungen zu Anlass, Ursachen und Verlauf des „Wilden Streiks bei Ford“ greifen auf den Band „Streik bei Ford Köln“, herausgegeben von der Betriebszelle Ford der Gruppe Arbeiterkampf vom Dezember 1973, sowie auf die Informationen der entsprechenden Wikipedia-Internetseite und auf die thematischen Beiträge im Sammelband von Motte und Ohliger 2004 zurück.

Betriebsrat verhandelte zwar mit der Geschäftsleitung über einzelne Forderungen, unterstützte diesen „wilden Streik" aber wegen der tariflichen Friedenspflicht ausdrücklich nicht und rief zur Wiederaufnahme der Arbeit auf. Es folgte ein Aussperrungsversuch der Geschäftsleitung gegenüber den Streikenden, der jedoch scheiterte. Nachdem ein Verhandlungsangebot des Unternehmens nach Überprüfung der Entlassungen sowie einer Teuerungszulage von 280 DM für jeden Arbeitnehmer von einer großen Mehrheit der Streikenden abgelehnt wurde, zerbrach die Geschlossenheit des Streiks zwischen der ausländischen Belegschaft und den deutschen Arbeitern, was dazu führte, dass sich Letztere ab dem dritten Streiktag größtenteils nicht mehr am Streik beteiligten. Am Donnerstag, 30. August 1973, wurden die nur noch 2.000 zumeist türkischen Streikenden von einer Gegendemonstration aus deutschen Meistern, Vorarbeitern, Werkschutzangehörigen, Zivilpolizisten und leitenden Ford-Angestellten mit z. T. brachialer Gewalt am weiteren Streik gehindert und 27 Streikführer der uniformierten Polizei übergeben.[272] Nachfolgend wurde weit über 100 Arbeitern fristlos gekündigt und 600 weiteren Arbeitnehmern die eigene Kündigung nahegelegt. Eine interessante Randerscheinung der Streikkonsequenzen offenbart folgende Firmenmaßnahme: Nach den problematischen Urlaubserfahrungen ihrer türkischen Mitarbeiter bot ihnen die Ford-Geschäftsleitung zu deren Erleichterung (und ihrer rechtzeitigen Rückkehr) für die Werksferien besonders günstige Charterflüge in die Türkei an (vgl. Ford-Werke 2011).

Resümierend kann festgehalten werden, dass der maßgeblich von den türkischen Beschäftigten ausgelöste und geprägte Streik vordergründig eine Reaktion auf ihre Behandlung als billige und anspruchslose Arbeitskräfte war (vgl. Hunn 2004, S. 82), deren z. T. verspätete Wiederkehr aus dem Heimaturlaub die Geschäftsleitung veranlasste, sie zu entlassen.[273] Hintergründig wurden diese Streikmotive durch die Vielzahl spontaner Streiks ausländischer Arbeitnehmer Anfang der 1970er-Jahre stark befördert. Diese zeitigten für die Streikenden mitunter positive Ergebnisse, sodass man hierbei von einem Erlernen neuer und Erfolg versprechender Möglichkeiten der Interessendurchsetzung sprechen kann, die bei den wilden Streiks wie bei Ford in Köln durchaus radikale Formen annehmen konnten, aber im Nachgang in einen Lernprozess geregelter Streikkultur mündeten. In der betriebspolitischen Analyse der damaligen Streiktage bei Ford in Köln fällt auf, dass es auch dem Betriebsrat nicht gelang, die z. T. berechtigten Forderungen der Streikenden aufzunehmen und damit das entsprechende Konfliktpotenzial innerhalb des betrieblichen (Zwangs-)Verhandlungssystems zu kanalisieren.[274] Daraus entwickelte sich die spontane, irreguläre, aber auch unorganisierte Arbeitsniederlegung, deren

---

[272] Interessant ist die gegenteilige Darstellung des ehemaligen Geschäftsführers des Konzernbetriebsrates, Martin Hennig, im Interview v. 12.05.2000: Danach hätten die türkischen Streikenden massive Gewalt ausgeübt gegenüber allem, „was denen in die Quere kam und nicht mitgehen wollte". Da der Geschäftsführer des Konzernbetriebsrates zur Zeit des „Wilden Streiks" nach eigener Aussage noch nicht im Betrieb beschäftigt war, handelt es sich hierbei offenbar um ein in Funktionärskreisen verbreitetes Narrativ der historischen Ereignisse vom August 1973.

[273] Da die Ford-Geschäftsleitung bei ähnlichen Fällen verspäteter Wiederkehr aus dem Urlaub in den Vorjahren auf Entlassungen verzichtete, vermutet Birke (2007, S. 300), dass die Unternehmensleitung im August 1973 – in Anbetracht einer sich eintrübenden Konjunktur und wenige Monate vor dem Anwerbestopp für Arbeitsmigranten – auch betriebskonjunkturelle Gründe zu diesem Schritt veranlasst hätten. Womöglich sollte mit diesen Maßnahmen aber auch ein Exempel statuiert werden.

[274] Diese Einschätzung vertrat selbst der ehemalige Geschäftsführer des Ford-Konzernbetriebsrates, Martin Hennig, im Interview v. 12.05.2000: „Wenn man sich nicht um die Gruppierungen kümmert im Betrieb, dann baut man auch irgendwo Gegner auf."

unorthodoxer Verlauf nicht den Mechanismen des üblichen betrieblichen Verhandlungsregimes folgte. Diese nonkonforme Entwicklung überforderte die wesentlichen betrieblichen Akteure von der Geschäftsleitung über den Betriebsrat bis zur IG Metall, führte aber auch zu einer weitgehenden Isolierung der türkischen Streikenden von der restlichen (überwiegend deutschen) Belegschaft. Erschwerend kam hinzu, dass die Hauptbetroffenen der ursprünglichen Entlassungs- und Rationalisierungsmaßnahmen die türkischen Betriebsangehörigen waren, da mehrheitlich sie als „Subproletariat" (DER SPIEGEL im Sept. 1973) die körperlich anstrengenden und schlecht bezahlten Arbeitsplätze im Werk besetzten. Diese Ausgangslage schränkte eine nachhaltige Solidarisierungsbereitschaft der deutschen Kollegen stark ein. Die Unfähigkeit des Betriebsrates, die Streikmotive aufzunehmen, wurde von wesentlichen Betriebsrats- und Gewerkschaftsführern im Nachgang des Streiks eingeräumt.[275] Hierbei rächten sich aber wohl nicht nur die fehlerhaften Reaktionen der Arbeitnehmervertretung im Vorfeld und während des Spontanstreiks, sondern auch die unpassende Reaktion des weitgehend mit Deutschen besetzten Betriebsrates bei Ford in Köln auf die Betriebsratswahl ein Jahr zuvor. Denn hätte die IG Metall schon bei der ersten Wahl nach der Reform des BetrVG türkische Kandidaten auf aussichtsreiche Plätze ihrer Wahlliste gesetzt oder die von ihr dominierte Arbeitnehmervertretung den in Konkurrenz gewählten türkischen Betriebsrat Özbagci stärker in die Betriebsratsarbeit eingebunden, wäre es möglicherweise besser gelungen, die Streikentwicklung in geregeltere Bahnen zu lenken. So war es eine logische Folge, dass die streikenden türkischen Ford-Arbeiter kein Vertrauen in den mit der Geschäftsleitung verhandelnden Betriebsrat hatten und die entsprechenden Verhandlungsergebnisse ablehnten, da sie sich von ihrer offiziellen Vertretung nicht repräsentiert fühlten (vgl. WDR-Fernsehreportage 1982, S. 243).

Dieses Missverhältnis zwischen Streikenden und Betriebsrat hielt auch nach Ende des Streiks an, da die maßgeblichen Ford-Betriebsräte offenbar kaum Verständnis für die Streikmotive hatten. Denn statt zu versuchen, zumindest die gemäßigten Streikführer und Streikteilnehmer nachfolgend wieder in die Belegschaft zu integrieren und damit eine Befriedung innerhalb der türkischen Belegschaft zu initiieren, nahm der Betriebsrat seine gemäß § 87 BetrVG verbriefte Widerspruchsmöglichkeit bei den Entlassungen von Streikbeteiligten nicht wahr. Insofern offenbart der Ford-Streik zwei wesentliche Fehler des IG Metall geführten Betriebsrates, die gravierende Konsequenzen für die nachfolgende betriebspolitische Entwicklung bei Ford in Köln haben sollten: Zum einen gelang es ihm nicht, die unzufriedenen türkischen Arbeiter in das Belegschaftssystem zu integrieren, was eine seiner wesentlichen Aufgaben innerhalb des betrieblichen Mitbestimmungssystems ist. Zum anderen kurierte der Betriebsrat diesen Fehler nicht, indem er nicht einmal zumindest einigen der von der Geschäftsleitung gewünschten Entlassungen widersprach und damit der türkischen Belegschaft ein deeskalierendes Signal hätte geben können. So blieben Wunden, die Narben bildeten und sich bei nachfolgenden Betriebsrats- und Aufsichtsratswahlen in Form von türkischen Konkurrenzlisten bemerkbar machten. Der bundesweit bekannt gewordene „Wilde Streik bei Ford" war somit ein entscheidender Katalysator für die Herausbildung eines pluralistisch-

[275] Vgl. die Interviewaussagen des damaligen Geschäftsführers bzw. stellvertretenden Vorsitzenden des Ford-Betriebsrates, Winfried Kuckelkorn, in einem Interview innerhalb der WDR-Reportage „Diese spontane Arbeitsniederlegung war nicht geplant" von 1982, ausschnittweise dokumentiert in Motte und Ohliger 2004, S. 237-249, hier: 245.

kompetitiven Konkurrenzsystems innerhalb der betriebspolitischen Gemengelage bei Ford in Köln, wurde damit aber auch ein wichtiger Bestandteil des Lernprozesses türkischer Migranten bei der Eingliederung in die bundesrepublikanische Arbeitsgesellschaft.

Gemäß der aufgezeigten Entwicklung auf der Arbeitnehmerseite lassen sich in Bezug auf die betriebspolitische Integration der Arbeitsmigranten auch bei Ford in Köln Kategorien darstellen, die als Kombination von Konfliktanlässen und nachfolgenden Betriebsentwicklungen verschiedene prozesshafte Partizipationsphasen typisieren:

Tabelle 7: Dreistufiges Partizipationsmodell der türkischen Belegschaftsmitglieder bei Ford in Köln: pluralistisch-kompetitiv

	Ankunftsjahre (1960er-Jahre)	Konfrontations- und Angleichungsjahre (1970er-Jahre)	Konkurrenz- und Emanzipationsjahre (seit den 1980er-Jahren)
1. (Direkte) Konfliktanlässe	Kulturelle und religiöse Unterschiede, die selten thematisiert wurden	• „Wilder Streik 1973" • Diverse Konkurrenzlisten • Vielzahl an türkischen Betriebsräten	• Türkische Konkurrenzlisten • Aufsichtsratsmandat durch türkische Liste 1996
2. (Konfliktorientierte) Aushandlungsprozesse	Keine signifikanten Vorkommnisse	• Entlassung türkischer Arbeiter und Streikführer • Wahltaktische Absprachen (z.B. Personenwahl 1978)	• Drohende offene Spaltung der Belegschaft sorgt für Aufnahme von Verhandlungen
3. Ausgleichsergebnis	Wenige Zugeständnisse in Bezug auf Arbeitsplätze, Religion und Versorgung	• Praktikablere Urlaubsregelungen für Türkeireisen • Inoffizielle Gebetsräume und Einhaltung von Speisevorschriften • Feste Proporzplätze • Einbezug türkischer Funktionsträger in Gremien: Aufsichtsrat, „Küchenkommission"	• Rückzug türkischer Listen von Aufsichtsratswahlen • Keine Integration der türkischen Konkurrenzkandidaten • Stärkerer Einbezug der IGM-Kandidaten türk. Herkunft in Betriebsratsarbeit

Tabelle 8: Dreistufiges Partizipationsmodell der italienischen Belegschaftsmitglieder bei VW in Wolfsburg: einheitsgewerkschaftlich-konsensual

	Ankunftsjahre (1960er-Jahre)	Angleichungsjahre (1970er-/1980er-Jahre)	Emanzipationsjahre (seit den 1990er-Jahren)
1. (Direkte) Konfliktanlässe	„Wohnheim-Aufstand" 1962	• Konkurrenzlisten • Wohnverhältnisse im Wolfsburger Stadtteil Kästorf	• Abgang erster italien. BR Annese 1992 • Kompetenz nachrückender italien. BR
2. (Konsensorientierte) Aushandlungsprozesse	„Tagelange Verhandlungen"	Inneritalienische und gewerkschaftliche Verhandlungen	Vereinbarte Erprobungszeit bis zur nächsten BR-Wahl 1994
3. Ausgleichsergebnis	• Verbesserung der Infrastruktur • Entlassung der „Rädelsführer"	• Keine italienische Liste • Feste Proporzplätze bei IGM • Steigende BR-Mandate der italien. Beschäftigtengruppe	• Gleichberechtigte Stellung italien. BR • Aufhebung der Doppelstruktur

Die jeweiligen Partizipationstabellen zeigen auf, dass in beiden Unternehmen Emanzipationsprozesse stattfanden, jedoch zu unterschiedlichen Zeiten: Während es bei VW in Wolfsburg mit dem „Wohnheim-Aufstand" schon kurz nach Beginn der Anwerbung einen größeren Konflikt gab, der zu nachfolgenden Angleichungs- und Partizipationsentwicklungen führte, revoltierten die angeworbenen Arbeitsmigranten bei Ford in Köln mit dem „Wilden Streik“ 1973 erst etwa ein Jahrzehnt später gegen Missstände im Umgang mit ihnen und artikulierten so ihre politischen Interessen. Neben spezifischen Betriebs- und Ortseigenarten hat dies sicher auch mit der Herkunft der jeweilig angeworbenen Landsmannschaft zu tun: Während die italienischen Arbeitnehmer schon auf eine längere Tradition der Arbeitsmigration in Deutschland zurückblicken und auch die starke gewerkschaftlich-kommunistische Bewegung in Italien als entsprechende Erfahrungen mit Selbstbewusstsein einbringen konnten, waren die türkischen Arbeitnehmer ob ihrer religiösen und geografischen Herkunft eher eingeschüchtert und stärker bereit, Defizite bei Beschäftigung und Unterkunft hinzunehmen.[276] Die dargestellte Entwicklung der Anwerbepolitik bei Ford in Köln hat zudem gezeigt, dass das Unternehmen in den 1960er-Jahren nicht völlig unempathisch gegenüber den Bedürfnissen der türkischen Belegschaft war, wenn sie etwa schon früh Speisevorschriften der Anwerbemigranten berücksichtigte und vereinzelte Gelegenheiten zur Ausübung der islamischen Gebetsvorschriften schuf. Allerdings erwiesen sich die starren Urlaubsregelungen bei Ford als wiederkehrendes Konfliktpotenzial, weil sie den zeitaufwendigen Heimatreiseinteressen der türkischen Betriebsangehörigen nicht ausreichend entsprachen. Die verständnislose und harte Sanktionierung vereinzelter Verstöße gegen die Urlaubszeiten diente dann als Auslöser eines Konflikts, in den auch grundsätzliche Beanstandungen der betrieblichen Entlohnungs- und Gleichbehandlungspolitik gegenüber den ausländischen Arbeitnehmern einflossen. Aufgrund dieser Streik- und Konflikterfahrungen und betrieblichen Reaktionen darauf konnte sich das pluralistisch-kompetitive Partizipationsmodell bei Ford in Köln entwickeln.

Dennoch ist wie bei VW in Wolfsburg auch bei Ford in Köln ein Angleichungs- und Emanzipationsprozess der ausländischen Belegschaftsangehörigen im betriebspolitischen Verhandlungsprozess erkennbar: Viel früher und auch stärker als bei VW gelang es den türkischen Arbeitsmigranten bei Ford, eine Vielzahl an Betriebsräten und sogar auf Veranlassung der IG Metall einen Aufsichtsrat zu stellen. Und ebenso wie die italienischen VW-Arbeitnehmer in Wolfsburg erreichten sie damit die Garantie von sicheren Listenplätzen auf der IG Metall-Liste, dies ebenfalls schon spätestens seit Beginn der 1980er-Jahre. Doch im Gegensatz zur Entwicklung bei VW in Wolfsburg wurde dieser Angleichungs- und Emanzipationsprozess von einem parallel existenten System der (türkischen) Konkurrenzkandidaturen begleitet und befördert. Was bei VW erst das Auftreten der zweiten, nunmehr fachkompetenten Migrantengeneration im Betriebsrat bewirkte, nämlich die Aufhebung der Doppelstruktur von Betreuungs- und Entscheidungs-Betriebsräten, trat bei Ford in Köln schon sehr viel früher ein, allein schon aufgrund des hohen Anteils an Mandatsträgern mit Migrationshintergrund im Betriebsrat. Inwieweit dieser Angleichungs- und Emanzipationsprozess bei Ford in Köln ähnlich wie bei VW in Wolfsburg durch eine sukzessiv stärkere und fachkompetente Ausbil-

---

[276] Auch in anderer Hinsicht muss man die beiden Anwerbegruppen differenzieren: Biller (1989) stellte in seiner Fallstudie aus der Automobilindustrie fest, dass sich die Italiener in Bezug auf berufliche Tätigkeit und erreichte Qualifikation signifikant von den Türken sowohl als besser qualifizierte Beschäftigte als auch im höherwertigen beruflichen Einsatz unterschieden.

dung von Jugendlichen aus Einwanderergruppen in der Ausbildung verstärkt wurde, soll in nachfolgenden Darstellungen untersucht werden.

4.3.5 Die betriebliche Position der Nachkommenschaft: Beschäftigung und Gremienrepräsentanz von Jugendlichen mit Migrationshintergrund

In den Vorkapiteln wurde gezeigt, dass nach der Zubilligung des passiven Wahlrechts für ausländische Arbeitnehmer bei Betriebsratswahlen im Jahr 1972 bei Ford in Köln ein zügig wirksamer Angleichungs- und Emanzipationsprozess bei der Vertretung und Einbeziehung von Einwanderergruppen im Betriebsrat zu beobachten ist. Diese Entwicklung wurde maßgeblich von der großen Anzahl an Arbeitsmigranten bewirkt, deren Belegschaftsanteil bei Ford in Köln im Zeitverlauf bis zu 40 % hoch war und gerade bei Wahlentscheidungen auf Betriebsrats- oder Aufsichtsratsebene eine enorme Wirkung und Dynamik entfalten konnte. Hierin unterscheidet sich die Partizipationsentwicklung ausländischer Arbeitnehmer in beiden untersuchten Unternehmen, da bei VW in Wolfsburg der Angleichungsprozess nicht durch eine quantitative Massenbewegung von Anwerbemigranten vorangetrieben wurde. Stattdessen setzte der Prozess dort entscheidend erst seit den 1980er-Jahren ein, nachdem die sich verbessernde sprachliche und fachliche Kompetenz nachrückender Betriebsräte mit Migrationshintergrund eine Situation herbeiführte, die im Vergleich zur angeworbenen Elterngeneration von einer konkurrenzfähigeren Qualifikation der Betriebsräte aus der zweiten Migrantengeneration gekennzeichnet war und damit eine Aufhebung der Doppelstruktur bei der Betriebsratsarbeit bewirken konnte. Die berufsfachlichen Kompetenzen erwarben die aufstrebenden jungen Betriebsräte mit Migrationshintergrund sowohl beim Besuch höherer Schulformen als auch in Berufsausbildungsgängen des VW-Konzerns, in die Jugendliche aus Einwanderergruppen verstärkt seit Ende der 1980er-Jahre Eingang fanden. In diesem Zusammenhang soll die Ausbildungsentwicklung von Jugendlichen mit Migrationshintergrund auch bei Ford in Köln beschrieben werden, wobei nachfolgende Abbildungen hilfreich sind:

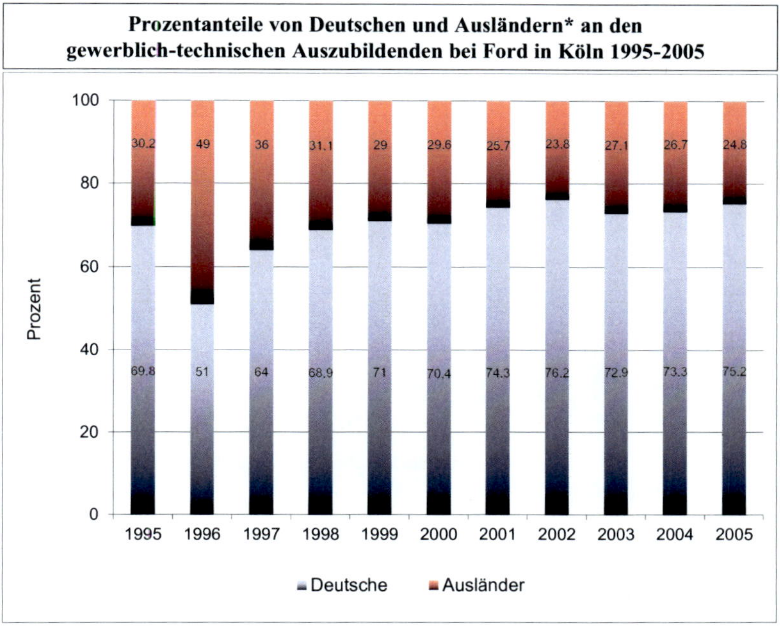

Abbildung 24: Prozentanteile von Deutschen und Ausländern* an den gewerblich-technischen Auszubildenden bei Ford in Köln 1995-2005[277]

* Hierunter fallen Personen beiderlei Geschlechts

Quelle: Ford Aus- und Weiterbildung e. V.; Ford-Gesamtbetriebsrat; eigene Berechnungen

Die Abbildung zeigt, dass der konstante Anteil ausländischer Jugendlicher an den gewerblichen Ausbildungsplätzen bei Ford in Köln mit um die 30 % sehr gewichtig ist. Wie Gespräche mit Betriebsräten ergaben, wurden ausländische Bewerber im gewerblichen Ausbildungsbereich der Kölner Ford-Werke bis in die 1980er-Jahre hinein nur selten berücksichtigt,[278] was sich seit den 1990er-Jahren aber offensichtlich geändert hat. Dies zeigt sich auch im Vergleich der prozentualen Anteile ausländischer Beschäftigter zwischen Ausbildungsbereich und Gesamtbelegschaft, den nachfolgende Abbildung wiedergibt. Anschließend wird die Entwicklung bei Ford in Köln mit der bei VW in Wolfsburg verglichen:

---

[277] Der „Ford Aus- und Weiterbildung e. V." ist ein betriebseigener Ausbildungsverein, der Anfang der 1990er-Jahre aus steuerorganisatorischen Erwägungen gegründet wurde und für die Ford-Werke GmbH die Ausbildungsorganisation im gewerblich-technischen Bereich übernimmt. Aus diesem Grund wurden von den Ford-Werken nur Ausbildungsdaten nach Gründung des Vereins zur Verfügung gestellt.

[278] Die Einschätzung einer bis in die 1980er-Jahre nur seltenen Berücksichtigung von Nachkommen der Anwerbemigranten im Ford-Ausbildungsbereich ergibt sich aus mehreren Interviews mit langjährigen Beschäftigten oder Mitgliedern des Betriebsrates des Unternehmens in Köln, die dem Autor vorliegen.

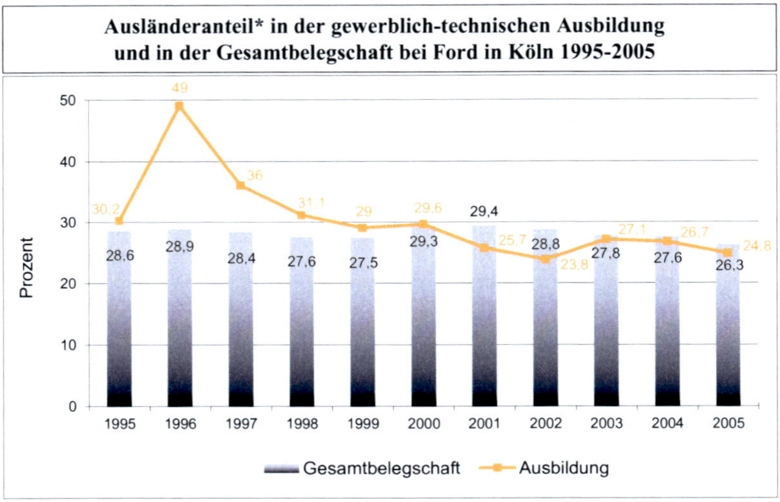

Abbildung 25: Ausländeranteil* in der gewerblich-technischen Ausbildung und in der Gesamtbelegschaft bei Ford in Köln 1995-2005

* Hierunter fallen Personen beiderlei Geschlechts
Quelle: Ford Aus- und Weiterbildung e.V.; Ford-Gesamtbetriebsrat; eigene Berechnungen

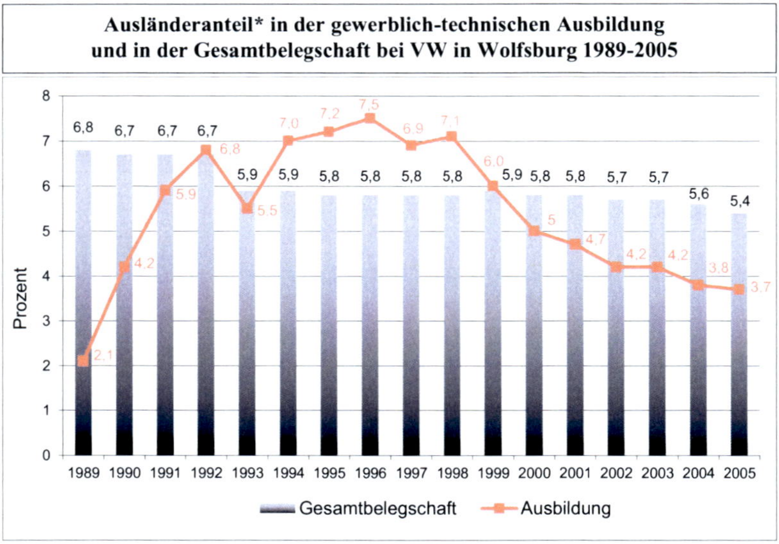

Abbildung 26: Ausländeranteil* in der gewerblich-technischen Ausbildung und in der Gesamtbelegschaft bei VW in Wolfsburg 1989-2005

* Hierunter fallen Personen beiderlei Geschlechts
Quelle: VW-Coaching GmbH; eigene Berechnungen

Die Abbildung zu Ford in Köln zeigt, dass in den 1990er- und 2000er-Jahren Jugendliche aus Einwanderergruppen in der gewerblichen Ausbildung gut bis sehr gut (über-)repräsentiert sind, da ihr dortiger prozentualer Anteil bis zur Jahrhundertwende über dem Ausländeranteil in der Gesamtbelegschaft liegt und danach etwa dem allgemeinen Belegschaftsanteil entspricht. Diese Entwicklung gleicht teilweise dem Trend bei VW in Wolfsburg, wo jedoch der Ausländeranteil seit der Jahrhundertwende kontinuierlich sinkt. Für dieses Phänomen wurden im VW-Kapitel zwei Erklärungsansätze hergeleitet: Zum einen sorgte die Erweiterung des VW-Arbeitskräftepotenzials auf ehemaliges DDR-Gebiet dafür, dass neben regulären Arbeitskräften vermehrt Auszubildende aus Ostdeutschland Eingang in die entsprechende VW-Statistik finden, wo sie größtenteils als Deutsche geführt werden. Da der Trend eines sinkenden Ausländeranteils in der Ausbildungsstatistik jedoch erst Ende der 1990er-Jahre eintritt, kann der Wiedervereinigungseffekt kein hinreichender Erklärungsansatz sein; vielmehr kommt wohl ein sozio-staatsangehörigkeitsrechtlicher Effekt hinzu: Die Kinder der bei VW in Wolfsburg beschäftigten italienischen Arbeitsmigranten besitzen neben der italienischen vermehrt auch die deutsche Staatsangehörigkeit und werden so als erfolgreiche Ausbildungsbewerber nicht als Ausländer, sondern als Deutsche in der Ausbildungsstatistik registriert. Dieser Effekt tritt bei den bei Ford in Köln arbeitenden türkischen Jugendlichen offenbar nicht ein. Es ist zu vermuten, dass dies auf die unterschiedlichen Einbürgerungsmöglichkeiten in Deutschland zurückzuführen ist, wie sie sich etwa im Zuge automatischer Einbürgerungen von Kindern aus Ehen ausländischer Staatsangehöriger mit Deutschen ergeben. Die sich aus solchen Beziehungen ergebende Intermarriage-Quote ist bei italienischen Staatsangehörigen weitaus höher als bei der türkischen Gruppe, wie Schroedter (2006, S. 224ff.) anhand von Mikrozensus-Daten des Statistischen Bundesamtes zeigt.[279]

In den 2000er-Jahren ist der Ausbildungsbereich bei Ford in Köln branchenähnlich ausdifferenziert wie bei VW in Wolfsburg: Von den vielen im Kfz-Bereich beheimateten Mechaniker-Berufen über die Ausbildung als Energieelektroniker/in bis zur Fachkraft für Lagerwirtschaft ist im gewerblich-technischen Bereich eine Vielzahl an Ausbildungsberufen im Ford-Angebot. Im kaufmännischen Bereich bietet das Unternehmen den Ausbildungsgang „Kaufmann/-frau für Bürokommunikation" an, das seinerzeit einzige Ausbildungsangebot im Angestelltenbereich.[280] Im gewerblich-technischen Bereich stellt Ford in Köln jährlich ca. 200 Ausbildungsplätze zur Verfügung, um die sich etwa

[279] Die Datenanalysen ergeben, dass im Jahr 2000 ca. 40 % der Ehen italienischer Migranten in Deutschland eine binationale Verbindung mit einer Frau deutscher Staatsangehörigkeit waren, während bei nur ca. 12 % der Ehen türkischer Männer eine deutsche Frau die Partnerin war. Bei den Frauen beider Nationalitäten lag der Anteil bei ca. 18 % italienischer Frauen, die einen deutschen Staatsangehörigen heirateten, zu ca. 8 % türkischer Frauen, die eine Ehe mit einem Deutschen eingingen. Betrachtet man bei den Männern ausschließlich die jeweiligen zweiten Migrantengenerationen, liegt die Intermarriage-Quote zwischen italienischen und türkischen Männern in diesem Jahr noch weiter auseinander (ca. 50 % zu ca. 5 %). Als Grund gibt Schroedter (2006, S. 431) an, dass die türkischen Zuwanderer der zweiten Generation zum damaligen Zeitpunkt noch stark auf die Heiratsmärkte des Herkunftsstaates ihrer Eltern zurückgriffen. Die Gruppe von Italienern aus zweiter Migrantengeneration wird für den oben genannten Sachverhalt abnehmender Zahlen statistisch erfasster Auszubildender italienischer Staatsangehörigkeit bei VW in Wolfsburg besonders relevant sein.

[280] Vgl. Ford-Broschüre „Beruflich auf der Sonnenseite: Azubi bei Ford", o. O., o. J.

1.700 Personen bewerben.[281] Das dreistufige Bewerbungsverfahren besteht (1) aus dem Einreichen einer Bewerbung gemäß entsprechendem Fragebogen, (2) aus einem schriftlichen Test und (3) aus einem Bewerbungsgespräch. Neben verschiedenen Fragen zu Lebenslauf, persönlichen und schulischen Daten sowie Berufswunsch ist es bemerkenswert, dass im Bewerbungsfragebogen nach „Verwandten bei der Ford-Werke AG" gefragt wird. Auch mithilfe dieser Information wird das Bewerberfeld um die Hälfte reduziert. Beim nachfolgenden schriftlichen Test stehen insbesondere Inhalte im Mittelpunkt, die für handwerkliche Berufe wichtig sind: räumliches Vorstellungsvermögen, technisches Verständnis, Fingerfertigkeit und vor allem mathematische Kenntnisse. Zum Bestehen des Tests wird eine Soll-Kurve herangezogen, die ähnlich wie bei VW in Wolfsburg nicht nach Bestenauslese vorgeht, sondern ein Mindestwissen für die gewerblich-technischen Ausbildungsberufe definiert. Auf diese Weise wird ca. die Hälfte der Testabsolventen zu einem etwa zwanzigminütigen Bewerbungsgespräch eingeladen. Im Gegensatz zur Praxis bei Volkswagen führt die Einstellungsleiterin diese Gespräche jeweils allein; nur bei Problemfällen werden beratende Personen etwa von der JAV hinzugezogen. Zu den Entscheidungskriterien bei den Personalbesetzungen betont die Einstellungsleiterin:

> „Wir wollen nicht nur die Besten, weil die eventuell weggehen werden. Deshalb orientieren wir uns an einer bestimmten Mindestqualifikation anhand der Sollkurve. Außerdem kann ich nicht entscheiden, wer der Beste ist, sondern nur, wer gut genug ist."[282]

Offenbar gibt es hierbei eine vertrauensvolle Absprache mit dem Betriebsrat und der JAV, dass die am Ende ausgewählten 200 Auszubildenden im gewerblich-technischen Bereich auch den Interessen der Arbeitnehmervertretung und ihrer Mitglieder mit und ohne Migrationshintergrund entsprechen. Dabei scheint auch der familiäre Hintergrund eines Bewerbers eine entscheidende Rolle zu spielen, wie die entsprechenden Hinweise im Personalfragebogen sowie in den geführten Interviews mit verantwortlichen Entscheidern belegen.[283]

Jugendliche aus Einwanderergruppen kommen bei Ford wie bei VW zumeist nur in den gewerblich-technischen Ausbildungsberufen zum Zuge, somit kaum in den Ausbildungsberufen des einträglicheren Angestelltenbereichs. Im kaufmännischen Bereich werden bei Ford in Köln jährlich nur ca. zehn Ausbildungsplätze angeboten. Allerdings werden die Ausbildungsplätze des Angestelltenbereichs nicht durch die für den (unteren und mittleren) Ausbildungsbereich geschaffene spezielle Infrastruktur des „Ford Aus- und Weiterbildung e. V." ausgewählt, sondern von der entsprechenden Personalabteilung des Unternehmens. Sie organisiert das schriftliche Testverfahren (mit einem sprachlichen Schwerpunkt) und führt die Bewerbungsgespräche in Zusammenarbeit mit

---

[281] Diese und die weiteren Informationen zum Ford-Ausbildungsbereich gemäß einem Interview mit Frau Muhr, seinerzeitige Leiterin des Einstellungsbereichs des Ford Aus- und Weiterbildung e. V., v. 04.09.2000.

[282] Interview mit der seinerzeitigen Leiterin des Einstellungsbereichs des Ford Aus- und Weiterbildung e. V. v. 04.09.2000.

[283] Neben Hinweisen im Interview mit der Einstellungsleiterin im Ford-Ausbildungsbereich weisen darauf auch Aussagen des seinerzeitigen Einstellungsleiters im Ford-Produktionsbereich hin, vgl. das Interview mit ihm v. 12.05.2000 im weiteren Verlauf dieser Untersuchung.

den Leitern der für die Einstellung vorgesehenen Angestelltenbereiche durch, in deren Reihen sich selten Nachkommen von Arbeitsmigranten befinden. Die für den kaufmännischen Ausbildungsbereich maßgeblichen Bedingungen einer Bestenauslese und die diesbezüglichen Wettbewerbsschwierigkeiten von Migrantenkindern begründet die Einstellungsleiterin des gewerblich-technischen Ausbildungsbereichs folgendermaßen:

> „Der Angestelltenbereich ist ein heikleres Feld als der Lohnbereich, eine Art Politikum. Die zumeist weiblichen Auszubildenden sitzen dann häufig in den Vorzimmern der Vorgesetzten, und die wollen die Besten dort sitzen haben. Ausländer trauen sich das nicht zu. Wohl auch, weil sie vielleicht immer noch nicht gut genug qualifiziert sind, um die Bestenauslese zu überstehen."[284]

Neben der Qualifikation und dem Selbstbewusstsein der Bewerberinnen und Bewerber aus Einwanderergruppen hängen die Besetzungen in diesem Ausbildungsbereich entscheidend von den Auswahlnetzwerken des Angestelltenbereichs ab, in denen Arbeitsmigranten und ihre Nachkommen selten vertreten sind. Daher fällt es Jugendlichen mit Migrationshintergrund immer noch sehr schwer, im Angestelltenbereich Fuß zu fassen, obwohl die Qualifikation einzelner Bewerber inzwischen durchaus ausreichend wäre.

Dennoch ist die Berücksichtigung von Kindern eingewanderter Eltern selbst im gewerblich-technischen Ausbildungsbereich eines Unternehmens ein großer Fortschritt gegenüber früheren Zeiten, da ein Ausbildungsplatz die Basis für die Beschäftigung in einer mittleren Facharbeiterposition bietet. Und ähnlich den dokumentierten Ausbildungsdaten im Wolfsburger Werk zeigen die in den 1990er-Jahren stark ansteigenden Migrantenanteile in der Ford-Ausbildung, dass sich die Rekrutierungsauswahl gegenüber Jugendlichen aus Einwanderergruppen geöffnet haben muss und einen Prozess in Gang setzte, in dessen Verlauf Bewerber mit Migrationshintergrund offenbar immer konkurrenzfähiger zu ihren Mitbewerbern ohne Migrationshintergrund wurden, und zwar sowohl in Bezug auf ihre Qualifikationen als auch hinsichtlich ihres Persönlichkeitsprofils als Migrantenkinder. Hierbei spielt offenbar auch wieder die Zusammensetzung der JAV eine Rolle, deren Mitglieder mit Migrationshintergrund seit Ende der 1980er-Jahre immer zahlreicher werden, wie nachfolgende Tabelle zeigt:

[284] Interview mit der seinerzeitigen Leiterin des Einstellungsbereichs des Ford Aus- und Weiterbildung e. V. v. 04.09.2000.

Tabelle 9: Partizipation von Auszubildenden mit Migrationshintergrund* in der Jugend- und Auszubildendenvertretung (JAV) bei Ford in Köln 1972-2014

Jahr	Anzahl der Mandate von Azubis mit Migrationshintergrund	JAV-Prozentanteil von Azubis mit Migrationshintergrund	JAV-Vorsitzender ein Azubi mit Migrationshintergrund?
1972	0	0 %	Nein
1974	0	0 %	Nein
1976	0	0 %	Nein
1978	1	11 %	Nein
1981	1	11 %	Nein
1984	0	0 %	Nein
1986/87**	0	0 %	Nein
1988***	2	18 %	Nein
1990	4	33 %	Nein
1992	2	18 %	Ja
1994	4	36 %	Ja
1996	3	27 %	Nein
1998	3	27 %	Nein
2000	3	27 %	Nein
2002	5	39 %	Ja
2004	4	31 %	Ja
...	...	...	...
2014	4	31 %	Nein

* Hierunter fallen Personen beiderlei Geschlechts
** Unterschiedliche JAV-Wahlen im gewerblichen und kaufmännischen Bereich
*** 1988 wurde die Gesamtmandatszahl in der JAV von 9 auf 11, im Jahr 1990 auf 12 Personen erhöht.
Quelle: Gesamtbetriebsrat Ford-Werke GmbH; IGM-Vertrauenskörper Ford-Werke

Seit 1990 haben ca. ein Drittel der JAV-Mitglieder einen Migrationshintergrund, was leicht über ihrem Anteil an der Gesamt-Ausbildungsbelegschaft liegt. Diese Entwicklung, die bis in die Gegenwart anhält, verweist auf eine steigende Partizipation von Auszubildenden aus Einwanderergruppen in ihrem Vertretungsgremium, wie sie auch die Betriebsräte mit Migrationshintergrund auf einzelne betriebspolitische Entwicklungen in der allgemeinen Belegschaftsvertretung bei Ford in Köln haben. Und auch die schon für VW in Wolfsburg geschilderte Bedeutung des Vorsitzenden der JAV als automatisches Mitglied des Bildungsausschusses zeigt sich ebenfalls bei Ford in Köln, wenn man die in der Mitte des Jahrzehnts stark ansteigenden Ausbildungszahlen ausländischer Jugendlicher bei Ford in Köln mit der gleichzeitig erstmaligen Besetzung des JAV-Vorsitzes durch eine Person mit Migrationshintergrund berücksichtigt. Somit dürfte die Partizipation von Jugendvertretern aus Einwanderergruppen in der JAV, der ebenso wie beim Betriebsrat eine Zubilligung des passiven Wahlrechts für ausländische Jugendliche durch das BetrVG vorausging, eine entscheidende Rolle bei der wirksamen Vertretung der Interessen der Migrantenkinder im Werk spielen.

4.3.6 Qualifikation, Netzwerke und ihre Auswirkungen auf die strukturelle Position der ausländischen Belegschaftsangehörigen in Betrieb und Gesellschaft

Neben den beschriebenen Situationen im Bereich der Arbeitsplatzsicherheit sowie der Ausbildungsrekrutierung soll für Ford in Köln noch ein weiteres Beispiel für Prozesse struktureller Angleichung zwischen Einheimischen und Arbeitsmigranten bzw. Kindern aus eingewanderten Familien ausgeführt werden. Folgende Interviewpassage mit dem seinerzeitigen Leiter der Abteilung „Bewerbungen und Einstellungen" bei Ford in Köln[285] definiert wichtige Einstellungskriterien:

> ***Verfasser:*** *Wie lange sind Sie schon im Einstellungsbereich tätig?*
> ***Einstellungsleiter:*** *Ich habe vor 16, 17 Jahren hier in der Personalabteilung angefangen zu arbeiten. Alleinverantwortlich in diesem Bereich bin ich seit fünf Jahren, davor war ich Personalsachbearbeiter bei der Arbeitsplatzbewertung.*
> ***Verf.:*** *Würden Sie sagen, dass Ford ein Unternehmen ist, in dem lange Betriebszugehörigkeiten häufig vorkommen?*
> ***Einstellungsleiter:*** *Das ist schon eine Firma, wo die Leute sich wünschen, dass es so bleibt. Das sieht man auch an der Altersstruktur, die wir haben, wo wir auch relativ viele Leute finden, die so in dem Alter 50 bis 60 Jahre alt sind, also relativ viele. Der größte Bereich ist so zwischen 30 und 40 Jahren, von daher scheinen die Leute das Gefühl zu haben, es ist erstrebenswert, hier bei der Firma Ford zu arbeiten.*
> ***Verf.:*** *Auch im Kölner Raum?*
> ***Einstellungsleiter:*** *Nein, nicht nur im Kölner Raum, auch auf dem Land.*
> *[...]*
> ***Verf.:*** *Ford ist für die Menschen nicht nur ein Begriff als „großer Arbeitgeber", sondern bei Ford ist es auch sicher?*
> ***Einstellungsleiter:*** *Sicherer Arbeitsplatz, also relativ sicher. Heutzutage kann man nicht mehr sagen, dass man einen sicheren Arbeitsplatz hat. Aber die Leute denken, dass es relativ sicher ist – ein sozial hochwertiger Arbeitsplatz vom sozialen Verhalten her, auch vom Verdienst, man verdient nicht schlecht bei Ford.*
> ***Verf.:*** *Je größer die Nachfrage nach einem solchen Arbeitsplatz ist, umso größer dürfte auch der Konkurrenzkampf darum sein oder?*
> ***Einstellungsleiter:*** *Ja natürlich, das ist klar.*
> ***Verf.:*** *Wie gehen Sie damit um?*
> ***Einstellungsleiter:*** *Inwiefern jetzt Konkurrenz, wie meinen Sie das?*
> ***Verf.:*** *Also, dass natürlich viele Leute...*
> ***Einstellungsleiter:*** *...unbedingt hier rein wollen.*
> ***Verf.:*** *Genau.*
> ***Einstellungsleiter:*** *Ja, das schlägt sich in der Anzahl der Bewerbungen natürlich nieder. Wir haben im Lohnbereich zwischen 9.000 und 10.000 Bewerbungen und im Angestelltenbereich sind es auch so 6.000 bis*

---

285 Das Interview wurde am 12.05.2000 bei Ford in Köln geführt.

8.000. Also, von daher scheint es heute so zu sein, dass wir noch lukrativ sind für die Leute draußen.
[...]
Verf.: *Bei meinen im Betrieb geführten Interviews ist mir aufgefallen, dass hier bei Ford unheimlich viele Familienmitglieder beschäftigt sind. Ein Interviewpartner sprach vom „Vater-Sohn-Betrieb": Vater sei bei Ford, Sohn sei bei Ford, und dessen Sohn würde auch bald bei Ford anfangen.*
Einstellungsleiter: *Das ist in dieser Gegend so, das geht kreuz und quer durch die Schichten. Es zeugt irgendwie davon, dass die Firma hier häufig ein Bestandteil des Familienlebens ist. Wenn der Vater damit zufrieden ist, dann will der Sohn auch dahin oder der Vater ist auch dafür, dass der Sohn da hineinkommt – und will helfen, machen, tun. Weil er einfach sagt, die Ford-Werke, die haben einen sicheren Arbeitsplatz. Also, ich halte das nicht für verkehrt, von der Struktur her so früh wie möglich etwas für unsere Mitarbeiter zu tun, also auch die Familienangehörigen von denen zu berücksichtigen.*
Verf.: *Es bringt also auch für die Familien Stabilität?*
Einstellungsleiter: *Ja natürlich, auf jeden Fall. Für die Familien und auch für uns. Wir wissen, der ist ein guter Mitarbeiter, der wird schon darauf achten, dass sein Sohn auch gut wird, das ist ja auch sein Image dann selber, was der damit vertreten muss. Von daher ist das nicht so ungern gesehen. Was wir in Verbindung mit Familienmitgliedern nicht gerne sehen, wenn sie in einem Bereich zusammenarbeiten [...], das gibt dann zu viel trouble manchmal. Das ist ja klar, dann sieht der Sohn, dass der Vater da Mist baut, ja, da schimpfen die sich gegenseitig aus, gibt Krach und Ärger, das machen wir nicht. Aber vom Gesamtkomplex innerhalb der Firma: Ja, das würden wir begrüßen, sicherlich.*
Verf.: *Das Unternehmen profitiert von der sozialen Kontrolle?*
Einstellungsleiter: *Ja, natürlich. Das ist eigentlich ja auch ganz logisch. Wird doch gern gesehen. Nur, man bekommt doch nicht so viele Mitarbeiter aus den eigenen Reihen, da die Geburtenrate ja immer weniger geworden ist in den letzten Jahren. Früher waren das drei Kinder, die man im Schnitt hatte, heute ist es eines. Von daher geht die Schere wieder so ein bisschen weiter auseinander, dass wir, also, immer weniger Familien abkriegen. Also, ich persönlich halte sehr viel davon, Mitarbeiterkinder einzustellen.*
Verf.: *In einem Interview hörte ich von einer Mitarbeiterin, dass sie im Personalbogen zur Einstellung die Frage vorfand: „Arbeitet ein Familienmitglied schon bei Ford?"*
Einstellungsleiter: *Ja, das war früher so, haben wir aber heute nicht mehr drin. Das war einfach, um von der Statistik her zu sehen, wie viele kommen denn aus den eigenen Reihen wieder zurück? Interessantes Potenzial eigentlich. Aber man macht das heute aus rechtlichen Gründen gar nicht mehr da rein – so wie man früher auch gefragt hat, ob jemand schwanger ist, so lassen wir diese Hintergrundfragen beiseite. [...] Der Personalfragebogen ist eigentlich gar kein Fragebogen mehr, sondern nur noch ein Instrument, um die Administration tätigen zu können: Die richtig geschriebenen Namen zu haben, Geburtsdatum, ob alles richtig ist, um die facts abzuklären, sonst braucht man den eigentlich nicht mehr.*

Verf.: *Das andere, was Sie früher im Personalfragebogen abgefragt haben, das erfahren Sie dann per Interview?*
Einstellungsleiter: *Das erkennt man aus der Bewerbung heraus. Früher brauchte man sich auch hier nicht mit einer Bewerbung zu bewerben, sondern man kam vorbei, nahm den Personalfragebogen mit, füllte den aus und das war dann die Bewerbung. Als ich hier dann angefangen habe, habe ich das so umgebaut, dass wir dann schriftliche Bewerbungen bekamen, sodass das aussagefähig ist. Man kann ja keinen hinter die Stirn schauen, auch mit einem Interview kriegt man nicht alles heraus. Ein großartiges Interview wird hier im Moment nicht geführt, sondern wird im Bereich geführt, wo der Mann eingesetzt wird. Wir entscheiden eigentlich nur erst einmal nach der Papierform und nach dem Auftreten des Kandidaten, wenn er hier bei uns ankommt, um sich vorzustellen.*
Verf.: *Ist das dann eine Fünf- bis Zehn-Minuten-Sache?*
Einstellungsleiter: *Ja, das geht relativ schnell, im Moment noch.*
Verf.: *Auf was achten Sie genau?*
Einstellungsleiter: *Für mich ist entscheidend – und da habe ich meine Mitarbeiter darauf trainiert – das Erscheinungsbild zunächst einmal: Wie kann er sich ausdrücken? Spricht er vernünftiges Deutsch? Versteht er Deutsch, [.] bei den Ausländern? Hat er vernünftige Kleidung an, Frisur? Ist er ausgeschlafen, wenn er hier hinkommt morgens früh? Das sind so richtige Fakten, eigentlich, und wenn das nicht so stimmt, dann fängt man an, vorsichtig zu werden. Weil, [...] wer verpennt hier ankommt, der kommt auch verpennt zur Schicht. Also, wenn ich mich vorstelle, dann gehe ich einfach davon aus, dass ich fit sein muss, schnell reagieren können muss, zuhören, was gesagt wird – da kann ich nicht einfach so verpennt dahinkommen. Also, der erste Eindruck ist für uns hier am Schalter eigentlich recht wichtig.*
Verf.: *Wie kann man sich das in der Situation praktisch vorstellen?*
Einstellungsleiter: *Die Bewerbungen, die hier abgegeben werden, kommen meistens von Mitarbeitern von uns, die die dann hier abgeben. Der Bewerber selbst kommt [aus Betriebssicherheitsgründen, Anm. d. Verf.] nicht hierhin. Deshalb legen wir Wert darauf, dass wir [betriebsfremde, Anm. d. Verf.] Bewerbungen mit der Post zugeschickt bekommen. Dann werden die hier gesichtet, jeder bekommt eine Eingangsbestätigung und spätestens nach drei Wochen Bescheid, was mit seiner Bewerbung ist: positiv oder negativ. Ist es positiv, dann bekommt er schon nach einer Woche den Personalfragebogen zugeschickt, und er sendet ihn uns mit den entsprechenden Eintragungen zurück, sodass die Bewerbung dann für drei Monate in die „Vormerkung" hineinkommt. Bei einem Bedarf, kann ich dann darauf zurückgreifen. Dann werden sie hierhin eingeladen, wir empfangen sie am Schalter, der Pförtner hat dann eine Liste, wer hier hinauf darf, und dann schauen wir uns die Leute an, reden mit denen ein paar Worte, um einen ersten Eindruck zu erhalten. [...] Eines der Einstellkriterien, die wir dabei und seit Neuestem haben: Deutsch in Wort und Schrift. [...]*
Verf.: *Und wie bekommen Sie dabei heraus, ob jemand schon Familienangehörige im Betrieb hat?*
Einstellungsleiter: *[...] Das sehe ich im System, ob da schon mal einer mit dem Namen und der Adresse da ist. [...] Oder es steht sowieso im*

Lebenslauf drin: Vater oder zwei Brüder arbeiten bei Ford. Das kriegt man schnell heraus.
Verf.: *Nehmen Sie dann noch mal Kontakt mit dem Vater oder Bruder auf?*
Einstellungsleiter: *Dürfen wir ja nicht, das fällt unter Datenschutz, der Mann ist ja 18 Jahre alt. Da darf ich nicht den Papa fragen, das geht nicht. [...] Nein, wenn es unklar ist, dann gehe ich an den Mann heran und frage ihn: „Der Vater arbeitet doch auch hier bei Ford? Ist das der sowieso?“ „Ja, ja, der ist das; der arbeitet da und da.“ Aber ich weiß das ohnehin aus der Bewerbung heraus, die schreiben das alle hinein. Im System sieht man das auch, dass die Zusammenhänge auf jeden Fall da sind. Und bei den Söhnen unserer türkischen Mitarbeiter steht es sowieso drin.*
Verf.: *Warum?*
Einstellungsleiter: *Weil, die Türken haben die Mentalität der Südländer, und in der Türkei ist es üblich, wenn der Vater in der Firma gearbeitet hat, dann kommt auch der Sohn da rein, wenn der ausscheidet. Und deshalb werden Sie in jeder Bewerbung sehen, wo der Vater hier arbeitet: „Der Vater arbeitet seit 25 Jahren bei Ford“ oder „mein Vater arbeitete bis zu seinem Ruhestand bei Ford“, irgendetwas steht dann da drin – bei fast allen! Ich habe auch schon Bewerbungen bekommen, wo der Sohn dann hineingeschrieben hat: „Mein Vater ist 35 Jahre Mitarbeiter bei Ihnen gewesen, ausgeschieden und jetzt verstorben. Ich bitte Sie, mir den Arbeitsplatz meines Vaters zur Verfügung zu stellen.“ So etwas bekommen wir auch. Aber das ist die Mentalität der, dieser Türken. Das ist einfach so, in der Türkei ist das auch so.*
Verf.: *Machen Sie einen Unterschied, ob der Vater hier noch arbeitet oder nicht mehr arbeitet?*
Einstellungsleiter: *Wir machen da keinen Unterschied. Die Beurteilung ist – von äußeren Dingen abgesehen – eine rein fachliche. Das fachliche Können muss da sein und dann gucken wir nicht darauf, welche Nationalität oder so etwas. Aber das muss irgendwie passen, sonst läuft das nicht.*
[...]
Wo Sie hier auch darauf aufpassen müssen, ist ja der politische Gesichtspunkt, wie so eine Firma einstellt. Wir haben ja sehr viele Nationalitäten, die hier tätig sind. Man muss dann immer aufpassen, dass die Gruppen nicht zu stark werden. Also müssen Sie bei einer größeren Einstellung, bei 50, 100 Mann, müssen Sie sehen, wie das gegeneinander zu stellen ist. Man kann von der einen Gruppe nicht zu viele nehmen, von der anderen Gruppe nicht zu viele, so streut man besser mehr, sodass viele Nationalitäten da sind und dann das Thema auch schon wieder gelöst ist.
Verf.: *Wäre es nicht eigentlich ein Vorteil, wenn nur ganz wenige Nationalitäten in der Belegschaft wären?*
Einstellungsleiter: *Nein. Sie kennen sicherlich den Begriff 'diversity'*[286]*? Wir leben das hier [im Einstellungsbereich, Anm. d. Verf.] seit Jahren*

[286] Das Prinzip der „diversity – Vielfalt“ in der Belegschaft gehört zur Unternehmensphilosophie der Ford-Unternehmensgruppe, vgl. https://www.ford.de/ueber-ford/nachhaltigkeit/menschen (Abruf am 08.10.17).

vor, bevor Ford so Lehrgänge gemacht hat, wir machen das hier ständig. Denn in der Vielfalt haben Sie auch eine hohe Qualität. Und deshalb ist es gut, möglichst viele verschiedene Leute zu haben, möglichst viele Nationalitäten zu haben, weil aus der Vielfalt kann ich wieder eine Wertschöpfung herausziehen.
Verf.: *Ist bei vielen Nationalitäten nicht das Risiko größer, dass es mehr Konflikte in der Belegschaft geben kann?*
Einstellungsleiter: *Das denke ich nicht. Ich würde Konflikte fördern, wenn ich die Gruppen zu groß werden lasse. Das heißt, wenn ich jetzt überwiegend, ich sage jetzt einfach mal, überwiegend Türken einstellen würde und das Verhältnis zwischen Deutschen und Türken stünde pari, das wäre ungesund.*
Verf.: *Das Verhältnis würde sich dann politisieren?*
Einstellungsleiter: *Ja, natürlich. Den Fall haben wir ja auch hier, ja. Wir haben diese politischen Zankereien im Betriebsrat zwischen Türken und Deutschen. Und wir sind dabei, diese Quote durch diese Art, wie ich das mache, etwas im Rahmen zu halten. Denn die haben ein anderes Verständnis, über Gewerkschaft zu reden, wie wir das vielleicht haben. Das ist manchmal schon sehr aggressiv, und da sind ja auch verschiedene Gruppierungen, Graue Wölfe und so etwas, die in den Betrieben dann für entsprechende Unruhe sorgen. Die können den Betrieb kaputt machen. Von daher machen wir das halt nicht so mit, sondern stellen uns so breit und international auf, sodass jeder mal zum Zuge kommen kann.*
[...]
Verf.: *Ist über dieses Thema mit dem Betriebsrat und in der Einstellungskommission gesprochen worden?*
Einstellungsleiter: *Richtig, natürlich. Nach den Gesichtspunkten wählen wir auch aus. Denn, wenn da ein guter Ausländer, ein wirklich guter, mit guter Qualifikation ist, dann nehmen wir den hinein, das ist gar keine Frage. Da ziehen wir keinen schlechteren Deutschen vor. Das machen wir nicht. Nur, wir achten darauf, ja.*

Das Interview veranschaulicht die Bewerbungs- und Einstellungssystematik für lohnabhängige Produktionsbereiche bei Ford in Köln, die denen bei VW durchaus ähnelt. Anhand schriftlicher Eigenbewerbungen interessierter Bewerber wird die Erfüllung betrieblicher Mindestqualifikationen überprüft, die den Anforderungen industrieller Produktion genügen. Hierbei geht es zum einen um den Nachweis schulischer Leistungen: Wie der Abteilungsleiter in anderen Gesprächspassagen mitteilte, benötigen Bewerber in der Regel einen Hauptschulabschluss, um in die weitere Auswahl zu gelangen. Zum anderen werden mit dem Mitte der 1990er-Jahre eingeführten Erfordernis schriftlicher Bewerbungen auch nicht-zertifizierbare Sekundärtugenden wie Sauberkeit, Gewissenhaftigkeit und formgerechte Handhabung der Bewerbung begutachtet, wie sie sich durch die äußere und sprachliche Form der Bewerbungen zeigen. Bewerber, die diese Mindestanforderungen erfüllen, erhalten den betrieblichen Personalfragebogen, mit dem die für den Betrieb notwendigen Personendaten und biografischen Informationen (Zitat: „facts") gesammelt werden. Erst ab diesem Zeitpunkt ist eine eingereichte Bewerbung für das Unternehmen Ausdruck einer auch praktischen Einstellungsoption, die bei Bedarf an Arbeitskräften in bestimmten Produktionsbereichen mithilfe von Einladungen zu kurzen Bewerbungsgesprächen konkretisiert und auch fachlich gesteuert wird. Diese Kurzinterviews dienen insbesondere der Begutachtung personaler und sprachlicher

Kompetenzen, wie sie sich im Erscheinungsbild (Zitate: „vernünftige Kleidung", „Frisur") und beim Auftreten sowie Sprechen bzw. Schreiben des Kandidaten darstellen. Ob es dann wirklich zu einer konkreten Einstellung kommt, wird im Bedarfsfall im persönlichen Gespräch mit den Personalverwaltungen der Fachabteilungen bzw. Produktionshallen geklärt.
Hinter den personalen Erkenntnissen aus der schriftlichen Bewerbung und dem „ersten Eindruck am Schalter" treten die fachlichen Fähigkeiten der Bewerber offenbar zunächst zurück. Doch das Gespräch mit dem Leiter der Einstellungsabteilung macht deutlich, dass neben den äußeren Erscheinungsformen auch weitere Indikatoren einstellungsrelevante Bedeutung haben. Wie schon bei VW in Wolfsburg herrscht auch bei Ford in Köln die Betriebsmentalität vor, Mitarbeiterkinder bevorzugt einzustellen. Die Bevorzugung besteht nicht nur in der aktiven Suche des bei Ford für Einstellungen zuständigen Personals nach familiären Mitarbeiterbezügen in den Bewerbungen, sondern auch im privilegierten Zugang von bei Ford beschäftigten Bewerbereltern zur Einstellungsabteilung, was die für das Unternehmen sehr geschätzte Herkunft der Bewerbung unterstreicht. Auf diese Weise kann das Unternehmen auf ein umfängliches Reservoir an Arbeitskräften zurückgreifen, bei dem die familiären Betriebsnetzwerke nicht nur das Wissen um betriebliche Regeln und Verhaltensweisen tradieren, sondern im Sinne des Unternehmens auch zusätzliche soziale Kontrollfunktionen übernehmen. Und offenbar gibt es auch bei den Kindern der Belegschaftsmitglieder eine große Nachfrage nach einem sozial wie finanziell hochwertigen Arbeitsplatz.

Der privilegierte Zugang zu den zumeist über Tarif entlohnten Arbeitsplätzen bei Ford steht gemäß den Interviewaussagen auch den Kindern ausländischer Belegschaftsmitglieder offen. Ebenso wie ihren Kollegen ohne Migrationshintergrund verstehen sie es auf diese Weise, ihre Kinder im Unternehmen unterzubringen, was ein Grund für den zu Kapitelanfang festgestellten Eindruck sein dürfte, dass sich Einstellungen und Entlassungen von Mitarbeitern zwischen Belegschaftsgruppen mit und ohne Migrationshintergrund sukzessive angeglichen haben. Darüber hinaus zeigt der Zugang zu diesen im Lohnbereich „hochwertigen Arbeitsplätzen", dass die Arbeitsmigranten in diesem Beschäftigungssegment inkludiert und damit konkurrenzfähige Mitglieder der Arbeitsgesellschaft sind, die am relativen Wohlstand der übertariflich bezahlten Beschäftigten in der Automobilbranche partizipieren. Gleichwohl belegen entsprechende Interviewpassagen, dass auch ethnisch-kulturelle Ressentiments die Einstellungspraxis bei Ford in Köln beeinflussen. Recht ungeschminkt wird im Interview auf die spezielle „Mentalität der Südländer bzw. Türken" verwiesen, die besonders herausgestellt wird. Dass diese vorgebliche südländische Mentalität jedoch höchst kompatibel mit der praktizierten Betriebs- und Einstellungsphilosophie bei Ford ist und man im Unternehmen Mittel und Wege gefunden hat, die familiären Betriebsverbindungen als „interessantes Potenzial" zu nutzen und – obwohl sie aus „rechtlichen Gründen" eigentlich nicht abgefragt werden dürften – als systematisches Einstellungskriterium bestehen zu lassen, ignoriert der Einstellungsleiter dabei. Diese ambivalente Denkweise ist bemerkenswert, macht sie doch in der Praxis deutlich, dass mitunter vorhandene ethnisch-kulturelle Vorbehalte sich zwar in Einzelfällen nachteilig auf eine Betroffenengruppe auswirken (können), doch in der Gesamtschau dann keine größere negative Relevanz haben, wenn eine betriebliche Institution einen gegenteiligen Effekt erzielt. Die Institution besteht darin, dass z. B. auch türkische Mitarbeiter vom betrieblichen Vorteil der Unterbringung ihrer Kinder als Beschäftigte bei Ford profitieren, weil sie als Betriebsangehörige Zugang zu den Entscheiderstellen haben und ihre Landsleute im Betriebsrat dafür sorgen, dass ihre Interessen bei der Einstellungspolitik des Unternehmens berücksichtigt werden.

Interessanterweise erfährt diese nationalitätenunabhängige Vorgehensweise im Fall des in den Vorkapiteln dargestellten mikropolitischen Konflikts zwischen IG Metall-dominiertem Betriebsrat und türkischen Konkurrenzlisten eine Relativierung. Offenbar greift die Ford-Geschäftsleitung im Einvernehmen mit dem Betriebsrat mittelbar in diese Auseinandersetzung ein, indem sie die Einstellung türkischer Bewerber begrenzt. Der Abteilungsleiter für „Einstellung und Bewerbungen" begründet diese gegenüber türkischen Kandidaten restriktive Vorgehensweise offiziell mit der Unternehmensphilosophie „diversity – Vielfalt" von Nationalitäten in der Belegschaft. Gleichzeitig bezieht er diese Haltung aber explizit auf die „politischen Zankereien im Betriebsrat zwischen Türken und Deutschen", für deren Zustandekommen er die türkische Seite verantwortlich macht, nicht ohne dafür diverse Vorwürfe und Klischees anzubringen (Zitate „anderes Verständnis von Gewerkschaft"; „aggressiv"; „sorgen für Unruhe"; „verschiedene Gruppierungen wie Graue Wölfe"). In Abstimmung mit dem Betriebsrat sorge er mit seiner Einstellungspraxis dafür, die „Quote" türkischer Werkseinstellungen und Belegschaftsangehöriger „im Rahmen zu halten". Diese im Auftrag der Geschäftsleitung durchgeführte Einstellungspolitik erfolgt zwar nicht völlig unabhängig von fachlichen oder persönlichen Qualitäten von Bewerbern, aber sehr wohl nach politischer Opportunität gegenüber dem betrieblichen Interesse, eine betriebspolitisch homogene Belegschaft zu erhalten. Denn innerhalb des Zwangsverhandlungssystems der betrieblichen Mitbestimmung (vgl. die Erläuterungen zu Beginn des Fallstudienkapitels) erlangt auch die Geschäftsleitung nur dann einen maximalen Nutzen, wenn bei einem gegenseitig kooperativen Verhalten mit dem Betriebsrat bzw. der Gewerkschaft die „Zufriedenheit einer homogenen Belegschaft" vorliegt. Im hier relevanten Zeitbeispiel, als zwischen 1997 und 2001 der Ford-Aufsichtsrat auf Arbeitnehmerseite zwischen IG Metall und dem Vertreter der türkischen Liste gespalten war, lag diese homogene Belegschaft in einem für das Unternehmen wichtigen Gremienfall nicht mehr vor, was gemäß dokumentierter Interviewaussagen in den Vorkapiteln zu besorgniserregenden Irritationen auf Arbeitnehmer- wie auch Arbeitgeberseite führte. Aufgrund dieser Gemengelage wird erklärbar, warum und wie die Geschäftsleitung in den belegschaftsinternen Konflikt einseitig eingreift, indem sie eine mit der Betriebsratsmehrheit abgestimmte Einstellungspolitik gegen die Erhöhung des türkischen Belegschaftsanteils betreibt.

Entgegen der letzten Aussage des Abteilungsleiters in der Gesprächssequenz, dass eine „gute Qualifikation" und (schon vorher genannt) eine „fachliche Beurteilung" die maßgeblichen Indikatoren für eine Einstellung bei Ford in Köln seien, lässt sich anhand des dargestellten Beispiels konstatieren, dass offenbar fachfremde Aspekte ebenfalls eine wichtige Rolle bei Werkseinstellungen spielen: Äußeres Erscheinungsbild, familiäre Betriebszugehörigkeit und Nationalität der Bewerber sind im lohnabhängigen Einstellungsbereich wichtige Kriterien, nach denen passende Kandidaten ausgesucht werden. Bei der Rekrutierung neuer Lohnbeschäftigter sind die Arbeitsmigranten Teil des informellen Netzwerkes „Ford als Vater-Sohn-Betrieb". Da die meisten Väter aus Einwandererfamilien jedoch in den unteren Beschäftigungssegmenten tätig sind, gilt dieses Netzwerks auch hauptsächlich für Arbeitsplätze in diesem Bereich. Darüber hinaus zeigt die inoffizielle Absprache zwischen der Geschäftsleitung und der IG Metall bzw. dem Betriebsrat, dass die Einstellung von türkischstämmigen Bewerbern offenbar ein gewisses Mengenniveau nicht überschreiten soll, um so die Basis für Erfolge der türkischen Listen bei den betrieblichen Gremienwahlen zu begrenzen. Die Einstellungspraxis bei Ford in Köln offenbart somit nicht nur starke Inklusionserfolge der türkischen Arbeitsmigranten, die ihre Kinder ebenfalls im Betrieb unterbringen können, sondern treibt auch eine bizarre mikropolitische Blüte: Denn gerade weil die türkische Community so erfolgreich bei betrieblichen Gremienwahlen war, führten ihre Inklusionserfolge zu partiellen Exklusionen in Phasen größerer Werkseinstellungen während des zwischenzeitlichen betriebspolitischen Konflikts zwischen IG Metall-dominierten Betriebsrat und türkischer Konkurrenzliste. Inklusion und Exklusion von Arbeitsmigranten hängen somit von der Kompatibilität ihres Verhaltens mit den betriebspolitischen Regeln ab.

Anders als bei VW in Wolfsburg spielte die Versorgung der bei Ford beschäftigten (türkischen) Arbeitsmigranten mit Wohnraum betriebspolitisch keine große Rolle. Schon bezüglich der betriebseigenen Wohnheime zeigten die Beschreibungen im entsprechenden Vorkapitel und auch die geführten Interviews im Unternehmen, dass es bei Ford in Köln zu keinen weitreichenden Konflikten über die Ausgestaltung der Wohnbedingungen in den Heimen kam – im Gegensatz zu den gewalttätigen Vorkommnissen in Wolfsburg. Zudem fiel es den türkischen Arbeitnehmern mit ihren nachgezogenen Familien in der Großstadt Köln häufig sehr viel leichter, Wohnraum auf dem privaten Wohnungsmarkt zu erhalten, als es die italienischen Arbeitsmigranten in Wolfsburg vermochten. Während Letztere von der betriebspolitischen Steuerung der Wohnrauminteressen von VW-Mitarbeitern für Betriebswohnungen abhängig waren und offenbar nicht sehr häufig ohne VW-Unterstützung Privatwohnungen in der Kleinstadt Wolfsburg anmieten konnten, siedelte sich die türkische Community in Köln, die nicht nur aus Ford-Mitarbeitern bestand, schon ab den 1960er-Jahren über den freien Wohnungsmarkt in verschiedenen (nördlichen) Kölner Stadtteilen wie Niehl, Merkenich und vor allem Chorweiler an. Bei der Versorgung der ausländischen Mitarbeiter mit privatem Wohnraum waren die betriebspolitischen Gremien der Ford-Werke aufgrund wenig vorhandener Betriebswohnungen offenbar von sehr viel geringerer Bedeutung als die zuständigen Ausschüsse bei VW in Wolfsburg.

Für die Stadt- und Wohnraumentwicklung in Köln ist die Politik des Stadtrates maßgeblich. Im Rat der Stadt sind in diesem Zusammenhang auch Mandatsträger mit türkischem Migrationshintergrund vertreten. Nach der Kommunalwahl 2017 lag ihr Anteil im 90 Personen umfassenden städtischen Repräsentationsorgan mit 4,4 % (vier Stadträte) jedoch unter dem Anteil der Menschen mit türkischem Hintergrund an der Kölner Gesamtbevölkerung (8,7 % Ende 2016). Der Anteil aller Mandatsträger mit ausländischem Hintergrund war zum gleichen Zeitpunkt mit 5,6 % (fünf Stadträte) im Vergleich zum entsprechenden Bevölkerungsanteil in Köln (37,8 % in 2016) noch sehr viel stärker unterrepräsentiert.[287] In diesem Licht betrachtet scheint es der türkischstämmigen Community besser als den anderen ausländischen Gruppen in Köln gelungen zu sein, ihre Interessen im obersten Entscheidungsorgan der Stadt vertreten zu lassen. Allerdings steht auch ihre Unterrepräsentanz im krassen Gegensatz zur gewichtigen Stellung der italienischen Gruppe im Stadtrat von Wolfsburg. Es kann vermutet werden, dass diese

---

[287] Alle Ratsinformationen gemäß https://ratsinformation.stadt-koeln.de/kp0040.asp?__kgrnr=1& (Abruf am 25.08.2018).

verschiedenen Entwicklungen auch im Zusammenhang stehen mit dem unterschiedlichen Wahlrechtsstatus von türkischen und italienischen Staatsangehörigen bei Kommunalwahlen in Deutschland.[288]

Eine integrative Entwicklung ist mit Einschränkung für das Kölner Schulwesen feststellbar. Ähnlich der Situation in Wolfsburg existiert zwar auch in Köln die Tendenz, dass ausländische Kinder, die dort im Jahr 2016 einen Anteil von 15 % an der Gesamtheit der Kölner Schülerschaft aufwiesen, überdurchschnittlich in Hauptschulen (Ausländeranteil: 42,8 %) und unterdurchschnittlich in Gymnasien (entsprechender Anteil: 8,6 %) vertreten sind.[289] Allerdings profitieren die Schüler aus Einwanderergruppen in Köln, darunter sicher auch viele türkischer Abstammung,[290] von der Existenz der in Nordrhein-Westfalen weiträumig vorhandenen Gesamtschulen, die im gleichen Jahr in Köln einen repräsentativen Ausländeranteil von 14,4 % aufweisen. Die ausländerintegrierende Funktion von Gesamtschulen ist in nationalitätenspezifischer Form auch an der deutsch-italienischen Leonardo da Vinci-Gesamtschule in Wolfsburg erkennbar gewesen. Darüber hinaus werden Verbindungen deutsch-ausländischer Ehepartner in den Kölner Statistiken nicht explizit ausgewiesen, sodass Analysen und Interpretationen hinsichtlich der Vermittlung deutscher Staatsangehörigkeiten an Jugendliche mit Migrationshintergrund nicht getätigt werden können.

4.3.7 Initiativen von Geschäftsleitung und Betriebsrat zur Verhinderung von ethnischer Diskriminierung und Ausblick in die Zukunft

In den Vorkapiteln wurde ausgeführt, dass die Ford-Werke zu Beginn der Anwerbung türkischer Arbeitsmigranten partiell einige Initiativen starteten, um die soziale und kulturelle Integration der ausländischen Beschäftigten zu fördern, u. a. mit Hilfe der Ford Freizeit Organisation (FFO), die Angebote für alle Mitarbeitenden von Ford in Köln entwickelt. So veröffentlichte die FFO bereits 1961 – also im ersten Jahr der Beschäftigung türkischer Mitarbeiter – ihr Programm auch in türkischer Sprache (vgl. Ford-Werke 2011). Angeboten werden seitdem speziell auch für türkische Mitarbeiter verschiedene Möglichkeiten der Freizeitgestaltung wie Fußball, Tischtennis, Tavla[291] und Schach. Außerdem gründeten Mitarbeiter später sowohl eine Folklore- als auch eine Musik- und Sportschützengruppe. 1973 wurde zudem eine Kooperation zwischen dem Internationalen Bund für Sozialarbeit (IBS) und der FFO ins Leben gerufen. Die Kooperation sieht den Austausch der Freizeitprogramme vor bis hin zu Freundschaftsturnieren in unterschiedlichen Sportarten. Schon 1964 bestritt eine rein türkische Ringermannschaft der Ford-Werke den ersten Vergleichswettkampf gegen eine Mannschaft aus der

---

[288] Angehörige der türkischstämmigen Bevölkerungsgruppe können nur dann an Kommunalwahlen in Deutschland teilnehmen, wenn sie die deutsche Staatsangehörigkeit besitzen. Dies gilt jedoch nicht für Mitglieder der italienischen Community, da sie als Bürger der Europäischen Union unabhängig von weiteren Staatsangehörigkeiten auch das kommunale Wahlrecht in den EU-Staaten haben.

[289] Vgl. Statistisches Jahrbuch 2017 der Stadt Köln. Der Anteil ausländischer Kinder an der Schülerschaft der in Köln ansässigen Freien Waldorfschulen betrug 2016 2,9 %. Ihr Anteil an den Förderschulen Kölns war zu diesem Zeitpunkt mit 21,4 % leicht überrepräsentiert.

[290] In den Kölner Schulstatistiken werden keine nationalitätenspezifischen Differenzierungen vorgenommen, die es ermöglichen würden, die spezielle Entwicklung türkischer Kinder oder solcher mit entsprechendem Migrationshintergrund zu analysieren.

[291] Türkische Variante des Backgammon.

Kölner Region. 1978 gründete sich eine türkische Fußballmannschaft innerhalb des CfB Ford Niehl 09/52 e. V., die eigene Trainer und Betreuer hat. Im Bereich der Bildung und des Spracherwerbs gibt es seit 1976 eine gesonderte FFO-Bücherei mit über 1.000 Büchern in türkischer Sprache (vgl. Ford-Werke 2011). Dient dieser freizeitorientierte Service eher der sozialen und kulturellen Integration der Arbeitsmigranten, existieren auch spezielle Initiativen von Geschäftsleitung und Betriebsrat zur Verhinderung von ethnischer Diskriminierung in den Ford-Werken.

Ebenfalls wurde zuvor dargestellt, dass sich die IG Metall für den Abschluss betrieblicher Vereinbarungen zur Gleichbehandlung und Integration ausländischer Arbeitnehmer in metallverarbeitenden Unternehmen einsetzt. In ihrer Mustervereinbarung werden zum einen Prinzipien für Gleichbehandlung und Partnerschaft am Arbeitsplatz aufgeführt. Zum anderen wird diskriminierten Personen ein betriebliches Beschwerderecht zuerkannt, z. B. als Reaktion auf fremdenfeindliche Vorgänge im Betrieb. Außerdem werden prophylaktische Initiativen zur Verhinderung von Ungleichbehandlungen von Arbeitnehmern mit Migrationshintergrund im Betrieb vorgeschlagen, etwa in Form verstärkter Unternehmenskommunikation zu den Themen Diskriminierung oder Berücksichtigung von nicht in Deutschland erbrachten Vorqualifikationen der Arbeitsmigranten bei Rekrutierungs- und Karriereentscheidungen. In der Vergangenheit zeigte sich, dass die meisten dieser in Unternehmen abgeschlossenen Betriebsvereinbarungen größere Unterschiede zum Vorschlag der IG Metall aufwiesen. Insbesondere der dritte Teil des Musters mit den prophylaktischen und fördernden Initiativen fehlt bei den meisten Unternehmen fast vollständig. Nur der Passus, dass die Inhalte der jeweiligen Betriebsvereinbarungen Teil der Aus- und Weiterbildung des Betriebes sein sollen, blieb in vielen Vereinbarungen vom ursprünglichen Inhalt des dritten Teils übrig. In der Betriebsvereinbarung „Partnerschaftliches Verhalten am Arbeitsplatz“ der Ford-Werke vom 01.02.2002[292] finden sich ebenfalls Abweichungen. Das Dokument sieht die Bildung einer entsprechenden Diskriminierungskommission vor, die sich im selben Jahr konstituiert hat und regelmäßig zweimal im Monat zur Beratung verschiedener Themenaspekte zusammenkommt. Nach Inkrafttreten des AGG im Jahr 2006 hat das Unternehmen seine Diskriminierungskommission in einer „Betrieblichen Beratungsgruppe Partnerschaftliches Verhalten am Arbeitsplatz“ aufgehen lassen, die aus insgesamt zwölf Personen zu gleichen Teilen aus Geschäftsleitung und Betriebsrat besteht und auch Beschwerdestelle im Sinne des AGG ist.[293] Im Gegensatz zur Praxis bei VW in Wolfsburg befinden sich in der Ford-Beratungsgruppe auch Personen mit Migrationshintergrund.[294] Nach Auskunft eines Mitglieds dieser Beratungsgruppe[295] gab es nach Inkrafttreten des AGG im Betrieb „keine Invasion an Beschwerden“, wie viele AGG-Kritiker befürchteten. Gleichwohl hätte sich mit der Einrichtung der Beratungskommission gemäß Be-

---

[292] Eine Abschrift der Ford-Betriebsvereinbarung sowie weitere Betriebs- und Dienstvereinbarungen zur Integration von Beschäftigten mit Migrationshintergrund findet man im Archiv der Hans-Böckler-Stiftung unter http://www.boeckler.de/5243.htm?produkt=HBS-006137&chunk=1&jahr (Abruf am 08.10.2017).

[293] Vgl. Mitteilung der Ford-Werke GmbH auf ihrer Webseite: Vgl. http://www.ford.de/UeberFord/FordinDeutschland/MenschenbeiFord (Abruf am 03.10.15).

[294] Vgl. http://ford-igmetall.de/wp-content/uploads/2014/04/konstituierung_2014.pdf (Abruf am 25.02.2016).

[295] Gemäß eines telefonischen Interviews mit Angela Kopner v. 25.02.2016. Frau Kopner war zu diesem Zeitpunkt eine von sechs Beauftragten der Ford-Geschäftsleitung in der Betrieblichen Beratungsgruppe.

triebsvereinbarung von 2002 bzw. AGG und der nachfolgenden Kommissionsarbeit die Informationsbasis für die Ford-Beschäftigten verbessert, um welche Thematiken es überhaupt geht und welche Möglichkeiten der Artikulation und Behandlung von Beschwerden existieren. Innerhalb des Themenspektrums von sexueller Belästigung über Mobbing bis zu ethnischer oder sonstiger Diskriminierung gäbe es jedoch nur einen sehr geringen Anteil an Fällen, die sich mit der Ungleichbehandlung am Arbeitsplatz aufgrund ethnischer Vorbehalte beschäftigen. Dann handelte es sich zumeist um Diskriminierungsvorwürfe im Zusammenhang von betriebsinternen Bewerbungsverfahren, die mit Hilfe von Einzelfallberatungen der betroffenen Mitarbeiter und Vorgesetzten geklärt werden würden. Doch auch bei Ford in Köln beruhen diese Aussagen auf Praxiserfahrung, Erinnerung und Schätzung, da wie bei VW in Wolfsburg keine systematischen Datendokumentationen oder regelmäßigen Evaluationen des Informationsangebotes, der Beschwerdemöglichkeiten sowie der Bearbeitung und ggf. Sanktionierung von Mitarbeiteranliegen in diesem Themenbereich existieren.[296]

Es ist jedoch feststellbar, dass die Ford-Werke die Erfordernisse der Betriebsvereinbarung „Partnerschaftliches Verhalten am Arbeitsplatz" von 2002 und des AGG von 2006 in ihre Unternehmensphilosophie des diversity-Programms aufgenommen haben. Nach Vorstellung der Geschäftsleitung soll die Vielfalt der aus 55 Nationen stammenden Belegschaftsmitglieder produktiv in die Unternehmensarbeit eingebracht werden, ungeachtet des Geschlechts, der Herkunft, des Alters, der sexuellen Identität, der Religion oder einer eventuellen Behinderung. Dabei setzt man neben der Arbeit von offiziellen Stellen und Gremien auf die Selbstorganisation von Minderheitengruppen in Mitarbeiternetzwerken. So engagieren sich die schwulen, lesbischen und bisexuellen Belegschaftsangehörigen im Mitarbeiternetzwerk GLOBE. Frauen mit technischen Ambitionen können im FiT-Team („Frauen in Technischen Berufen") aktiv sein, das das Ziel verfolgt, den Anteil an Frauen im Unternehmen zu erhöhen. Und auch den Belegschaftsangehörigen mit türkischem Hintergrund bietet sich mit der „Turkish Resource Group (TRG)" ein Forum, das sich als Netzwerk für türkische und nicht-türkische Mitarbeiter versteht. Mit dieser Gruppe verfolgt das Unternehmen offenbar eine Doppelstrategie: Zum einen soll das Netzwerk die Interessen der Mitarbeiter mit Migrationshintergrund artikulieren helfen, was durchaus als Konkurrenz zu den türkischen Betriebsratslisten verstanden werden kann; zum anderen verbindet das Unternehmen mit den Aktivitäten der TRG offenbar auch ein (international wirksames) kommerzielles Interesse, wenn sie gleichzeitig eine stärkere Ansprache der türkischstämmigen Kundengruppe unterstützen soll, wie das Unternehmen es auf seiner Webseite kommuniziert.[297]

Zusammenfassend ist zu konstatieren, dass die vorangegangenen Betrachtungen zur betrieblichen Integration von Arbeitsmigranten bei Ford in Köln von einem pluralistisch-kompetitiven Partizipationsmodell ausgehen, das sich nach der Entstehung einer

---

[296] Information gemäß des telefonischen Interviews mit dem Mitglied der Betrieblichen Beratungsgruppe, Angela Kopner, v. 25.02.2016.

[297] Vgl. http://www.ford.de/UeberFord/FordinDeutschland/MenschenbeiFord (Abruf am 03.10.2015). Die Motive für die Gründung und das Wirken der TRG lassen sich laut Ford-Webseite daran erkennen, dass die Gruppe sich „zum Ziel gesetzt (hat), Ford als ‚Employer of Choice' bei türkischen und deutschen Mitarbeiterinnen/Mitarbeitern zu positionieren. Darüber hinaus strebt die Gruppe an, Ford als ‚Brand of Choice' bei Kunden mit Migrationshintergrund noch attraktiver zu machen." Der beiläufige Hinweis, dass das TRG-Netzwerk auch „für Projekte und Aktivitäten zum Thema Integration zur Verfügung" stünde, liest sich weniger ambitioniert als die zuvor genannten Geschäftsinteressen des Unternehmens.

sehr großen Belegschaft aus Einwanderergruppen im Werk infolge der systematischen Anwerbepolitik des Unternehmens vor allem durch Konfrontationsprozesse der beteiligten Akteure sukzessive etabliert hat. Im Gegensatz zur Entwicklung bei VW in Wolfsburg, wo eine größtenteils homogene Interessenartikulation der italienischen Arbeitnehmer zu einem wirksamen politischen Ausgleich zwischen Belegschaftsgruppen mit und ohne Migrationshintergrund führte, verlief der betriebspolitische Prozess bei Ford in Köln ambivalenter. Aufgrund des unzureichenden Interessenausgleichs zwischen IG Metall-dominierten Betriebsrat und türkischen Beschäftigtengruppen entwickelte sich die belegschaftspolitische Kultur pluralistisch-kompetitiv, was wiederkehrend zu Konfrontationen und Spaltungstendenzen in der Belegschaft führte, die sich zeitweise auch in betrieblichen und unternehmerischen Gremien manifestierte. Dies äußert sich nicht nur in einer beachtlichen Repräsentanz von Arbeitsmigranten und ihrer Nachkommen in verschiedenen betriebspolitischen Entscheidungsgremien, sondern auch in sich daraus resultierenden Entscheidungen, Nachkommen der Anwerbemigranten den Zugang in das Unternehmen zu erleichtern. Die türkischen Konkurrenzlisten sorgten jedoch nicht nur für Gremienmandate, sondern auch für einen Partizipationsdruck innerhalb der IG Metall und des Betriebsrates. Die DGB-Metallgewerkschaft war aufgrund der Konkurrenz- und Wettbewerbssituation zunehmend stärker gezwungen, in ihren eigenen Reihen Listenplätze sowie daraus resultierende Entscheidungspositionen im Betriebsrat mit türkischen Kollegen zu besetzen. Auf diese Weise stellte sich eine auch strukturell wirksame politische Position der türkischen Belegschaftsgruppe ein, die mit der der italienisch-stämmigen Arbeitnehmerschaft bei VW in Wolfsburg vergleichbar ist. Obwohl die statistischen Daten der hier dokumentierten Untersuchungen bei Ford in Köln-Niehl aus forschungsorganisatorischen Gründen größtenteils mit dem Jahr 2006 enden, zeigten Nachrecherchen in jüngerer Vergangenheit, dass sich das pluralistische Konkurrenzmodell im Kölner Ford-Werk in der Gegenwart weiter abschwächt und die Dominanz der IG Metall zunimmt, was auf eine langfristige Abnutzung der kompetitiven Partizipationsform schließen könnte. Zudem existiert bei Ford wie bei VW eine gegen ethnische Diskriminierung und auf Belegschaftsvielfalt ausgerichtete Unternehmensphilosophie. Dieses Unternehmensprogramm sorgt zwar nicht für einen eigenständigen Anteil an struktureller Gleichstellung von Arbeitnehmern aus Einwanderergruppen, erhöht im Zusammenspiel mit den gesetzlichen und betrieblichen Gleichbehandlungsregelungen aber die Hemmschwelle für offene Diskriminierungshandlungen von Vorgesetzten und Kollegen gegenüber Personen mit Migrationshintergrund.

5 Schlussbetrachtung

Unternehmensleitung und Betriebsrat haben [durch das BetrVG] einen Konfliktlösungsmechanismus außerhalb der Gerichte. [...] Wenn ich mich hier im Unternehmen mit einem Mitarbeiter streite oder mich mit ihm schlage, [...] dann ist der entscheidende Unterschied [zur Gesellschaft außerhalb des Betriebes] das Kollektiv der Arbeitnehmervertretung, die ja auf die Einhaltung der Gesetze, auf Nichtdiskriminierung von Mitarbeitern hinwirkt.[...] Und dazu gehört, dass sich der Betriebsrat um einvernehmliches Verhalten, kollegiales Verhalten unter den Arbeitnehmern kümmert. Das heißt, es ist eine Gruppe da oder eine Schutzgemeinschaft, die sich um die Belange des Einzelnen kümmert. Und in der Gesellschaft steht er im Prinzip alleine da."

(Interviewaussage des damaligen Leiters der Abteilung „Grundsatzfragen und Betriebsverfassung" der Ford-Werke Deutschland v. 10.05.2000)

5.1 Partizipation und Integration durch betriebliche Mitbestimmung

Die Aussage des Ford-Verantwortlichen verweist in vielerlei Hinsicht auf die Besonderheiten einer Arbeitsorganisation: Ihre hier genannten beispielhaften Elemente wie Kollektiv, Schutzgemeinschaft oder Konfliktlösungsmechanismus deuten auf ein geschlossenes Organisations- und Leistungssystem hin, das zum einen von seinen Mitgliedern per Arbeitseinsatz getragen wird, aber sie zum anderen auch versorgt – mit monetärem Arbeitseinkommen, mit beruflichem Status, mit sozialem Kapital. Zu ihren Mitgliedern und Inklusionspartizipanten gehören in vielen Industrieunternehmen und mittelständischen Betrieben Deutschlands auch Arbeitsmigrantinnen und Arbeitsmigranten, die mit ihren (zumindest anfangs) ausländischen Staatsangehörigkeiten und fremdländischen Kultursozialisationen in anderen gesellschaftlichen Systemen häufig Exklusionserfahrungen machen. Es ist die gemäß BetrVG geltende arbeitsbetriebliche Inklusion der seinerzeit im Ausland angeworbenen Arbeitnehmer und ihrer Nachkommen sowie in der Folge ihre Disparität zur gesellschaftspolitischen Exklusion der Arbeitsmigranten, die Thema und Gegenstand der vorliegenden Untersuchung sind. Nachfolgend werden die in den Arbeitskapiteln ermittelten Ergebnisse an den eingangs formulierten Fragen und Arbeitshypothesen gespiegelt:

1. Für die meisten privatwirtschaftlichen Arbeitsorganisationen in Deutschland gelten die Bestimmungen des BetrVG, das zusammen mit dem MitbestG die zentrale Einflussgröße des Staates für ein verträgliches Handeln zwischen Eigentümern bzw. Vertretern von Anteilseignern und Belegschaft eines Unternehmens ist. Diese gesetzlichen Grundlagen zur Mitbestimmung von Arbeitnehmerinnen und Arbeitnehmern in Betrieben und Unternehmen beeinflussen die Spielregeln in Arbeitsorganisationen in erheblichem Maße und müssen von den Organisationsakteuren in ihr strategisches Handeln einbezogen werden, worauf die oben zitierte Aussage des

Vertreters der Ford-Geschäftsleitung abzielt. Der dort erwähnte Konfliktlösungsmechanismus beansprucht im Unternehmen Gültigkeit bei allen Interessensgegensätzen: bei betrieblichen Vereinbarungen z. B. über Tariflöhne zwischen Geschäftsleitung und Betriebsrat, bei Beförderungs- und Disziplinarmaßnahmen zwischen Vorgesetzten und Mitarbeiter, bei Konflikten unter Kolleginnen und Kollegen beispielsweise zwischen Beschäftigten mit und ohne Migrationshintergrund. Das BetrVG ist die einflusslogische Intervention des Staates auf der Ebene der Betriebe mit dem Ziel einer Staatsentlastung durch sozialverträgliche Unternehmen. Die korporatistische Funktion des Gesetzes im Arbeitsleben besteht im staatlich geregelten Zusammenwirken von Kapital und Arbeit, somit von Geschäftsleitung und Belegschaftsvertretern bei Unternehmensentscheidungen. In einer Nebenfunktion ermöglicht das Gesetz durch seine Wahlgrundsätze zudem die geregelte Interessenartikulation der Organisationsmitglieder bei betrieblichen Gremienwahlen gemäß staatlicher Normen.

2. Mit der korporatistischen und staatsentlastenden Intention hat der Gesetzgeber das BetrVG mit wichtigen Allokationsfunktionen ausgestattet. Wirtschaftlichkeit und Sozialverträglichkeit sind dem Staat dabei ebenso wichtig wie die Gleichbehandlung aller Belegschaftsangehörigen. Für das hier behandelte Problem der betrieblichen Integration von Arbeitsmigranten wurde die von Mayntz und Scharpf 1995 entwickelte Bearbeitungsmethode des „akteurzentrierten Institutionalismus" angewandt, um das Zusammenspiel von gesetzlichen Institutionen und betrieblichen Akteurkonstellationen bei der Steuerung unternehmerischer Prozesse zu beschreiben. Auf der Grundlage dieses Ansatzes konnten mikropolitische Kommunikations- und Entscheidungsoptionen der Unternehmensakteure antizipiert werden, die in dem korporatistisch durchdrungenen Unternehmensfeld als interessengeleitete Einflussgruppen die Rollen als Geschäftsleitung, Belegschaftsgruppen mit ihrer Arbeitnehmervertretung, Gewerkschaft(en) oder Unternehmensverband einnehmen. Innerhalb dieses betrieblichen Interaktionsfeldes halten sich auch die ausländischen Beschäftigtengruppen auf. Mit Hilfe des aus dem akteurzentrierten Institutionalismus abgeleiteten Koordinations- und Anreizmodells konnten bei den Untersuchungen komplexe Verhandlungs- und Entscheidungsoptionen identifiziert und anschließend betriebliche Integrationsphasen der Einwanderergruppen dargestellt werden, was in die Entwicklung von entsprechenden Partizipationsmodellen in beiden untersuchten Unternehmen mündete. Der akteurzentrierte Institutionalismus eignet sich beim Verhalten, beim Zusammenwirken oder bei der Auseinandersetzung von einheimischen und ausländischen Beschäftigten als hilfreiche Beschreibungsmethode, weil beide Belegschaftsgruppen Teil der Akteurkonstellationen innerhalb des betrieblichen Institutionengefüges in Form der Mitbestimmungsregeln sind und damit die mikropolitischen Steuerungsprozesse bei der Integration von Arbeitsmigranten in Unternehmen wesentlich beeinflussen. Auf diese Weise zeigt sich die akteurbezogene Wirkungsmacht der Gesetzesinstitution BetrVG auf den für das staatliche Leben wesentlichen Unternehmenssektor. Das Konzept des akteurzentrierten Institutionalismus, das die politischen Pfade organisationalen Handelns von Organisationsmitgliedern offenlegt, konnte somit auch für Fragestellungen der Migrations- und Integrationsforschung nutzbar gemacht werden.

3. Aufgrund ihres zweckrationalen Anspruchs und ihrer institutionellen Rahmenbedingungen inkludiert eine Arbeitsorganisation theoretisch alle Belegschaftsmitglie-

der automatisch, egal welcher Nationalität. Doch weil die Inklusionsmöglichkeiten durch informelle Hindernisse verstellt sind, funktionieren die betrieblichen Einheiten in der Praxis nicht nationalitätenunabhängig, sondern bevorzugen häufig schon länger dort beschäftigte Belegschaftsgruppen. In diesem Sinne sind unterhalb der organisationalen und unternehmensphilosophischen Folie Arbeitsorganisationen keine zweckrationalen Gebilde, die alle Belegschaftsmitglieder durchgängig gleichbehandeln. Ihre Akteure besitzen in ihren Handlungen nur eine begrenzte Rationalität, was Auswirkungen auf Umfang und Wirkungsweise der Systeminklusion etwa der Beschäftigten mit Migrationshintergrund hat, insbesondere, wenn sie gering qualifiziert oder neu in der Organisation sind. In diesen Fällen gelingt es Arbeitsmigrantinnen und Arbeitsmigranten selten, ihre Einsatzadressierungen zu verändern und ihre häufig unteren Firmeneinstiegsbeschäftigungen zu verlassen. Denn die Entscheidungsfindung für Mobilitätskarrieren wird ebenso nicht von einem zweckrational-technischen, sondern von einem akteurzentriert-politischen Modus bestimmt, der einzelnen Organisationsmitgliedern Einflussmöglichkeiten bei der Entscheidungsfindung einräumt, während andere von den wichtigen Kommunikationskanälen ausgeschlossen sind. Die sozialen Abläufe innerhalb eines Unternehmens sind somit nicht mechanistisch zu betrachten, sondern das Handeln ihrer Mitglieder muss im betriebspolitischen Kontext gesehen werden. Entsprechende organisationale Mechanismen werden zwar von den formalen Organisationsregeln mitbestimmt, aber eben auch vom Verlauf mikropolitischer Aushandlungsprozesse geprägt, die u. a. von den ethnisch-kulturellen Einstellungen und Vorbehalten ihrer Akteure beeinflusst werden.

Ein praktisches Beispiel ist die Besetzung und Arbeit betrieblicher Personalausschüsse: Sind beispielsweise Funktionäre mit Migrationshintergrund Mitglieder von Bildungs- und Einstellungsausschüssen in Unternehmen, steigen die Auswahlraten von Arbeitsmigranten und ihrer Nachkommen, wie entsprechende Fälle und Entwicklungen bei VW in Wolfsburg und bei Ford in Köln zeigen. Dabei geht es weniger um eine Bevorzugung von Kandidaten aus Einwanderergruppen, sondern vielmehr um ihre bewusste Wahrnehmung durch die Entscheider im Auswahlprozess, etwa wenn auch Migrantenjugendliche die Mindestqualifikation für zu vergebende Ausbildungsplätze erfüllen oder die gleiche Qualifikation wie ihre Mitbewerber ohne Migrationshintergrund aufweisen. Hieran erkennt man die egalisierende Wirkung des BetrVG, wenn es durch Ermöglichung der Interessenartikulation von Beschäftigtengruppen die mikropolitischen Freiräume der Mitgliederinklusion mit Handlungsoptionen versieht. Weitere Beispiele sind die Berücksichtigung von ausländischen Belegschaftsangehörigen bei der Zuteilung von Betriebswohnungen oder der direkte und ungehinderte Zugang zu den Bewerbungsbüros ihrer Unternehmen, was sie zum Teil des informellen Netzwerkes von „Vater-Sohn-Betrieben“ macht, weil es ihnen ebenso wie den traditionellen Beschäftigten gelingt, ihren Nachwuchs im Unternehmen unterzubringen. Da die meisten Väter aus Einwandererfamilien jedoch in den unteren und mittleren Beschäftigungssegmenten tätig sind, gilt dieses Netzwerk hauptsächlich für Arbeitsplätze in diesen Bereichen sowie in gewerblich-technischen Ausbildungsgängen. Die neueren, globalisierungsbedingten Produkt-, Kunden- und Mitarbeiteranforderungen sorgen gegenwärtig aber für einen internationalisierenden Effekt, bei dem die Belegschaftsstruktur eines Unternehmens in marketingrelevanten Bereichen nationalitätenpluralistisch aufgestellt wird und so ein entsprechendes *diversity*-Konzept wichtiger Bestandteil der *Corporate Governance* von Unternehmen wird. Gerade für Arbeitsmigranten und ihre Nachkommen ist das BetrVG somit eine praktische Ermöglichungsinstanz ihrer organisationalen Systeminklusion, das in den meisten anderen Staaten Europas so nicht existiert. Somit ist das deutsche Mitbestimmungssystem ein Erfolgsmodell der betrieblichen Integration von Arbeitsmigrantinnen und Arbeitsmigranten.

4. Innerhalb eines korporatistischen Wirtschaftssystems, wie es sich in Deutschland historisch herausgebildet hat, zeigt sich die Organisation von Interessen innerhalb sozialer Gebilde wie den Unternehmen und Betrieben jedoch nicht nur in einer identitätsstiftenden, Interessen formierenden und Interessen artikulierenden Form durch ihre Mitglieder (*logic of membership*), sondern auch in der Rolle und Funktion von korporativen Akteuren in der Organisationsumwelt (*logic of influence*), wie z. B. den Gewerkschaften. Die Leitung eines mitbestimmungspflichtigen Unternehmens, die die mikropolitischen Erfordernisse des betriebsverfassungsrechtlichen Zwangsverhandlungssystems zu erfassen und zu deuten vermag, unterstützt eine homogene Interessenartikulation der Belegschaft, weil es ihre Transaktionskosten etwa bei aufwendigen Verhandlungen mit verschiedenen Beschäftigtengruppen vermindert. Aus diesem Grund sind Unternehmen wie VW und Ford offen gegenüber einer Verbindung zwischen Unternehmensmitgliedschaft und systembedingter Gewerkschaftsinklusion. Die Untersuchungen in den beiden mitbestimmten Automobilunternehmen zeigen diese Inklusionsparallelität, indem die Geschäftsleitungen der beiden Großbetriebe dem IG Metall-dominierten Betriebsrat schon kurz nach Mitarbeitereinstellungen die Möglichkeit geben, den neuen Betriebsangehörigen ihrerseits Mitgliedschaftsofferten zu unterbreiten, die von den Neukollegen während des noch fragilen Beschäftigungsbeginns selten abgelehnt werden. Auch die abteilungsorganisierte Wahrnehmung der Stimmrechte zu den betrieblichen Gremienwahlen durch weite Teile der Belegschaft zeigt die partielle Verbindung von Unternehmens- und Gewerkschaftszielen.

   In den 1960er- und 1970er-Jahren entwickelten sich die Anwerbemigranten innerhalb einiger DGB-Gewerkschaften wie beispielsweise der IG Metall von unmündigen Beitragszahlern zu einflussnehmende Garanten gewerkschaftlicher Organisationsmacht. Gemäß der korporatistischen Einflusslogik hat eine einwandererinkludierende Politik der Gewerkschaften auch eine entsprechend positive Wirkung in den Verhandlungen mit Arbeitgebern. Dies betrifft zentrale Vorgaben oder Angebote der korporativen Partner für die tarifgebundenen Unternehmen, wie sie während und nach der aktiven Anwerbephase der 1960er- und 1970er-Jahre in der entsprechenden Arbeitsgruppe „Ausländische Arbeitnehmer“ von den Sozialpartnern etwa bei der Bereitstellung sprachlicher oder berufsschulischer Fördermaßnahmen getroffen wurden, die z.B. die Betriebskarrieren einiger Arbeitsmigranten bei VW beförderten, wie die Wolfsburger Untersuchungen zeigten. Sie gilt aber auch für den vorstrukturierenden Einfluss der Gewerkschaften bei der Besetzung der Erfolg versprechenden Listenplätze für die betrieblichen Gremienwahlen. Daraus resultiert eine doppelte Mitgliederlogik: Je größer die Mitwirkung und Interessenorganisation von Mitgliedern mit Migrationshintergrund in den Gewerkschaften ist, desto mehr Einfluss haben sie auf die Gewerkschaftspolitik in sozialpartnerschaftlichen Verhandlungen sowie bei der Besetzung der gewerkschaftlichen Listen für die Wahlen der Arbeitnehmervertretung. Somit wird die Wirksamkeit einwandererinkludierender Maßnahmen in den Betrieben maßgeblich durch die Höhe des gewerkschaftlichen Organisationsgrades im Unternehmen und speziell bei dessen Beschäftigten mit Migrationshintergrund beeinflusst, wie man dies etwa beim Angebot mehrsprachiger Übersetzungsleistungen für Angehörige großer Minderheitengruppen durch Übersetzer der eigenen Nationalitäten- und Sprach-Community in den Betriebsräten der Anwerbeunternehmen erkennen konnte.

5. Sobald die Beschäftigten mit Migrationshintergrund im Unternehmen ein aktiver Teil betrieblicher Mitbestimmung sind, ist die betriebspolitische Folge eine sukzessiv stärkere Berücksichtigung ihrer Interessen seitens des Betriebsrates. Dies gilt in dem Maße, wie die Arbeitsmigrantinnen und Arbeitsmigranten ihre Partikularinteressen organisieren, artikulieren und bei betrieblichen und gewerkschaftlichen Wahlen auch erfolgreich wählbar machen können. Denn neben dem aktiven Wahlrecht ist für den Betriebsrat und die Gewerkschaften auch das passive Wahlrecht ein strukturell durchgreifender Tatbestand, da dieses ihre eigene Zusammensetzung und die Machtkonstellationen innerhalb der entsprechenden Gremien konstituiert und laufend verändern kann – mit Auswirkungen auf die betrieblichen Entscheidungen: So stiegen nach der Zubilligung des passiven Wahlrechts für ausländische Belegschaftsmitglieder infolge der Reform des BetrVG im Jahr 1972 die Mandatszahlen von Betriebsräten mit Migrationshintergrund sowohl in der bundesweiten Metallwirtschaft als auch in den beiden untersuchten Automobilunternehmen von den 1970er-Jahren bis in die 1990er-Jahre zumeist kontinuierlich an und verbleiben seitdem auf hohem Niveau. In Relation zu ihrem Anteil an der Gesamtzahl aller Beschäftigten entwickelte sich die Repräsentanz von Arbeitnehmern mit Migrationshintergrund in den Betriebsräten noch günstiger, sodass die Arbeitsmigranten bei VW in Wolfsburg und bei Ford in Köln etwa proportional zu ihrem Belegschaftsanteil im Betriebsrat repräsentiert sind. Ebenso bemerkenswert ist der substanzielle Anstieg von (stellvertretenden) Betriebsratsvorsitzenden aus Einwanderergruppen in der Metallwirtschaft von den 1970er-Jahren bis in die Gegenwart. Gerade die Besetzung dieser Schlüsselpositionen durch ausländische Betriebsrätinnen und Betriebsräte zeigt ihren stetig wachsenden Einfluss in den betrieblichen Entscheidungsgremien. Diese deutschlandweite Entwicklung wird beim Fallbeispiel VW in Wolfsburg insofern bestätigt, dass zwei Nachkommen italienischer Anwerbemigranten seit einigen Jahren einflussreiche Mitglieder im Betriebsausschuss des VW-Betriebsrates sind, dem machtvollen Exekutivorgan der Arbeitnehmervertretung des Autobauers. Diese Entwicklung unterstreicht, dass die integrative Bedeutung des BetrVG für Arbeitsmigranten und ihre Nachkommen in dem Maße steigt, wie sie seine Partizipationsofferten in einer proaktiven Weise in Form von Wahlgängen und Wahlkandidaturen nutzen.

6. Die bisher genannten Ergebnisse zeigen, dass Reichweite und Ausmaß des betrieblichen Inklusionssystems von den Ergebnissen der organisationalen Mikropolitik abhängen. Darin spezifizieren sich die Pfade organisationalen Handelns in den strategischen Aushandlungsprozessen der Organisationsmitglieder, die dort ihre jeweilige Macht ausüben. Die Systeminklusion von Belegschaftsangehörigen mit Migrationshintergrund wird umso wirksamer, je mehr es ihnen gelingt, ihre Interessen in den mikropolitischen Aushandlungsprozessen und organisationsinternen Entscheidungskoalitionen zu verankern, etwa durch Wahl und Präsenz in betrieblichen Entscheidungsgremien. Die Koalitionen der betrieblichen Akteure bilden sich primär

gemäß der gesetzlich fixierten Einteilung zwischen Kapital und Arbeit, also zwischen Anteilseignern bzw. Geschäftsleitung auf der einen und Belegschaft bzw. Gewerkschaft(en) auf der anderen Seite. Innerhalb der Belegschaft können die wahltechnischen Möglichkeiten des Gesetzes jedoch zu selektiven Interessenorganisationen führen, die im Betriebsrat institutionell gebündelt und zu einer einheitlichen Interessenartikulation transformiert werden müssen. Durch die Existenz nationalitätenspezifischer Minderheitengruppen müssen die potenziell abweichenden Interessen innerhalb der Belegschaftskoalition auch innerhalb der gewerkschaftlichen Vorfeldorganisation der Arbeitnehmerinnen und Arbeitnehmer zusammengeführt werden. Hierbei findet die koalitionsinterne Auseinandersetzung nicht bei den Betriebsratswahlen, sondern in den Vorwahlen zu den gewerkschaftlichen Listenplätzen für die Betriebsratswahlen statt und führt häufig zur Festlegung von Proporzplätzen für einzelne Mitgliedergruppen, wie es in den beiden Untersuchungsbetrieben sowohl für weibliche Listenbesetzungen als auch durch Platzreservierungen für große Nationalitätengruppen in der Belegschaft praktiziert wird.

Ein entsprechend einheitsgewerkschaftlich-konsensuales Vorgehen ist auch bei der betrieblichen Integration der vorwiegend italienischen Anwerbemigranten bei VW in Wolfsburg prägend gewesen. Nach der Entstehung einer großen italienischen Belegschaftsgruppe im Werk infolge der systematischen Anwerbepolitik des Unternehmens etablierte sich durch konfliktbezogene Aushandlungsprozesse sukzessive ein Ausgleichssystem. Gerade die Eigenorganisationsfähigkeit der italienischen Arbeitnehmer zwang die bis dahin einheimisch-deutsch ausgerichtete Gewerkschafts- und Belegschaftsvertretung dazu, eine politische Strategie zu wählen, die von Konfliktfall zu Konfliktfall stärker auf politischen Ausgleich zwischen den Belegschaftsgruppen mit und ohne Migrationshintergrund setzte. So entwickelte sich zwischen den beiden Akteurgruppen IG Metall/ Betriebsrat und italienische Mitarbeiter ein gemeinsames betriebspolitisches Handeln. Dies zeigt sich in dem kontinuierlichen Prozess steigender Repräsentanz von Arbeitsmigranten und ihrer Nachkommen in verschiedenen betriebspolitischen Entscheidungsgremien: von einer geringen Anzahl italienischer Betriebsräte in den 1970er-Jahren über einen proportionalen Anteil von Migranten in der Mitarbeitervertretung in den 1980er- und 1990er-Jahren bis zu einem Zustand der Überrepräsentanz italienischstämmiger Beschäftigter im Betriebsrat seit Ende der 1990er-Jahre. Auch das im Wolfsburger Stammwerk in der Anwerbezeit etablierte Zweiebenen-Vertretungssystem mit unterschiedlichen Mitbestimmungsverantwortlichkeiten zwischen italienischen und deutschen Betriebsräten wurde in der ersten Hälfte der 1990er-Jahre durch ein alle Betriebsräte gleichbehandelndes Modell ersetzt.

Nachdem das provisorische Konzept der „Gastarbeit“ aus der Anwerbephase unrealistisch wurde, entwickelte sich im Wolfsburger Werk für die angeworbenen Arbeitnehmer ein Teilhabesystem, das ihnen Raum für eine interessengeleitete Interventionspolitik bot. Entscheidend dafür waren die Entwicklungen nach dem ersten gravierenden Konflikt zwischen italienischen Beschäftigten und VW-Geschäftsleitung bzw. VW-Betriebsrat, dem „Wohnheim-Aufstand“ von 1962. Trotz harter Sanktionen des Unternehmens gegenüber den „Rädelsführern“ schwenkten die Betriebsverantwortlichen nachfolgend auf ein kooperierendes Verhalten gegenüber den Anwerbemigranten über, das der italienischen Belegschaftsgruppe die Möglichkeit gab, sich in die gegebene Betriebs- und Gewerkschaftsstruktur einzubringen und dort Ämter und Funktionen zu besetzen. Dies war eine entscheidende Voraussetzung für den Aufbau einer eigenständigen italienischen Vertrauensleute-Struktur und die symbolträchtige Wahl des ersten italienischen Betriebsrates im Frühjahr 1965. Noch weit vor der gesetzlichen Öffnung wurde so durch Sondervereinbarungen zwischen Geschäftsleitung und Betriebsrat ein ausländischer Mitarbeiter Teil der Entscheidungsstrukturen des Unternehmens, wenn auch nur vorwiegend in migrantenbetreuender Funktion. Diese zunehmend konfliktscheuende Integrationsvariante hat für die Arbeitnehmerseite den mikropolitischen Vorteil, dass die Koalitionsauseinandersetzungen nicht auf offener Bühne von Betriebsversammlungen oder Betriebsratswahlen offenbar werden, was die Verhandlungschancen gegenüber der Arbeitgeberseite verschlechtern würde. Nach den paternalistisch geprägten und mitunter konfliktträchtigen Ankunfts- und Angleichungsjahrzehnten setzte seit den 1980er-Jahren ein starker Emanzipationsprozess ein, der in der Aufhebung der Betreuungsstruktur und der Installierung eines gleichberechtigten Vertretungssystems mündete. In zumeist enger, wenn auch nicht immer reibungsloser Abstimmung mit der IG Metall und dem von ihr dominierten Betriebsrat gelang es den italienischen Beschäftigten bei VW in Wolfsburg in den vergangenen Jahrzehnten, ihre Einflussmöglichkeiten im Betriebsrat und in seinen thematischen Ausschüssen sukzessive zu erhöhen und sich bei fortschreitender Angleichung des Qualifikationsniveaus ihrer Betriebsrätegenerationen zu gleichberechtigten Interessenvertretern zu entwickeln. Die proaktive Wahrnehmung von Inklusionschancen in gewerkschaftlichen sowie betrieblichen Gremien in Verbindung mit einer steigenden Qualifikation in fachlichen wie politischen Betriebsbereichen ermöglichte diesen Emanzipationsprozess aufgrund des **einheitsgewerkschaftlich-konsensualen Partizipationsmodells bei VW in Wolfsburg**.

7. Demgegenüber zeigt die Entwicklung bei Ford in Köln eine abweichende Form des Emanzipationsprozesses von Arbeitnehmern aus Einwanderergruppen, die dort überwiegend türkischer Herkunft sind. Neben den landsmannschaftlichen Besonderheiten der Anwerbemigranten beider Unternehmen, die sich mit Blick auf die Wanderungstraditionen und politischen Vorprägungen zwischen italienischen und türkischen Arbeitsmigranten unterscheiden, ging man auch bei Ford in den Anfangsjahren von einer provisorischen Beschäftigung der türkischen Arbeitsmigranten aus. Doch rasch wich der unternehmerische Wunsch nach Rotation der eingesetzten Migranten einer längerfristigeren Einsatzdauer, was bei Ford in Köln zu einer bis zu vier Mal größeren Gruppe ausländischer Belegschaftsangehöriger führte als bei VW in Wolfsburg. Nach dem ersten, relativ reibungslosen Jahrzehnt der Anwerbemigration kam es bei Ford in Köln zu Beginn der 1970er-Jahre zu einer konfliktreichen Entwicklung, die im August 1973 mit dem Ausbruch des „Wilden Streiks bei Ford" eskalierte: Die harte Sanktionierung vereinzelter Verstöße türkischer Belegschaftsmitglieder gegen die Urlaubszeiten durch die Ford-Geschäftsleitung diente als Auslöser eines Spontanstreiks, in den auch grundsätzliche Beanstandungen der betrieblichen Entlohnungs- und Gleichbehandlungspolitik gegenüber den Belegschaftsmitgliedern aus Einwanderergruppen einflossen. Bei diesem außerordentlichen Ausstand revoltierten die angeworbenen Arbeitsmigranten bei Ford in Köln gegen Missstände im Umgang mit ihnen und artikulierten so ihre politischen Interessen, denen Ford-Geschäftsleitung sowie Betriebsrat und IG

Metall-Ortsvorstand jedoch nur mit wenig Verständnis gegenübertraten. Statt eines Interessenausgleichs wurden die Wünsche der entsprechenden Mitarbeiter, Kollegen und Mitglieder größtenteils zurückgewiesen, wobei man auch vor Gewalt und der Entlassung einzelner „Rädelsführer“ nicht zurückschreckte. Dieser symbolträchtige Konflikt mit seinen tiefgreifenden Streik-, Forderungs- und Sanktionserfahrungen dürfte die Initialzündung für ein **pluralistisch-kompetitives Partizipationsmodell bei Ford in Köln** sein, das sich nachfolgend in Form eines Listenwettbewerbs entwickelte und bis in die Gegenwart auswirkt. Mit Blick auf die dortigen Ergebnisse der Betriebsratswahlen zeigt sich im Zeitverlauf ein unmittelbarer Kontrast nicht nur in den unterschiedlichen Wahlerfolgen der IG Metall in beiden Betrieben, die sich bei VW in Wolfsburg auf sehr viel stabilerem und höherem Ergebnisniveau als bei Ford in Köln befinden. Auch die im Kölner Ford-Werk stark schwankenden Ergebnisse der IGM-Konkurrenzlisten lassen dort auf einen dynamischen Wettbewerbsmarkt betriebspolitischer Prozesse und Angebote schließen, der im Vergleich zum einheitsgewerkschaftlich-konsensualen VW-System im Kölner Ford-Werk pluralistisch-kompetitiv gestaltet ist.

Dennoch ist wie bei VW auch bei Ford in Köln ein Angleichungs- und Emanzipationsprozess der Belegschaftsangehörigen mit Migrationshintergrund im betriebspolitischen Verhandlungsprozess erkennbar: Viel früher und auch stärker als bei VW gelang es den türkischen Arbeitsmigranten bei Ford, eine Vielzahl an Betriebsräten und sogar einen Aufsichtsrat zu stellen, was neben dem sehr viel höheren Migrantenanteil bei Ford der dortigen Existenz eines betriebspolitischen Wettbewerbs- und Konkurrenzsystems zuzuschreiben sein dürfte. Und ebenso wie die italienischen VW-Arbeitnehmer in Wolfsburg erreichten sie die Garantie von sicheren Listenplätzen auf der IG Metall-Liste, dies ebenfalls schon spätestens seit Beginn der 1980er-Jahre, mit dem Ergebnis, dass seit Mitte dieses Jahrzehnts eine stabile Proportionalität von Arbeitsmigranten im Ford-Betriebsrat existiert, die zuletzt jedoch nicht so positiv verläuft wie bei VW. Die im Wolfsburger VW-Werk analysierte Etablierung eines Zweiebenen-Vertretungssystems mit unterschiedlichen Mitbestimmungsverantwortlichkeiten zwischen ausländischen und einheimischen Betriebsräten lässt sich bei Ford in Köln nicht so diversifizierend beobachten. Dort übernahmen vielmehr vom Unternehmen bezahlte und bei den Betriebsräten ansässige türkische Übersetzer viele Betreuungsfunktionen für die türkischen Beschäftigten und gaben dabei Hilfestellungen etwa für die Kommunikation mit deutschen Behörden, während die türkischen Betriebsräte reguläre Mitbestimmungsfunktionen ausübten.

Da es den Führungen von Ford-Betriebsrat und IG Metall in Köln seit den starken Konflikten in den 1970er-Jahren selten durchgängig gelang, die unterschiedliche Interessenorganisation in der Belegschaft in eine homogene Vertretung zu überführen, traten wiederholt koalitionsinterne Streitigkeiten auf der Arbeitnehmerseite auf, die sich in der Existenz von Konkurrenzlisten vor allem türkischer Belegschaftsmitglieder manifestierten. Die Wahlmöglichkeiten zu den betrieblichen und unternehmerischen Mitbestimmungsgremien führten zu einer Pluralisierung antretender Listenvereinigungen, deren interessengruppenspezifischer Wahlkampf sich auch in der Betriebsrats- oder Aufsichtsratsarbeit fortsetzte, wie sich insbesondere bei der Spaltung der Arbeitnehmerseite im Ford-Aufsichtsrat nach den Wahlen im Jahr 1996 zeigte. Eine solche pluralistisch-kompetitive Politstrategie, die in Köln von einem starken Einfluss islamischer Gruppen auf große Teile der türkischstämmigen Ford-Belegschaft geprägt ist, führt jedoch im Regelfall für die Gesamtbelegschaft zu suboptimalen Ergebnissen in den Verhandlungen mit der Geschäftsleitung bzw. den Anteilseignern. Denn innerhalb des gesetzlichen Zwangsverhandlungssystems der betrieblichen Mitbestimmung können Geschäftsleitung und Arbeitnehmervertretung ihren individuellen sowie den betriebskollektiven Nutzen nur dann maximieren, wenn sie sich auf eine gemeinsame Strategie einigen bzw. dies anhand der Mehrheits- und Sitzverhältnisse z. B. im Aufsichtsrat ermöglicht wird. Innerhalb eines solchen Systems, das folgerichtig von einer homogenen Belegschaft ausgeht, muss der Betriebsrat für ein erfolgreiches Aushandeln der Unternehmenspolitik die Belegschaft des Betriebes nahezu ganz hinter sich wissen. Deshalb stieg der Druck auf die IG Metall und den von ihr dominierten Betriebsrat im Nachgang zur besagten Aufsichtsratswahl bei Ford, die Vertreter der wesentlichen Beschäftigtengruppen auf eine gemeinsame Linie zu bringen, um damit die Arbeitnehmerschaft zu homogenisieren.

Für einen erheblichen Teil der türkischen Mitarbeitergruppe konnte bei der Aufsichtsratswahl 1996 eine Abweichung von der einheitsgewerkschaftlichen IG Metall-Linie partiell mehr Erfolge hervorbringen, als es eine Nichtberücksichtigung ihrer Interessen bei einem grundsätzlich kooperierenden Verhalten vermochte. Denn gemäß dem Koordinations- und Anreizmodell in den belegschaftsinternen Verhandlungsprozessen lohnt es sich offenbar für beide konkurrierenden Arbeitnehmerparteien bei Ford in Köln, zwischendurch ein nicht-kooperatives Verhalten an den Tag zu legen: für die türkischen Konkurrenzlisten, um in betriebssensiblen Phasen mit ihrem Angebot unerwartete Erfolge für ihre Belegschaftsgruppe zu erreichen, wie der Mandatsgewinn bei der Aufsichtsratswahl 1996 zeigt. Aber auch für die IG Metall kann sich ein nicht-kooperatives Verhalten lohnen, wenn der für ihre Mitbestimmungsmacht im Unternehmen wichtige Status einer weitgehend homogenen Arbeitnehmerschaft gewährleistet bleibt. Dies konnte sie erreichen, nachdem sie durch zwischenzeitliche Verhandlungen mit der türkischen Konkurrenzliste eine wiederholte Spaltung der Belegschaft im Kontrollgremium der Ford-Werke verhinderte. Die anschließenden Gremienwahlen mit sich verringernden Stimmenergebnissen für die türkische Konkurrenzliste „belohnten" diese Strategie, sodass die IG Metall im Aufsichtsrat des Unternehmens wieder alle Arbeitnehmermandate besetzt und im Ford-Betriebsrat nunmehr eine ähnlich dominante Position aufweist wie ihre Schwesterorganisation in der Arbeitnehmervertretung bei VW in Wolfsburg. Trotz dieser strategischen Niederlage der Konkurrenzlisten türkischer Mitarbeiter sorgte das pluralistisch-kompetitive Partizipationsmodell bei Ford in Köln auf der Gegenseite immerhin dafür, dass die Zahl türkischstämmiger IG Metall-Kandidaten anstieg. So entspricht der Anteil türkischstämmiger Betriebsratsmitglieder dem Anteil türkischer Beschäftigter in der Kölner Ford-Belegschaft, sodass auch in diesem Unternehmen die türkischstämmige Belegschaftscommunity wesentliche Einflussmöglichkeiten im Betriebsrat und in seinen thematischen Ausschüssen hat. Möglicherweise deutet die im VW-/ Ford-Vergleich jedoch fast gegenläufige Entwicklung bei der Repräsentanz ausländischer Beschäftigter in den Betriebsräten darauf hin, dass das einheitsgewerkschaftlich-konsensuale Politikmodell langfristig eine etwas bessere Partizipationsprognose für Belegschaftsmitglieder mit Migrationshintergrund aufweist als die pluralistisch-kompetitive Variante, die sich langfristig abnutzen kann, wenn die Wirksamkeit der Konkurrenzlisten nicht deutlich wird. Dennoch drängt eine selbstbewusster werdende türkische Beschäftigtengruppe auch bei Ford in Köln auf Veränderungen ihrer betrieblichen Einkommen und Positionen, wozu neben ihren Mandatsträgern in Entscheidungsgremien auch die proportionale Anzahl ausländischer Jugendlicher im fachlich-qualifizierenden Ausbildungsbereich des Unternehmens beitragen kann.

8. Anhand der beschriebenen Akteurkonstellationen in einer mitbestimmten und gewerkschaftlich durchdrungenen Arbeitsorganisation wird deutlich, dass die Aushandlungsprozesse hinsichtlich einer interessengeleiteten Teilhabe von Beschäftigten mit Migrationshintergrund am Betriebsgeschehen zum Hauptteil aufseiten der Arbeitnehmerschaft und ihrer Interessengruppen liegen. Für die Geschäftsleitung eines Unternehmens ist das Konfliktniveau des untersuchten Problemzusammenhangs zunächst einmal recht niedrig, sodass sie sich aus den mikropolitischen Prozessen aufseiten der Belegschaft heraushalten wird, nicht zuletzt, wenn sie sozialintegrative Aufgaben an den Betriebsrat delegieren kann.[298] Erst wenn die Interessenorganisation innerhalb der Belegschaft nachhaltig zu Unruhe und zu keiner einheitlichen Arbeitnehmerhaltung in den Verhandlungen mit der Geschäftsleitung bzw. im Aufsichtsrat führt, wird sich die Unternehmensleitung stärker und ausgleichend an den Aushandlungsprozessen beteiligen oder sie zumindest zu beeinflussen suchen. Sowohl die repressive Sanktionspolitik der VW-Geschäftsleitung nach dem „Wohnheim-Aufstand“ 1962 und im Zuge der Kandidatur der italienischen Konkurrenzliste „Tricolore“ 1972 als auch die Geschehnisse bei Ford in Köln rund um den „Wilden Streik“ 1973 oder nach der Aufsichtsratswahl 1996 zeigen, dass die jeweiligen Unternehmensleitungen gewillt sind, die Zusammensetzung und Ausrichtung der Arbeitnehmerschaft im Sinne einer homogenen Belegschaftsstruktur mitzusteuern. Bei letzterer Entwicklung kam es zu bemerkenswerten Interessenskoalitionen zwischen Ford-Geschäftsleitung und IG Metall-dominierten Betriebsrat im Kölner Werk: Mit der um die Jahrhundertwende zeitweise begrenzten Einstellung türkischstämmiger Bewerber sollte u. a. die Wählerbasis für Erfolge der türkischen Listen bei den betrieblichen Gremienwahlen vermindert werden, um so die Wirkungsmacht einer politisch unerwünschten Mitarbeitergruppe zu minimieren. Die Einstellungspraxis bei Ford in Köln offenbart somit nicht nur starke Inklusionserfolge der türkischen Arbeitsmigranten, sondern führte auch zu partiellen Exklusionen in Phasen größerer Werkseinstellungen während des zwischenzeitlichen betriebspolitischen Konflikts zwischen IG Metall-dominierten Betriebsrat und türkischer Konkurrenzliste. Inklusion und Exklusion von Arbeitsmigrantinnen und Arbeitsmigranten hängen somit von der Kompatibilität ihres Verhaltens mit den betriebspolitischen Regeln ab.

[298] So Aussagen des ehemaligen Leiters der Abteilung „Grundsatzfragen und Betriebsverfassung“ der Ford-Werke Deutschland, Jürgen Roeder, in einem Interview v. 10.05.2000: *„Und wir sind auch nicht knauserig bei der Bestellung von Hilfskräften für den Betriebsrat, gerade in solchen Dolmetscher- und damit Integrationsfunktionen. Im Grunde ist das ein geschicktes Werkzeug, um die Verantwortung dafür an die Arbeitnehmervertretung zu delegieren und zu sagen: ‚Pass' mal auf, wir geben Euch das ganze Handwerkszeug, wir geben Euch genug personelle und auch technische Ressourcen […].' Wir nutzen einfach den Betriebsrat, um uns vielleicht auch so ein bisschen dieser Aufgabe zu entledigen, weil wir eine sehr enge Personaldecke haben und vielleicht auch gar nicht die Aufgaben so wahrnehmen könnten, wie wir es wollten.“*

9. Trotz der alternativen politischen Entwicklungen zeigen die betrieblichen Fallstudien, dass beide dargestellten Partizipationsmodelle zu einem nachhaltig steigenden Einfluss der Arbeitsmigranten in den Arbeitnehmervertretungen führten, was auch Auswirkungen auf ihre betrieblichen Positionen im Unternehmen hat. Denn gemäß den Regelungen im BetrVG haben die Gewerkschaften und insbesondere der Betriebsrat erhebliche Informations-, Initiativ-, Mitwirkungs- und Mitbestimmungsrechte innerhalb von Organisationsentscheidungen. Dies betrifft sowohl die Einstellung und Entlassung von Arbeitnehmern als auch Versetzungs- und Beförderungsentscheidungen sowie die Konzeption von Arbeitsplatzbeschreibungen innerhalb eines Unternehmens, an denen der Betriebsrat beteiligt werden muss. Bereits die deutschlandweiten Beschäftigungsstatistiken wie auch die Daten der beiden untersuchten Unternehmen zeigen, dass es seit den 1970er-Jahren einen Angleichungsprozess in Bezug auf die Arbeitsplatzsicherheit von Beschäftigten mit und ohne Migrationshintergrund gab. Dazu trug die Präsenz von Mitarbeitervertretern aus Einwanderergruppen in entscheidungsrelevanten Ausschüssen bei, wie es bei VW und Ford in den für Beschäftigungsveränderungen zuständigen Personalausschüssen der Fall ist. Ein weiteres Beispiel sind die die betriebliche Ausbildung begleitenden Bildungsausschüsse, in denen die JAV-Vorsitzenden, die häufig einen Migrationshintergrund haben, automatisch Mitglied sind. Durch ihren Einfluss kam es zu höheren Einstellungsquoten von Bewerbern mit Migrationshintergrund im betrieblichen Ausbildungsbereich, weil sie den Blick auf Migrantenjugendliche erweiterten. Nach diesen mikropolitischen Anschubinitiativen und dem Überwinden anfänglicher Schwierigkeiten einzelner Ausbildungspioniere ihrer Communities gelingt es den jugendlichen Nachkommen der Anwerbemigranten, in größerer Zahl Ausbildungsberufe in Lohnbereichen zu ergreifen, sodass sie damit die Möglichkeit erlangen, in Facharbeiterpositionen vorzudringen. Dieser Prozess des institutionellen Lernens stößt allerdings immer wieder auf Hindernisse: So haben Migrantenjugendliche trotz verbesserter Qualifikationsniveaus aufgrund des weniger offenen Rekrutierungssystems geringe Chancen, in den kaufmännischen Ausbildungsbereich von Unternehmen zu gelangen, was ihnen nachfolgende Aufstiegsmöglichkeiten in höhere Positionen mit steigendem Einfluss der zu vergebenden Funktionen verbaut. Neben der Sprachkompetenz und den erforderlichen Qualifikationen wären hierzu vermehrte Kontakte zu Personen im Angestelltenbereich vonnöten.

Anhand dieser Beispiele lässt sich ein zweischrittiger Mechanismus der betrieblichen Integration ausländischer Belegschaftsangehöriger in mitbestimmten Unternehmen beschreiben: Zum einen ist zu konstatieren, dass die Beteiligung von Arbeitsmigrantinnen und Arbeitsmigranten an den für unternehmerische Entscheidungsprozesse wichtigen Betriebsräten sowie an deren organisatorischem Unterbau, den gewerkschaftlichen Vertrauensleuten, im Laufe ihrer Betriebszugehörigkeiten kontinuierlich angewachsen ist. Zum anderen gibt die verstärkte Präsenz und Mitarbeit in den betrieblichen Mitentscheidungsgremien den Beschäftigten mit Migrationshintergrund die Möglichkeit, an den bereits bestehenden sozialen Netzen in den Unternehmen zu partizipieren oder gar selbst eigene (häufig auf ihre Herkunftsgruppe bezogene) Netzwerke aufzubauen und von ihnen zu profitieren. Im Ergebnis ergaben sich in beiden Unternehmen bei Produktionsbeschäftigung und Ausbildungsplätzen „stille Quoten“ – es wurden somit etwa so viele Beschäftigte migrantischer Herkunft ausgewählt wie es dem Anteil bei den Betriebsangehörigen entsprach. Die Ergebnisse der dokumentierten Betriebsuntersuchungen legen formative Prozesse offen, die exemplarisch die Mechanismen einer *good practice* betrieblicher Integration ausländischer Beschäftigter beschreiben. Somit kann man hinsichtlich der Situation von Arbeitsmigrantinnen und Arbeitsmigranten in mitbestimmten Unternehmen in Deutschland von einem betrieblichen Sozialisationslernen nach Maßgabe der Gleichstellungsnorm im BetrVG ausgehen, das substanzielle Verbesserungen der Stellung von Beschäftigten mit Migrationshintergrund nach sich zieht und damit positive Wirkungen für ihre betriebliche Integration ermöglicht.

10. Die in den beiden betrieblichen Fallstudien nachgewiesenen zwei Partizipationssysteme von Arbeitsmigranten haben sich historisch gemäß jeweiliger Gruppengröße, Konfliktanlässe sowie aus den sich daraus ergebenden mikropolitischen Aushandlungsprozessen in beiden Unternehmen unterschiedlich herausgebildet. Die beschriebenen Ergebnisse zeigen, dass beide Systemformen der Migrantenteilhabe innerhalb der jeweiligen Organisationsregime funktionieren, wobei Reichweite und Ausmaß der betrieblichen Integrationserfolge für Organisationsmitglieder aus Einwanderergruppen von der Beachtung und Nutzung mikropolitischer Handlungsoptionen abhängen. Innerhalb dieses Koordinations- und Anreizsystems unterliegen neben anderen Akteurgruppen auch die Migrantenbelegschaften vorhandenen Zwängen gemäß den organisationsspezifischen Spielregeln. Allerdings können auch sie Freiheiten nutzen, um in und außerhalb organisationsinterner Koalitionen rationale Strategien zur Erreichung ihrer Ziele zu entwickeln. Voraussetzung dafür ist die proaktive Wahrnehmung der Teilhabemöglichkeiten, die sich besonders aus dem aktiven und passiven Wahlrecht zu den betrieblichen Gremienwahlen ergeben und die politikwissenschaftliche Dimension des Inklusionsprozesses markieren.

11. Ähnlich den Parteien im gesamtgesellschaftlichen Rahmen tragen die Gewerkschaften in den Unternehmen zur institutionellen Ausformung der Interessenorganisation und Interessenartikulation von Arbeitnehmerinnen und Arbeitnehmern erheblich bei. Aufgrund der einflusslogischen Politik der IG Metall schlossen in vielen mitbestimmten Unternehmen in Deutschland, u. a. bei Volkswagen und Ford, Betriebsräte und Geschäftsleitungen Betriebsvereinbarungen gegen (u. a. ethnische) Diskriminierung am Arbeitsplatz, die sich an einer Mustervereinbarung der IG Metall orientieren. Die Hauptleistung dieser Abschlüsse liegt in der auf die Betriebe heruntergebrochenen Sensibilisierung für Ungleichbehandlungen aufgrund ethnischer Vorbehalte, insbesondere, wenn das Thema auf Betriebsversammlungen, Führungsfortbildungen und in Betriebspublikationen wiederkehrend thematisiert und problematisiert wird. Die bei VW in Wolfsburg und bei Ford in Köln durchgeführten Befragungen von Beschäftigten zeigten, dass die meisten interviewten Mitarbeiter um die möglichen arbeitsrechtlichen Konsequenzen von offen diskriminierendem Verhalten gegenüber Kolleginnen und Kollegen mit Migrationshintergrund wissen. Auch mithilfe der gemäß Betriebsvereinbarung mit dem Thema befassten Begleitausschüsse bzw. aufgrund § 13 AGG eingerichteten betrieblichen Beschwerdestellen sind offene Diskriminierungen immer stärker strafbewährt und damit weniger zu erwarten, da andernfalls die Beschäftigten Nachteile in ihrer betrieblichen Entwicklung oder gar den Verlust des Arbeitsplatzes befürchten müssen. Allerdings zeigen die betrieblichen Fallstudien auch, dass die Existenz von und der Umgang mit Diskriminierungstatbeständen bei den jeweiligen Stellen im Unternehmen nicht

detailliert dokumentiert und evaluiert werden, was die Analyse von Ursachen und Formen von Ungleichbehandlungen im Betrieb erschwert. Insofern können verdeckte Varianten der Diskriminierung von Menschen mit Migrationshintergrund oder strukturelle Benachteiligungen dieser Beschäftigtengruppe mit diesen Vorschriften nur nachhaltig bearbeitet werden, wenn die vorliegenden Artikulations-, Vermittlungs- und Sanktionsinstrumente analytischer und systematischer eingesetzt werden. Grundsätzlich scheint jedoch der institutionelle Ansatz einer rechtlichen Einbeziehung von Arbeitsmigrantinnen und Arbeitsmigranten in das betriebliche Mitbestimmungs- und Entscheidungssystem nachkorrigierenden Außeninstitutionen wie den Betriebsvereinbarungen gegen Diskriminierung am Arbeitsplatz oder dem AGG weit überlegen, gegen die sich Entscheiderinnen und Entscheider in Unternehmen in vielfältiger Weise immunisieren können.

5.2 Chancen und Grenzen des betrieblichen Partizipationsmodells für gesamtgesellschaftliche Integrationsprozesse

Die vorliegende Untersuchung mit den *good-practice*-Fallstudien bei VW in Wolfsburg und bei Ford in Köln zeigt, dass in mitbestimmten und gewerkschaftlich durchdrungenen Unternehmen gute Voraussetzungen vorliegen, dass Beschäftigte mit Migrationshintergrund gegenüber ihren Kolleginnen und Kollegen ohne Migrationshintergrund gleichbehandelt werden. Hierzu trägt sowohl die systeminkludierende Funktion ihrer formellen Organisationsmitgliedschaften als auch ihr betriebspolitisches Recht gemäß BetrVG bei, mittels eigener Beteiligungsmöglichkeiten innerhalb des betrieblichen Mitbestimmungssystems Teil der formellen, aber eben auch informellen, mikropolitischen Aushandlungs- und Entscheidungsprozesse im Unternehmen zu sein. In Betrieben mit geringerer Inklusions- und Partizipationsweite, in denen der gewerkschaftliche Organisationsgrad niedrig und die Stärke des Betriebsrates gering ist oder womöglich gar keine Arbeitnehmervertretung existiert, sind alle Belegschaftsangehörigen mit den tradierten Mustern bisheriger Betriebs- und Unternehmenspolitik konfrontiert, die von autoritären Geschäftsleitungen und mikropolitischen Netzwerken von Mitarbeitern ohne Migrationshintergrund bestimmt wird und kaum Beschäftigungsverhältnisse mit Mobilitätschancen für Arbeitsmigranten bereithält. Eine solche Konstellation findet man zumeist in Betrieben des Niedriglohnsektors vor, der im Zuge der ökonomischen und kommunikativen Globalisierung auch in Deutschland in den letzten Jahren deutlich zugenommen hat, u. a. wegen der geringen und weiter abnehmenden Tarifbindung vor allem in der privaten Dienstleistungsbranche sowie der vermehrten Nutzung von Minijobs, Teilzeittätigkeiten und der Aufstockung von Grundsicherungsleistungen durch Transferbezieher, die durch die Hartz-Arbeitsmarktreformen ermöglicht wurden. Die verstärkte Diversifikation des deutschen Arbeitsmarktes befördert das Anwachsen atypischer Beschäftigungsverhältnisse, die häufig außerhalb des BetrVG existieren und damit ohne Schutz durch einen Betriebsrat oder eine Gewerkschaft sind. Ohne die Einwirkungsmöglichkeiten der Arbeitnehmervertretungen wächst in solchen Beschäftigungsbereichen insbesondere für die Arbeitsmigrantinnen und Arbeitsmigranten das Risiko einer Prekarisierung ihrer Arbeits- und Existenzmöglichkeiten, wie wiederkehrende Medien- und Untersuchungsberichte belegen. Insofern können die hier dargelegten Inklusionsmechanismen, Partizipationssysteme und Integrationsmuster nur eine eingeschränkte Gültigkeit auf dem deutschen Arbeitsmarkt beanspruchen, nämlich für mitbestimmungsstarke Arbeitsorganisationen. In Betrieben und Unternehmen, die unter das BetrVG fallen, beteiligen sich Arbeitsmigranten bedingungslos an der betriebspolitischen Willensbildung, wie die historischen Entwicklungen bei VW in Wolfsburg und bei Ford in Köln zeigen. Die dort inzwischen institutionalisierten Partizipationsrollen von Beschäftigten mit Migrationshintergrund sind ein wichtiger Pfeiler ihrer betrieblichen Integration und Teilhabe, der anderen gesellschaftlichen Funktionssystemen fehlt. Hierbei zeigen sich auf der betrieblichen Mikroebene, was Wahlrecht und volle Gleichberechtigung bewirken können. Die Bundesrepublik Deutschland hat mit ihren Entscheidungen, im Jahr 1972 die Betriebsverfassung für alle gleichberechtigt zu öffnen und gleichzeitig nur wenig politisches Bürgerrecht für Ausländerinnen und Ausländer zu gewähren, zwei unterschiedliche Felder geschaffen: ein funktionierend integratives in den Großbetrieben und ein problematisch-dauerfrustrierendes in der Politik. Wiederkehrende Überlegungen auf der gesellschaftlichen Makroebene, neben EU-Bürgern auch anderen ausländischen Staatsangehörigen zumindest das Kommunalwahlrecht zu geben, versuchen, das wahlrechtliche Partizipationsmittel auch für gesellschaftliche Integrationserfolge nutzbar zu machen.

Aber neben Möglichkeiten der proaktiven Teilhabe in Betrieben und Unternehmen unterscheidet sich die Arbeitswelt auch auf einem emotionalen Feld von anderen gesellschaftlichen Bereichen: Im dokumentierten Zitat vergleicht der Ford-Verantwortliche die verfasste Arbeitnehmerschaft in einem Unternehmen mit einer „Schutzgemeinschaft, die sich um die Belange des Einzelnen kümmert." Ähnlich einer sozialintegrativen Siedlungs- oder Familienstruktur beschreibt dieser Vergleich nicht nur den rechtlichen Inklusionsbereich, sondern auch einen sozialwirksamen Schutzmechanismus, der – wie gezeigt – das Entlassungsrisiko von Belegschaftsangehörigen mit Migrationshintergrund senkt und spezielle Betreuungs- und Serviceleistungen mit sich bringt. Das soziale Kapital ausländischer Beschäftigter in mitbestimmten Unternehmen im Geltungsbereich des BetrVG erhöht sich stark, wenn eine Gewerkschaftsmitgliedschaft vorliegt. Die Unterstützung und Einbindung von Arbeitsmigranten durch Gewerkschaften und Mitarbeitervertretungen unterscheidet das betriebliche Arbeitsleben von anderen gesellschaftlichen Bereichen, wo sie kaum machtvolle Anlaufstellen haben. Außerhalb der Betriebe sind sie als Einwanderer sehr viel länger Außenseiter, weil in der komplexen Aufnahmegesellschaft nur die Einheimischen die zumeist informellen Regeln der Verteilungspolitik etwa auf dem Wohnungsmarkt oder im Bildungssystem kennen und auf Beziehungsnetzwerke vertrauen können. In anderen gesellschaftlichen Bereichen müssen (auch) Arbeitsmigranten das soziale Kapital durch Aufbau von Nachbarschaften in ihrem Wohnquartier, Kontakten in der Kommune und Kommunikationsnetzwerken im gesellschaftlichen Umfeld aufwendig erwerben, um dort Teilhabemöglichkeiten zu erschließen. Dies fällt einem Einwanderer aufgrund anderer kultureller Sozialisation und schon von Einheimischen besetzter Mitwirkungspositionen zumindest in den ersten Jahren nach seiner Ankunft im Aufnahmeland schwer – denn „in der Gesellschaft steht er im Prinzip alleine da", wie der Ford-Verantwortliche die gesellschaftliche Exklusionserfahrung pointiert. Im Gegensatz zur betrieblichen Arbeitswelt fehlen Arbeitsmigranten dort häufig die institutionelle Unterstützung und der Zugang zu Entscheidungsprozessen im demokratischen Gesellschaftssystem.

Dies erleben insbesondere Neuzuwanderer in verstärktem Maße. In Anbetracht der aktuellen Einwanderungssituation in Deutschland ist die nachgewiesene Erkenntnis wichtig, dass Partizipation und Einbindung wesentliche Kriterien für die Integration von

Migranten sind – ob bei ausländischen Arbeitnehmern in festen Arbeitsverhältnissen oder bei Flüchtlingen, die als (noch) nicht-anerkannte Einwanderer in Wohnheimen leben. Denn die Anbindung an die Aufnahmegesellschaft etwa in Form von Patenschaften oder durch Erweiterung ihrer Teilhabemöglichkeiten stärkt ihre persönliche Krisenbewältigungsfähigkeit: Je mehr Flüchtlinge ab Beginn ihres Aufenthaltes bei der Organisation des Tagesablaufs sowie bei der Planung ihrer Pflichtaufgaben zum Erlernen von Sprache und Kultur aktivierend eingebunden werden, desto weniger fremdbestimmt empfinden sie ihren Aufenthalt im fremden Land und umso weniger dürfte die Gefahr bestehen, dass sie im Laufe der Dauer ihrer Antragsbearbeitung in Lethargie verfallen oder sich nicht an die gesellschaftlichen Regeln halten.

Nach der ersten Aufenthaltsphase von Neuzuwanderern ist eine Mitgliedschaft im Kommunikationsnetzwerk ihrer Herkunfts-Community ein weiterer wichtiger Schritt für gesellschaftliche Teilhabemöglichkeiten im Einwanderungsland (vgl. Siebel 2016, S. 311f.). Anschließend kommt dem vertiefenden Erwerb der deutschen Sprache und notwendiger Qualifikationen sowie dem Aufbau zahlreicher Kontakte zu Mehrheitsangehörigen eine wichtige integrative Funktion zu. Eine darüber hinausgehende wirksame und nachhaltige Integration in weitere Bevölkerungs- und Einflussbereiche mit der Chance auf gesellschaftliche Mobilität würde sich möglicherweise durch den Ausbau von politischen Inklusionsrechten für Einwanderer ergeben, die etwa durch die Zubilligung von Wahlrechten Mitbestimmungsmöglichkeiten in gesellschaftlichen Verteilungskämpfen erhielten. Analog zu den betrieblich wirksamen Mechanismen könnte eine proaktive Wahrnehmung von aktiven und passiven Wahlrechten etwa bei Kommunalwahlen zu einer gesellschaftlichen Entwicklung führen, bei der Migrantinnen und Migranten und ihre Nachkommen häufiger Inklusionspartizipanten als Problemadressaten politischer Diskussionen wären, wie man sie beim derzeitigen Einwanderungsdiskurs in Deutschland erlebt. Ein solcher selbstinitiierter und sich per Anwendung selbstverstärkender Mechanismus dürfte zumindest Erfolg versprechender sein als die gesetzgeberischen Bemühungen im AGG, einen individuellen Gleichbehandlungsmodus für Mitglieder benachteiligter gesellschaftlicher Gruppen durch Eigeninitiative und Strafanzeigen von Betroffenen installieren zu wollen – oder mit den Worten des Ford-Verantwortlichen gesprochen:

> *Ich habe in der Gesellschaft ja nicht immer eine Interessenvertretung. Die muss ich mir suchen. Ich stehe ja oft alleine in der Gesellschaft. Wenn mich mein Nachbar belästigt, dann gibt es selten eine Nachbarschutzgesellschaft e.V., sondern ich bin auf den staatlichen Weg angewiesen, ich muss zum Schiedsmann gehen und mich vor Gericht einigen, wenn ich mit dem Nachbarn nicht klarkomme. Wenn ich mich hier im Unternehmen mit einem Mitarbeiter streite oder mich mit ihm schlage, [...] dann ist der entscheidende Unterschied das Kollektiv der Arbeitnehmervertretung, die ja auf die Einhaltung der Gesetze, auf Nichtdiskriminierung von Mitarbeitern hinwirkt.*[299]

[299] Interviewaussage des damaligen Leiters der Abteilung „Grundsatzfragen und Betriebsverfassung" der Ford-Werke Deutschland v. 10.05.2000.

6 Literaturverzeichnis

Adler, Patricia A., und Peter Adler. 1987. Membership roles in field research. Beverly Hills.

Albert, Michel. 1992. Kapitalismus contra Kapitalismus. Frankfurt a.M.

Alenfelder, Klaus Michael. 2006. Diskriminierungsschutz im Arbeitsrecht. Das neue Allgemeine Gleichbehandlungsgesetz. Köln.

Anagnostidis, Homer. 1975. Gewerkschaften und Ausländerbeschäftigung. In Gastarbeiter. Analysen und Berichte, Hrsg. Ernst Klee, 104-136. 3. Aufl. Frankfurt a. M.

Antidiskriminierungsstelle des Bundes. 2013. Diskriminierung im Bildungsbereich und im Arbeitsleben. Zweiter gemeinsamer Bericht der Antidiskriminierungsstelle des Bundes und der in ihrem Zuständigkeitsbereich betroffenen Beauftragten der Bundesregierung und des Deutschen Bundestages. Berlin.

Antidiskriminierungsstelle des Bundes. 2012. Wechselwirkung zwischen Diskriminierung und Integration – Analyse bestehender Forschungsstände. Berlin.

Antidiskriminierungsstelle des Bundes. 2011. Benachteiligungen im zivilen nach den Regelungen des AGG von Menschen mit Behinderung, für die nach § 1896 BGB eine Betreuerin/ein Betreuer bestellt ist (bearbeitet von Susette Jörk und Anne Kobes). Berlin.

Arlt, Hans-Jürgen, und Christiane Prange. 2005. FR-Serie „Organisationen“: Fit fürs Haifischbecken. In: Frankfurter Rundschau v. 11.05.05.

Auernheimer, Georg. 2003. Schieflagen im Bildungssystem. Die Benachteiligung der Migrantenkinder. 2. Aufl. Wiesbaden.

Bade, Klaus J. 2006. Integration und Politik – aus der Geschichte lernen? In: Aus Politik und Zeitgeschichte, 56. Jg., 40-41/ 2006. 3-6.

Bade, Klaus J. 2000. Europa in Bewegung. Migration vom späten 18. Jahrhundert bis zur Gegenwart. München.

Bade, Klaus J. 1983. Vom Auswanderungsland zum Einwanderungsland? Deutschland 1880-1980. Berlin.

Banton, Michael. 1991. The effectiveness of legal remedies for victims of racial discrimination in Europe. In: New Community (Vol. 18, No. 1). 157ff.

Baringhorst, Sigrid, und Karin Schönwälder. 1992. Helfen Gesetze gegen Rassismus und Diskriminierung? Das britische Beispiel. In: Blätter für deutsche und internationale Politik 5/ 92. 587-597.

Baringhorst, Sigrid, James F. Hollifield, und Uwe Hunger, Hrsg. 2006. Herausforderung Migration – Perspektiven der vergleichenden Politikwissenschaft (Festschrift für Dietrich Thränhardt). Berlin.

Basar, Cahit. 1999. Unveröffentlichte Magisterarbeit am Institut für Politikwissenschaft der Universität Münster.

Bauer, Jobst-Hubertus, Burkard Göpfert, und Steffen Krieger. 2011. Allgemeines Gleichbehandlungsgesetz. Kommentar. 3. Aufl. München.

Beicht, Ursula, und Mona Granato. 2009. Übergänge in eine berufliche Ausbildung. Geringere Chancen und schwierige Wege für junge Menschen mit Migrationshintergrund. WISO-Diskurs der Friedrich-Ebert-Stiftung. Bonn.

Bender, Stefan, Bert Rürup, Wolfgang Seifert, und Sesselmeier, Werner. 2000. Migration und Arbeitsmarkt. In: Migrationsreport 2000. Fakten – Analysen – Perspektiven. Hrsg. Klaus J. Bade, und Rainer Münz. 59-83. Frankfurt a. M. und New York.

Bender, Stefan, und Wolfgang Seifert. 2000. Zur beruflichen und sozialen Integration der in Deutschland lebenden Ausländer. In: Deutsche und Ausländer: Freunde, Fremde oder Feinde? Empirische Befunde und theoretische Erklärungen. Hrsg. Richard Alba, Peter Schmidt und Martina Wasmer. 55-91. Wiesbaden.

Benner, Christiane, und Fessum Ghirmazion. 2017. Mitglieder mit Migrationshintergrund in der IG Metall – Gewerkschaften und Arbeitswelt als Wegbereiter für Integration. In: WSI-Mitteilungen 4/2017. 296-300.

Berger, Frank. 1988. Thyssen gegen Wallraff. Chronik einer politischen Affäre. Göttingen.

Bertelsmann Stiftung, Institut für Schulentwicklungsforschung Dortmund und Institut für Erziehungswissenschaft, Hrsg. 2017. Chancenspiegel 2017. Zur Chancengerechtigkeit und Leistungsfähigkeit der deutschen Schulsysteme. Gütersloh.

Betriebszelle Ford der Gruppe Arbeiterkampf, Hrsg. 1973. Streik bei Ford Köln. Fr. 24. - Do. 30. August 1973. Köln.

Biller, Martin. 1989. Arbeitsmarktsegmentation und Ausländerbeschäftigung. Ein Beitrag zur Soziologie des Arbeitsmarktes mit einer Fallstudie aus der Automobilindustrie. Frankfurt a. M. und New York.

Birke, Peter. 2007. Wilde Streiks im Wirtschaftswunder. Frankfurt a. M.

Boemke, Burkard, und Franz-Ludwig Danko. 2007. AGG im Arbeitsrecht. Heidelberg.

Bogumil, Jörg, und Josef Schmid. 2001. Politik in Organisationen. Organisationstheoretische Ansätze und praxisbezogene Anwendungsbeispiele (Grundwissen Politik; 31). Opladen.

Bommes, Michael. 1999. Migration und nationaler Wohlfahrtsstaat. Ein differenzierungstheoretischer Entwurf. Opladen und Wiesbaden.

Bommes, Michael. 1996. Ausbildung in Großbetrieben. Einige Gründe, warum ausländische Jugendliche weniger Berücksichtigung finden. In: Ausbilden statt Ausgrenzen. Jugendliche ausländischer Herkunft in Schule, Ausbildung und Beruf. Hrsg. Ralph Kersten, Doron Kiesel und Sener Sargut. 31-44. Frankfurt a. M.

Bommes, Michael, und Jost Halfmann, Hrsg. 1998. Migration in nationalen Wohlfahrtsstaaten. Osnabrück.

Bommes, Michael, und Frank-Olaf Radtke. 1993. Institutionalisierte Diskriminierung von Migrantenkindern. Die Herstellung ethnischer Differenz in der Schule. In: Zeitschrift für Pädagogik 39/ 1993. 483-497.

Bonfield, Arthur E. 1965. The Role of Legislation in Eliminating Racial Discrimination. In: Journal of the British Institute of Race Relations, Vol. 7, Nr. 2, Oktober 1965. 107-123.

Boos-Nünning, Ursula. 1996. Zur Beschäftigung von Jugendlichen ausländischer Herkunft. Chancen und Möglichkeiten der Weiterentwicklung. In: Ausbilden statt Ausgrenzen. Jugendliche ausländischer Herkunft in Schule, Ausbildung und Beruf. Hrsg. Ralph Kersten, Doron Kiesel und Sener Sargut. 71-94. Frankfurt a. M.

Boos-Nünning, Ursula, und Renate Henscheid. 1986. Ausländische Kinder an deutschen Schulen. In: Politische Bildung, Heft 1, Ausländer in der Bundesrepublik Deutschland – „Gastarbeiter" oder Einwanderer? 64-82.

Borris, Maria. 1973. Ausländische Arbeiter in einer Großstadt. Eine empirische Untersuchung am Beispiel Frankfurt (unter Mitarbeit von Peter Raschke und Gerhard Hofmann). Frankfurt a. M.

Brücker, Herbert. 2007. Wirtschaftliche Effekte der Migration in alternden Gesellschaften. In: Die offene Gesellschaft. Zuwanderung und Integration. Schwalbach.

Brüggemann, Beate, und Rainer Riehle. 2000. Alltägliche Fremdenfeindlichkeit im Betrieb und gewerkschaftlicher Politik. Berlin und Freiburg.

Budzinski, Manfred. 1979. Gewerkschaftliche und betriebliche Erfahrungen ausländischer Arbeiter. Untersuchung in einem Chemie- und einem Metallbetrieb in Baden-Württemberg. Frankfurt a. M. und New York.

Bundesagentur für Arbeit (verschiedene Monats- und Jahresausgaben): Amtliche Nachrichten der Bundesagentur für Arbeit. Nürnberg.

Bundesagentur für Arbeit. 2016. Analytikreport der Statistik, Analyse des Arbeitsmarktes für Ausländer. Nürnberg.

Bundesanstalt für Arbeit, Hrsg. 1974. Ausländische Arbeitnehmer. Beschäftigung, Anwerbung, Vermittlung, Erfahrungsbericht 1972/ 73. Nürnberg.

Bundesverband der deutschen Arbeitgeber. 1966. Magnet Bundesrepublik – Probleme der Ausländerbeschäftigung. Bonn.

Campos, Manuel. 1998. Die Verhinderung von Ausländerdiskriminierung und Förderung der Chancengleichheit am Arbeitsplatz — Handlungsmöglichkeiten des Betriebsrats. In: Arbeitsrecht im Betrieb 1/ 1998.

Cashmore, E. Ellis. 1988. Affirmative Action und Anti-discrimination laws: USA. In: Dictionary of Race and Ethnic Relations. Hrsg. E. Ellis Cashmore. 2. Aufl. 4-9. London und New York.

Crouch, Colin. 1993. Industrial Relations and European State Traditions. Oxford.

Crozier, Michel, und Erhard Friedberg. 1979. Macht und Organisation: Die Zwänge kollektiven Handelns. Königstein i. Ts.

Cyert, Richard M., und James G. March. 1995. Eine Verhaltenswissenschaftliche Theorie der Unternehmung, 2. Aufl. Stuttgart .

Dälken, Michaela. 2015. Beschäftigte mit Migrationshintergrund integrieren – Beispiele guter Praxis (Reihe: Betriebs- und Dienstvereinbarungen/Kurzauswertungen). Düsseldorf.

Deutscher Gewerkschaftsbund-Bundesvorstand, Hrsg. o. J. Die deutschen Gewerkschaften und die ausländischen Arbeitnehmer. Beschlüsse, Forderungen, Stellungnahmen, Empfehlungen. Düsseldorf.

Die Beauftragte der Bundesregierung für Migration, Flüchtlinge und Integration. 2016. 11. Bericht der Beauftragten der Bundesregierung für Migration, Flüchtlinge und Integration – Teilhabe, Chancengleichheit und Rechtsentwicklung in der Einwanderungsgesellschaft Deutschland. Berlin.

Diehl, Claudia, Michael Friedrich, und Anja Hall. 2009. Jugendliche ausländischer Herkunft beim Übergang in die Berufsausbildung: Vom Wollen, Können und Dürfen, in: Zeitschrift für Soziologie 38 (1), 2009. 48-67.

Diehl, Claudia, Julia Urbahn, und Hartmut Esser. 1999. Die soziale und politische Partizipation von Zuwanderern in der Bundesrepublik Deutschland (Friedrich-Ebert-Stiftung, Gesprächskreis Arbeit und Soziales), 2. Aufl. Bonn.

Dietz, Rolf. 1967. Betriebsverfassungsgesetz mit Wahlordnung und Kommentar. 4. Aufl. München und Berlin.

Dohse, Knuth. 1982. Ausländerpolitik und betriebliche Ausländerdiskriminierung. Berlin.

Dohse, Knuth. 1981. Ausländische Arbeiter und bürgerlicher Staat. Genese und Funktion von staatlicher Ausländerpolitik und Ausländerrecht. Vom Kaiserreich bis zur Bundesrepublik Deutschland. Königstein i. Ts.

Ehrich, Christian, und Ingo Frieters. 2007. Handlungsmöglichkeiten des Betriebsrats bei Errichtung und Gestaltung der „zuständigen Stellen" i.S.v. § 13 Abs. 1 AGG. In: Der Betrieb, H. 18, 2007. 1026-1028.

Eichhorst, Werner, Paul Marx, und Eric Thode. 2010. Atypische Beschäftigung und Niedriglohnarbeit. Benchmarking Deutschland: Befristete und geringfügige Tätigkeiten, Zeitarbeit und Niedriglohnbeschäftigung. Studie für die Bertelsmann Stiftung. Gütersloh.

Eisenstadt, Shmuel N. 1954. The Absorption of Immigrants. London.

Ellguth, Peter, und Susanne Kohaut. 2008. Tarifbindung und betriebliche Interessenvertretung: Aktuelle Ergebnisse aus dem IAB-Betriebspanel 2007. In: WSI-Mitteilungen 61 (9) 2008. 515-519.

Englmann, Bettina, und Martina Müller. 2007. Brain Waste. Die Anerkennung von ausländischen Qualifikationen in Deutschland. Augsburg.

Epple Schmitter, Barbara. 1979. Immigration and Citizenship in West Germany and Switzerland. Ph.D.Thesis. Chicago.

Eryilmaz, Aytac. 1998. Wie geht man als Arbeiter nach Deutschland? In: Fremde Heimat: Eine Geschichte der Einwanderung aus der Türkei (Ausstellung im Ruhrmuseum Essen vom 15.02. bis 02.08.1998). Hrsg. Aytac Eryilmaz und Mathilde Jamin. 93-122. Essen.

Esping-Andersen, Gøsta. 1990. The Three Worlds of Welfare Capitalism. Princeton/New Jersey.

Esser, Hartmut. 1980. Aspekte der Wanderungssoziologie: Assimilation und Integration von Wanderern, ethnischen Gruppen und Minderheiten. Darmstadt und Neuwied.

Faist, Thomas. 1998. Immigration, Integration und Wohlfahrtsstaaten. Die Bundesrepublik Deutschland in vergleichender Perspektive. In: Migration in nationalen Wohlfahrtsstaaten. Hrsg. Michael Bommes und Jost Halfmann. 147-170. Osnabrück.

Fijalkowski, Jürgen. 1984. Gastarbeiter als industrielle Reservearmee? – Zur Bedeutung der Arbeitsmigranten für die wirtschaftliche und gesellschaftliche Entwicklung der Bundesrepublik Deutschland. In: Archiv für Sozialgeschichte, 24/ 1984. 399-456.

Fitting, Karl, Gerd Engels, Ingrid Schmidt, Yvonne Trebinger, und Wolfgang Linsenmaier. 2016. Betriebsverfassungsgesetz: Handkommentar. 28. Aufl. München.

Fitting, Karl, Heinrich Kaiser, Friedrich Heither, und Gerd Engels. 1996. Betriebsverfassungsgesetz: Handkommentar. 18. Aufl. München.

Flick, Uwe. 1999. Qualitative Forschung. Theorien, Methoden, Anwendung in Psychologie und Sozialwissenschaften, 4. Aufl. Reinbek.

Flick, Uwe et al., Hrsg. 1995. Handbuch qualitative Sozialforschung: Grundlagen, Konzepte, Methoden und Anwendungen. Weinheim.

Ford-Gesamtbetriebsrat. 2006. Information 2/ 2006 vom 06.03.2006. Köln.

Ford-Werke Aktiengesellschaft, Hrsg. o. J. „Beruflich auf der Sonnenseite: Azubi bei Ford“. Köln.

Ford Motor Company Archives. o. J. Ergebnisse der Untersuchungen über die Ford-Werke unter dem Nationalsozialismus – Zusammenfassung des Berichts. O. O.

Ford-Werke GmbH. 2011. Pressemitteilung „Ford in Köln warb als erstes Unternehmen in Deutschland türkische Arbeiter an“ v. 21.10.2011. Köln.

Frohnen, Anja. 2005. Diversity in Action. Multinationalität in globalen Unternehmen am Beispiel Ford. Bielefeld.

Geiger, Andreas. 1982. Herkunftsbedingungen der türkischen Arbeiter in der Bundesrepublik Deutschland und ihr gewerkschaftliches Verhalten. Berlin.

Geißler, Rainer. 2006. Die Sozialstruktur Deutschlands. Zur gesellschaftlichen Entwicklung mit einer Bilanz zur Vereinigung, 4. Aufl. Wiesbaden.

Gillmeister, Helmut, Hermann Kurthen, und Jürgen Fijalkowski. 1989. Ausländerbeschäftigung in der Krise? Die Beschäftigungschancen und -risiken ausländischer Arbeitnehmer am Beispiel der West-Berliner Industrie. Berlin.

Gnehm, Adrian H. 1966. Ausländische Arbeitskräfte – Vor- und Nachteile für die Volkswirtschaft. Bern und Stuttgart.

Gordon, Milton M. 1964. Assimilation in American Life. The Role of Race, Religion and National Origins. New York.

Grieger, Manfred, Ulrike Gutzmann, und Dirk Schlinkert, Hrsg. 2005. Volkswagen Chronik. 2. Aufl. Wolfsburg.

Grobys, Marcel. 2006. Das Allgemeine Gleichbehandlungsgesetz. In: NJW-Spezial, Heft 9/ 2006. 417.

Gruppe Arbeitersache München. 1973. Was wir brauchen, müssen wir uns nehmen. Multinationale Betriebs- und Regionsarbeit der Gruppe Arbeitersache München. München.

Hälker, Juri. 2004. Betriebsräte in Rollenkonflikten. Betriebspolitisches Denken zwischen Co-Management und Gegenmacht. München und Mering.

Hagedorn, Heike. 2001. Föderalismus und die deutsche Staatsangehörigkeit: Die Einbürgerungspolitik der Bundesländer. In: Integrationspolitik in föderalistischen Systemen: Jahrbuch Migration – Yearbook Migration 2000/ 2001. Hrsg. Lale Akgün und Dietrich Thränhardt. 91-118. Münster.

Hansen, Marcus Lee. 1940. The Atlantic Migration, 1607-1860: A History of the Continuing Settlement of the United States. Cambridge/ Mass.

Haug, Sonja. 2002. Kettenmigration am Beispiel italienischer Arbeitsmigranten in Deutschland 1955-2000. In: Archiv für Sozialgeschichte 42 (2002). 123-143.

Henkelmann, Walter. 1956. 100.000 italienische Arbeiter nach Deutschland? In: Die Quelle 7 (1), 1956. 38-39.

Herbert, Ulrich. 2001. Geschichte der Ausländerpolitik in Deutschland. Saisonarbeiter, Zwangsarbeiter, Gastarbeiter, Flüchtlinge. München.

Herbert, Ulrich. 1986. Geschichte der Ausländerbeschäftigung in Deutschland 1880 bis 1980. Saisonarbeiter – Zwangsarbeiter – Gastarbeiter. Berlin und Bonn.

Hess, Barbara. 2009. Zuwanderung von Hochqualifizierten aus Drittstaaten nach Deutschland. Working Paper 28 der Forschungsgruppe des Bundesamtes für Migration und Flüchtlinge. Nürnberg.

Hinken, Günter. 2007. Gleichbehandlungsgesetz – nachhaltiges Gleichstellungsinstrument oder zahnloses Placebo? In: Jahrbuch für Nachhaltigkeit 2007. 30-40.

Hinken, Günter. 2005. Antidiskriminierungsgesetz – nachhaltiges Gleichstellungsinstrument oder zahnloses Placebo? In: Zeitschrift für Nachhaltigkeit 2/ 2005. 45-56.

Hinken, Günter. 2003. Die „fremde" Seite der „Deutschland AG" – Arbeitsmigrantinnen und Arbeitsmigranten im deutschen Unternehmenssystem. In: Migration im Wettbewerbsstaat. Hrsg. Uwe Hunger und Bernhard Santel. 33-57. Opladen.

Hinken, Günter. 2001a. Als aus "Gastarbeitern" gewählte Betriebsräte wurden. Warum das Mitbestimmungsgesetz ein Erfolgsmodell für die betriebliche Integration von ausländischen Männern und Frauen ist. In: Frankfurter Rundschau v. 02.05.2001.

Hinken, Günter. 2001b. Die betriebliche Inklusion von Arbeitsmigranten in der Metall- und Automobilindustrie. In: Inklusion und Exklusion: Migrantinnen und Migranten auf dem deutschen Arbeitsmarkt. Drei Fallstudien: Metallindustrie, Bauwirtschaft, IT-Sektor. Hrsg. Uwe Hunger und Günter Hinken (interkulturelle studien 35). 9-39. Münster.

Hinken, Günter. 1998. Die Rolle der Staatsangehörigkeit bei der Konzeption des Grundgesetzes. In: Einwanderung und Einbürgerung in Deutschland: Jahrbuch Migration – Yearbook Migration 1997/98. Hrsg. Dietrich Thränhardt. 179-264. Münster.

Hoffmann-Nowotny, Hans-Joachim. 1973. Soziologie des Fremdarbeiterproblems. Eine theoretische und empirische Analyse am Beispiel der Schweiz. Stuttgart.

Hürtgen, Stefanie. 2008. Transnationales Co-Management, betriebliche Politik in der globalen Konkurrenz. Münster.

Hunger, Uwe. 2004. „Wie können Migrantenselbstorganisationen den Integrationsprozess betreuen?“ Wissenschaftliches Gutachten im Auftrag des Sachverständigenrates für Zuwanderung und Integration des Bundesinnenministeriums. Münster und Osnabrück.

Hunger, Uwe. 2001. Bildungspolitik und „institutionalisierte Diskriminierung“ auf Ebene der Bundesländer. Ein Vergleich zwischen Baden-Württemberg, Bayern, Hessen und Nordrhein-Westfalen. In: Integrationspolitik in föderalistischen Systemen: Jahrbuch Migration – Yearbook Migration 2000/ 2001. Hrsg. Lale Akgün und Dietrich Thränhardt. 119-137. Münster.

Hunger, Uwe. 2000. Der ‚rheinische Kapitalismus‘ in der Defensive. Eine komparative Policy-Analyse zum Paradigmenwechsel in den Arbeitsmarktbeziehungen am Beispiel der Bauwirtschaft. Baden-Baden.

Hunger, Uwe, und Holger Kolb, Hrsg. 2003. Die deutsche 'Green Card'. Migration von Hochqualifizierten in theoretischer und empirischer Perspektive (IMIS-Beiträge, Heft 22). Osnabrück.

Hunger, Uwe, und Dietrich Thränhardt. 2003. Der Bildungserfolg von Einwandererkindern in den westdeutschen Bundesländern. Diskrepanzen zwischen den PISA-Studien und den amtlichen Schulstatistiken. In: Schieflagen im Bildungssystem. Die Benachteiligung von Migrantenkinder. Hrsg. Georg Auernheimer, 2. Aufl. 51-67. Wiesbaden.

Hunn, Karin. 2004. „Irgendwann kam das Deutschlandfieber auch in unsere Gegend...“ Türkische „Gastarbeiter“ in der Bundesrepublik Deutschland – von der Anwerbung bis zur Rückkehrförderung. In: Geschichte und Gedächtnis in der Einwanderungsgesellschaft. Migration zwischen historischer Rekonstruktion und Erinnerungspolitik. Hrsg. Jan Motte und Rainer Ohliger. 73-88. Essen.

Imdorf, Christian. 2008. Migrantenjugendliche in der betrieblichen Ausbildungsplatz vergabe - auch ein Problem für Kommunen. In: Migrationsreport 2008. Fakten, Analysen, Perspektiven. Hrsg. Michael Bommes und Marianne Krüger-Potratz. 113-158. Frankfurt a. M.

Industriegewerkschaft Metall. 2017. Die IG Metall und ihre Mitglieder mit Migrationshintergrund – ein gutes Vorbild. Ergebnisse einer repräsentativen Befragung (unveröffentlichte Präsentationspublikation). Frankfurt a. M.

Industriegewerkschaft Metall Wolfsburg. 2012. Tätigkeitsbericht 2008-2011. Wolfsburg (Abruf unter https://www.igmetall-wob.de/fileadmin/users/Downloads/2008-2011_Taetigkeitsbericht_IGM-WOB.pdf am 25.08.2018).

Institut der deutschen Wirtschaft. 2001. Deutschland in Zahlen. Köln.

Javaher-Haghighi, Peyman. 2000. „Ausländerfeindlichkeit“ und Diskriminierung im betrieblichen Alltag – Interkulturelle Verantwortung der Gewerkschaften im Betrieb. Hannover.

Kaas, Leo, und Christian Manger. 2010. Ethnic Discrimination in Germany’s Labour Market: A Field Experiment, IZA Discussion Paper No. 4717. Bonn.

Kalbitz, Rainer. 1991. Tarifpolitik – Streik – Aussperrung. Die Gestaltungskraft der Gewerkschaften des DGB nach 1945. Köln.

Kalter, Frank. 2008. Ethnische Ungleichheit auf dem Arbeitsmarkt. In: Arbeitsmarktsoziologie. Probleme, Theorien, empirische Befunde. Hrsg. Martin Abraham und Thomas Hinz. 2. Aufl. 303-332. Wiesbaden.

Karahasan, Yilmaz, und Nihat Öztürk. 1994. Migrantinnen und Migranten in der IG Metall – Eine Zwischenbilanz. In: Gewerkschaften und Einwanderung – Eine kritische Zwischenbilanz. Hrsg. Peter Kühne, Nihat Öztürk und Klaus-W. West. 284-297. Köln.

Karakayali, Serhat, Johannes Giesecke, Markus Schrenker, Naika Foroutan, Nihad El-Kayed. 2017. Mitglieder mit Migrationshintergrund in der IG Metall. Projektbericht Berlin: Humboldt-Universität zu Berlin.

Kecskes, Robert. 2006. Integration und partnerschaftliches Verhalten. Fallstudien (Reihe der Hans Böckler Stiftung: Betriebs- und Dienstvereinbarungen). Frankfurt a. M.

Kieser, Alfred, Hrsg. 1993. Organisationstheorien. Stuttgart, Berlin und Köln.

Kleff, Hans-Günter. 2004. Täuschung, Selbsttäuschung, Enttäuschung und Lernen. Anmerkungen zum Fordstreik im Jahre 1973. In: Geschichte und Gedächtnis in der Einwanderungsgesellschaft. Migration zwischen historischer Rekonstruktion und Erinnerungspolitik. Hrsg. Jan Motte und Rainer Ohliger. 251-257. Essen.

Kommission „Mitbestimmung“. 1999. Die Entwicklung der Mitbestimmung als Institution. In: Mitbestimmung in Deutschland. Tradition und Effizienz. Hrsg. Wolfgang Streeck und Norbert Kluge. 239-254. Frankfurt a. M.

Kreienbrink, Axel, Hrsg. 2014. Fachkräftemigration aus Asien nach Deutschland und Europa - Migration of skilled labour from Asia to Germany and Europe (Beiträge zu Migration und Integration, Band 5). Nürnberg.

Kühne, Peter, Nihat Öztürk, und Klaus-W. West, Hrsg. 1994. Gewerkschaften und Einwanderung. Köln.

Kunze, Anne. 2014. Die Schlachtordnung. In: DIE ZEIT Nr. 51/ 2014 v. 11.12.14.

Lau, Thomas, und Stefan Wolff, Stefan. 1983. Der Einstieg in das Untersuchungsfeld als soziologischer Lernprozess. In: Kölner Zeitschrift für Soziologie und Sozialpsychologie, 35/ 1983. 417-437.

Leicht, René, und Markus Leiß. 2006. Bedeutung der ausländischen Selbständigen für den Arbeitsmarkt und den sektoralen Strukturwandel, Expertise für das Bundesamt für Migration und Flüchtlinge. Mannheim.

Linder, Christian, Hrsg. 1986. In Sachen Wallraff. Von den „Industriereportagen“ bis „Ganz unten“. Berichte, Analysen, Meinungen und Dokumente. Köln.

Loeffelholz, Hans Dietrich von. 2002. Beschäftigung von Ausländern – Chancen zur Erschließung von Personal- und Qualifikationsreserven. In: Mitteilungen aus der Arbeitsmarkt- und Berufsforschung (MittAB), 35(4) 2002. 628-644.

Lustgarten, Laurence, und John Edwards. 1992. Racial Inequality and the Limits of Law. In: Racism and Anti-Racism Inequalities. Opportunities und Policies. Hrsg. Peter H. Braham, Ali Rattansi und Richard Skellington. 270-293. London.

March, James G. 1978. Bounded Rationality, Ambiguity, and the Engineering of Choice". In: Bell Journal of Economics. No. 9/ 1978. 587-608.

Maturi, Giacomo. 1965. Mittelpunkt Arbeitsplatz. Betrieb und Ausländer haben gleiche Interessen. In: Der Arbeitgeber, Nr. 11/12 1965. 300-303.

Mayntz, Renate. 1990. Politische Steuerbarkeit und Reformblockaden: Überlegungen am Beispiel des Gesundheitswesens. In: Staatswissenschaften und Staatspraxis 3/ 1990. 283-307.

Mayntz, Renate, und Fritz W. Scharpf. 1995. Der Ansatz des akteurzentrierten Institutionalismus. In: Gesellschaftliche Selbstregelung und politische Steuerung. Hrsg. Renate Mayntz und Fritz W. Scharpf (Schriften des Max-Planck-Instituts für Gesellschaftsforschung Köln, Bd. 23). 39-72. Frankfurt a. M. und New York.

Mehrländer, Ursula. 1969. Beschäftigung ausländischer Arbeitnehmer in der Bundesrepublik Deutschland unter spezieller Berücksichtigung von Nordrhein-Westfalen. Köln und Opladen.

Meier-Braun, Karl-Heinz. 1995. 40 Jahre `Gastarbeiter´ und Ausländerpolitik in Deutschland. In: Aus Politik und Zeitgeschichte, Nr. 35/ 1995. 14-22.

Meier-Braun, Karl-Heinz. 1979. „Freiwillige Rotation" – Ausländerpolitik am Beispiel der baden-württembergischen Landesregierung. München.

Merton, Robert K., und Patricia L. Kendall. 1979. Das fokussierte Interview. In: Qualitative Sozialforschung. Hrsg. Christel Hopf und Elmar Weingarten. 171-204. Stuttgart (erstmals 1946 publiziert als „The focussed Interview". In: American Journal of Sociology 51 (6) 1946. 541-557).

Mommsen, Hans, und Manfred Grieger. 1996. Das Volkswagenwerk und seine Arbeiter im Dritten Reich. Düsseldorf.

Motte, Jan. 1999. Gedrängte Freiwilligkeit. Arbeitsmigration, Betriebspolitik und Rückkehrförderung 1983/84. In: 50 Jahre Bundesrepublik – 50 Jahre Einwanderung. Nachkriegsgeschichte als Migrationsgeschichte. Hrsg. Jan Motte, Rainer Ohliger und Anne von Oswald. 165-183. Frankfurt a. M. und New York.

Motte, Jan, und Rainer Ohliger, Hrsg. 2004. Geschichte und Gedächtnis in der Einwanderungsgesellschaft. Migration zwischen historischer Rekonstruktion und Erinnerungspolitik. Essen.

Müller-Jentsch, Walther. 1995. From Collective Voice to Co-management. In: Works Councils. Consultation, Representation, and Cooperation in Industrial Relations. Hrsg. Joel Rogers und Wolfgang Streeck. 53-78. Chicago.

Münz, Rainer, und Ralf Ulrich. 1996. Internationale Wanderungen von und nach Deutschland 1945-94. Demografische, politische und gesellschaftliche Aspekte räumlicher Mobilität. In: Allgemeines Statistisches Archiv 1 (1996). 5-35.

Neue deutsche Medienmacher e.V. 2013. Dokumentation des Workshops „Neue Begriffe für die Einwanderungsgesellschaft" am 29. und 30. April 2013 in Nürnberg (in Zusammenarbeit mit dem Bundesamt für Migration und Flüchtlinge, BAMF). Berlin.

Nohlen, Dieter. 1994. Vergleichende Methode. In: Politikwissenschaftliche Methoden. Hrsg. Jürgen Kriz, Dieter Nohlen und Rainer-Olaf Schulze (Lexikon der Politik, Bd. 2). 507-517. München.

Oltmer, Jochen, Axel Kreienbrink, und Carlos Sanz Diaz, Hrsg. 2012. Das „Gastarbeiter"-System. Arbeitsmigration und ihre Folgen in der Bundesrepublik Deutschland und Westeuropa. München.

Ortmann, Günther (1988): Macht, Spiel, Konsens. In: Mikropolitik. Rationalität, Macht und Spiele in Organisationen. Hrsg. Willi Küpper und Günther Ortmann. 13-26. Frankfurt a. M. und New York.

Park, Robert E., Ernest Burgess, und Roderick McKenzie. 1925. The City. Chicago.

Peters, Anke. 1972. Die Bundesrepublik Deutschland als Beschäftigungsland für ausländische Arbeitnehmer: ökonomische Attraktivität, rechtliche Situation und politische Mitwirkung. In: Mitteilungen aus der Arbeitsmarkt- und Berufsforschung, Jg. 5, H. 4/ 1972. 307-328.

Peucker, Mario. 2009. Ethnic discrimination in the labour market – empirical evidence on a multidimensional phenomenon, efms paper Nr. 2009-3. Bamberg.

Pierburg-Autorenkollektiv: Internationale – Sozialistische – Publikationen, Hrsg. 1974. Pierburg-Neuss: „Deutsche und ausländische Arbeiter – ein Gegner – ein Kampf". Streikverlauf, Vorgeschichte, Analyse, Dokumentation, nach dem Streik. O.O.

Pierburg-Kollegen, Hrsg. 1975. Der „Pierburg-Prozess" gegen vier Betriebsräte! Arbeitsgericht Düsseldorf Az. 10BV28/ 74. O. O.

Puskeppeleit, Jürgen, und Thränhardt, Dietrich. 1990. Vom betreuten Ausländer zum gleichberechtigten Bürger. Perspektiven der Beratung und Sozialarbeit, der Selbsthilfe und Artikulation und der Organisation und Integration der eingewanderten Ausländer aus den Anwerbestaaten in der Bundesrepublik Deutschland. Freiburg i.Br.

Räthzel, Nora, und Ülkü Sarica. 1994. Migration und Diskriminierung in der Arbeit: Das Beispiel Hamburg. Berlin und Hamburg.

Ravenstein, Ernest George. 1885 / 1889. The Laws of Migration. In: Journal of the Statistical Society, 68. Jg., 1885. 167-227; Teil 2 in: Ebd., 72. Jg., 1889. 241-305.

Rehder, Britta. 2006. Legitimitätsdefizite des Co-Managements. In: Zeitschrift für Soziologie 35. Jg., H. 3/ 2006. 227-242.

Reichmuth, Claudia. 1996. Helfen Gesetze gegen Rassismus und Diskriminierung? Erfahrungen aus dem amerikanischen, den niederländischen und dem britischen Beispiel. In: Deutscher Gewerkschaftsbund: Antidiskriminierungsregeln im Betriebsverfassungs- und Personalvertretungsgesetz (Dokumentation der Arbeitstagung in Hamburg-Sasel vom 2. bis 5. Mai 1995). 33-42. Düsseldorf.

Rönneburg, Carola. 2005. Grazie Mille! Wie die Italiener unser Leben verschönert haben. Freiburg.

Sachverständigenrat deutscher Stiftungen für Integration und Migration. 2010. Wirtschaftliche Selbstständigkeit als Integrationsstrategie – eine Bestandsaufnahme der Strukturen der Integrationsförderung in Deutschland. Berlin.

Sala, Roberto. 2007. Vom „Fremdarbeiter" zum „Gastarbeiter". Die Anwerbung italienischer Arbeitskräfte für die deutsche Wirtschaft (1938–1973). In: Vierteljahresheft für Zeitgeschichte 1/ 2007. 93-120.

Santel, Bernhard. 1995. Migration in und nach Europa. Erfahrungen, Strukturen, Politik. Opladen.

Schäfer, Herrmann. 1994. Bei der Arbeit fast gleichgestellt? In: Gewerkschaften und Einwanderung. Hrsg. Peter Kühne, Nihat Öztürk und Klaus-W. West. 139-149. Köln.

Schäfer, Hermann. 1985. Betriebliche Ausländerdiskriminierung und gewerkschaftliche Antidiskriminierung. Berlin.

Schaefer, Markus und Dietrich Thränhardt. 1998. Inklusion und Exklusion: Die Italiener in Deutschland. In: In: Einwanderung und Einbürgerung in Deutschland: Jahrbuch Migration – Yearbook Migration 1997/ 98. Hrsg. Dietrich Thränhardt. 149-178. Münster.

Scharpf, Fritz W. 2000. Interaktionsformen. Akteurzentrierter Institutionalismus in der Politikforschung. Opladen.

Scharpf, Fritz W. 1978. Autonome Gewerkschaften und staatliche Wirtschaftspolitik: Probleme einer Verbändegesetzgebung. Köln.

Schiek, Dagmar, Hrsg. 2007. Allgemeines Gleichbehandlungsgesetz (AGG). Ein Kommentar aus europäischer Perspektive. O.O.

Schiffauer, Werner. 2004. Die Islamische Gemeinschaft Milli Görüs – ein Lehrstück zum verwickelten Zusammenhang von Migration, Religion und sozialer Integration. In: Migrationsreport 2004. Fakten – Analysen – Perspektiven. Hrsg. Klaus J. Bade, Michael Bommes und Rainer Münz. 67-96. Frankfurt a. M. und New York.

Schmidt, Werner. 2006. Kollegialität trotz Differenz. Betriebliche Arbeits- und Sozialbeziehungen bei Beschäftigten deutscher und ausländischer Herkunft. Berlin.

Schmitter, Barbara. 1980. Immigrants und Associations: Their Role in the Sociopolitical Process of Immigrant Worker Integration in West Germany and Switzerland. In: International Migration Review, Vol. 14. Nr. 2/ 1980. 179-192.

Schmitter, Philippe C., und Wolfgang Streeck. 1981. The Organisation of Business Interests. A Research Design to Study the Associative Action of Business in the Advanced Industrial Societies of Western Europe (Wissenschaftszentrum Berlin IIM/LMP discussion papers 81-13). Berlin.

Schmitter, Philippe C. 1974. Still the Century of Corporatism? In: Review of Politics 36/ 1974. 85-131.

Schönwälder, Karen. 2001. Einwanderung und ethnische Pluralität. Politische Entscheidungen und öffentliche Debatten in Großbritannien und der Bundesrepublik von den 1950er- bis zu den 1970er-Jahren. Essen.

Schrader, Peter, und Jens Schubert. 2006. Das neue AGG. Das Gleichbehandlungsrecht in der anwaltlichen Praxis. Baden-Baden.

Schroedter, Julia H. 2006. Binationale Ehen in Deutschland. In: Statistisches Bundesamt: Wirtschaft und Statistik 4/ 2006. 419-431.

Seebaß, Katharina, und Manuel Siegert, Manuel. 2011. Migranten am Arbeitsmarkt in Deutschland (Working Paper 36 der Forschungsgruppe des Bundesamtes). Nürnberg.

Seifert, Wolfgang. 1995. Die Mobilität von Migranten. Die berufliche, ökonomische und soziale Stellung ausländischer Arbeitnehmer in Deutschland. Berlin.

Seifert, Wolfgang. 1996. Neue Zuwanderergruppen auf dem westdeutschen Arbeitsmarkt. In: Soziale Welt 47 (1996). 180-201.

Sengenberger, Werner. 1987. Struktur und Funktionsweise von Arbeitsmärkten. Die Bundesrepublik Deutschland im internationalen Vergleich. Frankfurt a. M. und New York.

Siebel, Walter. 2016. Die Kultur der Stadt. 2. Aufl. Berlin.

Sorge, Arndt. 1999. Mitbestimmung, Arbeitsorganisation und Technikanwendung. In: Mitbestimmung in Deutschland. Tradition und Effizienz. Hrsg. Wolfgang Streeck und Norbert Kluge. 17-134. Frankfurt a. M.

Soskice, David. 1999. Divergent Production Regimes: Coordinated and Uncoordinated Market Economies in the 1980s an 1990s. In: Continuity and Change in Contemporary Capitalism. Hrsg. Herbert Kitschelt, Peter Lange, Gary Marks und John Stephens. 101-134. Cambridge/ Mass.

Statistisches Bundesamt. 2016 und 2009. Einbürgerungsstatistik. Wiesbaden.

Statistisches Bundesamt. 2015. Bevölkerung und Erwerbstätigkeit. Einbürgerungen. Wiesbaden.

Steinert, Johannes-Dieter. 1995. Migration und Politik. Westdeutschland – Europa – Übersee 1945-1961. Osnabrück.

Steinkühler, Bernhard. 2007. Allgemeines Gleichbehandlungsgesetz (AGG). Die Umsetzung des AGG im Betrieb mit Handlungsempfehlungen für die Praxis. Berlin.

Straubhaar, Thomas. 2006. Wirtschaftliche Folgen der Zuwanderung. In: Zuwanderung und Integration. Hrsg. Landeszentrale für politische Bildung Baden-Württemberg (Der Bürger im Staat 4/ 2006, Redaktion Siegfried Frech). 235-239. Stuttgart.

Streeck, Wolfgang. 1999. Deutscher Kapitalismus: Gibt es ihn? Kann er überleben? In: Korporatismus in Deutschland. Zwischen Nationalstaat und Europäischer Union. Hrsg. Wolfgang Streeck. 13-40. Frankfurt a. M. und New York.

Streeck, Wolfgang. 1994. Staat und Verbände: Neue Fragen. Neue Antworten? In: Staat und Verbände. Hrsg. Wolfgang Streeck (Sonderheft-Nr. 25 der Politischen Vierteljahresschrift). 7-34. Opladen.

Streeck, Klaus, und Norbert Kluge, Hrsg. 1999. Mitbestimmung in Deutschland. Tradition und Effizienz. Kommission Mitbestimmung. Frankfurt a. M.

Streeck, Wolfgang, und Philippe C. Schmitter, Hrsg. 1985. Private Interest Government: Beyond Market and State. London.

Tenorth, Heinz-Elmar, und Rudolf Tippelt, Hrsg. 2007. Beltz Lexikon Pädagogik. Weinheim.

Thränhardt, Dietrich. 2015. Arbeitsintegration von Flüchtlingen in Deutschland. Humanität, Effektivität, Selbstbestimmung. Bertelsmann Stiftung. Gütersloh.

Thränhardt, Dietrich. 2008. Einbürgerung. Rahmenbedingungen, Motive und Perspektiven des Erwerbs der deutschen Staatsangehörigkeit (WISO-Diskurs des Gesprächskreises Migration und Integration der Friedrich-Ebert-Stiftung). Bonn.

Thränhardt, Dietrich. 2002. Konflikt, Konsens und Politikergebnisse: Einwanderung und Integration in Deutschland und in den Niederlanden. In: Politische Kulturen im Vergleich. Beiträge über die Niederlande und Deutschland seit 1945. Hrsg. Friso Wielenga. 17-44. Bonn.

Thränhardt, Dietrich. 1992. Europe – A New Immigration Continent. Policies and Politics in Comparative Perspective. Münster, Hamburg und Boulder.

Thränhardt, Dietrich. 1988. Die Bundesrepublik Deutschland – Ein unerklärtes Einwanderungsland. In: Aus Politik und Zeitgeschichte, 38. Jg., 24/ 1988. 3-13.

Thränhardt, Dietrich. 1983. Ausländer im Dickicht der Verbände. Ein Beispiel verbandsgerechter Klientenselektion und korporatistischer Politikformulierung. In: Sozialarbeit und Ausländerpolitik. Hrsg. Franz Hamburger u.a. (Neue Praxis Sonderheft 7). 62-78. Neuwied.

Thränhardt, Dietrich (1981): Das Eigeninteresse der Deutschen am Wahlrecht für Ausländer. In: Integration ohne Partizipation? Ausländerwahlrecht in der Bundesrepublik Deutschland zwischen (verfassungs-)rechtlicher Möglichkeit und politischer Notwendigkeit. Hrsg. Ulrich O. Sievering. 61-95. Frankfurt a. M.

Thränhardt, Dietrich (1975): Ausländische Arbeiter in der Bundesrepublik, Österreich und der Schweiz. In: Neue Politische Literatur, Jg. 20 (1975). 68-88.

Thränhardt, Dietrich, Renate Dieregsweiler, und Bernhard Santel. 1994. Ausländerinnen und Ausländer in Nordrhein-Westfalen. Die Lebenslage der Menschen aus den ehemaligen Anwerbeländern und die Handlungsmöglichkeiten der Politik. (Landessozialbericht Bd. 6, hrsg. vom Ministerium für Arbeit, Gesundheit und Soziales des Landes Nordrhein-Westfalen). Düsseldorf.

Thränhardt, Dietrich, und Uwe Hunger, Hrsg. 2000. Einwanderer-Netzwerke und ihre Integrationsqualität in Deutschland und Israel. Münster und Freiburg i. Br.

Thüsing, Gregor. 2007. Arbeitsrechtlicher Diskriminierungsschutz. Das neue Allgemeine Gleichbehandlungsgesetz und andere arbeitsrechtliche Benachteiligungsverbote. München.

Treibel, Annette. 2008. Migration in modernen Gesellschaften. Soziale Folgen von Einwanderung, Gastarbeit und Flucht. 4. Aufl. Weinheim und München.

Treichler, Andreas. 1998. Arbeitsmigration und Gewerkschaften. Das Problem der sozialen Ungleichheit im internationalen Maßstab und die Rolle der Gewerkschaften bei der Regulation transnationaler Migrationen, untersucht am Beispiel Deutschlands und der Arbeitsmigrationen aus der Türkei und Polen. Berlin u. a.

Türkische Anstalt für Arbeit und Arbeitsvermittlung. 1963. Informationsblatt an die in die Bundesrepublik Deutschland vermittelten türkischen Arbeitnehmer. In: Eryilmaz, Aytac (1998): Wie geht man als Arbeiter nach Deutschland? 120-122. Essen.

Uerpmann-Wittzack, Robert. 2008. Gleiche Freiheit im Verhältnis zwischen Privaten: Artikel 3 Abs. 3 GG als unterschätzte Verfassungsnorm. In: Zeitschrift für ausländisches öffentliches Recht und Völkerrecht (ZaöRV) 68/ 2008. 359-370.

Volkswagen AG. o. J. Partnerschaftliches Verhalten am Arbeitsplatz. Eine Information für Betroffene und Beteiligte. Wolfsburg.

von Oswald, Anne. 2002. Volkswagen, Wolfsburg und die italienischen „Gastarbeiter“ 1962-1975. Die gegenseitige Verstärkung des Provisoriums. In: Archiv für Sozialgeschichte, 42 (2002). 55-79.

Wallraff, Günter. 2009. Aus der schönen neuen Welt. Expeditionen ins Landesinnere. Köln.

Wallraff, Günter. 2008. Unser täglich Brötchen. In: ZEIT-Magazin 19/ 2008.

Wallraff, Günter. 1985. Ganz unten. Mit einer Dokumentation der Folgen. Köln.

Weber, Max. 1972. Wirtschaft und Gesellschaft. 5. rev. Aufl. Tübingen.

Werner, Heinz, und Ingeborg König. 1984. Ausländerbeschäftigung und Ausländerpolitik in einigen westeuropäischen Industriestaaten. In: Mitteilungen aus der Arbeitsmarkt- und Berufsforschung, Jg. 17, H. 4 (1984). 506-510.

WDR-Fernsehreportage. 1982. „Diese spontane Arbeitsniederlegung war nicht geplant.“ Ein Film von Thomas Giefer und Karl Baumgarten, Redaktion: Hans Georg Ossenbach. Ausschnittweise dokumentiert in: Geschichte und Gedächtnis in der Einwanderungsgesellschaft. Migration zwischen historischer Rekonstruktion und Erinnerungspolitik. Hrsg. Jan Motte und Rainer Ohliger. 2004. 237-249. Essen.

Windolf, Paul, und Hans-Willy Hohn. 1984. Arbeitsmarktchancen in der Krise. Betriebliche Rekrutierung und soziale Schließung. Frankfurt a. M. und New York.

Wlecklik, Petra. 2013. Partizipation von Migrant_innen und interkulturelle Öffnung am Beispiel der IG Metall. In: Heimatkunde. Migrationspolitisches Portal der Heinrich Böll Stiftung (https://heimatkunde.boell.de/2013/09/10/partizipation-von-migrantinnen-und-interkulturelle-oeffnung-am-beispiel-der-ig-metall, Abruf am 02.08.2017).

Wörl, Christian. 2008. Die Beweislast nach dem Allgemeinen Gleichbehandlungsgesetz. Eine Untersuchung des § 22 AGG. Mannheim.

WSI-Tarifarchiv v. 03.04.2006: Chronologie: Wichtige Arbeitskämpfe in der Metallindustrie. O.O.

Anhang

Verzeichnis der geführten Experten- und Probandeninterviews

1. Aufgezeichnete Experteninterviews

- Zuständiger Vertreter des BMAS, Dr. Peter Heiden, am 30.05.2001 in Berlin.
- Zuständiger Vertreter des DGB, Karl-Heinz Goebels, am 05.09.2000 in Düsseldorf.
- Leiter der seinerzeitigen Abteilung „Rassismus und Diskriminierung" beim DGB-Bildungswerk, Leo Monz, am 08.03.2000 in Düsseldorf.
- Zuständiger Vertreter des BDA, Dr. Reinhard Ebert, am 28.02.2000 in Köln.
- Referent für die „ausländische Personengruppe" bei der Industriegewerkschaft BCE, Giovanni Pollice, am 06.12.1999 in Hannover.
- Leiter der seinerzeitigen IG Metall-Abteilung „Ausländische Arbeitnehmer", Manuel Campos, am 02.12.1999 in Frankfurt a. M.

2. Aufgezeichnete Betriebsinterviews

Volkswagen in Wolfsburg

- Leiterin der Betrieblichen Beschwerdestelle, Frau Romanczyk, am 23.03.2016 (telefonisches Interview).
- Leiter der Personalabteilung „Produktionseinstellung", Herr Kern, am 14.12.2000.
- Leiter der VW-Coaching GmbH, Herr Bergmann, am 14.12.2000.
- Gruppe italienischer Mitarbeiter der Wolfsburger VW-Abteilung Personalwesen am 24.08.2000.
- Betriebsrätin Gabriele Gräser, Mitglied des für ethnische Diskriminierungen zuständigen Gleichstellungsausschusses bei VW in Wolfsburg, am 10.03.2016 (telefonisches Interview).
- Italienisch-stämmiger Betriebsrat im Bereich Kunststoffe und VW-Air Christian Matzedda, im Ortsvorstand der IG Metall in Wolfsburg zuständig für die Belange der Beschäftigten mit Migrationshintergrund, am 24.03.2016 (telefonisches Interview).
- Ehemaliger italienisch-stämmiger Betriebsrat Pietro Genzo am 23.08.2001.
- VW-Gesamt- und Konzernbetriebsrat Werner Widuckel am 15.12.2000.
- Italienisch-stämmiger Betriebsrat und früherer JAV-Vorsitzender Gerardo Scarpino am 23.08.2000.
- Italienisch-stämmiger Betriebsrat Francesantonio Garippo am 22.08.2000.

- Italienischer Anwerbemigrant und erster gewählter ausländischer Betriebsrat bei VW in Wolfsburg Lorenzo Annese am 19.08.2000.
- IG Metall-Referent beim VW-Gesamt- und Konzernbetriebsrat, Uwe Oelze, am 15.12.2000.
- Italienischer Anwerbemigrant und späterer IG Metall-Gewerkschaftssekretär sowie SPD-Stadtrat in Wolfsburg Rocco Artale am 21.08.2000.
- Griechisch-stämmiger Vorsitzender der JAV Angelos Mpoutskas am 21.08.2000.
- Italienischer Anwerbemigrant und gewerkschaftlicher Vertrauensmann Agatino Pesce am 22.08.2000.
- Italienisch-stämmige gewerkschaftliche Vertrauensfrau Concetta Zammataro am 24.08.2000.
- Griechisch-stämmiger gewerkschaftlicher Vertrauensmann Alois Paul am 22.08.2000.
- 18 Wolfsburger VW-Arbeiter aus Produktions- und Fachbereichen, mit denen zwischen dem 11. und 15.12.2000 Interviews geführt wurden (vgl. Tabelle 3: Samplestruktur der bei VW in Wolfsburg durchgeführten Interviews).

Ford in Köln-Niehl

- Das von der Geschäftsleitung entsandte Mitglied der für ethnische Diskriminierungen zuständigen Betrieblichen Beratungsgruppe, Frau Kopner, am 25.02.2016 (telefonisches Interview).
- Leiterin des Einstellungsbereichs Ford Aus- und Weiterbildung e. V., Frau Muhr, am 04.09.2000.
- Leiter der Abteilung „Bewerbungen und Einstellungen“ im Produktionsbereich bei Ford/ Köln, Herr Schwipperich, am 12.05.2000.
- Leiter der Abteilung „Grundsatzfragen und Betriebsverfassung“ der Ford-Werke Deutschland, Herr Roeder, am 10.05.2000.
- Türkisch-stämmiger Ford-Betriebsrat der „türkischen“ Betriebsratswahlliste „Kollegenschaft“ und Kölner Integrationsrat Metin Sirin am 04.09.2000.
- Türkischer Anwerbemigrant und erstes ausländisches Mitglied der Arbeitnehmergruppe im Aufsichtsrat der Ford-Werke Deutschland Mustafa Coezmez am 21.06.2000.
- Geschäftsführer des Gesamtbetriebsrates bei Ford/ Köln, Thomas Freels, am 21.06.2000.
- Geschäftsführer des Konzernbetriebsrates der Ford-Werke Deutschland, Martin Hennig, am 12.05.2000.
- Türkisch-stämmiger ehemaliger Betriebsrat-Dolmetscher Sahin Sezer am 10.05.2000.
- Türkisch-stämmiger gewerkschaftlicher Vertrauensmann Fikri Gevrekci am 11.05.2000.
- Türkisch-stämmiger gewerkschaftlicher Vertrauensmann Medet Bas am 08.05.2000.
- 15 Kölner Ford-Arbeiter aus Produktions- und Fachbereichen, mit denen zwischen dem 08. und 12.05.2000 Interviews geführt wurden (vgl. Tabelle 6: Samplestruktur der bei Ford in Köln-Niehl durchgeführten Interviews).

Studien zu Migration und Minderheiten
Studies in Migration and Minorities
hrsg. von Dietrich Thränhardt und Petra Bendel

Sascha Krannich
The Reconquest of Paradise?
How Indigenous Migrants Construct Community in the United States and Mexico
vol. 32, 2017, 432 pp., 44,90 €, pb., ISBN 978-3-643-90920-6

Freya Angelika Markowis
Mandatsträgerinnen und Mandatsträger mit Migrationshintergrund
Karrierewege und substantielle Repräsentation von Landtagsabgeordneten mit Zuwanderungsgeschichte
Bd. 31, 2016, 336 S., 34,90 €, br., ISBN 978-3-643-13122-5

Nicola Gotthardt
Serbische Studierende in Deutschland
Motive und Rahmenbedingungen von Migration, Bleiben und Rückkehr
Bd. 30, 2014, 360 S., 39,90 €, br., ISBN 978-3-643-12772-3

Miriam Aced; Tamer Düzyol; Arif Rüzgar; Christian Schaft (Hg.)
Migration, Asyl und (Post-)Migrantische Lebenswelten in Deutschland
Bestandsaufnahme und Perspektiven migrationspolitischer Praktiken
Bd. 29, 2014, 384 S., 39,90 €, br., ISBN 978-3-643-12463-0

Jenni Winterhagen
Transnationaler Katholizismus
Die kroatischen Migrantengemeinden in Deutschland zwischen nationalem Engagement und funktionaler Integration
Bd. 28, 2013, 320 S., 34,90 €, br., ISBN 978-3-643-12346-6

Britta Marschke; Heinz Ulrich Brinkmann (Hg.)
„Ich habe nichts gegen Ausländer, aber ...“
Alltagsrassismus in Deutschland
Bd. 27, 2015, 440 S., 39,90 €, br., ISBN 978-3-643-12087-8

Simon Fellmer
Vergemeinschaftung von Zuwanderungspolitik in der Europäischen Union
Anreize und Widerstände aus Sicht der Mitgliedstaaten – Theorie und Empirie für die Zeit nach dem Vertrag von Amsterdam
Bd. 26, 2013, 496 S., 54,90 €, br., ISBN 978-3-643-12031-1

Fessum Ghirmazion
Im Spannungsfeld von Restriktion und Öffnung
Die Frage der Arbeitnehmerfreizügigkeit im EU-Osterweiterungsprozess – Deutschland und Großbritannien im Vergleich
Bd. 25, 2013, 448 S., 39,90 €, br., ISBN 978-3-643-12030-4

Sandra Kostner (Hg.)
Migration und Integration: Akzeptanz und Widerstand im transnationalen Nationalstaat
Deutsche und internationale Perspektiven
Bd. 24, 2016, 416 S., 44,90 €, br., ISBN 978-3-643-11876-9